KB119895

서울대 최종학 교수의

숫자로 경영하라 3

M A N A G E M E N T

서울대 최종학 교수의

숫자로 경영하라 3

| 최종학 지음 |

| 측정할 수 없으면 개선할 수 없다! |

원앤원북스

A C C O U N T I N G

서울대 최종학 교수의 숫자로 경영하라 3

초판 1쇄 발행 2014년 7월 25일 | **초판 11쇄 발행** 2023년 9월 8일 | **지은이** 최종학
펴낸곳 원앤원북스 | **펴낸이** 오운영 | **경영총괄** 박종명
편집 최윤정 · 김형욱 · 이광민 · 김슬기 | **마케팅** 문준영 · 이지은 · 박미애
디자인 윤지예 · 이영재 | **디지털콘텐츠** 안태정
등록번호 제2018-000146호 | **등록일자** 2018년 1월 23일
주소 04091 서울시 마포구 토정로 222, 319호(신수동, 한국출판콘텐츠센터)
전화 (02)719-7735 | **팩스** (02)719-7736 | **이메일** onobooks2018@naver.com
값 19,500원 | **ISBN** 978-89-6060-346-2 03320

이 도서의 국립중앙도서관 출판시도서목록(CIP)은 e-CIP홈페이지(http://www.nl.go.kr/ecip)에서 이용하실 수 있습니다.(CIP제어번호 : CIP2014020663)

측정되지 않는 것은 관리되지 않는다.
관리되지 않는 것은 개선할 수 없다.

• 피터 드러커(세계적인 경영학자) •

『숫자로 경영하라 3』을 출간하면서

세상에는 우리가 잘 알지 못하는 다른 세계가 있다. 대학에서 경영학, 특히 회계를 배우지 못한 다수의 사람들에게 회계 숫자란 이해할 수 없는 암호 같은 존재다. 언론에 보도되는 많은 기업 관련 뉴스를 보면서도, 왜 그런 사건이 일어나는지 총체적인 입장에서 파악하지 못하는 경우가 대부분이다. 즉 정보는 누구에게나 공개되어 있고, 숫자도 누구나 볼 수 있다. 그러나 숫자 뒤에 숨어 있는 의미를 이해할 수 있는 지식을 가진다면 과거에는 볼 수 없었던 새로운 세계를 볼 수 있다. 이 책은 그런 목적에서 쓰였다. 회계 숫자를 만드는 법이 아니라 회계 숫자를 경영과 의사결정에 어떻게 활용하는지 살아 있는 예를 보여주는 책이다. 성공하거나 실패한 기업의 사례를 공부하면서, 사례를 통해 숫자를 읽고 논리적으로 생각할 수 있는 안목을 키우는 것이 이 책의 저술 목적이다.

본서에 소개된 사례들은 대부분 2008년 이후에 발생한 사건들이다.

• • • • •

원고를 쓸 때 항상 고민한 것은 이미 발생한 사건에서 벌어진 사실들을 연대기처럼 설명하는 것을 넘어서, 그 사례의 배후와 핵심이 무엇인지를 소개하는 것이다. 본서에 등장하는 사례들은 언론 보도를 통해서 이미 널리 알려진 것들이다. 필자는 단편적으로 알려진 사실을 결합하고, 겉으로 보이는 사건의 이면에 숨겨진 내용들을 논리적으로 추론했다. 그 결과 기존 언론 보도나 저술들과는 달리 전체 사건의 큰 그림을 볼 수 있도록 했다. 즉 '왜 그런 일이 발생하게 되었는지' 분석하기 위해 고민했다. 또한 사례를 통해서 배울 점과 문제점을 개선하기 위한 해결책을 제시하기 위해서도 노력했다. 독자들이 보기에는 부족한 부분도 있겠지만, 그래도 그 부분이 다른 책들과는 다른 이 책의 중요한 차이점이라고 생각한다.

본서를 통해서 최근 국내외에서 화제가 되었던 사건들의 이면을 보게 되면, 나와 큰 상관도 없고 별로 중요하지도 않아 보였던 회계나 숫자가 기업의 흥망성쇠에 얼마나 큰 영향을 미치는지를 잘 이해할 수 있을 것이다. 즉 본서는 기업 경영에 있어서 역사책이라고 할 수 있다. 기업은 아무런 이유 없이 마음내키는 대로 행동하지 않는다. 특정 기업의 행동을 잘 관찰해보면 왜 그 기업이 그때 그런 의사결정을 내렸는지 이해할 수 있다. 그 결과 어떤 의사결정이 잘한 선택이고, 어떤 의사결정이 잘못한 선택인지를 배울 수 있다. 그래서 똑같은 잘못이 반복되지 않도록 하는 지식과, 미래를 예측할 수 있는 지식을 조금이라도 얻을 수 있다. 이런 과정을 익히다 보면 세상을 보는 눈이 훨씬 커지고 달라져 있다는 것을 발견할 수 있을 것이다. 아무 의미가 없었던 숫자들이나 사건들의 의미가 보이기 시작하면, 마치 추리소설을 읽는 것처럼 숨겨진 의미들을 논리적으로 생각해서 찾아낼 수 있다. 그러다 보면 뉴스가 더욱 재미있어질 것이다. 즉 이 책에서 이야기하는 숫자란 진짜 숫자만을 이야기하는 것이 아니라, 논리적이고 합리적인 사고방식 등을 모두 포괄하는 광의의 개념이다.

이 책은 『숫자로 경영하라』와 『숫자로 경영하라 2』에 연이은 시리즈의 3권째다. 1권과 2권을 애독해주신 모든 독자분들에게 감사를 드린다. 그동안 책 내용을 직접 기업 경영에 적용해 많은 도움이 되었다는 이야기를 종종 전해 들었다. 앞의 두 권의 책에 실렸던 '카드사의 성과평가 시스템의 문제점' '애널리스트 관련 여러 문제점들' '금융사의 단기성과평가 이슈' '회계감사 대상의 축소' 등 여러 글에서 필자가 제시한 개선책들이 실제로 기업이나 정부의 정책 또는 법률에 반영되었다. 'EBITDA가 아니라 현금흐름을 보라'는 글도 다수의 투자은행이나 증권사, 회계법인, 사모펀드나 기업들의 투자안 평가 절차에 상당히 반영되었다. '두산과 금호아시아나의 구조조정 방안'에 관한 글에서 두산이 사용한 구조조정 방안의 장점을 잘 정리해서 소개한 결과, 그 뒤 많은 기업들이 구조조정을 할 때 이 방법을 사용하게 되었다는 소식도 들려왔다. '세계금융위기의 발발과 그 후 이어진 여러 사건들'에 대한 글도 여러 분들로부터 공부를 잘했고 현황 이해에 도움이 되었다는 피드백을 받았다. 이렇게 우리나라와 기업들의 발전 및 경영인들의 전문지식 함양에 공헌할 수 있다는 것이 필자가 책을 집필하면서 느끼는 큰 보람이다.

처음 책을 냈을 때 독자층이 제한된 전문서적, 특히 재미없는 회계와 재무에 대한 글이 이렇게 큰 환영을 받고, 3권까지 출간하게 될 것이라고는 기대하지 못했다. 그동안 많은 지인들로부터 격려의 이야기도 들었고, 강의 요청도 종종 받았다. 만나 뵌 적 없는 독자분들이 보내오는 이메일도 필자에게는 큰 기쁨이다. 우리나라에도 이런 어렵지만 꼭 필요한 전문지식을 원하는 숨겨진 독자층이 많다는 것이 놀랍기만 하다. 이런 보람 때문에 힘들어도 쉴 시간을 쪼개어 원고를 벌써 7년째 저술하고 있는 게 아닐까 한다. 그 결과 2011년부터 2014년까지 쓴 글들을 모아서 『숫자로 경영하라 3』을 출간하게 되었다.

이번 3권에는 지난 두 권의 책들과 달리 필자가 2011년부터 2012년까지 몇몇 신문에 연재했던 짧은 글들도 제5장에 8편이 수록되어 있다. 처음 신문에 발표했을 때보다는 분량이 많이 보강되었지만, 그래도 다른 장의 어려운 글들과는 성격이 다른 짧고 쉬운 글이다. 일간신문의 특성상 골치 아픈 숫자나 복잡한 사건이 아니라, 일상적이고 재미있는 사례와 관련된 쉬운 주제만을 다루고 있다. 가벼운 사례일지는 몰라도 경영자가 꼭 생각해볼 만한 중요한 시사점이 있는 글이라고 생각한다. 그리고 제6장에서는 지난 2권처럼 쉬어가는 장을 만들었다. 2권에서는 음악에 대한 글(엔니오 모리코네와 넬라 판타지아)과 미술에 대한 글(최후의 만찬)을 소개했었는데, 이번 3권에서는 음악에 대한 글(김광석과 〈히든싱어〉), 여행에 대한 글(정선 · 영월 · 단양 여행) 그리고 미술에 대한 글(〈피에타〉와 〈다비드〉)을 소개한다. 독자 여러분들이 골치 아픈 글을 읽으신 후 잠시라도 머리를 식히실 수 있도록 즐거운 내용들을 골랐다.

1권과 2권에서도 머리말에서 언급한 내용이지만, 부득이하게 실패 사례나 널리 알리고 싶지 않은 일이 본서에 등장하는 몇몇 기업 관계자 분들에게 죄송하다는 사죄의 말씀도 전한다. 집필 과정에서 최대한 객관적으로 저술을 했지만, 관계 당사자가 보기에는 별로 기분이 좋지 않은 내용도 본서에 틀림없이 포함되어 있을 것이다. 특정 기업을 비난하기 위해 글을 쓴 것이 아니라 사례를 통해서 많은 기업 및 경영자들이 여러 교훈을 얻기를 바라는 목적에서 본서를 저술한 만큼 너그러운 마음으로 이해해주셨으면 한다. 또한 필자가 더 많은 사적인 내용을 알고 있는 경우라도 언론 보도나 공시 자료, 재무제표나 연차보고서 등을 통해 공개된 자료가 아닌 경우는 본서의 집필에 사용하지 않았다는 점도 밝힌다.

본서를 저술하는 과정에서 고맙게도 많은 분들의 도움을 받았다. 논문과 책만 알던 필자와 이런저런 인연으로 만나 많은 대화를 나누면서 필자의 좁은 눈을 뜨게 해 이론과 현실을 연결하는 큰 그림을 볼 수 있도록 시야를 넓혀주신 서울대학교 CFO과정이나 기타 경영자 과정, MBA 동문 여러분들에게 우선 감사를 드린다. 추천사도 각 그룹에서 CFO의 역할을 수행하고 계시거나 수행하셨던 핵심 경영자 분들과, 필자의 주장처럼 과학적이고 분석적 경영을 하시는 것으로 널리 알려진 분들에게 써주십사 부탁을 드렸다. 모두 필자가 큰 그림을 보게 눈을 뜰

수 있도록 가르침을 주신 분들이다. 이분들에게도 이 기회를 빌어 진심으로 감사를 드린다.

원고를 읽으면서 많은 조언을 해준 필자의 아내(회계학 박사)와 최한나 기자(경제학 석사)에게도 감사를 드린다. 마찬가지로 원고 작성에 여러 도움을 준 최선화 교수(영국 랭카스터대학교)와 이준일 교수(경희대학교), 서울대학교 박사 과정에서 열심히 미래를 위해 공부하고 있는 제자들(권세원, 김범준, 김영준, 선우혜정, 안혜진, 최아름)과 필자의 연구실에서 석사를 마치고 해외 대학 박사 과정에서 유학중인 제자들[김세일(뉴욕대학교), 박지훤(하버드대학교), 오승환(남캘리포니아대학교)]에게도 감사를 드린다. 여러 분들이 부족한 초고에서 문제점을 찾아 피드백을 해줬기 때문에 필자의 글이 이 정도 수준까지 발전할 수 있었다. 사회에서 다양한 경험을 한 훌륭한 제자들이 많이 있으니 필자의 부족한 점을 보완하는 데 큰 힘이 된다.

또한 학문적으로 많은 가르침을 주신 필자의 선배나 동료 회계학 교수님들께도 감사를 드린다. 특히 이정호·곽수근 교수님의 학문적 및 인격적 가르침이 없었다면 본서는 탄생할 수 없었을 것이며, 한국 회계학 연구의 수준을 세계 최고 수준으로 끌어올리신 김정본·황이석 교수님의 학문적 역량도 필자에게는 더 열심히 공부해야겠다는 격려와 채찍질이 되었다. 마지막으로 그동안 성원해주신 독자 여러분들께 다시 한 번 진심으로 감사를 전한다.

녹음이 짙어가는

서울대학교 관악 캠퍼스의 연구실에서

최종학

| 차례 |

2 의사결정의 중심에 숫자경영이 있다

3 회계제도의 보완과 개선, 어떻게 할 것인가?

4 회계정보의 성과평가와 보상에서의 활용

5 경영에 대한 단상 8가지

총 4편의 글로 구성된 1부에서는 널리 알려진 사건의 이면을 회계지식을 통해 들여다본다. 언론에 단편적으로 보도되었던 사건들의 큰 흐름을 종합적으로 소개하면서, 언론에 보도되지 않은 배후에 숨어 있는 이야기들을 추측해본다. 한화의 대한생명과 대우조선해양 인수와 관련해서 벌어졌던 일들, 금호아시아나와 유진그룹의 M&A 구조의 차이, 현대건설의 부활과 M&A사례들을 소개한다.

1부

회계를 알면 숨겨진 이면이 보인다

한화의 대한생명 인수 및 대우조선해양 인수 실패와 그 뒷이야기

• • • 한화그룹 • • •

2008년 한화그룹이 대우조선해양 인수를 위한 경쟁에 뛰어들었을 당시, 일부 정치권에서는 한화에 대한 거부 감정이 상당했다. 한화가 과거 대한생명 인수를 위해 회계분식을 했고, 불법적인 이면계약도 했으며, 외환위기를 불러일으킨 원죄가 있는 기업이라는 주장이었다. 따라서 한화에게 대우조선해양을 넘기면 안 된다는 주장이다. 왜 이렇게 정치인들이 개별 기업 관련 이슈에 민감하게 반응했는지 생각해보고, 그 후에 벌어진 한화의 대우조선해양 인수 실패와 관련된 각 이해관계자들의 득실을 살펴본다.

지난 2008년 10월 24일 산업은행은 대우조선해양 인수를 위한 우선협상대상자로 한화그룹을 선정했다고 발표했다. 이로써 포스코, GS, 한화, 현대중공업 등이 대우조선해양을 둘러싸고 벌였던 치열한 경쟁은 한화의 승리로 끝났다. 마지막 순간까지 유력한 후보자였던 포스코와 GS그룹이 컨소시움을 구성하기로 결정하자 승자는 이미 정해진 듯했다. 그런데 컨소시움이 입찰가격을 둘러싸고 의견 차를 좁히지 못했고, 이로 인해 최종가격을 제출하지 못함으로써 입찰자격을 상실했다.[1] 한화로서는 어부지리로 승리를 얻은 셈이라 할 수 있다. 사실 그전까지 시장은 대우조선해양 입찰전에 뛰어든 4개 기업을 두고 2강(포스코, GS) · 2약(한화, 현대중공업)으로 분류해왔다.

산업은행은 입찰가격이나 입찰자의 경영능력, 인수 후 발전 계획과 시너지, 자금조달 계획, 노사관계 계획 등 여러 기준을 종합적으로 평가한 결과 한화그룹을 선정했다고 발표했다. 정확한 입찰가격은 알려지지 않았지만, 지분 50.2%를 인수하는 대금이 대략 6조 3천억 원 정도로 추산된다. 이로써 한화가 2002년 대한생명을 인수한 후 다시 대우조선해양을 인수하게 되면 단번에 재계순위 8위로 도약하게 된다.

한화의 대우조선해양 인수 과정에는 우여곡절이 많았다. 2008년 들어 일부 정치권이나 시민단체인 참여연대, 몇몇 언론은 부도덕한 기업인 한화에게 대우조선해양 인수자격을 주지 말아야 한다고 끊임없이 문제를 제기했다. 이들은 2002년 한화가 예금보험공사(이하 예보)로부터 대한생명을 인수하기 위해 분식회계를 했고, 역시 대한생명 인수자격을 갖추기 위해 맥쿼리 증권과 이면계약을 맺었으며, 그 결과 막대한 공적자금이 투입된 대한생명을 헐값에 인수했다고 주장했다. 또한 1998년 외환위기 당시 계열사였던 충청은행과 한화종금이 경영부실로 모두 3조 원의 공적자금을 받았기 때문에, 환란의 책임이 있는 기업이라고까지 표현했다. 따라서 이런 행위를 한 부도덕한 기업 한화에게는 인수자격을 주어서는 안 된다는 것이다.

필자는 2008년 한 해 동안 기업체 관계자들로부터 왜 포스코나 현대중공업이 대우조선해양을 인수하면 안 되는지에 대한 주장을 들을

---

1 컨소시움이 입찰가격을 둘러싼 의견 차를 좁히지 못해 최종 입찰금액 마감 시점까지 입찰금액을 제출하지 못했다는 이야기는 당시 언론에 보도된 내용이다. 포스코가 좀더 높은 가격을 쓰자고 주장했을 것이라는 추측성 보도도 있었다. 그러나 필자는 입찰가격을 둘러싼 견해 차보다는 경영권을 둘러싼 견해 차 때문에 협상이 결렬되었을 가능성이 더 높다고 생각한다. 당시 언론 보도대로 컨소시움이 7조 원에 육박하는 금액에 입찰한다고 해도, 컨소시움을 두 회사가 구성한 것이니 한 회사 입장에서는 그 절반 정도만 부담하면 되기 때문이다. 그러나 3조 5천억 원이나 되는 거금을 투자하면서 다른 회사의 들러리가 되어 구경만 하겠다고 나설 가능성은 거의 없다는 것이 필자의 개인적인 추측이다. 즉 양측 모두 자신이 경영권을 갖겠다고 주장하다가 아무도 양보하지 않아서 판이 깨지지 않았을까 하는 것이 필자의 생각이다.

기회가 많았다. 철강 공급이 수요에 비해 매우 부족한 상황인데, 만약 포스코가 대우조선해양을 인수하면 경쟁업체들에게 철강 공급을 줄여 조선시장을 장악할 수 있으므로 포스코가 인수해서는 안 된다는 요지의 이야기였다. 또 다른 주장은 현대가 이미 현대미포조선과 현대삼호중공업을 소유한 세계 제1위의 조선업체인데, 대우조선해양까지 인수하면 조선시장의 대부분을 장악하는 독점기업이 될 것이라는 주장도 있었다. 사실 두 주장 모두 나름대로 설득력 있는 충분한 논리를 갖추고 있다. 대우조선해양 매각과 아무런 관계가 없는 필자가 수차례에 걸쳐 이런 이야기를 들었을 정도면, 인수 명분을 얻기 위한 선전전이 매우 치열했다는 것을 간접적으로 알 수 있다.

그렇지만 필자는 위의 기업 관계자들로부터 GS그룹이나 한화그룹이 대우조선해양을 인수해서는 안 된다고 주장하는 것은 들어보지 못했다. 반면 일반 기업인들의 정서와 달리 일부 정치권이나 시민단체, 소수 언론에서 한화그룹의 도덕성 문제를 집요하게 언급하며, 한화 외의 기업에게 대우조선해양을 팔아야 한다는 식으로 간접적으로 유도했다는 사실은 상당히 흥미롭다.

부負의 영업권營業權 회계처리에 대한 논란

그럼 한화에 대한 이런 주장들이 사실인지 살펴보자. 먼저 대한생명 인수 직전 부의 영업권 회계처리를 하면서 분식회계를 했다는 주장에 대해서 알아보자. 대한생명 인수를 위한 컨소시움에 한화그룹은 한화석유화학, 한화종합화학, 한화유통, 한화증권의 4개 회사를 앞세워 참여했다. 이 중 한화석유화학은 한화유통의 주식을, 한화유통은 ㈜한화의 주식을 1999년과 2000년에 걸쳐 매입했다.

그런데 당시 사용된 회계기준에 따르면 주식 매입가가 매입대상 기업의 공정시장가치를 초과할 경우 이를 영업권營業權, goodwill이라 부르며 자산으로 분류한다. 만약 반대로 매입가가 매입대상 기업의 공정시장가치보다 낮으면 이를 부負, negative goodwill의 영업권이라 칭한다. 자산으로 분류된 영업권은 20년 이내의 합리적인 기간 동안 균등하게 상각되어 비용으로 처리되며, 부의 영업권 역시 20년 이내의 합리적인 기간 동안 균등하게 환입되어 이익으로 인식된다.

그런데 한화석유화학과 한화유통은 모두 주식의 취득과 관련해 발생한 부의 영업권을 일시에 환입해 당기이익으로 인식했다. 그 금액은 두 기업을 모두 합치면 1999년에 약 3천억 원, 2000년에는 약 1,500억 원 정도다. 이 정도 금액을 모두 해당 연도 이익으로 계산했으므로, 두 기업은 모두 당기순이익을 높게 보고할 수 있었다. 그 결과 양호한 신용등급을 획득해 회사채 발행 등을 통해 대한생명 인수에 필요한 자금을 좀더 저렴한 비용으로 확보할 수 있었을 것이다.

그 뒤 금융감독원에서는 2001년 회계감리를 통해 한화그룹 3개 계열사 외에 동부건설, 동부제강, 동부화재해상보험, 동국제강, SK케미칼 등 총 8개 기업이 부의 영업권을 일시에 환입한 회계처리를 한 것이 분식회계에 해당한다고 지적했다. 이를 전문적인 용어로 '감리지적'을 했다고 한다. 이런 판단의 논거는 1년이라는 기간은 회계기준에서 정한 '합리적인 기간'보다 매우 짧다는 것이었다.

이에 대해 해당 기업들은 일제히 반발했다. 사실 이 처리방법이 해당 연도의 이익을 상당히 늘려 보고하는 방법인 것은 맞지만, 그렇다고 분식이라고 표현하기에는 애매한 부분이 있다. 회계기준에는 20년 이내의 합리적인 기간 동안 부의 영업권을 환입한다고 규정되어 있을 뿐 합리적인 기간이 어느 정도이고 어떻게 계산하는지에 관해서는 명확한 기준이 없기 때문이다. 더군다나 기업들은 이런 회계처리 방법에 대해 회계법인의 승인을 받고 금융감독원에 문의해 사용해도 된다는 허락까지 받고 사용한 것인데, 사후에 말을 바꿔 회계기준 위배라고 지적하는 것은 매우 억울하다고 주장했다.

또한 분식회계를 했다면 이런 회계처리 사실을 숨겼어야 했는데, 1년에 환입했다는 모든 회계처리 내용이 회계보고서에 자세히 공시되어 있으므로 이를 분식회계로 지적하는 것은 이치에 맞지 않는다고 설명했다. 이런 주장에도 불구하고 증권선물위원회에서는 해당 기업들과 기업들을 감사한 회계법인에 대해 징계 결정을 내렸다.[2]

부의 영업권에 대한 다른 기업들의 회계처리

사실 증권선물위원회의 당시 결정은 논리적으로 잘 이해가 되지 않는다. 전주대학교 김효진 교수와 전남대학교 윤순석 교수의 연구[3]에

2 한화그룹의 부의 영업권 회계처리에 대한 보다 자세한 사항은 최관의 연구('한화의 부의 영업권 회계처리에 관한 사례연구', 〈회계저널〉, 2008년)를 참조하기 바란다. 복잡한 회계처리 내용과 당시 상황에 대해 보다 자세한 내용을 알 수 있다.

따르면, 부의 영업권을 기록하는 회계처리를 한 기업은 2000년에 총 60곳, 2001년에는 38곳에 이르며, 2002년에도 31곳이나 된다. 그리고 연구에서 사용한 분석기간인 2000년에서 2006년까지 부의 영업권을 기록한 것으로 파악되는 기업 145곳 가운데 1년 만에 모든 부의 영업권을 이익으로 회계처리한 기업은 18곳(12.4%)에 이른다.

그런데 금융감독원은 2001년 단 한 차례만 부의 영업권을 1년 만에 모두 환입한 8개 기업을 분식회계라고 지적했다. 그 후 다른 기업들에 대해서는 한 번도 동일한 지적을 한 적이 없다. 2001년 이후에도 다른 기업들이 계속해서 동일한 방법을 사용했는데도 말이다. 또한 2년 동안 나눠 절반씩 이익으로 처리한 기업이 20곳, 3년으로 나눠 처리한 기업이 역시 20곳이나 되는데, 1년 만에 처리하는 방법이 회계기준 위반이라면 2년이나 3년에 나눠 처리하는 것은 왜 회계기준 위반이 아닌지도 궁금하다.

김효진과 윤순석 교수의 연구결과를 전체적으로 살펴보면, 3년 이내 또는 4년 이내에 이익처리하는 기업들은 각각 42%, 55% 정도다. 즉 기업들이 사용하는 부의 영업권 환입기간은 평균 3~4년 정도다. 그리고 이 당시의 회계기준은 달랐지만, 2011년부터 국내에 도입되어 사용되고 있는 국제회계기준IFRS; International Financial Reporting Standards에 따르면 부의 영업권은 해당 항목 발생연도에 즉시 이익으로 인식하도록 규정되어 있다. 즉 IFRS에 따르면 한화가 행한 방법대로 하지 않으면 분식회계가 된다. 검찰도 한화가 고의적으로 분식회계를 했을

3 김효진 · 윤순석. '기업결합을 이용한 회계선택: 영업권과 부의 영업권을 중심으로', 〈회계학연구〉, 2008년.

대우조선해양의 모습(좌)과 한화 사옥(우)의 모습

가능성이 희박하다며 이 사건에 대해 불기소 결정을 내린 바 있다. 분식회계는 아닐지 모르지만, 어쨌든 3개 기업이 동시에 계열사 주식을 싼 가격으로 취득해서 1년 만에 부의 영업권을 환입했다는 것은 우연이 아니라 계획적으로 이루어진 일일 것이다. 따라서 그룹 차원에서 이 일이 결정되고 실행되었을 것이라는 점은 거의 분명하다.

1999년과 2000년 당시 한화그룹은 이익을 높여 보고할 만한 강한 인센티브가 있었다. 유효법인세율을 30%로 가정할 때, 한화석유화학과 한화유통이 영업권을 1년 동안의 이익으로 회계처리한 방법은 회계기준상의 최장기간인 20년 동안 나눠 이익처리했을 때보다 1999년과 2000년도를 합해서 세후 이익을 약 3천억 원 정도 과다 보고한 셈이다. 이후 2001년도부터 2019년까지 매년 약 157억 원씩 이익을 과소 보고할 것으로 추정된다. 한화는 당시 이익을 많이 보고해서 재무제표에 표시되는 재무상황을 좋게 표시한 후, 대한생명 인수에 필요한 자금을 조달했을 것이다. 당시 정부가 대기업들에게 내렸던 부채비율을 200% 이하로 낮추라는 명령도 이행하기가 쉬워졌을 것이다.

그런데 전술한 것처럼 실제로 20년 동안 나눠 부의 영업권을 회계처리하는 기업은 거의 없다. 통상 기업들이 하는 것처럼 3년 정도로 나눠 이익처리한 경우와 비교한다면, 한화가 선택한 회계처리 방법은 1999년도에는 이익을 1,400억 원 과대 보고하고, 2000년에는 차이가 없으며, 2001년과 2002년에는 각각 1,050억 원과 350억 원씩 이익을 과소 보고한 것이다. 2003년 이후로는 양자 사이에 차이가 없다. 따라서 한화가 대한생명을 인수한 2002년 12월 또는 그 전에 협상이 시작되던 2001년 말 기준으로 보면 이미 이런 회계처리에 의한 재무제표의 차이점의 상당 부분이 이미 사라졌던 시기다.

더구나 매우 흥미로운 사실은, 2008년 쌍용건설을 인수하려다 협상 중간에 계약금 231억 원을 날리면서까지 인수를 포기했던 동국제강도 한화처럼 1년 만에 부의 영업권을 환입하는 회계처리를 했다가 한화와 함께 분식회계로 감리지적을 받았다는 점이다. 다른 점은 한화에 대해서는 분식회계를 저지른 부도덕한 기업이니 대우조선해양을 인수해서는 안 된다는 비난이 거셌지만, 동국제강에 대해서는 부도덕한 기업이니 쌍용건설 인수를 반대한다고 하는 사람이 없었다는 사실이다. 이후 있었던 현대건설이나 하이닉스 매각 때 후보자로 거론된 기업들도 모두 과거 분식회계 경력이 있다. 그런데 이들 기업에 대해서도 역시 별로 비난이 없었다. 이런 상반된 반응을 보면 당시 한화에 대해 반대 목소리가 거셌던 데는 겉으로 드러나지 않는 다른 이유가 있지 않았을까 하는 생각이 든다.

맥쿼리 보험과의 이면계약 논란

이제 이면계약 논란에 대해 살펴보자. 한화는 2002년 대한생명을 인수하기 위해 일본 오릭스, 호주 맥쿼리 보험과 컨소시움을 맺었다. 3사의 지분비율은 63%, 30%, 7%였다. 컨소시움을 구성한 것은 총 1조 6천억 원이나 되는 인수가액을 홀로 마련하기가 벅차다는 이유도 있었지만, 당시 매각조건에 보험업종에 속한 회사를 우대한다는 조항이 들어가 있기 때문이기도 했다. 한화는 보험사를 가지고 있지 않았으므로 맥쿼리 보험을 끌어들였을 것이다. 그런데 예보가 2005년 제기한 한화의 대한생명 인수 무효소송의 원인이 여기서 발생했다. 예보는 맥쿼리와 한화가 이면계약을 체결했었기 때문에 대한생명 인수가 원천무효라고 주장했다. 인수에 필요한 자금을 한화 측에서 맥쿼리에 대여하고, 추후 맥쿼리의 지분을 한화 측에서 인수하며, 대한생명 일부 자금의 운용권을 맥쿼리에게 준다는 내용으로 이면계약을 맺었다는 주장이다.

자금을 대여한다는 것은 얼마든지 있을 수 있는 상거래이니 별로 문제삼을 것이 없다. 일정 시간이 경과한 이후에 맺은 지분인수 계약은 일종의 콜옵션으로서, 옵션계약은 기업의 M&A 과정에서 인수자 측이 재무적 투자자 등과 공동으로 피인수자를 인수하는 경우 흔히 체결된다. 예를 들어 금호아시아나그룹이 대우건설을 인수할 때는 풋옵션이, 두산그룹의 대우종합기계 인수에는 풋옵션과 콜옵션이 모두 사용된 바 있다(『숫자로 경영하라』, '숨겨진 그림자, 풋옵션을 양지로' 참조). 따라서 옵션과 유사한 계약이 붙어 있다고 이면계약이라고 주장하는 것은 과장이라는 생각이 든다. 만약 그렇다면 국내에서 최근 이루어진 거의 모든 대규모 M&A들이 이면계약이 붙어 있는 셈이므로 무효가 되어야 하기 때문이다.

이 사건과 비슷한 예를 들어보자. 2000년 칼라일이 한미은행을 인수할 때도 은행이 아니라 사모펀드인 칼라일이 단독으로 한미은행을 인수할 수 없었다. 금산분리제(실제로는 은산분리제)라는 법률에 따라 은행만이 은행을 인수할 수 있기 때문이다. 따라서 칼라일은 은행업 면허를 가진 JP모건을 설득해 두 회사가 함께 한미은행을 인수했고, 칼라일은 그 후 한미은행을 씨티그룹에 매각했다. 오늘날 한국 씨티은행은 이런 과정을 거쳐 탄생했다. 만약 한화와 맥쿼리의 계약이 불법이라면, 마찬가지로 칼라일-JP모건에 한미은행을 매각한 거래도 불법일 것이다.

논란의 여지를 없애려면 처음부터 매각조건에 '콜옵션은 허용하지 않겠다.'거나, '컨소시움에 포함된 회사는 대한생명 인수 후 일정 기간 동안 주식을 매각하지 말라.'는 내용을 포함했어야 한다. 예를 들어 2011년에 벌어진 현대건설 인수전에서는 매각조건에 '자금조달의 적정성 증빙'이라는 조건이 포함되어 있었다. 이 조건 때문에 더 비싼 가격을 제시하고도 그 자금을 어떻게 조달할 것인지를 증빙하지 못한 현대상선과 현대엘리베이터 측에서 현대건설 인수에 실패하고 현대자동차가 최종 승리자가 된 바 있다.

맥쿼리가 컨소시움에 참가한 이유는?

한화와 맥쿼리의 계약과 관련해 한화가 잘못한 점은 옵션계약이 있다는 사실을 공시하지 않은 것이다. 이 내용은 경영상 중대한 사건인 만큼, 계약 체결시 공시를 통해 한화의 주주들에게 알렸어야 한다. 따라서 공시 관련 규정 위반으로 금융감독원이 한화 관계자를 처벌했다면 이 점에 관해서는 설득력이 있다.[4] 이 공시 내용을 못 봐서 피해를 본 소액주주가 있다면 민사소송도 할 수 있을 것이다. 그러나 옵션 내용을 매각 당사자에게 알려주어야 한다는 것은 매각조건에 규정된 바가 없으므로 이를 주장할 수는 없다.

컨소시움에 참여한 맥쿼리 보험의 지분이 7%밖에 안 된다는 것 자체가 처음부터 맥쿼리가 대한생명을 계속해서 경영할 의사가 없음을 말해주는 것이다. 경영을 직접 하려고 했다면 과반수의 지분을 인수하려고 할 것이며, 과반수가 아니더라도 지분을 30%쯤 인수해 경영에 상당한 영향력을 행사하려고 할 것이다. 7%의 지분은 거의 아무것도 할 수 없는 수준이므로, 맥쿼리는 적당한 시기에 지분을 팔아 이익을 올리고 떠나겠다는 의도로 이 거래에 참여했다는 것을 명백히 보여주는 것이다. 결국 보험사 경력이 있는 회사를 우대한다는 매각조건을 만족시키기 위해 한화가 맥쿼리를 설득하고 자금도 대여해줘서

4 2012년 들어 한화는 공시지연 문제로 또 언론지상을 장식한 바 있다. 2011년 1월 발생한 대주주 김승연 회장 및 몇몇 임원의 한화S&C 주식 저가매각 관련 배임 혐의 내용을 1년 동안이나 숨겨오다가 2012년 2월에서야 공시한 것이다. 이에 대한 자세한 내용은 본서에 포함된 '올빼미식 늑장공시로 다 가릴 수는 없다' 편을 읽어보기 바란다. 이런 내용을 보면 최소한 한화는 최근까지 투명한 공시체계를 운영하려는 노력이 부족했던 것으로 보인다.

맥쿼리가 인수에 참여했다는 것을 알 수 있다. 또한 어차피 대한생명을 인수하겠다고 나선 회사가 한화밖에 없었으므로, 맥쿼리의 컨소시움 참여 여부가 매각 결정에 영향을 미친 것도 아닌 셈이다.

맥쿼리 입장에서는 주주로서 일부 자금의 운용권을 갖는 것이 조금도 이상하지 않다. 어차피 다수 외부 운용사에 자금 운용을 위탁하는데 주주에게 그 정도의 혜택을 준다는 것은 자연스러운 일이다. 예를 들어 포스코는 일부 지분을 보유하고 있는 철광석이나 석탄 · 광산 회사들로부터 장기간 안정적으로 철광석과 석탄을 수입할 수 있는 계약을 맺고 있다. 이런 계약들을 이면계약으로 보고 비난의 대상으로 삼을 수는 없다. 대주주에게 특혜를 준다면 문제가 되겠지만, 맥쿼리는 대주주도 아닌 상황이다. 또한 그 계약을 통해 대한생명이 손해를 본 것도 없다.

필자의 생각과 마찬가지로 3심까지 간 재판에서 한화그룹은 모두 승리했다. 예보는 이 문제를 국제상사중재원으로 끌고 갔지만 역시 패했다. 법원에서는 일부 논란의 여지가 있기는 하지만, 그것이 불법적인 이면계약이라고 보기는 어렵다고 판단했다. 예보도 이 사건이 소송감이 아니라는 것을 알았을 것이다. 하지만 일부 시민단체나 정치권에서 계속 문제를 제기했기 때문에 면피 목적으로 국내 문제를 국제상사중재원까지 끌고 가는 이상한 조치를 취하지 않았나 하는 생각이 든다. 국제기관에서도 문제가 없다는 판결을 내리자 정치권은 2010년 국정감사를 실시하고도 모자라 감사원을 동원해서 사기업인 한화에 대한 감사까지 실시했다. 그러나 감사원조차도 2011년 7월 한화의 대한생명 인수에 문제가 없다는 결론을 내렸다.

적정 인수가격에 대한 논란

김대중 정부 시절 벌어진 일을 이명박 정부 때의 국회와 감사원이 조사해서 내린 결론이니, 실제로 문제가 될 소지가 거의 없다는 점을 짐작할 수 있다. 수차례의 조사과정에서 밝혀진 유일한 사실은 당시 한화 측에서 정치인이나 관계자들을 만나 대한생명 인수를 도와달라고 로비했다는 점이다. 로비 때문에 한화의 관계자들은 경미한 처벌을 받았다.

또 한 가지 재미있는 사실은 대한생명 매각을 문제삼은 정치권은 매각 당시 야당 측이었으며, 2008년의 대우조선해양 매각을 문제삼은 정치권도 야당 측이라는 점이다. 야당은 야당인데 정권이 바뀌었으므로 두 야당은 서로 반대되는 측이다. 서로 상대방 정권하에서 이루어진 또는 진행중인 일에 부정이 개입되어 있다며 매각하지 말아야 한다거나 자세한 조사를 해야 한다고 입장을 정반대로 바꾼 셈이다. 금융감독원이 부의 영업권을 1년 만에 환입하는 회계처리 방법의 사용을 허락하고 나서 나중에 입장을 바꿔 분식이라고 처벌을 한 상식 밖의 행동을 한 것으로 봐도, 당시 이 처벌이 정치적인 이유에서 억지로 이루어진 일이라는 점을 쉽게 짐작할 수 있다.

한화가 대한생명을 헐값에 매입했다는 주장은 필자가 볼 때 논쟁의 여지가 별로 없다. 예보는 1999년 3차에 걸쳐 대한생명을 공개입찰로 매각하려 했으나 모두 무산되었다. 입찰에 참여한 회사들이 제시한 가격은 모두 예보가 제시한 기준가격에 현저히 미달했다. 결국 조기매각을 포기한 예보는 총 3조 5천억 원에 달하는 공적자금을 투입해 대한생명의 정상화를 시도했다.

그 후 2002년 12월에 이르러 한화는 대한생명 지분 51%를 1조 6,150억 원에 인수했다. 최초 양자가 합의한 가격 8,236억 원보다 거의 2배가 인상된 수치다. 매각 과정을 총괄한 공적자금관리위원회에서 매각안이 상정되어 논의할 때, 매각심사소위에서는 가격이 낮다고 반대했지만 위원회 전체 회의에서 매각하는 것으로 결론을 내렸다. 여기서 8,236억 원이라는 가격은 한화가 제시한 가격이 아니라 예보가 매각 주간사회사인 투자은행 메릴린치(금융위기의 여파로 2008년 BOABank of America에 의해 인수됨)에 가격산정을 의뢰해 메릴린치가 평가한 가격이다. 한화가 이 가격에 동의를 해서 거래가 성사되었다. 매각 가격 8,236억 원은 당시 메릴린치가 평가한 6천억 원대 초반에서 8천억 원대 초반의 가격 범위 중 상한선에 해당하는 금액이었다. 팔려고 한 금액 범위의 상한선에 해당하는 금액으로 사들였으니, 한화 입장에서는 오히려 비싸게 구입했다고도 할 수 있다. 미국의 메트라이프MetLife 생명도 2002년 인수경쟁에 참여했으나 한화와는 달리 회사와 함께 1조 3천억 원 정도를 얹어주면 인수하겠다고 했기 때문에 경쟁에서 탈락했다.

이렇게 해서 한화에게 팔기로 결정된 후 예보는 한화와 협상을 계속해 매각 대금을 1조 6,150억 원으로 올렸다. 대한생명의 경영상황이 호전되고 있었기 때문에, 이 점을 고려해 추가협상을 해서 매각가를 상당히 올린 것이다. 이를 보면 예보도 제값을 받기 위해 열심히 노력했다는 점을 알 수 있다. 메트라이프의 주장과 비교하면 가격 차이가 약 2조 9천억 원 이상 나는 셈이다.

그런데 대한생명은 매각 직후부터 경영이 급속히 호전되었다. 한화가 이전 주인보다 경영을 잘했다고도 볼 수 있다. 그렇다면 진흙 속에 숨겨져서 아무도 발견하지 못했던 진주의 내재가치를 알아본 한화가 잘못한 것인지, 아니면 이런 진주를 알아보지 못하고 팔아버린 측이 잘못한 것인지는 매우 자명하다. 대한생명을 헐값에 사들였다며 한화를 부도덕한 기업이라고 비난하는 이유가 이해되지 않는 부분이다.

만약 누군가를 꼭 비난해야 한다면 그 가격에 팔라고 평가한 주체나 직접 판 주체의 잘못이 더 크지 않을까? 사실 이런 이야기를 하려면 이후 발생한 실제 이익이 얼마인지를 보고 평가하는 것이 아니라, 당시 상황으로 돌아가서 가격을 평가할 때 모든 정보들을 적절히 고려해서 업무를 수행했는지를 살펴봐야 한다. 신이 아닌 이상 미래를 정확히 예측해서 가격을 매긴다는 것은 불가능하기 때문이다. 따라서 당시 상황에 대한 정확한 정보를 갖고 있지 못한 상황에서는 전문가라고 하더라도 사후에 대한생명이 벌어들인 이익만을 보면서 인수가가 적정했는지를 이야기할 수 없다.

만약 매각 당시 대한생명의 가치가 불명확했다면 다른 방법을 취했을 수도 있었을 것이다. 예를 들자면 '미래 3년 또는 5년간 이익이 얼마 이상 발생하면 얼마의 가격을 추가로 지불한다.'라는 식의 이익 범위에 따른 옵션계약을 체결했다면 이런 논란 자체를 피할 수 있었을 것이다.[5]

---

5 본서에 실린 'M&A를 위한 대규모 자금조달 방법들의 차이점' 편을 읽어보면 이런 계약조건에 대한 설명이 있으니 참고하기 바란다.

한화에게 팔지 않았다면?

이런 이상한 비난을 받는 한화가 지은 죄라면 대한생명을 인수한 후 망하지 않고 돈을 너무 잘 벌었다는 데 있지 않나 싶다. 외환은행을 론스타에게 매각한 후 외환은행이 잘되자 싸게 팔았으니 매각을 무효로 해야 한다는 일부 주장과 흡사하다. 외환은행 매각에 대해서도 헐값 매각이나 로비, 뇌물 제공 등 여러 논란이 있었다(『숫자로 경영하라』, '외환은행: 헐값 매각 논란의 숨겨진 진실' 참조). 사실 논란 정도나 의혹들을 보자면 외환은행의 사례가 대한생명의 경우보다 비교도 되지 않을 만큼 훨씬 심각하다.

그러나 매각 과정이 어쨌든 한 번 맺어진 계약을 몇 년이 지난 후 무효로 하겠다고 나서는 것은 어불성설이다. 입장을 바꿔 만약 우리나라 회사가 외국에 진출해서 모 회사를 인수했다고 하자. 인수 후 열심히 경영해 회사를 발전시켰다. 그런데 5년쯤 지난 후 그 나라 정부가 매각 과정이 잘못되었으니 매각을 무효로 하고 회사를 다시 내놓으라고 한다면 어떻겠는가? 론스타가 국내에서 많은 돈을 벌어 세금도 내지 않고 외국으로 가져가는 것은 분명 기분이 별로 좋지 않은 일이지만, 그렇다고 하더라도 법적으로 불가능한 일을 억지로 론스타에게 강요할 수는 없다.

충청은행과 한화종금이 외환위기를 일으킨 책임이 있는 기업이란 주장도 상당히 과장된 측면이 있다. 당시 환란의 단초를 제공했던 기아자동차를 국민기업이니 매각해서는 안 된다고 반대하고, 또 정부가 외환위기를 막기 위해 적극 추진하던 금융기관 통합관리안 등은 대통령 선거를 앞두고 득표에 불리하다는 계산 때문에 적극 반대하던 여야 정치인이나 언론과 비교해보자. 충청은행이나 한화종금 같은 군소 금융회사와 비교하면 어느 누가 더 외환위기의 초래에 큰 책임이 있는지는 명약관화다.

만약 환란과 조금이라도 관련이 있는 회사들은 기업 인수자로 나설 자격이 없다고 한다면, 당시 부실해져서 막대한 구제금융을 받은 우리나라의 시중은행들은 모두 M&A 후보자에서 제외되어야 한다. 삼성자동차와 관련된 삼성그룹, 현대건설 및 현대상선과 관련된 범凡현대그룹, 하이닉스(구 LG반도체)와 관련된 범LG그룹, SK글로벌과 관련된 SK그룹 등 당시에 피해를 입기도 했지만, 또 그 피해 때문에 경제위기의 악화에 잠재적으로 관련되지 않았던 기업들은 아무도 없다.

이런 기업들이 모두 M&A 인수자로 나설 자격이 없다면 한국 회사를 인수할 수 있는 회사는 외국계 회사뿐일 것이다. 한화에게 팔지 말았어야 한다고 계속해서 주장하던 사람들에게는, 그렇다면 인수과정에서 한화와 경쟁했던 외국계 메트라이프 생명사에게 메트라이프의 주장대로 1조 3천억 원을 메트라이프에게 주면서 대한생명을 넘겼어야 했다는 의미인지 묻고 싶다. 아니면 당시 대한생명 노조 측 주장대로, 노조에 공짜로 회사를 넘겨야 했다고 생각하는 것인지도 궁금하다. 그랬다면 대한생명에 투입된 막대한 국민의 세금은 누가 책임질 것인가? 책임지지 못할 주장을 하는 사람들이 너무 많다.

대우조선해양 인수 실패 이후 벌어진 사건들

이제까지 한화의 대한생명 매입과 관련된 논란들을 살펴보았다. 이런 논란에도 불구하고 한화는 역전에 성공해 대우조선해양의 우선협상대상자로 선정되어 양해각서MOU를 체결했다. 그러나 양해각서를 체결한 후 세계금융위기가 시작되면서 경제상황이 악화되기 시작했다. 대우조선해양도 신규 수주액이 거의 없을 정도로 영업환경이 급변했다. 한화가 현금 마련을 위해 팔기로 했던 계열사의 주식 가격이 큰 폭으로 하락했으며, 매각 예정이던 부동산의 가격도 폭락했다. 원래 재무적 투자자로서 참여하기로 했던 금융기관들도 모두 상황이 어렵게 되면서 새로운 큰 투자에 나설 형편이 안 되었다. 그 결과 2009년 3월 말까지 완납하기로 한 인수금액 6조 3천억 원을 마련하기가 힘들어졌다.

결국 한화그룹은 대우조선해양의 주인인 산업은행에게 도움을 청한다. 대금 완납이 아닌 분납과, 한화가 매각하려고 하는 몇몇 부동산이나 주식 등을 산업은행에서 사줄 것을 요청했다. 그러나 산업은행은 이러한 요청을 거부하고, 한화그룹이 납부한 이행보증금 3,150억 원을 계약불이행으로 가져가버렸다. 그 결과, 결국 대우조선해양의 매각은 원점으로 되돌아왔다. 한화는 3,150억 원의 공돈만 날린 셈이다.

아이러니하게도 산업은행이 계약을 파기한다고 선언하자 한화그룹 계열사의 주가가 동반 상승했다. 한화그룹이 대우조선해양 인수자로 선정되었을 때 주가가 폭락한 것과 정반대의 반응이 일어난 것이

산업은행 전경
대우조선해양의 주채권은행이었던 KDB산업은행은 한화그룹을 대우조선해양의 새 주인으로 선정했다. 그러나 2008년 세계금융위기의 여파로 자금사정이 악화되자 한화그룹은 계약금 3,150억원을 지급한 후 대우조선해양 인수를 포기했다.

다. 계약금 3,150억 원을 잃어버리게 되었지만, 시장은 계약금을 잃더라도 한화그룹이 인수를 하지 않는 편이 더 좋다고 평가한 것이다. 한화그룹도 마지막 순간에는 인수에 연연하지 않겠다는 듯한 행동을 보였다.

그 후 한화그룹은 계약금을 돌려달라며 산업은행에 소송을 걸었다. 세계금융위기라는 천재지변이 터졌고, 대우조선해양 노조의 방해로 실사도 못한 만큼 계약조건을 이행하지 못한 것이 한화만의 잘못이 아니라고 주장했다. 계약과정에서 중대한 상황의 변화가 생겼으니 계약조건을 다시 협상해야 한다는 주장이다. 이런 주장은 예보가 최초 8,236억 원에 팔기로 계약한 대한생명이, 매각 과정에서 예상치 못한 수준으로 실적이 좋아지고 있으니 상황이 변했다는 이유를 들어 점점 가격을 높혀 최종적으로 1조 6,150억 원에 대한생명을 넘긴 것과 유사한 경우다. 즉 계약조건을 변경할 만한 중대한 상황 변화가 당시 있었는지에 대한 논쟁이 법정에서 쟁점이 될 것이다.

또한 한화는 산업은행과 MOU 체결 후 최종 계약일까지도 실사를 하지 못했다. 그러자 우선 계약을 체결하고 실사를 나중에 하기로 했었다. 하지만 고용보장과 위로금 지급 등의 이유를 내세우며 노조가 회사 출입을 막아 끝까지 실사를 할 기회를 갖지 못했다. 산업은행이 한화가 실사를 할 수 있도록 기회를 제공하지 못했으므로, 원래 계약 내용을 수행하지 못한 것이 한화의 잘못뿐만은 아니니 3,150억 원 모두를 압수한 것은 부당하다는 내용이다.

대우조선해양과 한화의 미래

그러나 2011년부터 2012년까지 법원은 1심과 2심 모두에서 산업은행이 계약금을 돌려줄 의무가 없다고 판결했다. 법원은 매매계약을 체결한 후 실사를 하기로 했지만 실사를 못 했다고 해서 매매계약 전부를 해지해야 한다는 한화의 주장은 설득력이 부족하다고 판단했다. 실사를 못 한다면 계약을 파기한다는 등의 내용이 계약조건에 포함되어 있지 않았기 때문일 것이다.

대우조선해양은 현재 또다시 매물로 나올 준비를 하고 있다. 이제는 한화가 제시했던 6조 원대보다 훨씬 적은 4~5조 원대의 인수대금이 언론이나 애널리스트들로부터 언급되고 있는 상황이다. 산업은행 입장에서 보면 3,150억 원을 공짜로 벌었을지 모르나 6조 3천억 원에 팔지 못했으니, 5조 원에 팔게 된다면 무려 1조 원이나 손해를 보는 셈이다. 이자까지 생각한다면 손해는 더 커진다. 그러나 이런 손해는 기회의 손해일 뿐이며, 법정에서 기회의 손해는 거의 인정받지 못하므로 실제로 산업은행이 이런 손해를 입었다는 뜻은 아니다.

이러니 한치 앞을 내다볼 수 없는 세상이다. 앞으로 누가 대우조선해양의 새 주인이 될지 지켜보도록 하자. 세계 2위권의 우량 조선사이니만큼 대우조선해양은 우수한 경쟁력을 갖춘 회사다. 그러니 세계 경기가 회복되어 조선 경기가 살아나면 인수를 위한 치열한 경쟁이 다시 시작될 것이다.

이런 내용을 종합해보면 한화의 대한생명 인수는 정말 말도 많고 탈도 많았다. 산고를 거쳐 한화그룹의 일원이 된 대한생명은, 경영권이 한화그룹으로 넘어간 지 10년이 지난 2012년 6월 주주총회에서 회사의 명칭을 한화생명으로 바꾸기로 결정했다. 이제까지 수차례 시도했지만 2대 주주인 예보의 반대로 번번히 실패한 회사 명칭 변경안이 드디어 통과된 것이다. 예보를 제외한 거의 모든 주주가 명칭 변경안에 찬성표를 던진 덕분이다. 한화증권이나 한화손해보험, 한화투자신탁운용 등 기존 한화 브랜드를 사용하는 회사들과 함께 브랜드를 공유함으로써 시너지 효과를 내겠다는 것이 사명 변경의 이유다. '아픈 만큼 성숙해지지 않았을까.' 하는 생각을 하면서, 한화생명의 더 큰 발전을 기원해본다.

회계로 본 세상

한화가 대우조선해양의 인수자로 선정되기 이전에 이 글의 초고를 완성했었다. 그런데 인수전에 영향을 미치지 않기 위해서 발표를 미루다가, 그 후 다시 한화가 산업은행에 소송을 제기하자 소송에 영향을 미치지 않기 위해 소송이 어느 정도 마무리 될 때까지 기다렸다. 그러다 보니 무려 4년 이상 원고를 묵히게 되었고, 약간 시간이 지난 사례가 되어버렸다. 대우조선해양 인수전의 후속 사건까지 추가하게 되어 원고 내용도 조금 변했다.

어쨌든 본 사건은 정치인들이 얼마나 기업을 괴롭힐 수 있는지 잘 보여주는 사례다. 이렇게 못살게 괴롭히니 기업들이 정치인들에게 잘 봐달라고 로비를 하지 않을 수 없다. 물론 로비를 하는 것이 잘했다는 뜻은 절대 아니지만, 로비를 하지 않아도 기업을 경영하는 데 아무런 지장이 없는 사회가 빨리 되어야 할 것이다.

다시 한화의 대우조선해양 인수 실패 사건으로 되돌아가보자. 한화는 6조 원대의 인수자금을 마련하기 위해 여러 가지 방안을 마련해 두었지만 금융위기가 발생하자 사정이 달라졌다. 신규 선박건조 계약 체결이 전혀 없는 상태로까지 상황이 악화되면서 대우조선해양의 내재가치도 폭락했다. 그러자 한화는 이행보증금 3,150억 원만 날린 채 본계약을 포기했다. 결과적으로는 큰 손해를 본 셈이지만, 다르게 보면 더 큰 손해를 보고 그룹 전체가 흔들릴 수 있는 위기를 피한 셈이니 오히려 다행이다. 마지막 순간에 리스크를 제대로 깨닫고 손절매를 한 셈이다. 그래서 한화가 본계약을 포기한다는 소식이 알려지자 한화의 전 계열사 주가가 동반 상승한 것이다.

왜 산업은행은 2009년 당시 대금의 분할지급과 일부 자산의 구매 등을 요청한 한화의 요구를 거부했을까? 필자의 견해로는 만약 산업은행이 민간기업이었다면 당연히 이런 요청을 들어주었을 것이라고 생각한다. 금융위기가 일어난 후 조선업 업황이 급속하게 나빠지고 있는 상황에서 이 가격에 대우조선해양을 매각한다는 것이 얼마나 산업은행이나 정부에게 유리한 거래인지를 당연히 잘 알고 있었을 것이기 때문이다. 그러나 산업은행은 감사원의 감사를 받아야 한다. 처음의 매각조건을 바꾼다면 감사원은 틀림없이 한화에 대한 특혜를 베풀었다고 지적하며 책임자 문책을 요구할 것이다. 처음부터 한화를 반대했던 일부 정치권에서도 이를 정치이슈화할 것이다.

이러니 처음부터 산업은행은 다른 선택의 여지가 없었다. 모두들 손해라는 것을 잘 알지만, 자신의 경력이나 신분을 걸고 감사원이나 정치권에 맞설 공무원은 아무도 없다. 상황은 고려하지도 않고 규정을 지켰는지만 따지는 감사원의 감사 행태가 바뀌지 않는다면 앞으로 이런 일은 또 벌어질 수 있다. 모든 공무원들이 규정과 법조문에 얽매여서 행동해야 하는 이런 불합리한 문제가 하루바삐 해결될 수 있기를 바란다. 대통령이 아무리 '창조경제'를 외쳐도, 규정에 없는 새로운 시도를 하다가 하나라도 실수가 있으면 큰 불이익을 주는 현재의 제도가 바뀌지 않는다면 공무원들의 업무방식이 바뀔 리가 없다.

또한 정치권도 자신의 인기보다는 국익을 앞세워서 생각하기를 바란다. 기업을 마구 때려야 '정의의 사도'인 양 일부 언론에 보도되고 기업들에게 대접도 받을 수 있다는 이런저런 이유로 트집잡는 일은 그만했으면 한다. 그리고 국민들도 냉정하게 판단해서 도대체 무엇이 제대로 된 비판이고, 무엇이 근거 없는 헐뜯기인지 깨달을 수 있어야 할 것이다.[1] 언론도 기업을 때려야 광고를 수주할 수 있다는 사고방식을 버려야 할 것이다.

마지막으로 한화가 대우조선해양에 대한 실사를 하지 않은 채 6조 원대의 대금을 지급하겠다고 서류에 서명한 것을 지적하고 싶다. 실사를 하지 않은 채 계약서에 서명한다는 것은 어불성설이다. 실사에서 어떤 결과가 나올지 아무도 모르는데 어떻게 매각대금을 확정한다는 말인가? 집을 살 때도 그 집이 어떤 상태인지 방문을 하고 등기서류를 본 후 본 매매계약을 한다. 본서의 '왜 현대자동차가 현대건설 인수에 성공했을까' 편에서 다룬 현대건설의 M&A 당시에도 실사를 통해 재무제표에 반영되지 않았던 여러 사항들이 발견되었으므로 매각대금이 2천억 원이나 하향 조정되었다. 앞으로 M&A를 계획중인

---

1 '재벌을 옹호'하는 것이 아니라 일부 정치권의 잘못된 행태를 지적하는 것뿐이다.

모든 기업들이 꼭 명심해야 할 사항이다. 노조가 실사를 방해하고, 또 파는 쪽도 시간을 주지 않고 계약을 다그친다면, 이는 사는 쪽이 실사를 하지 않기를 바라기 때문일 가능성이 상당하다. 왜 그럴지 생각해 보자.

산업은행에서 실사를 하지 않아도 계약이 이루어지는 것으로 계약서를 작성하고 한화에게 서명하도록 요구했다는 사실 자체가, 산업은행 측에서 이미 세계금융위기의 여파가 얼마나 클 것인지 예측하고 매각이 취소되는 것을 막기 위해 적절한 대비를 한 셈이라는 점을 추측할 수 있다. 2008년 11월 당시 상황에서 조금이라도 실사가 지연되어 최종 계약체결이 늦어진다면, 그 사이에 금융위기의 상황이 더 악화되어 한화가 최종계약서에 서명을 하지 않을 수 있다는 가능성을 예측했던 듯하다. 치열한 두뇌싸움이 아닐까 한다. 산업은행 측에서 이런 조건을 최종계약서에 추가하자고 판단한 사람은 산업은행이 최소한 3,150억 원을 벌 수 있도록 해준 최고의 지략가인 셈이다. 이게 누구일지 무척 궁금하다.

M&A를 위한 대규모 자금조달 방법들의 차이점

•• 금호아시아나와 유진그룹 ••

대규모 M&A를 수행하기 위해서는 상당한 자금을 동원해야 한다. 금호아시아나그룹은 대우건설을 인수하기 위해 많은 자금을 직접 차입했고, 나머지 자금은 풋백옵션을 사용해서 빌렸다. 그 반대로 유진그룹은 우선 페이퍼컴퍼니를 설립하고, 그 페이퍼컴퍼니에서 자금을 빌리는 방법을 택했다. 이 두 방법은 필요한 자금을 외부에서 빌린다는 측면에서는 유사하지만 그 법적인 결과는 상당히 다르다. 두 방법이 어떤 차이가 있고, 어떤 결과를 가져왔는지 비교해본다. 그리고 LBO 관련 이슈들에 대해서도 알아본다.

2006년 금호아시아나그룹은 대우건설을 인수하면서 인수에 필요한 자금 6조 4천억 원의 대부분을 외부 차입을 통해 조달했다. 대우건설 인수에 참여한 금호산업과 금호타이어 등이 지불한 총 2조 9천억 원에 달하는 자금의 대부분을 금융권 차입과 채권 발행을 통해 직접 조달했고, 나머지 자금 3조 5천억 원은 미래에셋 등의 펀드와 연기금들로부터 투자를 유치했다. 이들 펀드와 연기금들이 금호아시아나그룹에 필요한 자금을 대출해준 것이 아니다. 금호아시아나그룹과 공동으로 대우건설 주식을 인수하면서 그 주식의 의결권을 금호아시아나에 위임한 것이다. 대신 금호아시아나는 인수 후 3년이 되는 시점에 그 주식을 주당 3만 4천 원 정도의 가격에 다시 사주기로 하는 풋백옵션putback option 계약을 재무적 투자자들과 맺었다.[1] 이처럼 경영

1 풋백옵션 및 기타 당시의 상황과 관련된 내용은 『숫자로 경영하라』에 실린 '숨겨진 그림자, 풋옵션을 양지로'를 참조하기 바란다.

•• 〈그림 1〉 금호아시아나의 대우건설 인수(2006년)

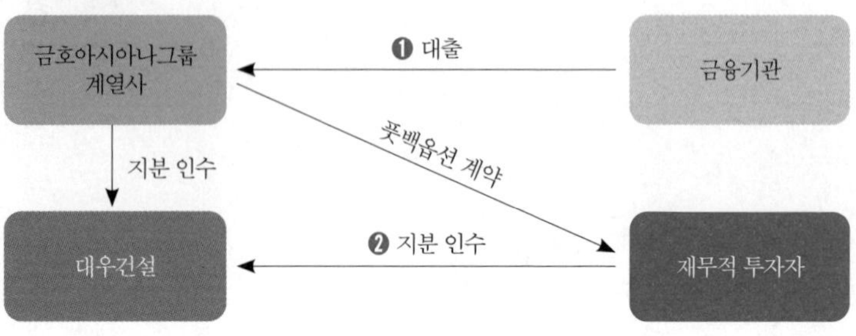

•• 〈그림 2〉 유진그룹의 하이마트 인수(2008년)

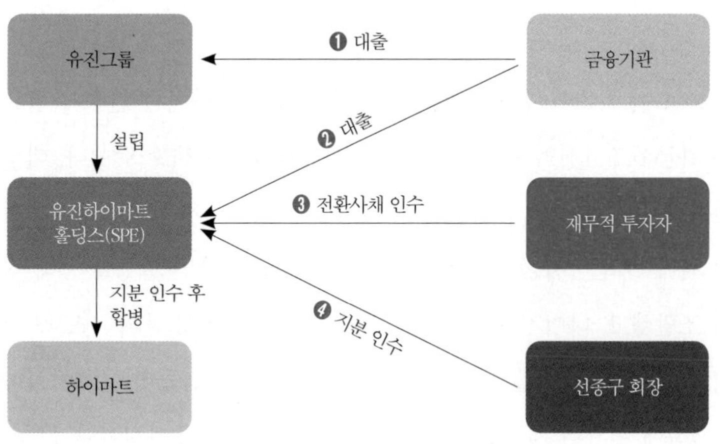

권을 목적으로 하지 않고 주식을 인수하는 투자자들을 재무적 투자자라고 부른다. 이에 반해 금호아시아나처럼 실제로 기업을 인수해 경영할 목적으로 주식을 인수하는 투자자들을 전략적 투자자라고 한다.

그런데 약속한 3년이 지난 2009년 말, 2008년 발발한 세계금융위기의 여파로 대우건설 주가가 불과 1만 원대 초반의 가격에 머무르고 있었다. 이러니 이 주식을 재무적 투자자들로부터 3만 4천 원에 사들이려면 막대한 자금이 필요했다. 금융위기 때문에 직접 조달한 차입금(〈그림 1〉의 ①)의 이자를 내기에도 벅찬 상황이었던 터라 금호아시아나는 풋백옵션 계약 이행을 위한 자금을 마련할 수 없었다. 그 결과 금호아시아나그룹의 경영권은 인수금융을 제공했던 산업은행 등 채권단의 손으로 넘어갔다. 그 과정에서 경영권 분쟁까지 벌어져 금호석유화학이 분리되는 등 그룹의 위상이 크게 하락하는 안타까운 상황이 벌어졌다.

대우건설의 인수 과정을 살펴보자. 대우건설을 인수하는 데 필요한 자금은 크게 〈그림 1〉에서 ①대출과 ②재무적 투자자들의 공동 지분 인수 형태를 통해 조달되었다. 이 방법은 과거 1990년대까지 M&A를 위해 대규모로 자금을 조달할 때 거의 대부분 사용되었던 방법이다. 그러나 2000년대에 들어서 자주 사용되는 방법은 아니다.

이를테면 다른 형태의 자금조달 방법도 있다. 지금부터 설명하는 방법은 1998년 외환위기 이후 정부의 주도로 국내의 기업들을 외국에 매각하는 과정에서 외국 기업들이 다수 사용했던 방법을 국내 기업들이 모방해서 사용한 방법이다. 예를 들어 2008년 유진그룹이 하이마트를 인수했을 때 유진그룹은 다음과 같은 방법을 사용했다. 총 1조 9,500억 원의 인수자금 가운데 유진그룹의 직접투자금액은 5,100억 원 정도였다. 5,100억 원 중 약 3천억 원은 유진그룹이 우리은행에서 직접 차입해서 마련했다. 〈그림 2〉의 ①에 표시된 금액이다.

거기에 자체 보유자금 2,100억 원을 합해 총 5,100억 원을 마련한 것이다.

유진그룹은 이 금액을 투자해서 특수목적회사SPE; Special Purpose Entity인 페이퍼컴퍼니 유진하이마트홀딩스를 설립해 자회사로 보유하게 되었다. 이 페이퍼컴퍼니는 금융사들로부터 총 1조 3천억 원을 차입했다(〈그림 2〉의 ②). IMM PE와 H&Q PE 등 사모펀드의 재무적 투자자들이 3천억 원을 투자해 전환사채를 인수했으며(〈그림2〉의 ③), 하이마트의 전문경영인이었던 선종구 회장이 900억 원을 투자해서 우선주를 인수했다(〈그림 2〉의 ④). 이런 과정을 통해 총 1조 9,500억 원의 자금이 마련되었고, 이 자금이 어피니티 에퀴티 파트너스 PE로부터 하이마트를 매입하는 데 사용되었다. 선종구 회장은 과거 종업원들과 함께 종업원지주제 형태로 주식을 보유하고 있던 하이마트를 어피니티 에퀴티 파트너스 PE에 매각했던 당사자였으므로, 몇 년간 휴식을 취한 후 다시 하이마트를 사들이는 데 참여한 셈이다. 선종구 회장은 유진과 함께 회사를 인수하면서 경영을 담당하기로 했다.

인수 후 유진하이마트홀딩스와 하이마트는 합병되었다. 그 과정에서 재무적 투자자들은 하이마트가 2011년 6월 상장될 때 보유하던 전환사채를 보통주로 전환한 후 대부분 매각해서 투자금을 회수하고도 상당한 이익을 남길 수 있었다. 유진그룹 또한 상장 당시 일부 지분을 매각했기 때문에, 〈그림 2〉에서 ①의 차입금도 이때 지분매각을 통해 마련한 자금으로 일부 상환했을 것이다. 특수목적회사인 유진하이마트홀딩스가 금융회사에서 직접 차입한 ②의 자금은 하이마트와 유진하이마트홀딩스의 합병 후 하이마트의 보유자금으로 일부 상환하고, 상장을 통해 마련한 자금으로도 상환했다. 그 결과 상장 직전인 2010년 말 166%였던 하이마트의 부채비율은 상장 직후인 2011년 9월 말 90% 수준으로 낮아졌다. 남은 부채 또한 하이마트가 벌어들이는 자금으로 상환해가면 된다.

차입매수와 관련된 법적 이슈

통상 이런 방식으로 실체가 없는 특수목적회사가 금융권에서 차입할 때는 담보를 제공해야 한다. 담보 없이는 조 단위의 막대한 자금을 빌려줄 금융사가 없기 때문이다. 유진그룹의 하이마트 인수 사례에서 담보는 특수목적회사가 매입하는 피인수회사(이 사례에서는 하이마트가 된다)의 주식이다. 즉 아직 인수하지 않은 피인수회사의 주식을 담보로 돈을 빌리고, 동시에 해당 회사의 주식을 인수해서 담보로 제공하는 것이다. 이를 차입매수LBO; Leveraged Buyout라고 부른다.

이런 경우는 합법이지만, 우리나라에서는 피인수회사의 자산을 담보로 돈을 빌려 해당 회사를 인수하는 차입매수(예: 2003년 S&K의 신한 인수, 2004년 C&그룹의 효성금속 · 우방 인수, 2011년 셀렌에스엔 등의 한글과컴퓨터 인수)는 불법으로 본다. 나중에 피인수회사가 벌어들인 자금이나 피인수회사의 보유 자산을 매각해 마련한 자금으로 부채를 상환하는 데 있어서는 양자가 다를 바 없는데도 말이다. 대법원 판례에 따르면 후자의 경우, 인수회사는 거의 아무런 위험부담 없이 피인수회사에만 상당한 위험부담을 지우는 것이기 때문에 피인수회사 주주들의 이익에 반한 행위로 간주해서 업무상 배임으로 본다. 자산을 담보로 돈을 빌리는 것은 상당한 위험부담을 감수하는 행위라는 의미다. 결과적으로 M&A가 성공해서 회사가 더 발전했다고 하더라도, 결과의 성공 여부와는 관계없이 과정이 불법이면 모두 법적 처벌대상이 된다.[2]

차입매수 방법 중 페이퍼컴퍼니를 이용하는 전자와 자산을 담보로 직접 돈을 빌리는 후자의 방법에 실질적으로 차이가 별로 없는 것 같지만 법률상으로는 상당한 차이가 있는 셈이다. 실제로 국내에서 전자의 방법을 사용한 M&A(2009년 동양메이저의 한일합섬 인수)는 검찰이 불법으로 기소를 했지만 몇 년을 끈 재판에서 최종적으로 무죄판결을 받았다. 재판까지 가지는 않았지만 KKR의 OB맥주 인수 및 여러 외국 기업들의 국내 기업 인수를 비롯해 최근 행해진 상당수 M&A가 대부분 전자의 형태를 띤다. 동양메이저 관련 재판이 2010년 종결되었으므로 그때까지는 많은 회사들이 재판결과를 지켜보기 위해 전자 형태의 M&A를 하지 않고 기다리고 있었다. 무죄 판결을 받았으므로 앞으로는 이 형식의 M&A가 더 빈번히 일어날 것으로 보인다.

2 후자 형태의 M&A 중 2006년 유비스타의 온세텔레콤 인수는 1심에서 유죄판결을 받았으나, 2012년 열린 2심에서는 무죄판결을 받았다. 이 경우 1,500억 원의 인수대금 중 1,200억 원을 피인수회사인 온세텔레콤의 자산을 담보로 대출받아 마련한 사례였다. 판결문에 따르면 무죄판결을 받은 이유는 M&A 과정에서 유비스타가 온세텔레콤의 지분을 100% 인수했으므로 피인수회사의 자산을 담보로 제공하는 것이 양측 주주의 이해관계에 모두 반하지 않았기 때문이다. 또한 1,500억 원의 인수대금 중 유비스타가 자체적으로 마련한 자금 330억 원도 투입되었기 때문에, 유비스타도 일부 위험부담을 졌다고 볼 수 있다. 결국 이 판례를 보면, 피인수회사의 지분 100%를 인수하지 않았거나, 인수대금의 거의 대부분을 피인수회사의 자산을 담보로 한 차입자금으로 조달했다면 불법이라는 의미다.

사실 동양메이저에 대한 검찰의 기소는 상당히 불합리해 보이는데, 그 이유는 동양메이저의 M&A 이전에 이미 KKR(OB맥주)이나 론스타(극동건설, 외환은행)가 똑같은 방법으로 M&A를 했는데도 검찰이 기소하지 않았었기 때문이다. KKR과 론스타가 국내에서 M&A를 했을 때와 비교하면 정권이 바뀌기는 했지만, 아무리 그렇다고 하더라도 동양메이저 건만을 기소한 것을 보면 국내 기업에 대한 역차별인 셈이다. 이런 사건들을 보면 법조계에 이 분야에 대한 전문가가 없다는 점도 짐작할 수 있다.

이렇게 M&A의 거래구조를 자세히 살펴보면 전자와 후자를 나누는 기준이 다소 애매하다는 것을 알 수 있다. 미국에서 LBO는 M&A 당사자 간 사적 계약으로 법의 판단 영역이 아니라고 본다.[3] 즉 M&A를 어떻게 하건 간에 처벌대상이 아닌 것이다. 남의 돈을 빌려서 M&A를 하더라도 금호아시아나그룹의 대우건설 인수처럼 인수회사가 직접 자금을 차입한다면 국내에서도 불법이 아니다. 피인수회사를 매입하기 위해 인수회사가 스스로 위험부담을 지는 셈이기 때문이다.

우리나라에서 전자 형태의 M&A를 합법으로 보는 이유는, M&A 이후 피인수회사와 페이퍼컴퍼니를 합병할 때(유진하이마트홀딩스와 하이마트를 합병하는 경우처럼) 소액주주들을 보호할 수 있는 장치와

3 이런 문제점 때문에 법원이 차입매수의 합법 및 불법 여부에 대한 명확한 판단 가이드라인을 만들기 위해 준비중이라는 내용이 2012년 언론에 보도된 바 있다. 필자의 개인적인 추측이기는 하지만, 피인수회사의 기존 소액주주들이나 채권자, 종업원들이 동의를 한다면 인수자가 차입매수를 해도 합법으로 허용해주는 쪽으로 결론이 나지 않을까 한다. 피인수회사의 경영형편이 어려워서 인수하고자 하는 후보자가 없다면, 회사를 청산하는 것보다는 위험부담을 지더라도 새로 도전해보고자 하는 주인을 찾는 것이 더 유리할 것이기 때문이다.

발언권이 주어지기 때문이라고 생각된다. 후자의 경우, 인수회사의 대주주가 인수자금을 마련할 목적으로 피인수회사의 자산을 금융권에 담보로 제공할 때 소액주주가 이를 반대하거나 저지할 수 있는 방법이 거의 없다. 유일한 방법은 대주주의 이런 행위로 인해 앞으로 회사의 가치가 하락할 것이라고 예상하고 주식을 시장에서 매각하는 것뿐이다. 만약 상당수의 주주가 거의 동일한 시점에 주식을 시장에서 매각하려고 한다면 주가가 하락해 손해를 입게 될 것이다. 그러나 전자의 경우, 피인수회사와 페이퍼컴퍼니의 합병 승인을 얻기 위해서는 주주총회에서 주주들의 동의를 받아야 한다. 그러니 합병에 반대하는 소액주주라면 주주총회에서 자신의 의견을 내세울 기회가 주어지고, 만약 그럼에도 불구하고 주주총회에서 합병이 승인된다면 주식매수청구권을 사용해 회사에 자신의 보유주식을 강제로 매각할 수 있기 때문이다.[4] 이때의 매각가격은 M&A 이전의 60거래일의 평균가격으로 결정되므로, 해당 M&A가 회사의 주가에 미친 영향이 일부 제거될 수

---

4 주식매수청구권이란 주주의 이해관계에 중대한 영향을 미치는 일정한 의안이 주주총회에서 결의되었을 때, 그 결의에 반대했던 주주가 자신의 소유주식을 회사로 하여금 매수하게 할 수 있는 권리를 말한다. 모든 의결사항에 대해 주주가 다 주식매수청구권을 행사할 수 있는 것이 아니라 합병이나 주식의 포괄적 교환 등의 경우에만 해당하며, 소규모 합병의 경우에는 적용되지 않는다. 국내에서 벌어지는 상당수의 합병의 경우 주식매수청구권을 행사하는 주식의 숫자가 너무 많으면 주식매수를 위해 지출해야 하는 자금이 증가해 합병에 큰 부담이 되기 때문에, '해당 주식의 숫자가 정해진 퍼센티지나 금액을 넘게 되면 합병을 무효로 한다.'라는 등의 내용이 합병계약에 포함되어 있는 경우가 많다. 예를 들어 2012년 네오위즈게임즈는 네오위즈인터넷과의 합병을 추진했으나, 주식매수청구권 청구액이 403억 원에 이르러 사전에 정해진 기준인 200억 원을 초과해 합병이 무산된 바 있다. 호남석유화학(현 롯데케미칼)도 2009년 케이피케미칼을 합병하려고 했을 때 주식매수청구권 청구액이 회사가 사전에 정해진 기준 2천억 원을 초과해 합병이 무산된 바 있다. 2012년도에 다시 합병을 시도했는데, 주주 1만 203명이 주식매수청구권을 행사했지만(총액 1,544억 원) 기준에 미달해 합병이 이루어졌다.

티아라가 출연한 하이마트의 광고 모습
유진그룹은 페이퍼컴퍼니를 설립해 자금을 조달하는 방식으로 하이마트를 인수했다. 페이퍼컴퍼니는 인수 후 하이마트와 합병된다. 이 방법은 인수자에게 여러 측면에서 유리하다.

있다. 즉 소액주주를 보호하기 위한 여러 장치가 합병 시점에 마련되어 있기 때문에, 전자의 차입매수 방법을 합법으로 보는 것이라고 생각된다.[5]

하이마트 인수를 위한 MBK파트너스의 자금조달

2012년 초 유진그룹과 선종구 회장의 경영권 분쟁 결과로 하이마트는 다시 시장에 나오게 되었다. 유진그룹이 하이마트를 인수한 지 4년 만에 우여곡절을 거쳐 다시 매물이 된 셈이다. 유진그룹과 선종구 회장의 지분 모두(65.25%)가 매각대상이었다. 2012년 6월 최초로 벌

5 필자는 법률전문가가 아니다. 이 부분의 내용은 필자가 관련 규정을 보면서 논리적으로 추론할 것일 뿐이다. 이 부분에 대한 보다 자세한 내용이 궁금하다면 전문가에게 자문하기를 바란다.

어진 입찰 결과, 한국 PEF업계의 대표주자라고 할 수 있는 MBK파트너스가 주당 8만 2천 원, 총 1조 2,500억 원대의 가격을 제시해 롯데쇼핑을 제치고 우선협상대상자로 선정되었다.

그러나 얼마 지나지 않아 상황이 달라졌다. MBK파트너스가 인수에 필요한 자금 마련에 어려움을 겪고 있다는 소문과, 연기금과 농협 등 잠재적 재무적 투자자들이 MBK의 지분투자 요청을 거절했다는 내용 등이 언론에 짧게 보도되었다. 잠재적 재무적 투자자들은 지분투자 요청을 거절하면서 인수에 필요한 자금을 대출해줄 수는 있다는 입장을 밝혔다는 내용도 보도되었다. 당시 언론보도 내용에 따르면 '인수금융'은 제공해줄 수 있다고 했다고 한다. 인수금융을 제공한다는 말이 대출을 해주겠다는 뜻이다.

그러다가 2012년 7월, 유진그룹에서 MBK파트너스와의 협상 파기를 선언했다. 아울러 입찰에서 2위를 차지한 롯데쇼핑에 하이마트를 팔겠다고 밝혔다. 왜 이런 결정이 내려졌는지 그 내막에 대해서는 자세히 알려진 바가 없다. 롯데쇼핑에 대한 매각가격은 1조 2,481억 원이다. 그 결과 유통업 분야에서 롯데쇼핑의 영향력은 더욱 커지게 되었다. 롯데백화점이나 롯데마트와 합하면 가전제품 유통시장에서 시장점유율이 1위다. 하이마트와 롯데마트만 더해도 지금까지 대형 유통업종의 최강자였던 이마트와 거의 대등한 규모다. 롯데쇼핑은 하이마트 인수대금을 마련하기 위해 회사채 약 7천억 원어치를 2012년 8월 초 발행했다.[6]

그렇다면 왜 잠재적 재무적 투자자들이 MBK파트너스의 지분투자 요청을 거절했을지 생각해보자. 협상 당시 주가는 5만 원에 약간 못

미치는 수준이었다. MBK가 유진그룹에서 하이마트를 매수하기 위해 제시한 매입가는 주당 8만 2천 원으로 시가에 비해 70% 정도 프리미엄이 붙은 가격이었다. 재무적 투자자들의 투자기간이 3~5년 정도라는 점을 고려해서 최장 기간인 5년을 기준으로 계산하면 주가가 최소 70%, 연간 7%의 기대수익률을 고려하면 90% 정도는 올라야 손해를 보지 않는다는 결론이 나온다. 결국 잠재적 재무적 투자자들은 하이마트 주가가 이렇게 많이 올라갈 가능성이 크지 않다고 판단했기 때문에 주식을 인수하는 형태의 자금 제공은 하지 않겠다고 결정을 내렸을 것이다.

참고로 설명하면, 금호아시아나그룹이 대우건설을 인수한 2006년 당시 금호아시아나와 재무적 투자자들이 체결한 풋백옵션 계약은 인수 3년 후 3만 4천 원에 재무적 투자자들이 보유한 주식을 금호아시아나가 되사주기로 한 내용이었다. 3만 4천 원이라는 가격은 재무적 투자자들에게 연간 8%의 수익률을 보장해준다. 유진그룹이 하이마트를 인수할 때 〈그림 2〉에서 ③의 경로로 투자했던 IMM이나 H&Q 펀드는 이런 계약 없이 인수에 참여했다. 즉 하이마트의 영업성과가 개선된 후 하이마트를 상장시켜 주식을 시장에 매각하겠다는 판단이

6 이 회사채는 3년 만기 3,500억 원, 5년 만기 2,300억 원 및 7년 만기 2천억 원이다. 회사채 만기가 한 시점에 집중되지 않도록 만기를 다양화해서 발행하는 것은 매우 현명한 방법이다. 다른 기업들도 이런 자금조달 방법을 배워야 한다. 롯데쇼핑의 조달금리는 2.98%(3년)에서 3.33%(7년) 정도로 신용등급(AA+)을 고려할 때 낮은 수준이다. 시장에서 보는 롯데쇼핑의 미래가 긍정적이라는 점을 시사한다. 경기 불황으로 안전자산에 대한 선호가 높아지면서 우량 채권에 대한 수요가 확대되었기 때문에 나타난 현상이다. 롯데쇼핑의 현금 흐름을 볼 때 하이마트 인수 후 대규모 투자를 더 할 여력은 거의 남아 있지 않을 것으로 보인다. 즉 당분간 벌어들이는 현금으로 부채를 상환하면서 내실을 다지는 기간을 보낼 것이다.

롯데백화점 사진
롯데쇼핑 산하 롯데백화점의 모습. 롯데는 하이마트를 인수함으로써 기존 유통업종 최강자였던 이마트와 거의 대등한 규모로 성장하는 계기를 마련했다.

었을 것이다. 또한 인수가격이 충분히 높지 않으므로 상장 이후 주식 가격이 매입가보다 많이 오를 수 있을 것이라고 예상했을 것이다.

MBK파트너스 사례에서 잠재적 재무적 투자자들은 이런 직접적인 지분 인수보다는 〈그림 2〉의 ②과 같은 형태로 SPE에 대출하거나, 〈그림 1〉과 〈그림 2〉의 ①처럼 MBK파트너스에 직접 자금을 빌려주는 방법을 택한 것이다. 피인수회사의 주식을 인수하면 주가가 많이 올라갈 때 상당한 수익을 기대할 수 있지만 주가가 오르지 않을 때 손해를 볼 위험도 크다. 반면 인수에 필요한 자금을 인수회사에 대출해주는 방식은 상대적으로 위험이 작으면서 기대수익도 작은 방법이다. 결국 MBK파트너스가 더 큰 위험을 지게 된다. 따라서 이 사례의 경우, MBK파트너스와 잠재적 재무적 투자자들의 의견이 엇갈리다가 MBK파트너스가 필요한 자금을 제때 조달하지 못했을 가능성이 있다. 그래서 유진그룹이 입찰에서 2위를 차지한 롯데쇼핑에게 하이마트를 넘기게 되었을 것이다.

부채를 통한 자금조달 방법의 차이

자금을 조달할 때 인수자 측에서는 어떤 방법을 선호할까? 인수자 입장에서는 SPE를 통해 부채를 조달하는 것을 선호할 것이다. 투자에 실패하더라도 인수를 위해 차입한 자금에 대해 인수회사가 직접 책임질 필요가 없기 때문이다. 즉 투자가 실패로 끝났을 때 인수를 위해 차입한 자금을 상환할 책임은 SPE에 생긴다. 이때 인수회사가 입을 수 있는 최대의 피해는 SPE와 인수한 피인수회사를 모두 잃는 것이다. 법적으로 보면 피인수회사를 인수하기 위해 차입한 주체는 SPE이므로, SPE의 모회사인 인수회사는 SPE가 파산한다고 해도 그 부채를 책임질 필요가 없다. 실제로 〈그림 2〉를 보면 유진그룹은 직접 조달한 부채가 3천억 원, SPE를 통해 조달한 부채가 1조 6천억 원이다. 만약 SPE가 파산한다고 해도 유진그룹은 1조 6천억 원에 대해 법적 책임을 지지 않는다.

그런데 만약 인수회사가 직접 부채를 통해 조달한 자금으로 피인수회사를 인수했다면 이야기가 달라진다. M&A가 실패로 끝나면 피인수회사를 다시 매각해서 마련한 자금으로 부채를 전부 상환하지 못할 수도 있기 때문이다. 남은 부채는 인수회사가 스스로 자금을 마련해 상환해야 한다. 이 부채를 상환하지 못한다면 인수회사 자체도 위험에 처할 수 있다. 바로 금호아시아나그룹의 경우다. 따라서 페이퍼컴퍼니인 SPE를 설립해서 피인수회사를 인수하는 방법이 이런 위험의 연결고리를 잘라낼 수 있는 방법이다. 인수회사가 SPE를 이용한 자금조달 방법을 선호하는 이유다.[7]

그렇다면 자금을 공급하는 역할을 하는 금융회사나 연기금 등 기관투자자들은 어떤 경로를 선호할까? 당연히 이들은 인수회사와 반대 입장이다. 인수회사에 직접 자금을 빌려주는 것(〈그림2〉의 ①)을 페이퍼컴퍼니에 빌려주는 것(〈그림 2〉의 ②)보다 선호할 것이다. 하지만 이런 논리는 일반론일 뿐이며 반대의 입장도 얼마든지 있을 수 있다. 피인수회사의 인수조건이 상당히 좋은 데 비해 인수회사의 재무상황이 좋지 않다면 오히려 SPE에 대출해주거나(〈그림 2〉의 ②) 지분투자를 하는 것(〈그림 2〉의 ④)을 선호할 것이다. 피인수회사의 상황이 아무리 좋아도 인수회사의 재무상황에 문제가 있다면 인수회사가 피인수회사에서 미래 기간 동안 받게 될 배당과 직접 벌어들인 이익만으로는 부채를 제때 상환하지 못할 위험이 있기 때문이다.

대출과 지분투자의 장점을 조합한 경우인 전환사채 투자(〈그림 2〉의 ③)도 할 수 있다. 피인수회사의 재무상황이 좋지 않다면 상대적으

7 2013년 들어 해외 조세피난처 국가에 페이퍼컴퍼니를 보유하고 있는 기업이나 개인들의 명단이 다수 언론에 보도되면서, 마치 이들이 모두 부도덕한 기업이나 개인인 양 매도된 바 있다. 해외에 비자금을 숨겨두기 위해 페이퍼컴퍼니를 설립한다면 부도덕한 일이지만, 이런 경우보다는 본고에서처럼 사업상의 이유에서 페이퍼컴퍼니를 설립하는 경우가 거의 대부분이라는 점을 알았으면 한다. 우리나라에 투자하는 외국 기업들 중의 일부가 조세혜택 등에서 이점이 있기 때문에 조세피난처 국가에 페이퍼컴퍼니를 설립한 다음 한국에 투자하는 것처럼(예를 들면 론스타의 극동건설과 외환은행 인수, KKR의 OB맥주 인수 등의 경우), 우리나라 기업들도 같은 이유에서 조세피난처에 다수의 페이퍼컴퍼니를 설립해 운영하고 있다.

로 안정적인 사채를 보유하고, 재무상황이 개선되어서 주가가 오르면 주식으로 전환해 차익을 누릴 수 있기 때문이다. 물론 인수가가 상대적으로 낮고 피인수회사가 앞으로 장기적으로 발전할 가능성이 높아서 주가가 상승할 가능성이 높다면, 직접 주식을 인수하는 방법을 택할 수도 있다. 〈그림 1〉의 ②의 방법이다. 위험도도 높지만 수익성도 높은 방법이다.

그러니 자금을 공급할 때의 기대수익률(이자수익이나 주가수익률)도 각 자금 공급 경로에 따른 위험 수준의 차이에 따라 달라진다. 결국 피인수회사나 인수회사의 재무상황 또는 M&A의 시너지 효과에 대한 전망 등에 따라 투자의 위험 정도가 달라진다. 그에 따라 인수회사와 자금조달기관 사이의 줄다리기 협상이 진행되고 구체적인 각 자금조달 경로에 따른 조달금액과 이자율 등 조건이 달라지는 것이다.

이런 협상은 빨리 끝나는 법이 없다. 다양한 재무적 투자자들이 한 거래에 동시에 참가하므로, 서로 눈치를 보면서 다른 측이 어떤 조건으로 계약을 하려는지 살피기 때문에 거의 마지막 순간까지 협상이 계속된다. 그러다 최종거래 마감 직전에 간신히 결론이 나게 된다. 막대한 자금이 움직이는 거래이니 만큼 엄청난 산고가 따르는 셈이다.

회계로 본 세상

SPE를 세워서 피인수회사를 인수하는 방식은 1998년 외환위기 이후 국내에 투자한 외국계 펀드들이 국내회사를 인수할 때 사용하면서 국내에 알려진 방법이다. 그 이전까지 국내에서 진행된 M&A는 거의 대부분 인수회사가 직접 자금을 조달해서 피인수회사를 매수하는 형태로 이루어졌다. 외국계 펀드가 자기자금을 크게 들이지 않고 SPE를 설립한 후 돈을 빌려서 한국 회사를 인수하는 방법을 본 후, 2000년대 중반부터 비로소 한국 회사들도 동일한 방법을 이용하기 시작했다. 최근 국내에서 벌어져 상당수 화제가 되었던 M&A 대부분이 이 방법을 사용한 것이다.

예를 들어 본고에서 소개한 사례들 외에도 2009년 미국의 사모펀드인 KKR이 다국적 맥주회사 AB인베브로부터 18억 달러에 OB맥주를 인수한 거래도 역시 LBO였다. SPE를 설립하여 인수한 후, SPE와 OB맥주를 합병하고, 그 후 OB맥주가 벌어들인 돈으로 인수에 사용된 빚을 상환하는 형태다. 이 M&A에서 한 가지 배울 만한 점은 미래의 이익배분 조건(언아웃earn out 조건이라고 함)이 계약에 포함되어 있다는 점이다. 신이 아닌 이상 미래를 정확하게 예측할 수는 없다. 따라서 OB맥주가 미래에 어떤 경영 성과를 보일 수 있을지 매각 시점에는 알 수 없다. 따라서 보통 회사의 매각 시점에는 인수회사와 판매자 사이에 미래에 대한 이익예측을 기반으로 한 회사의 가치평가, 결과적으로 매각가격을 둘러싸고 치열한 논쟁과 협상이 벌어진다. 그러다 합의가 이루어지지 않아 판이 깨지는 경우도 종종 발생한다. 미래의 이익배분 조건은 이런 문제점을 해결할 수 있는 방법이다. 현재 시점에서 회사를 18억 달러에 매각하지만, 미래의 계약기간 동안 회사의 경영 성과가 특정 목표수치 이상 초과하는 경우 인수자가 매각자에게 추가 금액을 지급하는 것이다. 결과적으로 M&A의 양 당사자 모두에게 공정한 수준에서 가격이 결정될 가능성이 높기 때문에 협상이 상대적으로 손쉽게 이루어질 수 있다.

과거 외환위기 이후 국내의 부실한 회사를 외국에 매각한 경우가 다수 있었는데, 그때 매각된 회사들이 매각 직후부터 바로 상당한 수준의 이익을 올린 경우들이 종종 있었다. 그래서 부실매각이나 국부유출 등의 비판이 그 후 다수 제기되었으며, 매수자 측에서 정치권이나 관료에 대한 뇌물 제공이나 로비 등을 벌였다는 의혹도 상당히 제기된 바 있다. 몇몇 경우는 소송전까지 벌어졌지만, 구체적인 뇌물제공에 대한 물증이 없었으므로 거의 대부분 재판에서 무죄판결을 받았다. 『숫자로 경영하라』에 실린 외환은행의 경우와, 본서에 실린 한화의 대한생명 인수, 론스타의 극동건설 인수 등을 예로 들 수 있다.

만약 당시 부정이 없었다고 가정한다면, 당시 국내의 매각 담당자가 외국의 전문가들과 비교할 때 협상이나 가치평가에 대한 경험이나 전문성이 부족해서 협상 과정에서 상대방에게 휘둘리다가 상대적으로 헐값에 회사를 외국에 팔게 되지 않았을까 하는 생각이 든다. 만약 그 당시 언아웃 조건을 매각계약에 포함시켰다면 헐값 매각 논란에서 상대적으로 자유로울 수 있었을 것이다. 매각 직후 상당한 이익이 난다면 그 이익의 일정 퍼센티지를 추가로 지급받을 수 있기 때문이다.

미국의 통계를 보면, 2000년대 중반에 벌어진 M&A 중 약 20~30% 정도가 언아웃 조건이 매각계약에 포함되어 있다고 한다. 그러나 이 방법도 만병통치약은 아닌 것이, 미국에서는 매각 이후 몇 년이 지난 뒤에 이 조건과 관련된 소송도 종종 벌어진다. 주로 매수자가 매도자에게 추가적인 이익배분을 하지 않으려는 의도에서 고의적으로 이익을 적게 기록하는 방식으로 회계처리를 하거나, 일부러 인수회사의 영업을 크게 확대하지 않기 때문이다. 그러니 이런 조건을 매각계약에 포함하려면 사전에 정확하게 어떻게 이익을 계산할 것이며 어떤 방식으로 경영을 할 것인지 등에 대해 양자가 합의를 해서, 그 내용을 계약서에 자세히 포함시켜야 한다. 이러니 언아웃 조건을 계약서에 포함하는 문제도 간단하지 않다.

예를 들면 르노-닛산은 2000년에 삼성자동차를 인수하면서 매각대금 6,150억 원 중 4,160억 원을 일종의 언아웃 조건으로 계약에 포함시켰다. 즉 2,100억 원만 지급하고 회사를 인수한 것이다. 그러나 르노삼성은 계약에 포함된 목표이익을 달성하지 못하고 있으므로, 르노-닛산은 차액을 과거 주주들(채권단)에게 아직까지도 지급하지 않고 있다. 그래서 르노삼성이 고의로 이익을 축소하지는 않는지, 또는 르노삼성이 일본 닛산으로부터 공급받는 부품값이나 기술 사용료 등 여러 이전가격transfer pricing들이 공정한 것인지에 관한 회계 관련 이슈가 종종 제기되는 상황이다. 예를 들어 2013년 초 국세청은 적자 상태인 르노삼성에 대한 세무조사를 실시해 무려 700억 원의 세금을 추징한 바 있다. 이전가격을 르노삼성에 부당하게 책정한 다음 국내 이익을 축소시켜서 국내에서 세금을 덜 냈다는 것이 국세청의 판단이다. 이 사건은 지금 법정다툼을 벌이고 있다.

어쨌든 그래도 이 방법이 매각가격에 대한 불확실성을 상당히 줄일 수 있는 상대적으로 공정한 방법이기 때문에, 앞으로 우리나라에서도 더 많은 기업들이 이 방법을 활용하기를 기대해본다.

재무적 측면에서 살펴본 현대건설의 몰락과 부활

• • • 현대건설 • • •

1998년 금융위기 시절 이라크 공사대금 연체 등의 이유로 엄청난 적자를 기록하며 파산했던 현대건설이 화려하게 부활해 마침내 2011년 현대자동차 그룹의 일원으로 탄생했다. 현대건설이 파산했던 이유부터 현대그룹의 경영권 다툼 상황과, 파산 후 부활하기까지의 일련의 과정에 대해서 살펴본다. 그동안 벌어졌던 무상감자와 출자전환, 구조조정 등의 사건들을 순차적으로 살펴봄으로써 기업 구조조정의 방법과 현대건설의 부활의 이유 등에 대해 공부할 수 있다. 더불어 팬택의 부활 사례도 살펴본다.

현대건설의 인수합병이 우여곡절 끝에 2011년 1월에 마무리되었다. 2010년 초부터 범현대가의 일원인 현대상선·현대엘리베이터 측과 현대자동차 측은 현대그룹의 정통성을 둘러싸고 광고전까지 벌이며 현대건설 인수를 위해 치열하게 경쟁했다.

처음엔 5조 5천억 원의 인수금액을 제시한 현대상선 측이 현대건설을 인수하는 듯했다. 현대상선은 2010년 11월에 있었던 입찰에서 1순위를 차지한 상태였다. 하지만 현대상선은 채권단이 요구한 자금출처를 증명하지 못해 우선협상자 지위를 박탈당했다. 채권단은 5조 1천억 원을 제시해 입찰에서 2위를 차지했던 현대자동차에 현대건설을 넘기기로 결정했다. 이로써 고故 정주영 회장이 설립하고 현대그룹의 모태가 된 현대건설은 2000년 말 파산한 후 채권단 손에 넘어갔다가 10년 만에 아들 정몽구 회장이 경영하는 현대자동차에게 돌아갔다. 현대상선에서 거세게 반발했으나 채권단의 결정은 뒤집히지 않았다.

이후 실제 인수가격은 실사과정에서 발견된 부실자산과 우발채무가 반영되어 4조 9천억 원으로 조정되었다. 결과적으로 당초 시장에서 예상하던 현대건설의 가치가 4조 원대 초반이라는 점을 고려하면 4조 9천억 원이라는 인수대금은 싸지는 않지만 크게 비싸지도 않은 수준으로 볼 수 있다. 최종 인수가격은 당시 시가에 약 60%의 프리미엄을 더한 가격으로 현대건설의 전체 지분 중 35%를 인수하는 금액이다. 참고로 금호아시아나그룹은 시가에 약 90%대 후반의 프리미엄을 더한 가격으로 2006년 말 현대건설의 건설업계 경쟁자인 대우건설을 인수한 바 있다.

현대건설의 경영권 분쟁과 파산

1947년 고 정주영 회장이 설립한 현대건설은 경부고속도로 건설과 중동 진출 등에 앞장서면서 국내 제1의 건설사로 우뚝 섰다. 그러다 1990년대 후반 아시아 금융위기가 발생하면서 위기가 시작되었다. 국내 건설경기가 급속히 위축되었고 시장 이자율이 20%선까지 치솟았다. 이라크에 건설중이던 공사대금 약 1조 원도 받지 못했다.

악재가 겹치면서 현대건설의 경영상황은 급속히 나빠졌다. 1998년 현대건설은 290억 원의 흑자를 기록했지만 1999년에 1,200억 원의 적자, 2000년에는 3조 원의 적자를 내는 등 적자 규모가 눈덩이처럼 불어났다. 2000년 현대건설을 감사한 삼일회계법인은 현대건설이 계속 기업으로 존속할 가능성이 불확실하다는 감사의견을 발표했다. 이 의견은 회사가 분식회계를 했다는 뜻은 아니지만, 회사가 파산할 가능성이 높다는 것을 의미한다. 1996년 한때 최고 4만 원대까지 올랐던 현대건설의 주가는 2000년 들어 2천 원대로 급락했다.

이 와중에 2000년 초 고 정주영 회장의 세 아들이 현대그룹 경영권을 차지하기 위해 분쟁을 벌이면서 현대그룹에 대한 평판이 급속히 나빠졌다. 고 정주영 회장이 2선으로 물러난 후 현대그룹은 정몽헌 회장의 현대건설·현대아산·현대상선·현대전자·현대증권 계열, 정몽구 회장의 현대자동차 계열, 정몽준 회장의 현대중공업 계열로 크게 삼三분된 상태였다. 언론에 자주 보도되어 널리 알려진 이익치 사장이나 김윤규 사장들은 모두 정몽헌 회장 계열사를 이끌고 있었다. 그런데 정몽헌 회장의 계열사 경영상황이 악화되면서 자금이 필요한 정몽헌 회장이 다른 계열사들로부터 자금을 빼내려고 하자 정몽구 및 정몽준 회장이 반발했고, 이는 소위 현대가家 '왕자의 난'이라고 불리는 형제들 사이의 경영권 분쟁으로 발전했다.

이런 분란이 발생하기 전만 해도 정부는 정몽헌 회장 측과 매우 긴밀한 관계를 유지하고 있었다. 정몽헌 회장은 정부의 적극적인 도움으로 1999년 말 거의 전액 부채로 조달한 자금 2조 6천억 원으로 LG반도체를 인수해 현대전자(현 SK하이닉스)에 합병시키기도 했다. 정부의 역점사업인 대북사업도 정몽헌 회장 측 계열사인 현대아산이 주도하고 있었고, 당시 외부에 잘 알려지지는 않았지만 2000년 발생한 4억 5천만 달러의 대對북한 비밀 송금이나 집권당의 고위 정치인들에 대한 수백억 원대의 비자금 제공 등도 모두 정몽헌 회장 측 계열

•• 당시 현대건설의 영업실적 및 재무상태

단위: 십억 원

	1996	1997	1998	1999	2000
매출액	4,732	5,607	5,826	5,727	6,385
영업이익 (손실)	-408	-465	-500	-314	-24
당기순이익 (손실)	-21	-14	-29	-121	-2,980
자산	7,094	9,457	8,569	9,284	7,258
부채	6,111	8,204	7,219	6,959	8,115
자본	983	1,253	1,350	2,325	-857

매출액은 지속적으로 증가하지만 당기순이익이 1996년부터 1998년까지 미미한 수준이었다. 그러다 1999년과 2000년 대규모 적자를 내면서 현대건설은 파산한다. 2000년의 대규모 적자 때문에 2000년 자본이 –8,570억 원으로 자본잠식 상태가 된다.

사에서 발생한 사건이었다.

하지만 왕자의 난이 언론에 크게 보도되면서 현대그룹에 대한 여론이 급격히 나빠지자 정부의 입장도 난처하게 되었다. 1999년 말 대우그룹 전체가 워크아웃에 돌입해 김우중 회장이 경영권을 박탈당하고 검찰 수사가 진행되고 있었기 때문에 현대그룹만 계속해서 보호해 줄 명분이 없었다. 2000년 중반이 되자 정부도 적극 나서서 현대 계열사들을 압박하며 구조조정을 요구했다. 그 중에서도 경영상황이 가장 안 좋은 회사가 현대건설과 현대전자였다. 2000년 중반 산업은행은 현대전자를 인수해 현대그룹으로부터 분리시켰다. 이후 현대전자는 사명을 '하이닉스 반도체'로 바꾸고 현대라는 이름을 떼어냈다.

당시 노환으로 투병중이던 정주영 회장은 이라크 공사대금 연체로 큰 위기에 처한 현대건설을 살리기 위해 통 큰 결단을 내렸다. 2000년 11월 자신이 보유한 현대건설 회사채 1,700억 원을 자본금으로 출자전환한 것이다. 즉 부채를 줄이고 그만큼 새로 발생한 주식과 부채를 교환한 것이다. 또 개인 자산 783억 원을 추가로 회사에 출자하고 현대건설이 보유하고 있던 계열사 지분을 시장에 매각해 3,431억 원의 자금을 마련했다. 이런 방법을 거쳐 마련한 자금으로 2000년 말까지 현대건설은 총 1조 1,700억 원의 부채를 상환하거나 출자전환을 통해 감소시켰다. 그러나 2000년 말 기준 현대건설의 유동부채는 무려 6조 8천억 원, 자본은 -8,572억 원, 2000년 당기순손실은 3조 원에 달했다. 더이상 회사를 유지하기란 어려웠다. 그 결과 현대건설은 2000년 12월 30일 만기가 돌아온 기업어음 224억 원을 상환하지 못하고 파산했다.

채권단의 인수와 1차 무상감자

이런 상황에 처하자 현대건설에 자금을 댔던 은행들이 채권단을 구성해 현대건설을 어떻게 처리할 것인지 고민하기 시작했다.[1] 회계법인에 현대건설의 가치평가를 의뢰한 결과, 청산가치보다 계속기업가치가 높다는 판단이 나왔다. '청산가치'란 회사를 현재 청산했을 때 부채를 지급하고 남는 현금을 말한다. 반면 회사에 자금을 좀더 투자해

1 채권단의 정식 명칭은 '㈜현대건설 채권금융기관 협의회'로서, 시중은행 및 신용보증기금 등 총 12개 기관으로 구성되었다.

서 회생하게 한 후 주식을 시장에 매각해서 현금을 회수할 수도 있는데, 이처럼 회사를 계속 경영했을 때의 미래 상황을 추정해서 평가한 가치를 '계속기업가치'라고 한다. 현대건설은 회사를 청산했을 때 채권을 거의 회수할 수 없는 상황이었기 때문에 청산가치가 거의 없었다. 청산했을 때의 가치보다 회사를 살려서 매각하는 계속기업가치가 높았으므로, 채권단은 현대건설을 인수해서 직접 경영하고 회사를 살린 후 매각하기로 결정했다.

2001년 3월 26일, 한강의 경제기적을 이끌어온 장본인이라고 할 수 있는 현대그룹의 창업자 정주영 회장이 사망했다. 그 직후인 2001년 4월 30일, 현대건설은 무상감자를 공시했다. 대주주 일가의 보유지분인 15% 지분에 대해서는 경영실패 책임을 묻는 의미에서 완전감자를 하고 기타 소액주주들의 지분에 대해서는 5.99 대 1 비율로 감자하겠다는 내용이다. 이런 형식의 감자를 '차등감자' 또는 '비대칭감자'라고 한다.

감자 결과 대주주 일가의 지분이 현대건설에서 완전히 사라져 대주주는 경영에서 손을 떼게 되었다. 이런 무상감자 비율에 대해 소액주주들은 자신들은 경영실패에 책임이 없다며 거세게 반발하고 소송을 제기하기도 했지만 법원에서 모두 기각되었다. 손해를 본 소액주주들의 안타까운 상황에 대해 동정은 가지만, 모든 투자 책임은 투자자 자신에게 있다고 봐야 할 것이다. 물론 경영을 직접 담당한 대주주의 책임이 더 크기는 하다. 그래서 대주주는 완전감자를 통해 모든 지분을 포기하게 된 것이다. 사실 대주주에 대한 감자비율이 대부분 높기는 하지만, 이 경우처럼 완전감자를 하는 경우도 드물다. 완전감자를 했다는 것 자체가 대주주 일가가 경영권을 완전히 포기하더라도 채권단의 도움을 얻어서 회사를 살리겠다는 의지를 나타낸 것이라 볼 수 있다.

5.99 대 1이라는 감자비율은 무상감자 이후 주가와 주가 액면금액 5천 원을 거의 일치하게 만드는 수준에서 결정된 것이다. 즉 무상감자 후 기존 주식 5.99주가 신주 1주로 바뀌는데, 기존 주식 5.99주 시가의 합이 신주 액면가액 5천 원과 거의 일치하는 수준에서 감자비율이 결정되었다.

감자 직후 첫 거래일에 주가는 4,290원으로 폭락했다. 실망한 소액주주들이 주식을 투매했기 때문이다. 3주 후인 2001년 7월 27일, 채권단은 1조 9,750억 원의 대출금을 액면 기준 주식으로 전환했다. 그 결과 현대건설은 현대그룹의 품에서 벗어나 채권단을 새로운 최대주주로 맞이하게 되었다. 실제로는 출자전환 후에도 채권단 지분비율이 45% 정도로, 55% 지분을 보유한 다수 소액주주들과의 협력을 통해 회사를 이끌어가야 하는 상황이었다.

출자전환으로 부채가 대폭 줄어들고 자본이 증가하면서 2001년 말 기준 현대건설은 자본잠식 상태에서 벗어났다. 여전히 부채가 5조 3천억 원이나 되는 반면 자본이 6,800억 원에 불과하기는 했다(부채비율 790%). 2001년에는 8,100억 원의 당기순손실을 기록했다. 그러나 출자전환 이후 부채총액이 줄고 각종 비용절감을 위한 노력이 효과를 발휘하면서 회사 상황이 점차 개선되기 시작했다. 소폭이기는 하지만 2002년 190억 원, 2003년 790억 원 등 흑자를 내기도 했다. 2003년 기준 부채비율은 543%였다.

이 과정에서 채권단의 재무적 지원 외에 다른 많은 요인들이 현대건설의 부활을 이끌었다. 직원들도 회사를 살리기 위해 많은 노력을 기울였다. 우선 안타까운 일이었겠지만, 원가 절감을 위해 직원을 많이 줄였다. 2001년 1월 총 7,200명의 직원을 5,200명으로 줄이는 1차 감원을 실시했다. 2001년 12월에는 고위급 관리자 20%와 중간관리자 200명을 또 해고했다. 그 결과 임금과 복지비 지출이 큰 비중을 차지하는 판매관리비가 2001년 4,480억 원(매출액의 7.12%)에서 2003년 1,670억 원(매출액의 3.23%)으로 줄어들었다. 판매관리비 비중을 절반 이하로 낮춘 것은 놀랄 만한 수준의 비용 절감으로, 구조조정을 하는 다른 기업들이 배울 만한 모범적인 사례라고 할 수 있다.

비핵심사업도 정리했다. 엔지니어링과 철구 사업을 분사했고, 시설관리는 아웃소싱했다. 불필요한 자산은 처분했다. 정주영 회장의 숙원사업이던 서산 간척지도 조각조각 나누어 팔았다. 오랫동안 현대건설의 본사였던 계동 사옥도 현대자동차에 처분했다. 마지막으로 현대건설에 남은 모든 임직원이 회사를 살리겠다는 일념 하나로 똘똘 뭉쳐 열심히 노력했다.

상장폐지 위험과 2차 무상감자

2003년 8월 대북 송금과 비자금 조성, 정치인에 대한 수백억 원대의 뇌물 제공 등의 혐의로 특별검사의 수사를 받던 정몽헌 회장이 현대사옥에서 투신해 사망한 사건이 일어났다. 자살인가 타살인가를 놓고 논란이 일었지만 진실은 아무도 모른다.[2] 이 사건 이후 현대그룹에 대한 동정적 여론이 일기 시작했다. 현대그룹에 대한 정부의 압박이 상당히 줄어드는 분위기가 감지되었다. 현대건설은 이미 현대그룹에서 분리되어 채권단이 소유하는 형태였지만 이런 분위기가 일부적으로나마 영향을 미쳤을 가능성이 있다. 결국 대북 송금이나 기타 거액의 비자금 조성과 관련된 수사는 흐지부지하게 종결되었고, 비자금 수수 혐의로 재판받던 정치인들도 무죄로 풀려났다. 비자금으로 주었다는 돈은 차명구좌에서 발견되었지만 주었다는 사람은 고인이 되었으니 법정에서 증언할 수가 없었기 때문이다. 현대그룹의 임원들은 모두 회장님이 한 일이라서 자신들은 내막을 알지 못한다고 변명했다. 정치인들은 차명구좌의 자금은 자기와 무관하다고 주장했다. 결국 주인이 없으므로 차명구좌에서 발견된 막대한 돈은 정부가 압수했다. 이 판결은 상당히 정치적인 판결이라고 그 후 오랫동안 논란이 된다.

그러던 중 한국거래소의 상장폐지 규정이 강화되어, 2004년 1월부터 강화된 규정이 적용되면서 현대건설이 상장폐지 대상이 되는 문제가 발생했다. 이전에는 자본 전액이 잠식되면 상장폐지에 해당되었으나 규정이 바뀌면서 자본의 50%만 잠식되어도 상장폐지 대상이 되도록 바뀐 것이다.[3] 회사의 당기순이익 중 배당을 제외한 잔액을 사내

2 자살인가 타살인가 논란이 일어난 이유는 자살할 만한 뚜렷한 이유가 없었기 때문이다. 또한 정 회장이 투신했을 것으로 추측되는 회장실 유리창이 옆으로 밀어서 열리는 유리창이 아닌 고층빌딩에 주로 사용되는 앞으로 밀어 비스듬하게 열리는 조그마한 유리창이기 때문이다. 성인 남자가 혼자 힘으로 빠져나가기 상당히 어려운 작은 유리창이기 때문에, 누군가가 힘을 사용해 뒤에서 억지로 밀어넣은 것이 아니냐는 의혹이 다수 제기되었다. 지금과는 달리 CCTV가 없던 시기였기 때문에 이런 의혹을 증명할 방법은 없다.

에 유보하는데 이 금액을 이익잉여금이라고 한다. 다만 회사가 적자를 계속 기록해 이익잉여금이 음(-)인 상황이 되면 이익잉여금이 아니라 누적결손금이라고 한다. 자본잠식이란 회사가 적자를 기록해 누적결손금이 재무상태표에 기록되는 것을 말한다. 자본전액잠식이란 누적결손금이 너무 커져서 자본 전체가 음(-)이 되는 상황이다. 자본이 잠식된 기업은 상장폐지 위험을 모면하기 위해 증자를 통해 자본금을 늘리거나, 누적결손금을 없애거나 대폭 줄여야 한다.

현대건설을 회복시켜 매각해야 하는 채권단 입장에서는 현대건설이 상장을 유지하도록 해야 할 필요가 있었다. 상장폐지가 된다면 일단 주식을 당분간 팔 수가 없으므로 소액주주들의 반발이 거세질 것이고, 나중에 비상장주식에 대한 매수자를 찾기도 상장주식의 경우보다 힘들기 때문이다. 상장폐지 후 나중에 재상장을 한다면, 재상장을 하기 위한 비용도 상당하거니와 절차도 복잡해서 최소 2~3년이 소요된다.

그 결과 현대건설 채권단은 2003년 10월, 2004년 1월 기준으로 9.05 대 1의 무상감자를 실시하기로 결정했다. 이 감자는 차등감자가 아니라 모든 주주들에게 균등하게 적용되는 균등 또는 대칭적 감자였다. 아울러 채권단은 감자 직후 전환사채 5,889억 원을 출자전환하기로 했다. 여기서 9.05 대 1의 감자비율도 1차 감자 때와 유사하게 감자한 후 주식 한 주의 시장가격이 출자전환하는 부채의 액면가와 비

3 보다 구체적으로 설명하자면, 자본잠식률은 '(자본금-자본)/자본금'의 방법으로 계산한다. 2004년 1월부터 상장규정이 변경되어, 자본잠식률이 50%를 초과하면 상장폐지 대상으로 분류된다.

슷해지도록 하는 수준에서 결정된 것이다.[4] 이런 결정에 소액주주들은 극심하게 반발했으나 이 감자안은 주주총회에서 80%의 찬성으로 통과되었다. 소액주주들이 제기한 소송도 법원에서 기각되었다.[5]

감자안이 공표된 시점부터 주주총회 의결 때까지 현대건설 주가는 무려 40%나 폭락했다. 9.05 대 1이라는 감자비율과 그 이후 출자전환으로 기존 소액주주들이 보유한 회사의 지분가치가 대폭 감소하기 때문에 소액주주들이 크게 반발한 탓이다. 5,889억 원의 전환사채를 주식으로 전환하면 총 5,300만 주의 주식을 받는다. 무상감자 이후 기존 주주들이 보유하는 주식은 총 5,600만 주로, 채권자들이 신규로 받는 주식은 전체 주식의 절반 수준에 육박하는 셈이다. 따라서 기존 주주들이 볼 때 지분율 희석이 엄청났다. 1차 감자 때의 5.99 대 1 감자와 합해보면 지분의 가치가 약 1/54로 줄어드는 셈이다.[6] 따라서 일부 소액주주들이 1차 감자 때처럼 소송을 제기하기도 하고 시위를 하기도 했지만 법원은 제소를 모두 기각했다. 소액주주들은 감자 전에 55%의 지분을 보유하고 있었으나 감자 후에는 32%의 주식만 갖게 되었다. 채권단은 68%의 지분을 보유하면서 현대건설의 대주주가 되었다.

현대건설은 감자를 통해 자본금을 줄이면서 동시에 이 금액을 누적

4 부채의 액면가는 부채의 시장가와 거의 동일하다. 따라서 교환되는 부채의 시장가치와 주식의 시장가치가 거의 일치하게 교환비율이 정해진 것이다.

5 감자 등의 사건과 관련해서 소액주주들이 소송을 제기하는 일은 종종 벌어지는데, 이 경우 원고가 승리하는 경우는 거의 보지 못했다. '우리는 경영에 직접 참여하지 않았으니 손해를 보는 것이 부당하다.'라는 소액주주 측의 주장은 거의 받아들여지지 않는다는 것을 알 수 있다.

6 주식 한 주의 가치가 1/5.99로 줄어든 후 다시 1/9.05로 줄어드는 셈이므로, 이를 곱하면 54.21 (5.99 × 9.05 = 54.21)이 된다.

• 2차 무상감자 전후 주요 사건이 발생한 날의 주가

날짜	종가(원)	사건
2003년 10월 7일	2,015	관리종목으로 지정되는 것을 막기 위해 무상감자를 실시할 수도 있다고 공시
2003년 10월 13일	1,320	9.05 대 1의 비율로 무상감자를 한다고 공시
2003년 10월 16일	1,220	이사회에서 9.05 대 1의 무상감자 비율 결정
2003년 11월 28일	1,115	주주총회에서 9.05 대 1의 무상감자 비율 승인
2003년 12월 29일	1,145	무상감자 실시 전 마지막 거래일
2004년 1월 5일	1,145	소액주주들이 주주총회의 결정에 대해 소송 제기
2004년 1월 13일	11,050	무상감자 이후 첫 거래일
2004년 3월 30일	10,600	5,889억 원의 전환사채를 주식으로 전환

• 2차 무상감자 이후 현대건설의 지분 구조 변화

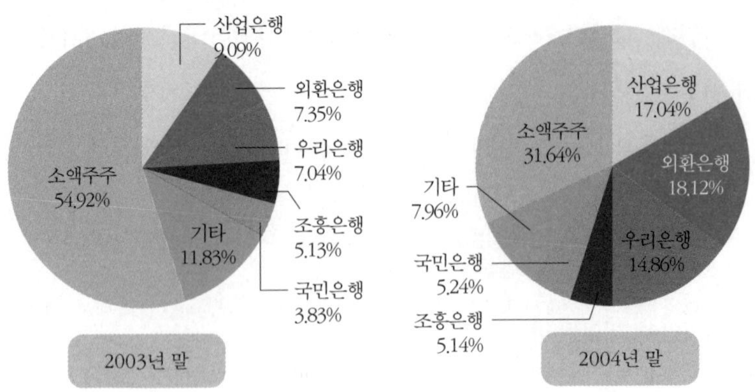

결손금과 상계처리했다. 자본금과 누적결손금이 동시에 줄어든 것이다. 이후 출자전환을 통해 증자했으므로 자본금이 다시 늘어났다. 상장폐지 위험에서 벗어나게 된 것이다. 출자전환 결과로 부채가 줄어들면서 2004년 말 기준 총 부채는 3조 6천억 원, 총 자본은 8,800억 원으로 부채비율이 413%로 떨어졌다. 전년도 말 기준 543%와 비교할 때 재무구조가 상당히 개선된 것이다.

현대건설의 부활과 성공 요인

2004년 내내 현대건설의 경영상황은 미세하지만 조금씩 개선되었다. 여전히 상당한 부채가 남아 있었으나 2005년 전국에서 부동산 붐이 일면서 경영상황이 크게 호전되기 시작했다. 2006년에는 무려 4천억 원의 당기순이익을 냈다. 신용등급은 BBB+에서 A-로 상향 조정되었다. 그리고 2006년 중 기업회생절차워크아웃에서 졸업하는 경사를 맞았다. 당시 차입금은 1조 7천억 원대, 수주 잔고는 무려 25조 원대에 이르렀다. 시련의 터널을 헤치고 드디어 생환에 성공한 것이다.

그 후 2008년 세계 금융위기가 터지는 바람에 새 주인을 맞이하기까지는 몇 년의 시간이 더 걸렸다. 국내 건설시장이 꽁꽁 얼어붙는 중에도 현대건설은 우수한 기술력으로 해외 건설시장에 주력해 수주고를 유지했다. 덕분에 금융위기의 피해는 크지 않았다. 2010년 매각 작업이 시작되었고 치열한 경쟁 끝에 현대자동차가 새 주인이 되었다.

재무적 측면에서 본 현대건설의 성공 요인은 3가지로 요약된다. 첫째, 과감한 인력 절감과 구조조정으로 비용을 대폭 감소시킨 점이다. 당시에는 마음 아픈 결정이었겠으나 이처럼 과감한 조치를 단행하지 않았다면 회사가 살아나지 못했을 가능성이 크다. 안타깝더라도 회사를 살리기 위해서는 어쩔 수 없다. 둘째, 소수의 은행들이 다수의 채권을 보유하고 있었다. 외환·우리·산업은행의 3개 은행이 보유한 채권만 따져도 전체 채권의 25%가 넘었다. 그래서 이들 은행이 주도적으로 중요 사항을 결정하고 쉽게 실행하는 일이 가능했다. 만약 다수 채권자들이 각각 소액의 채권을 보유했다면 이해관계가 서로 다른 채권자들 간에 의견 통일이 어려웠을 것이다. 경영계획을 앞장서서 수립하고 실천할 주도 세력이 없기 때문에 회사가 쉽게 살아나기 힘들었을 것이다. 과거 사례를 보면 기관에 비해 개인 투자자들은 조금도 양보하지 않으려는 경향이 높기 때문에, 증자나 감자 같은 서로의 이해관계가 첨예하게 대립하는 안건에 대해서는 서로 다투다가 합의하지 못하는 경우가 상당하다. 그러다 보면 시간이 걸리고 그 사이 회사의 경영상황은 더 나빠진다. 반면 은행들은 당장은 손해를 보더라도 장기적인 입장에서 논리적으로 판단해 감자나 출자전환 등에 대한 합의를 상대적으로 쉽게 이끌어낼 수 있다. 셋째, 출자전환이 큰 역할을 했다. 채권단이 단기적인 대금 회수보다 장기적으로 회사 살리기를 위해 채권을 주식으로 전환하는 데 대승적으로 동의했다. 이를 통해 현대건설의 생환이 더욱 앞당겨질 수 있었고, 채권단은 경영이 호전된 후인 2011년에 보유하고 있던 주식을 현대자동차에 매각해 상당한 이익을 얻을 수 있었다.

물론 재무적 요인 외에 다른 요인들도 현대건설의 생환에 기여했다. 우수한 기술력과 직원들의 노력, 고 정주영 회장 때부터 쌓아온 '하면 된다'라는 도전정신과 문화를 빼놓을 수 없다. 여기에 운도 따랐다. 2004년부터 2006년까지 국내 부동산 가격 폭등이 없었다면 완전한 회복에 시간이 좀더 걸렸을 것이다. 정몽헌 회장 사후에 '현대그룹을 돕자'는 분위기로 여론이 선회한 점도 채권단 또는 정부의 신속한 출자전환 결정 및 여러 소송에서의 법원 판결에 영향을 미쳤을 것이다.

하지만 운도 준비하는 자에게만 따르는 법이다. 우연이든 필연이든 현대건설은 당시 찾아온 기회를 잡을 수 있을 만한 역량을 갖추고 있었다. 기회가 와도 기회가 있는지조차 모르고 지나쳐버리는 경우가 더 많다. 금융위기 이후 많은 건설사들이 파산한 것을 보면 어려운 상황에서도 세계시장에 진출해 발전을 멈추지 않은 현대건설의 역량은 대단하다고 할 수 있다.[7] 그리고 어려움을 헤쳐온 그동안의 과정은 국내외 기업들에 의미 있는 시사점을 던져준다.

---

7 채권단 지원을 받았다고 반드시 살아남는 것이 아니라는 점은 동아건설 사례를 보면 알 수 있다. 현대건설보다 약간 앞선 1998년 8월 파산한 동아건설에 채권단은 1,600억 원의 자금을 추가로 대출해주었고 대출금 830억 원을 주식으로 전환했다. 그러나 동아건설의 재무상태는 계속해서 나빠졌다. 2000년 한 해 채권자들은 추가로 대출금 1조 1천억 원을 주식으로 전환하고 대출이자도 감면했다. 그럼에도 불구하고 동아건설의 구조조정은 실패로 끝났고 2000년 10월 회사는 결국 파산했다. 이후 동아건설은 오랫동안 법정관리를 받다가 2008년 프라임그룹에 인수되었다. 이 과정에서 채권단은 투자금의 대부분을 회수하지 못했다. 동아건설 사례에 대한 보다 자세한 내용은 '김지령 · 권선국, '기업부정에서 매각까지 – 동아건설산업주식회사', 〈회계저널〉, 2009년'을 참조하기 바란다.

회계로 본 세상

현대건설의 사례는 무상감자와 출자전환의 절차 및 효과를 함께 보여주는 좋은 사례로 자세히 공부해볼 필요가 있다. 강동수(2004)의 연구[1]에 따르면, 워크아웃 기업의 성공적인 회생에 영향을 미치는 가장 중요한 요인은 워크아웃을 신청할 당시의 채무구조다. 여기에서 채무구조란 채권이 몇 명의 채권자에게 집중되어 있는지를 의미한다. 회사를 회생시키고자 하는 의지가 강한 소수의 채권자 집단은 채무구조 조정 과정에서 합의가 쉬울 뿐만 아니라, 이후 회사의 경영활동을 효과적으로 감독하는 경향이 있다.

강동수가 언급한 '소수의 채권자 집단'이 바로 채권은행단이다. 현대건설의 경우는 채권은행단이 과반수의 부채를 소유하고 있었기 때문에 신속한 의사결정이 가능했다. 채권은행단은 논리적으로 판단해

1 강동수, '이산선택모형을 이용한 워크아웃 기업의 회생요인 분석', 〈한국개발연구원 정책연구〉, 2004년

서 당장은 조금 손해를 보더라도 장기적으로 회사를 살려 매각하려는 성향이 강하다. 따라서 감자나 채무동결 등의 의사결정에 대해 상대적으로 손쉽게 동의를 한다. 그에 비해 개인채권자들은 절대 손해를 보지 않겠다고 주장하기 때문에 서로 간에 이해관계가 대립되는 상황일 때 합의를 하기가 어렵다. 종종 회의가 아니라 싸움으로 번지기도 한다. 그래서 시간을 상당히 지체하게 되고, 그러다 보면 회사의 상황은 점점 더 악화되는 경우가 빈번하다. 즉 사공이 많아 배가 산으로 가는 현상이 나타나는 셈이다. 경영위기에 처한 회사들은 시간을 지체할수록 적자가 심화되고 지급해야 할 이자비용이 늘어나기 때문에 신속히 의사결정을 내려서 구조조정을 실시하고 부채를 탕감받거나 출자전환을 실시해야 한다. 그러니 속도가 매우 중요하다.

현대건설과 비슷한 시기에 부활한 팬택의 사례를 보면 소액 개인채권자의 동의를 얻는 것이 얼마나 어려운 일인지 이해할 수 있다. 팬택은 2006년 말 워크아웃을 신청했는데, 워크아웃 결정이 나기 위해서는 채권자의 100% 동의를 얻어야 했다.[2] 워크아웃 개시가 되지 않으면 법정관리 기업이 된다. 법정관리하에서는 법원이 의사결정을 내

2 현대건설이 워크아웃에 돌입할 때의 근거법안인 기업구조조정촉진법상에서는 채권자의 동의 75%를 얻으면 워크아웃을 개시할 수 있었다. 그래서 현대건설은 일부 소액 채권자가 반대하는데도 불구하고 다수의 채권을 보유한 은행들만의 결정으로 워크아웃을 시작할 수 있었다. 그러나 한시법인 이 법안은 2005년 말 시효가 만료되었다. 그래서 팬택이 워크아웃 대상기업이 되기 위해서는 채권자의 동의 100%를 얻어야 하는 거의 실현 불가능한 상황에 직면했다. 기업구조조정촉진법은 외환위기 시절인 1997년 기업들이 위기상황에 처했을 때 구조조정을 용이하게 할 수 있도록 만들어진 한시법으로, 2005년 말로 법안의 시효가 만료되어 소멸되었다가 그 이후 다시 부활했다. 100%의 채권자 동의를 얻는 것이 실질적으로 불가능한 조건이므로 2011년 법률이 개정되어 75% 동의를 얻는 것으로 바뀌었다.

린다. 그렇게 되면 비전문가가 의사결정을 내리게 됨으로써 의사결정에 더 많은 시간이 소요되고, 의사결정의 질도 떨어지는 경우가 많다. 따라서 회사를 살리기가 더 힘들어진다. 즉 법정관리는 대부분 회사의 회생 방안이나 채무정리 방안들에 대해 채권자들이 서로 다투다가 도저히 합의가 이루어지지 않을 때 마지막으로 법원에서 해결해달라고 요청하는 최후의 방법인 셈이다. 그래서 대부분의 경우 법정관리에 이른 회사들은 워크아웃 상황에 처한 회사들보다 상황이 더 심각한 경우가 많다.[3]

법정관리에 처하지 않기 위해서 팬택의 박병엽 회장은 채권자들을 설득해야 했다. 박 회장은 자신의 지분을 전부 포기하고 전국을 돌면서 수천 명의 채권자들을 직접 만났다. 과로로 쓰러져 차 안에서 링거를 맞으면서도 3개월 동안 모든 채권자들을 만나 설득한 결과 사상 초유의 100% 채권자 동의를 받게 된다. 그래서 2007년 4월 19일 팬택의 워크아웃이 시작된다. 박 회장이 아니라면 누구도 해낼 수 없는 일이었을 것이다. 그 결과 20 대 1 또는 30 대 1에 이르는 감자안이 통과되어, 총 4,558억 원의 출자전환과 1,200억 원의 신규자금 투입을 골자로 하는 채무조정이 시작된다. 소액 채권자들이 자신의 채권 상당 부분을 탕감하는 감자안에 대해 동의를 했기 때문에 가능한 일이었다. 이런 감자안에 동의를 얻기 위해서 박 회장이 얼마나 노력

---

3 법정관리와 워크아웃의 또 다른 중요한 차이로써, 법정관리에서는 모든 채무가 동결되지만 워크아웃에서는 금융채무만 동결되어 상거래에서 발생한 채무는 지급해야 한다. 따라서 상거래에서 발생한 채무가 많은 회사들이 이의 지급을 피하기 위해 법정관리를 받는 것을 선호할 수 있다.

했을지 짐작할 수 있다. 그 후 여러 비용절감을 위한 정책이 실시되고 영업 상황이 개선되어 팬택은 2011년 말 워크아웃을 졸업한다.

강동수의 연구에서 제시한 워크아웃 기업의 성공요인 중에서 두 번째로 중요한 항목은 채권자의 출자전환 여부다. 현대건설과 팬택의 사례에서 모두 우여곡절 끝에 출자전환이 이루어졌다. 그렇지만 가장 중요한 현대건설과 팬택의 성공 요인은 결국 두 회사의 우수한 능력 때문일 것이다. 아무리 소수의 채권자가 채권을 보유하고 출자전환이 이루어졌다고 해도, 회사 자체의 능력이 부족하다면 회사가 다시 부활하기란 쉽지 않다. 결국은 실력을 꾸준히 함양하는 것이 제일 중요한 기업의 성공 요인이다.

이런 과정을 통해 기사회생했던 팬택이 현재 휴대전화 업계의 치열한 경쟁 속에서 다시 어려움에 직면하고 있다. 산을 하나 넘었더니 또 다른 산이 그 앞에 기다리고 있는 셈이다. 팬택이 하루 빨리 위기를 극복하고 제3의 도약을 할 수 있기를 바란다.

왜 현대자동차가 현대건설 인수에 성공했을까?

• • • 현대그룹 • • •

2010년 현대건설이 채권단에 의해 매물로 나왔을 때 현대자동차그룹과 현대그룹이 치열하게 경쟁했다. 최초 입찰 때는 5조 5천억 원의 인수대금을 쓴 현대그룹이 우선협상대상자로 선정되었다. 그런데 현대그룹이 프랑스 나티시스은행에 예치하고 있던 현금 1조 2천억 원의 실재성을 둘러싸고 논란이 벌어졌다. 그 결과 채권단은 현대자동차그룹에게 현대건설을 넘기게 된다. 이때 벌어졌던 논란이 무엇인지 살펴보고, 현대자동차그룹이 입찰에서 승리한 이유가 무엇인지 분석해본다.

현대건설의 인수합병이 우여곡절 끝에 2011년 1월 마무리되었다. 2010년 초부터 범현대가의 일원인 현대상선 · 현대엘리베이터 · 현대증권 측(이하 현대그룹)과 현대자동차 측은 현대건설 인수를 놓고 치열하게 경쟁했다. 현대그룹은 현대건설이 파산해서 채권단의 손으로 넘어가기 이전에 현대그룹의 소유주였던 고 정몽헌 회장이 경영하던 회사인 만큼 되찾아와야 한다는 명분을 내세웠다. 현대자동차나 현대자동차를 지원하는 현대중공업 측에서는 현대의 창업자인 고 정주영 회장과의 인연을 강조했다. 현대그룹의 정통성을 누가 계승하는지를 두고 이를 둘러싼 논쟁까지 벌인 것이다.

현대건설 매각 과정은 아주 복잡했다. 현대건설을 소유하고 있던 주주협의회(채권단)는 현대건설 주식 약 3,900만 주, 발행주식 대비 약 35%에 대한 매각 공고를 냈다. 처음에는 5조 5천억 원의 인수금액을 제시한 현대그룹 측이 현대건설을 인수하는 듯했다. 현대그룹은 2010년 11월에 있었던 입찰에서 1순위를 차지해 우선협상대상자로 선정되었다. 현대자동차는 5조 1천억 원의 인수금액을 제시해 2위로 밀렸다. 그런데 현대그룹 측이 우선협상대상자로 선정되자 현대상선 각 계열사의 주가가 일제히 폭락했다. 계열사 노조까지 반대 성명을 낼 정도였다. 현대건설 노조도 적극 반대한다는 성명을 냈다. 주식시장은 현대그룹 측이 현대건설을 인수하면 과다한 자금을 동원한 M&A 이후 인수자가 어려움을 겪고 부실해지는 이른바 '승자의 저주'가 발생할 것을 염려한 탓이 컸다. 이런 시장의 의심은 어느 정도 이해가 되지만, 소속사의 노조들까지도 강한 반대 성명을 낸 것을 보면 현대그룹 내에서도 반대 의견이 상당했음을 알 수 있다.

그러던 중 주주협의회 측이 현대그룹에서 제출한 서류를 검토하던 도중 이상한 점을 발견하면서 상황이 급변했다. 원래 현대건설의 인수조건에는 '자금조달의 적정성'이라는 항목이 있었다. 재무제표상으로 볼 때 현대그룹 계열사들이 보유한 현금은 그리 많지 않았다. 따라서 현대그룹은 최소 4조억 원 이상을 외부에서 조달해야 할 것으로 예측되었다. 그런데 막상 뚜껑을 열어보자 예측과는 달리 현대그룹이 생각보다 많은 현금을 보유하고 있었다. 그런데 입찰서류에 표시된 보유자금 중 이상한 내역이 발견되었다. 프랑스 나티시스은행에 현지 법인이 예치해두었다는 자금 1조 2천억 원이 문제로 불거졌다. 전년도 말 자산규모가 33억 원, 매출액 1억 원 미만인 작은 현지법인에서 갑자기 금년도 동안 큰 변동이 생겨서 1조 2천억 원이나 되는 막대한 예금을 보유하게 되었다는 사실은 설득력이 떨어졌다. 재무적 투자자로 참여한 동양증권 측에서 투자하기로 한 8천억 원에 대한 논란도 동시에 벌어졌다. 놀랍게도 이런 이야기가 최초로 흘러나온 곳은 현대그룹 계열사인 현대증권의 노조였다. 현대증권 노조가 자금원에 대해 조사를 해야 한다고 나온 것이다.

나티시스은행 예치자금을 둘러싼 논란

곧이어 현대건설의 주주협의회도 나티시스은행 예치자금이 어떻게 마련된 것인지 밝히라고 현대그룹 측에 요구했다. 현대자동차도 이 자금의 출처를 조사해야 한다고 주장하고 나왔다. 그러자 현대그룹 측에서는 대출한 자금이라며 대출확인서를 제출했다. 채권단은 '자금조달의 적정성'을 확인하기 위해서는 정확히 어떤 조건의 대출인지 파악해야 하니 대출계약서를 제출하라고 다시 요구했다. 현대그룹은 채권단의 요청을 거부하고, 입찰에서 1위를 했으니 계약대로 현대건설을 넘기라고 주장했다. 그리고 현대그룹에 대해 유언비어를 유포한다면서 현대자동차의 몇몇 임원들에 대한 소송도 제기했다. 치열한 싸움이 다시 시작된 것이다.

주주협의회 측에서는 만약 이 돈이 현대그룹 계열사의 자산이나 주식을 담보로 제공하고 일시적으로 빌린 돈이거나, 현대건설 주식이나 자산을 담보로 빌린 돈일 수도 있기 때문에 대출조건을 확인해봐야 한다며 물러서지 않았다. 계열사 자산이나 주식을 담보로 빌린 돈이라면 어느 정도의 담보가 제공되었는지가 현대그룹 계열사들의 존망에 큰 영향을 줄 수 있는 것인 만큼 '자금조달의 적정성'을 확인하기 위해 대출조건을 확인해봐야 하며, 인수할 현대건설 주식이나 자산을 담보로 빌린 것이라면 국내에서는 허용되지 않는 LBO로 불법 거래가 된다.[1] 주주협의회의 거듭된 요구에도 불구하고 현대그룹은 대출확인서만 제공했을 뿐 계약서 제공은 계속 거부했다.

그러던 가운데 주주협의회 사이에서 묘한 움직임이 벌어졌다. 최대주주인 외환은행은 계약대로 현대그룹에 현대건설을 팔기를 원했다. 반면 2대 주주인 정책금융공사는 자금의 원천을 조사해봐야 한다는 입장을 고수했다. 현대건설의 소유주는 외환은행 24.99%, 정책금융공사 22.48%, 우리은행 21.37%, 국민은행 10.21%, 신한은행 8.22% 등으로 분산되어 있었다. 서로 입장이 엇갈리는 상황에서 현대건설의 최대주주이자 매각 주관은행인 외환은행이 현대그룹과 주식매각 양해각서MOU를 다른 은행들의 동의도 받지 않고 단독으로 체결했다. 2010년 11월 29일의 일이다. 즉 현대건설을 현대그룹에 넘기겠다는 의지를 보인 것이다. 그러자 정책금융공사를 비롯해서 3·4·5대 주주가 외환은행의 행동에 일제히 반발했다. 현대자동차 측에서는 MOU 체결을 주도한 외환은행 실무자를 입찰 방해 혐의로 검찰에 고발하기까지 했다. 그리고 법인명의의 외환은행 구좌를 폐쇄하고 자금을 인출하는 방식으로 외환은행을 압박하기도 했다.

주주협의회는 회의를 거쳐 2010년 12월 7일, 현대그룹과 동양증권 측에 대출계약서와 거래 내용에 대한 정보를 넘기라고 요청했다. 12월 14일까지 이 자료들을 제출하지 않으면 우선협상대상자 지위

1 왜 피인수 회사의 자산을 담보로 돈을 빌려 M&A를 수행하는 LBO가 국내에서 불법인지는 본서에 실린 'M&A를 위한 대규모 자금조달 방법들의 차이점' 편을 참조하기 바란다.

를 박탈하겠다고 통보했다. 외환은행이 지분의 25%를 소유한 1대 주주이긴 하지만, 2대부터 5대 주주의 주식 총합이 60%에 이르기 때문에 다른 주주들의 요구에 따를 수밖에 없었던 것이다.

12월 14일, 동양그룹(동양증권)은 현대그룹과 맺은 풋백옵션 내용에 대한 자료를 제출했다. 동양그룹이 현대그룹과 함께 현대건설의 주식을 매입하지만 일정한 시간이 지난 후 동양그룹이 구입한 지분을 현대그룹 측에서 되사주기로 한 옵션 계약이다.[2] 그러나 현대그룹 측은 나티시스은행 자금에 대해서는 대출이 존재한다는 것만을 보여주는 대출확인서를 다시 제출했을 뿐, 정확히 어떤 대출인지를 보여주는 대출계약서의 제출은 또다시 거부했다. 현대그룹 측은 주주단의 요구는 법과 MOU에 규정되지 않은 월권행위이기 때문에, 자신들이 계약서를 제출할 의무는 없다고 주장했다. MOU를 체결한 것은 이미 현대건설을 현대그룹에 팔겠다는 의사결정을 내리고 양자가 예비계약을 한 것인데, 예비계약 후에 다시 추가서류를 내라는 것은 예비계약을 인정하지 않는 행동이니 법적으로 무효라는 이야기다.

정치권도 논란에 가세했다. 다수의 여야 의원들이 현대그룹 자금이 투명하게 조달된 것인지 조사해야 한다고 목소리를 높혔다. 상대 정당이 하는 일이라면 아무리 옳은 일이라도 무조건 반대하고 보는 한국 정치권이 한 목소리를 냈다는 점에서 이번 사례는 매우 독특하다.[3]

---

2 풋백옵션에 대한 더 자세한 내용은 『숫자로 경영하라』에 실린 '숨겨진 그림자, 풋옵션을 양지로'라는 필자의 글을 참조하기 바란다. 금호아시아나그룹이 대우건설을 인수할 때 재무적 투자자들과 3년 기한의 풋백옵션 계약을 맺은 바 있다. 현대그룹의 경우 이 풋백옵션의 자세한 내용이 외부로 공개되지는 않았는데, 필자의 개인적인 의견으로는 옵션 이외에도 상당한 담보가 제공되는 계약이었을 가능성이 높다.

반면에 정부는 '거래는 당사자들 사이의 문제'라면서 선을 그었다. 사실 정부가 개별 기업의 거래에 개입해서 누구에게 회사를 팔라고 간섭한다는 것은 옳지 않지만, 불과 10년 전까지만 해도 국내에서 벌어진 대규모 M&A는 정부가 새 주인을 결정한 경우가 다반사였다. 그러나 이번 사건에서 정부는 엄정중립을 고수한다는 입장을 취했다.

'자금조달의 적정성' 조건이 추가된 이유

현대그룹이 계속해서 자료 제출을 거부하자 주주협의회는 해당 자금이 정상적인 회사의 자기자금이 아니라고 판단했다. 그래서 현대그룹의 우선협상대상자 지위를 박탈하고, 5조 1천억 원을 제시해 입찰에서 2위를 차지했던 현대자동차에 현대건설을 넘기기로 결정했다. 인수자금의 상당 부분을 회사 내부에 유보된 자금으로 조달할 수 있는 현대자동차는 '인수자금 조달의 적정성'에 거의 문제가 없었다. 현대건설이 현대자동차로 넘어간다는 발표가 나자마자 하루 동안 현대건설과 현대자동차의 주가는 6%나 상승했다. 또한 그동안 떨어지던 현대그룹 계열사들의 주가도 동반 상승했다.

이로써 고 정주영 회장이 설립하고 현대그룹의 모태가 된 현대건설은 2000년 말 파산한 후 채권단의 손에 넘어갔다가 10년 만에 아들 정몽구 회장이 경영하는 현대자동차에 돌아오게 되었다. 현대그룹

3 필자가 더이상의 언급을 하지는 않겠지만, 독특한 사례가 발생했다면 다 그럴 만한 이유가 있을 것이라고 추측할 수 있다.

•• 현대건설 매각 관련 사건의 일지

번호	일자	사건내용
1	2000년 12월 30일	현대건설 파산
2	2010년 9월 24일	채권단, 현대건설 매각 공고
3	2010년 10월 1일	현대그룹, 현대건설 인수의향서 제출
4	2010년 11월 15일	현대그룹, 본 입찰 참가신청서 제출
5	2010년 11월 16일	채권단, 현대그룹을 우선협상대상자로 선정 발표
6	2010년 12월 20일	채권단, 현대그룹 우선협상대상자 지위 박탈 발표
7	2010년 12월 22일	현대그룹, 법원에 가처분 신청 제출
8	2011년 1월 4일	법원, 가처분 신청 기각
9	2011년 1월 7일	채권단, 현대차를 우선협상대상자로 선정 발표
10	2011년 1월 말~2월	현대차, 현대건설에 대한 실사 실시
11	2011년 3월 8일	현대차, 채권단과 최종 주식매매계약 체결

은 거세게 반발하고 법원에 소송을 제기했으나 채권단의 결정은 뒤집히지 않았다. 2011년 1월 4일, 법원에서도 현대그룹 측에 패소판결을 내렸다. 현대그룹은 처음에는 상급 법원에 다시 제소를 했으나, 이후 모든 소송을 취하하고 현대자동차 측과 화해했다. 그 결과 현대건설의 새 주인은 현대자동차로 확정되었다.

현대그룹이 현대건설을 꼭 매입하려고 했던 이유 중 하나는 현대건설이 현대상선 주식의 7.75%를 가지고 있다는 점이었다. 이 주식을 현대자동차 측에서 가져가면 현대그룹 측 경영권이 위협을 받을 수도 있는 상황이었다. 현대중공업이 가지고 있는 현대상선 지분과 이 지분을 합치면, 현대상선의 대주주가 현대중공업으로 바뀌기 때문이다. 언론에서는 화해의 배경에 대해 자세히 보도하지 않았지만, 현대그룹 측이 소송을 포기한 반대급부로 아마 이 주식에 대해 모종의 타협이 이루어지지 않았을까 추측해볼 수 있다.[4]

사실 M&A를 진행할 때 매각자 측에서 보면 다른 조건들은 고려할 필요 없이 그저 돈을 더 많이 주겠다는 측에 파는 것이 제일 유리하다. 그것이 흔히 이야기하는 '시장의 원리'다. 그런데 금호아시아나그룹이 거의 전액 부채를 통해 조달한 자금으로 대우건설을 인수했었고, 이때 발생했던 막대한 부채를 갚지 못해 동반 부실하게 되자 산업은행이 대우건설과 금호아시아나그룹을 몽땅 떠안게 된 사례가 있다. 이 사건은 국내 산업 전체에 상당히 부정적인 영향을 미쳤다. 그래서 그 이후부터 정부가 회사를 팔겠다고 매물로 내놓은 경우에는 매각조건에 '가격조건' 외에 '자금조달의 적정성'이라는 새로운 조건을 추

4 실제로 이 사건이 벌어진 후인 2011년 3월, 현대상선은 대규모로 우선주를 발행해 자금을 조달하고자 했으나 범현대계열 기업들인 현대중공업이나 KCC, 현대백화점 등이 반대하는 바람에 실패로 돌아갔다. 우선주 발행을 위해서는 주주총회 투표시 참석의결 주식 2/3 이상의 찬성을 얻어야 하는데, 1.7%로 차이로 안건이 부결된 것이다. 현대중공업 측은 현대상선이 우선주가 아니라 보통주를 발행해야 한다고 주장한다. 왜 서로 의견이 다른지에 대한 자세한 설명은 너무 복잡하고 본고의 주제와 어긋나므로 생략한다. 이 표결시 현대상선 주식의 7.75%를 보유한 현대건설은 표결에 불참했다. 이를 보면 현대자동차 측과 현대그룹이 대주주 차원에서 이 지분 7.75%에 대해 어떤 약속을 했을 가능성이 있음을 알 수 있다.

가했다. 회사를 무리하게 인수해서 부실하게 될 가능성이 높은 회사에게는 매물을 넘기지 않겠다는 의도다. 민간기업들이 회사를 팔 때는 이런 복잡한 부대조건들이 붙어 있지 않고 인수대금이 얼마인가만 따질 텐데, 정부가 매각을 주도할 때는 공익을 생각하다 보니 이런저런 조건들이 붙는다.

결국 이 조건 때문에 현대건설의 주인이 바뀐다. 전술한 것처럼 매각 전 현대건설의 소유주가 외환은행, 정책금융공사, 우리은행, 국민은행, 신한은행 등이었으므로, 외국계 사모펀드 론스타가 소유한 외환은행을 제외하면 정부기관이거나 정부의 영향력에서 자유로울 수 없는 기관·은행들이었다. 정부기관 및 은행이 현대건설의 주인으로 자리잡고 있었던 것은 정부가 부실에 빠진 현대건설에 공적자금을 투입해 살려냈기 때문이다.

외환은행이 다른 주주들의 동의를 얻지 않고 단독으로 현대건설을 현대그룹 측에 매각하려고 했던 이유는 현대그룹 측에서 4천억 원이나 더 많은 돈을 제시했기 때문이다. 이윤추구를 제일 중요한 가치로 생각하는 민간기업인 외환은행 입장에서는 당연한 행동이다. 그러나 정부 입장에서는 이윤추구 외에 산업과 경제 전체에 미치는 효과도 고려해야 했으므로, '자금조달의 적정성'이라는 매각조건을 추가하게 된 것이다. 이 두 조건 외에도 인수자의 도덕성에 대한 평가 조건인 '과거 분식회계 경력의 유무'도 매각기준에 포함되어 있었는데, 현대그룹 측과 현대자동차 측은 모두 과거에 분식회계를 저지른 경험이 있었으므로 이 부분에서는 똑같이 0점 처리를 받았다.

현대자동차가 승자로 선택된 이유

이런 과정에서 논쟁의 핵심이 되었던 나티시스은행 계좌에 예금되어 있다는 자금 1조 2천억 원의 실체는 무엇일까? 현재까지 그 자금이 어떻게 마련된 것인지 명확하게 알려진 바는 없다. 필자의 개인적인 견해지만 이 자금은 인출되지 못한다는 조건이 붙은 단기대출금이었을 가능성이 있다. 또는 인출이 된다고 하더라도 상당한 보증을 통해 급전을 빌렸을 가능성이 높다. 채권단이 추측한 것처럼 인수할 현대건설의 주식이나 자산을 담보로 했을 수도 있을 것이다. 그래서 채권단이 '대출계약서'를 제출하라고 요구해도 현대상선 측이 제출하지 못한 것이리라. 전술한 것처럼 피인수회사의 자산을 담보로 대출을 받아서 피인수회사를 사는 LBO는 외국에서는 합법이지만 국내에서는 불법이다. 따라서 프랑스에서는 LBO 목적으로 돈을 빌릴 수 있겠지만, 이 사실이 국내에서 알려지면 불법으로 처벌받게 된다.

개인끼리는 거래 당사자들 사이의 친분 때문에 한쪽이 상당히 불리한 비정상적 거래도 가끔 일어나지만, 기업 사이에서는 한쪽이 일방적으로 유리하거나 불리한 불합리한 거래는 일어나지 않는다. 한두 푼도 아니고 1조 2천억 원이라는 거금을 빌려주면서 아무 보증장치 없이 신용만 보고 빌려주지 않는 것이 합리적인 의사결정이다.[5] 즉 조

5 주석 2에서 전술한 것처럼, 바로 이런 이유에서 동양그룹(동양증권)의 투자금을 유치하기 위해서도 상당한 담보가 제공되었을 가능성이 높다. 그런 담보 없이 동양증권이 8천억 원이라는 막대한 자금을 제공한다고 약속할 리가 없기 때문이다. 그러나 구체적으로 어떤 담보가 제공되었는지에 대해서는 공개된 바 없다.

•• 현대상선과 현대자동차의 주가 변화

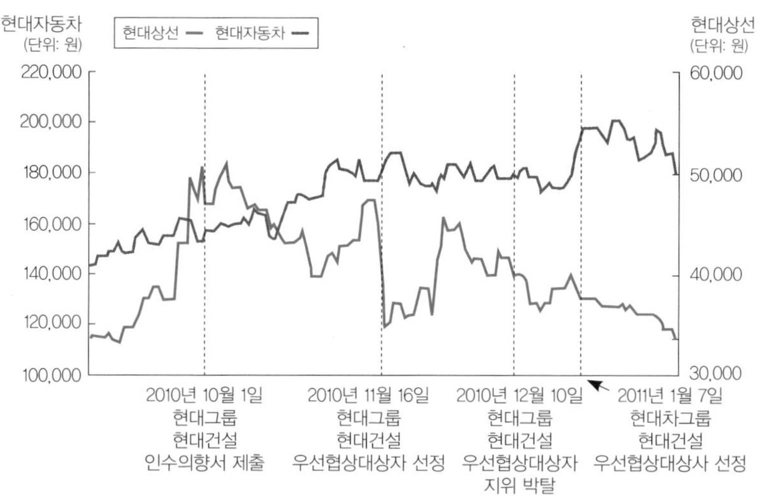

당시 현대상선과 현대자동차의 주가 변화를 살펴보면, 현대상선의 경우 2010년 10월 1일까지 상승했으나 그 이후 계속적으로 하락하는 것을 볼 수 있다. 특히 11월 16일 우선협상대상자로 선정되자 주가가 폭락한다. 그러나 이 기간 동안 현대자동차의 주가는 꾸준히 상승한다. 시장은 이미 누가 승자가 될 것인지를 예측하고 있는 듯하다.

건이 붙은 돈이었을 가능성이 높고, 그 조건을 외부에 알릴 수 없었기 때문에 현대그룹 측이 대출계약서를 채권단에게 제출할 수 없었을 것이다. 그렇지 않다면 현대그룹 측이 우선협상자 지위를 박탈당할 때까지 계속해서 대출계약서를 내놓지 않을 이유가 없다.

현대건설 매각 때문에 이런 치열한 싸움이 벌어지는 동안 언론이나 정치권 등에서는 온갖 이야기들이 흘러나왔었다. 이번 경우처럼 큰 관심을 받은 M&A는 과거에 없었을 것이다. 그리고 '이런저런 이유가 있으니 특정 기업에게 현대건설을 주는 것이 도의적으로 맞다.'라는 이야기도 자주 들려왔다. 이런 주장은 비합리적이다. 회사를 매각할 때 도의적으로 어느 회사에게 파는 것이 맞는지 고려해서 파는 경우는 없다. 가장 유리한 조건을 제시하는 매수자에게 파는 것이 정답이다. 그래서 외환은행이 4천억 원을 더 받을 수 있는 현대그룹 측에 현대건설을 팔려고 한 것이다.

매각조건에 '자금조달의 적정성'이라는 조건이 추가된 것 자체가 현대자동차가 매수자가 될 수밖에 없는 조건이었다. 인수금의 대부분을 사내 유보금으로 조달할 수 있는 현대자동차에 비해, 4조 원 정도를 외부에서 빌려와야 하는 현대그룹 측은 '자금조달의 적정성' 면에서 비교가 되지 않는다. 논란이 벌어지던 당시 '개입하지 않겠다.'고 정부가 수차례 입장표명을 했었지만, 결국 현대건설의 새 주인은 이런 논쟁이 벌어지기 이전에 이미 정해져 있던 셈이다. 정부가 이런 조건을 매각조건에 추가한 것은 앞서 언급한 것처럼 금호아시아나의 대우건설 인수 후 벌어진 사건들 때문이다. 만약 대우건설보다 현대건설이 먼저 시장에 매물로 나왔었다면 더 높은 가격을 써낸 입찰자인 현대그룹 측이 승리했을 것이다. 이러니 결과적으로 역사의 수레바퀴가 현대건설의 운명을 바꾼 셈이다.

이후 실제 인수가격은 현대건설에 대한 실사과정에서 발견된 부실자산과 우발채무가 반영되어 4조 9천억 원으로 조정되었다. 원래 현대자동차 재경본부 인원 및 삼일회계법인 회계사 100명으로 구성된 실사단이 발견한 부실자산이나 우발채무는 총 8천억 원이었지만, 실사 후 인수대금 조정액은 입찰금액의 3% 내에 한한다는 계약조건 때문에 8천억 원을 모두 탕감받지는 못했다.

결과적으로 당초 시장에서 예상하던 현대건설의 가치가 4조 원대 초반이라는 점을 고려해보면 4조 9천억 원이라는 인수대금은 싸지는 않지만 크게 비싸지도 않은 수준으로 볼 수 있다. 최종 인수가격은 당시 시가에 약 60%의 프리미엄을 더한 가격으로 현대건설의 전체 지분 중 35%를 인수하는 금액이다. 참고로 금호아시아나그룹은 시가에 약 90%대 후반의 프리미엄을 더한 가격으로 2006년 말 현대건설의 건설업계 경쟁자인 대우건설을 인수한 바 있다. 과거 한국에서 벌어진 M&A시 발생한 경영권 프리미엄은 평균적으로 볼 때 대략 40~50% 정도 수준이다.

현대그룹 측은 요즘 재무적으로 어려움을 겪고 있다. 특히 현대그룹의 주축사인 현대상선은 해운업계의 극심한 불황 속에 적자행진을 하고 있다. 만약 막대한 부채를 빌려 2011년 현대건설을 인수했었더라면, 지금 위기를 극복하기가 어려웠을 것이다. 요즘 현대그룹이 자산 매각이나 자회사 매각 등 여러 자구노력을 성공적으로 진행하고 있다는 소식이 언론을 통해 들리는데, 필자는 재무제표를 보면서 2010년 당시에도 현대건설 매수가 아니라 자산 매각을 통해 부채를 갚는 것이 우선이라고 판단했었다. 그러니 현대건설 인수에 실패한 것은 현대그룹 측에는 오히려 전화위복이라고 생각한다. 현대건설 인수에 실패함으로써 오히려 현대그룹이 더 빨리 부활할 수 있는 길로 접어든 셈이다.

현대그룹이 하루 빨리 위기를 극복하고 과거의 위용을 되찾기를 바란다. 요즘 국내 해운회사들의 형편이 어려운데, 수출에 의존하는 한국에서 수출품을 실어나를 세계 최고 수준의 해운회사가 하나 이상은 국내에 꼭 있어야 할 것이다.

회계로 본 세상

현대자동차에 의한 현대건설 인수가 마무리된 2011년 초 이 글의 초고를 작성했으나 민감한 내용이 너무 많아서 발표를 3년이나 미루었다. 그 사이 필자가 초고에서 예측했던 일들이 거의 대부분 발생했다. 일부 사건들은 아직 현재진행형이기 때문에 초고를 그대로 발표하기에는 민감한 내용들이 많았다. 그러나 그렇다고 해서 원고를 너무 오래 묵히면 시사성이 떨어지게 된다. 따라서 원고의 내용 중 일부 민감한 내용은 생략하고 발표하게 되었다.

전술한 바처럼 현대그룹과 현대자동차가 현대건설 인수를 위해 경쟁하는 동안 두 회사는 모두 현대그룹의 정통성을 놓고 상당한 명분 싸움을 벌였다. 특히 현대그룹 측에서는 현대건설이 그룹의 모태가 된 기업이며, 고 정몽헌 회장이 경영하던 기업이라는 이유로 꼭 다시 찾아와야 한다고 대대적인 광고를 벌였다. 이에 맞서 현대자동차나 현대자동차를 간접지원한 것으로 보이는 현대중공업 측에서는 고 정주영 회장의 생전 모습이 등장하는 광고를 내보냈다.

필자는 이런 접근 방법에 대해 동의하지 않는다. '부친이 경영하던 회사인가(현대자동차 측에서 보면), 남편이 경영하던 회사인가(현대상선 측에서 보면)' 하는 문제는 M&A시에 고려해야 할 필요가 없는 부분이다. 그 회사를 인수했을 때 얼마만큼 우리 회사에 도움이 될 것인가가 중요하다. 부모가 하던 사업이라고 해서 꼭 자녀가 계승해야 한다는 법은 없다. 냉철히 주판알을 들고 내가 이 회사를 인수·매각하는 것이 적합한가를 판단해야 한다. 좀 극단적인 예를 든다면 두산그룹은 선대 회장이 벌였던 사업을 모두 매각해버리고, 두산중공업과 두산인프라코어가 이끄는 중공업 회사로 완벽하게 변신했다. 그렇지만 누구도 선대 회장이 하던 일을 하지 않는다는 이유로 두산그룹이 잘못했다고 말하지 않는다. 오히려 미래 산업의 변화를 예측하고 행동에 옮긴 두산의 혜안과 혁신을 칭찬한다. 필자는 이런 측면에서 당시 두 당사자 모두가 좀 흥분하지 않았었나 추측한다.

본문에서 이미 언급한 것처럼 '도의적으로 누구에게 회사를 넘기는 게 옳다.'라는 일부 정치권의 주장도 비합리적인 이야기다. 매각자 입장에서도 전 주인이 누구였는지는 매각 고려대상에 포함되지 않는다. 전술한 바 있지만, 정부에서 매각하는 것이 아니라면 나에게 얼마나 많은 대금을 줄 수 있는가는 최고의 관심사일 뿐이다. 그것이 합리적인 의사결정이며, 다른 사사로운 감정이 개입되는 순간 이 일에 관련된 많은 이해당사자들의 입장 차이에 따라 수많은 논란이 벌어질 수 밖에 없다. 특히 이 사건의 경우 도의적으로 누가 더 현대건설과 관련성이 높은지도 보는 과정에 따라 판단이 달라질 수 있다.

논점을 바꿔보자. 현대건설 인수를 위한 경쟁 끝에 현대그룹이 최초 승리자로 알려지자 그룹 계열사의 주가와 현대건설 주가가 동반 하락했었다. 그러다가 '자금조달의 적정성'에 대한 상당한 논란 이후 승자가 현대자동차로 바뀌자 현대그룹 계열사들의 주가가 일부 회복되었다. 왜 그랬을까? 재무제표를 보면서 그 이유를 생각해보자.

당시 최소 4조 원 이상의 자금을 현대그룹 측이 외부에서 조달해 온다면 이자율 6%를 가정할 때 이자비용만 매년 최소 2,400억 원이 된다. 2008년 세계 금융위기 이후 어려움을 겪고 있던 현대그룹의 경영상황을 보면 부담하기가 쉽지 않은 수준이다. 당시 3년 동안의 현대그룹의 영업활동으로 인한 현금흐름이 4천억 원대 초반이라는 것을 생각해보면, 영업활동으로 인한 현금흐름 중 약 절반을 투자를 위해 사용한다고 가정하면 매년 발생하는 잉여현금흐름free cash flow이 2천억 원대 초반 정도쯤 된다. 배당을 한 푼도 안 주고 다른 부채는 전혀 상환하지 않는다는 극단적인 가정을 해도 간신히 새로 빌려오는 4조 원 부채의 이자를 낼 수 있을 정도뿐이다. 이자를 지급하기도 쉽지 않으니 원금상환 가능성은 더욱 낮다.[1]

이러니 현대그룹 측이 현대건설을 인수했다면 시장에서 소위 '승자의 저주'가 발생해 계열사들이 동반 부실화 될 가능성이 높았다. 또한 이 빚을 상환하기 위해서 현대건설에서도 상당한 자금이 동원되었을

1 필자의 계산은 이렇지만 당시 상당수의 애널리스트들은 현대그룹이 7~10년 정도면 현대건설 인수를 위해 조달한 부채를 대부분 상환할 수 있을 것이기 때문에 현대건설 인수가 부담이 되지 않을 것이라는 보고서를 냈다. 도대체 어떻게 해서 그런 계산을 할 수 있는지 궁금하다. 물론 현대그룹이 인수하면 상당한 부담이 있을 것이라는 보고서를 냈던 애널리스트들도 일부 있었다.

가능성이 높다. 배당이나 감자의 형태로 현대건설의 자금이 현대그룹으로 유출된다는 의미다.[2] 그래서 주식시장에서 우려의 목소리가 나온 것이다. 익명을 빌리기는 했지만 당시 다수의 현대그룹 임원들도 우려의 목소리를 내는 것이 언론에 보도된 바 있다. 즉 현대건설 인수를 주도한 소수의 핵심 경영층을 제외한 상당수의 현대그룹 측 임원들 자체도 현대건설 인수를 무리라고 생각하고 있었던 셈이다. 그러나 이런 우려의 목소리도 인수 프로젝트를 주도한 몇몇 윗분들의 주장과, 막대한 알선 수수료를 챙기고 싶어서 아무 문제 없으니 현대건설을 인수해야 한다고 설득했을 인수자문사의 유혹을 뒤집지는 못했던 것이다.

현대그룹의 주축사인 현대상선은 이 사건이 벌어진 이후인 2011년과 2012년에 모두 5천억 원대 이상의 대규모 적자를 기록한 바 있다. 또 다른 주축사인 현대엘리베이터도 2011년에 2천억 원, 2012년에 1,500억 원 정도의 적자를 기록했다. 이 정도로 경영환경이 악화될 것이라고는 현대건설 인수전 당시엔 예상을 하지 못했다. 만약 현대건설을 인수했었다면 도저히 감당할 수 없는 부채 속에서 현대그룹의 운명이 위태로웠을 수도 있다. 따라서 현대건설을 인수하지 않은 것이 오히려 전화위복이 된 셈이다. 현대그룹이 현재의 어려움을 빨리 극복하고 예전처럼 화려하게 부활해서 한국 산업계를 이끌어가기 바란다.

---

2 비슷한 예를 들면 금호아시아나그룹은 대우건설 인수 후 대우빌딩 등을 매각해서 마련한 자금을 배당과 유상감자, 대한통운 인수 등의 목적으로 사용했다. 3년 동안 유출된 자금은 총 2조 6천억 원가량이다. 보다 자세한 내용은 『숫자로 경영하라 2』의 '과다한 배당금 지급, 그것이 함정이었다' 편을 참조하기 바란다.

총 3편의 글로 구성되어 있는 2부에서는 회계자료 및 기타 숫자들이 경영 및 일반 의사결정에 얼마나 큰 영향을 미치는지를 보여준다. 키코 사건의 전개과정과 이 사건이 국내에 미친 영향, 영구채 발행을 둘러싸고 벌어진 논란, LG그룹의 지주회사 전환과정 등이 사례로 소개된다. 이 사례들을 통해 논리적이고 합리적인 경영방식의 장점과 회계의 중요성에 대해서 알 수 있다.

2부

의사결정의 중심에 숫자경영이 있다

키코(KIKO)를 둘러싼 논란과 사건의 전말

• • • 태산LCD • • •

2008년 세계금융위기가 벌어졌을 당시 상당수의 중소기업들이 키코라는 파생상품을 은행들로부터 구입했다가 엄청난 피해를 입었다. 예를 들어 태산LCD는 2008년 한 해 동안만 무려 7,500억 원의 손실을 입었고 2013년 파산했다. 현재 피해를 본 많은 중소기업들이 연합해 은행들과 지루한 법정다툼을 벌이는 중이다. 노벨경제학상을 받은 유명 교수까지 법정 증인으로 초빙할 정도다. 그렇다면 키코라는 상품이 도대체 어떤 상품인지, 그리고 이 사건을 통해 우리가 배워야 할 교훈이 무엇인지 알아보자.

2013년 이후 다수의 기업들이 경기침체의 여파로 어려움을 겪고 있다. 2008년부터 시작된 세계금융위기의 후폭풍이 아직도 지속되고 있는 셈이다. 2008년부터 미국이 엄청난 규모의 달러를 풀었고, 최근에는 일본도 엔화 찍어내기에 주력하고 있다. 그 결과 전세계가 달러화로 표시되는 농산물이나 자원 가격의 급등으로 고통받았다. 한국도 원화가치가 계속 오르는 원고高 현상이 지속되면서 기업들의 수출 경쟁력이 나빠지고 있는 상황이다.

한국처럼 자원도 부족하고 외국에서 찾아오는 관광객도 많지 않은 나라는 경제발전을 위해서 수출에 의존할 수밖에 없다. 이런 경우 환율 변동이 심하면 수출기업들에 타격이 크다. 환율 변동에 대비하기 위해 대기업들은 환헤지hedge, 위험회피 관련 전문인력을 두고 은행과의 계약을 통해 환헤지 상품을 이용한다. 즉 환율 변동에 따른 위험을 회피하는 것이다. 그러나 중소기업들은 환헤지 상품 자체를 외면하고 있는 상황이다. 중소기업이 생산하는 제품은 가격경쟁력이 약하므로 대기업보다 환율 변동에 더 민감하지만, 2008년 금융위기 발생시 큰 피해를 안긴 키코KIKO; Knock-in Knock-out의 후유증에서 아직 벗어나지 못하고 있는 셈이다. 언론 보도에 따르면, 은행 직원들이 '환헤지'라는 말만 꺼내도 손사래를 치고 쫓아내는 중소기업인들이 아직 많다고 한다. 키코에 대한 두려움 때문에 중소기업들이 환헤지를 시도하지 않고 있어 오히려 더 큰 손실을 입을 가능성을 안고 가는 셈이다.

그렇다면 한국 중소기업들에게 큰 충격을 안겼던 키코란 도대체 무엇일까? 일반적으로 환율 변동 위험을 회피하기 위해서 기업들이 은행과 맺는 계약은 통화선도currency forward계약이다. 이 계약은 일정 기간 동안 기업이 수출대금으로 받은 달러화를 은행에 지급하고, 은행은 기업에게 원화를 지급하는 형태다. 달러화와 원화의 교환 환율은 사전에 계약을 체결할 때 고정된다. 즉 환율이 어떻게 변하는지에 관계없이, 예를 들어 1달러당 1,000원으로 달러당 원화 지급액이 고정된다. 실제 환율이 1달러당 1,100원이 되면 기업은 수출대금으로 받은 1달러를 시장에 팔아 1,100원을 받을 수 있다. 그러나 통화선도계약에 따라 기업은 은행으로부터 1,000원만큼만 지급받을 수 있으므로 100원을 손해본다. 반대로 환율이 1달러당 900원이 되면 기업에서는 계약에 따라 기업은 1,000원을 은행으로부터 지급받으므로 100원만큼 이익을 본다. 이를 종합해보면, 환율 변동에 따른 손익 변동의 위험이 기업에서 은행으로 전가되면서 기업은 항상 1달러당 1,000원을 받는다. 그 대신 기업은 은행에 사전에 정해진 수수료를 지급한다.[1]

은행이 환율 변동에 따른 위험을 다 부담하는 데 비해 약소한 수수료만 받으니 언뜻 생각하면 은행에 상당히 불리한 계약처럼 보인다. 그러나 은행은 수출대금으로 받은 달러를 은행에 팔려고 하는 수출기업 A, 수입대금으로 지급해야 하는 달러를 은행으로부터 매입하려는 수입기업 B와 동시에 통화선도계약을 맺음으로써 환율 변동에 따른 위험을 회피할 수 있다. 은행은 양쪽으로부터 수수료를 받고 A와 B를 연결하는 중개기관 역할을 하는 셈이다.

통화선도계약의 구조

통화선도계약의 구조를 그림으로 표시하면 〈그림 1〉과 같다. 이 예에서 은행과 기업의 환율 계약은 1달러당 1,000원으로 고정되어 있다. 수출기업의 경우, 환율이 1달러당 1,000원을 넘어서서 1,100원이 되면 같은 양을 수출하더라도 100원을 더 벌 수 있으니 원화가치가 하락할수록 이익이 된다. 반대로 원화가치가 하락한다면 같은 양을 수

1 이 설명에 따르면 환율이 1달러당 1,000원을 넘어 원화가치가 하락한다면(예를 들어 1,100원이 되면) 기업이 손해를 보는 것처럼 보인다. 그러나 원화가치가 하락하면 기업의 수출경쟁력이 강해져서(외화로 표시된 수출품의 가격이 저렴해지는 효과가 발생하므로) 더 많은 물량을 수출할 수 있으므로 상품매출이익은 증가한다. 즉 증가한 상품매출이익이 통화선도계약에 따라 은행과의 거래에서 발생하는 비용을 상쇄시키는 것이다. 그 반대로 원화가치가 상승한다면 수출경쟁력이 하락해 상품매출이익은 하락한다. 그러나 통화선도계약에 따라 은행으로부터 고정된 현금을 지급받을 수 있으므로 하락한 상품매출이익을 상쇄시킬 수 있는 수익이 발생한다. 따라서 상품매출이익과 통화선도 비용(수익) 둘을 합한 기업의 총 이익은 환율이 변하더라도 크게 변하지 않는다. 그래서 환율 변동의 위험을 회피할 수 있다.

•• 〈그림 1〉 통화선도 계약의 구조

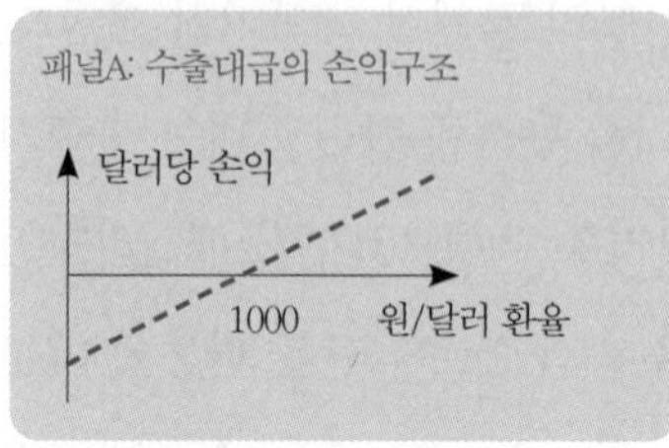

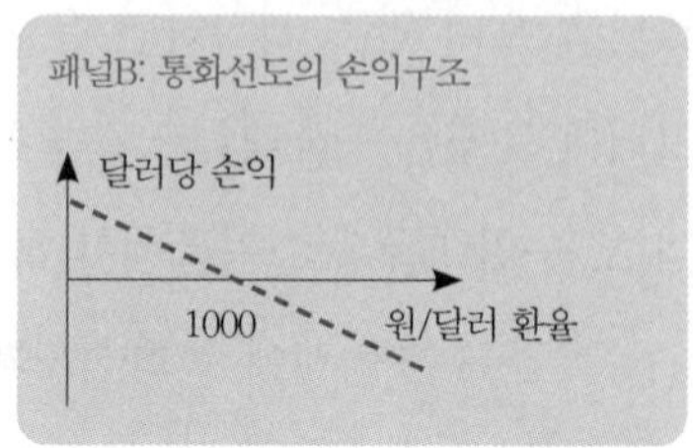

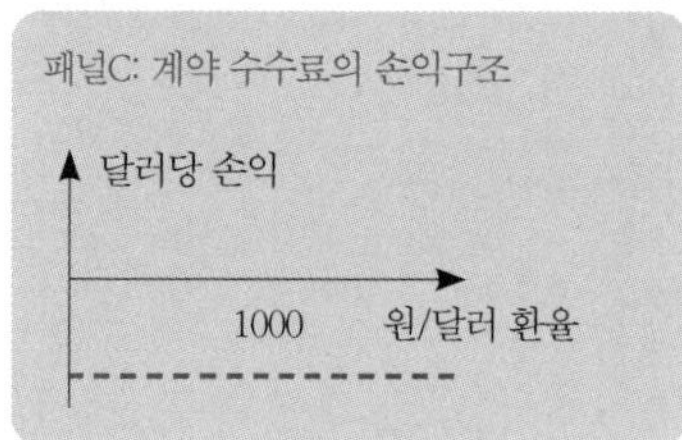

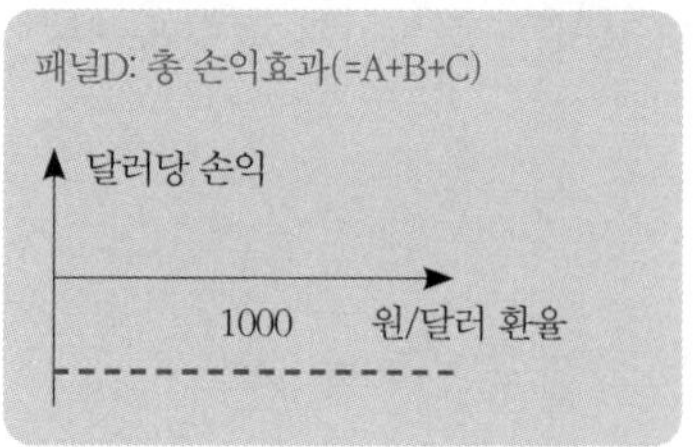

출하고도 받을 수 있는 원화 금액이 줄어들기 때문에 손해다. 이를 그림으로 표시한 것이 패널 A다.

이런 손익 변동의 위험을 회피하기 위해서는 패널 B와 같은 구조의 계약을 은행과 맺으면 된다. 이 계약은 환율 변동에 따른 손익의 변동이 패널 A와 정확하게 반대로 움직인다. 즉 환율이 달러당 1,100원이 되면 기업은 계약에 따라 1,000원을 은행으로부터 받으므로 100원만큼 손해를 본다. 반대로 환율이 달러당 900원이 되면 기업은 계약에 따라 1,000원을 은행으로부터 받으므로 100원만큼 이익이다. 따라서 패널 A와 패널 B를 합치면 환율이 어떻게 변하더라도 기업의 손익은 변하지 않는다. 이런 계약을 공짜로 체결할 수는 없다. 은행이 계약을 주선하는 대가로 기업은 은행에게 사전에 정해진 수수료를 원화로 지불하게 된다. 이를 그림으로 표시한 것이 패널 C다. 패널 A · B · C를 모두 합하면 패널 D가 된다. 즉 기업 입장에서는 패널 C에서처럼 일정한 수수료만 지불하면 패널 D에서처럼 환율 변동의 위험에서 해방될 수 있는 것이다.

그렇지만 상당수의 중소기업들은 정보나 지식이 부족해서 통화선도 상품에 대해 알지 못하거나, 패널 C의 수수료를 지급하고 싶어하지 않거나, C의 수수료를 지불할 능력이 없어서 이런 통화선도 상품에 가입하지 않는다. 그래서 환율 변동의 위험에 고스란히 노출된다. 특히 요즘처럼 원고 현상이 지속되고 있고 앞으로도 지속될 것으로 예상되는 상황에서 이런 기업들은 큰 피해를 볼 수밖에 없다.

키코계약의 구조

키코는 환헤지를 위한 통화선도 상품과 구조가 매우 다르다. 키코는 일반적으로 약정 환율과 환율 변동의 상한Knock-In, 녹인 및 하한knock-out, 녹아웃을 정해놓고, 환율이 일정한 구간 안에서 변동하면 약정환율 또는 만기시의 환율을 적용받는다. 대신 환율이 하한 이하로 떨어지면(녹아웃 상황이 되면)계약을 무효로 하고, 상한 이상으로 올라가면(녹인 상황이 되면) 계약에 따라 약정금액의 1~2배를 약정 환율 또는 만기일의 시장 환율로 매도한다. 키코라는 용어는 여기에서 생긴 것이다. 환율이 일정 범위 이하로 떨어져서 녹아웃이 되면 환헤지 효과가 없어져서 손실을 입는다. 반대로 환율이 일정 범위 이상으로 올라

•• 〈표 1〉 전형적인 키코계약의 예

환율구간	계약 내용
~ ≤ 930	계약 기간 중 환율이 한 번이라도 930원 이하로 내려가면 녹아웃 조건에 해당해서 계약이 무효가 되므로 헤지 효과 없음
930 < ~ ≤ 1,000	약정 환율인 1,000원으로 달러를 은행에 매도하므로 이익 발생
1,000 ≤ ~ ≤ 1,070	만기일의 환율로 달러를 은행에 매도하므로 손익이 발생하지 않음
1,070 < ~	계약 기간 중 환율이 한 번이라도 1,070원을 넘어가면 녹인 조건에 해당해서 만기일의 환율로 약정금액의 2배에 해당하는 달러를 은행에 매도하므로 대규모의 손실이 발생

•• 〈그림 2〉 손익구조의 예

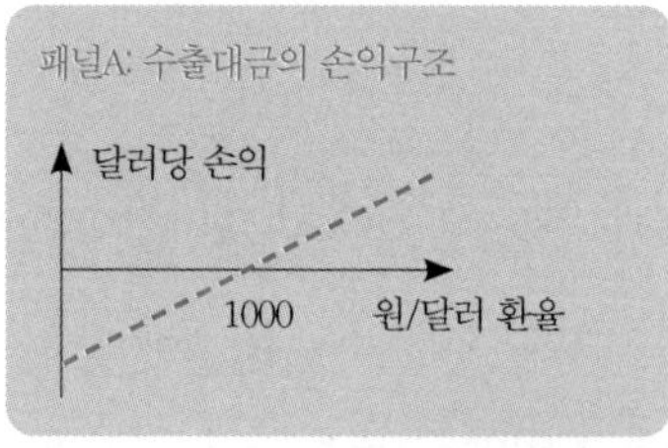

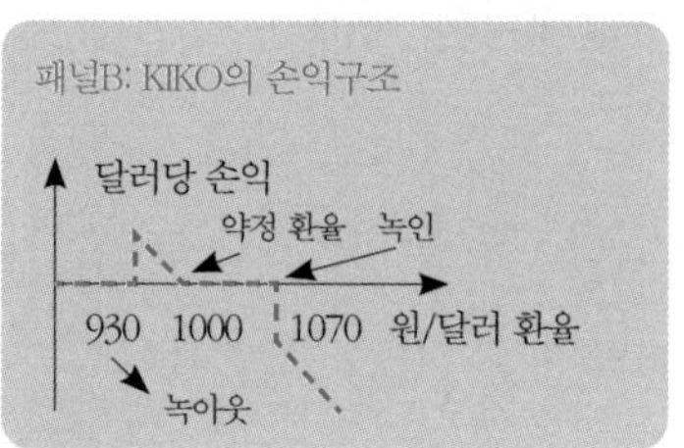

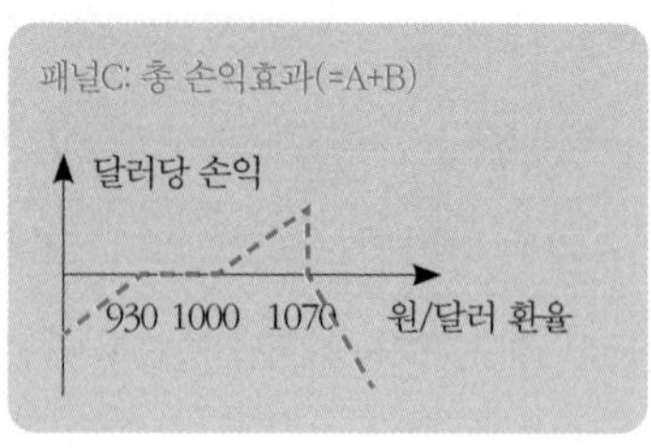

가서 녹인이 되면 약정액 외에 추가의 달러 금액을 오른 환율로 매입해서 은행에 매도해야 하기 때문에 손실이 발생한다.

전형적인 키코 상품의 계약구조를 요약한 것이 〈표 1〉이다. 〈표 1〉의 계약 내용을 그림으로 표시하면 〈그림 2〉의 패널 B와 같다. 앞의 〈그림 1〉의 패널 A에서처럼, 환율이 변동할 때 기업의 손익이 바뀌는 모습은 〈그림 2〉의 패널 A에서 확인할 수 있다. 기업이 패널 B와 같은 키코계약을 체결하면, 기업의 전체 손익은 패널 A와 B를 합친, 패널 C와 같은 형태가 된다. 이 예에서 녹인 환율은 1,070원, 녹아웃 환율은 930원이므로, 패널 C를 보면 환율이 930원 이하가 되거나 1,070원 이상이 되면 기업에게 손실이 발생한다. 환율이 1,070원 이상으로 증가할 경우에는 약정금액의 2배의 달러를 매도해야 한다는 계약조건 때문에 손실선 그래프의 기울기가 더 가팔라진다.

원화가치가 절상되어 환율이 달러당 930원보다 낮아졌을 때 발생하는 손실은 환헤지를 하지 않은 패널 A의 상황과 키코를 구입한 패널 C의 상황이 거의 비슷하다. 환율이 달러당 930원에서 1,000원 사이인 경우 키코계약을 체결하지 않았더라면 손실이 발생하지만(패널 A), 키코에 가입하면 손실이 키코계약을 통해 상쇄되기 때문에 손실이 발생하지 않는다(패널 C). 원화가치가 하락해서 환율이 달러당 1,000원에서 1,070원 사이에서 변할 경우에 발생하는 이익은 패널 A의 상황과 키코를 구입한 패널 C의 상황이 유사하다. 반면 원화가치가 급락해서 환율이 1,070원을 넘어가는 경우 키코에 가입하지 않았더라면 많은 이익을 얻었겠지만, 키코에 가입했다면 매우 큰 손실을 입게 된다. 즉 키코를 구입하면 키코를 구입하지 않았을 때보다 손실을 보는 환율 변동의 영역이 더 넓어진다. 그 대가로 환율이 달러당 930원에서 1,000원 사이의 구간에서 환헤지 효과를 보고, 환율이 달러당 1,000원에서 1,070원 사이의 구간에서 소폭 이익을 보는 셈이다.

패널 C의 그래프를 통해 알 수 있듯이 키코는 환율이 비교적 안정적이어서 녹아웃 환율인 달러당 930원과 녹인 환율인 달러당 1,070원 사이에서 움직일 경우에는 환율 변동의 위험을 회피하거나 소액의 이익을 얻을 수 있지만, 특정 구간을 넘어서면 대규모의 손실이 발생할 가능성이 있다. 특히 원화가치가 평가절하되어 환율이 녹인 수준을 넘어 크게 증가하는 경우에는 약정액보다 더 많은 금액을 은행에 매도해야 하기 때문에 기업은 시중에서 비싼 값을 주고 달러를 사야 하고, 따라서 손실규모는 더욱 커진다.

태산LCD의 키코 손실 사례

만약 키코 상품의 계약이 공정하다면 환율 변동에 따라 기업이 얻게 되는 이익이나 손실은 비슷해야 한다. 그렇지만 환율이나 파생상품에 대한 비전문가가 언뜻 보더라도 〈그림 2〉의 패널 C를 보면 환율이 오른편 끝이나 왼편 끝으로 변할 때 기업이 부담해야 하는 손실이 상당히 커진다는 것을 알 수 있다. 특히 환율이 오른쪽 편으로 움직이면 손실곡선의 기울기가 가파르기 때문에 손실이 급속히 늘어나게 된다.

2007년과 2008년 당시 원화가치가 급락하면서 환율이 그림에서 오른편 부분으로 움직이자 기업들이 엄청난 손실을 입었다. 언론 보도에 따르면, 당시 기업들이 입은 손실은 대략 4조 원이 넘는다고 한다. 약 500개 정도의 기업이 피해를 입었으므로, 회사당 평균 80억 원 정도의 피해를 입었다고 볼 수 있다. 중소기업 입장에서 80억 원의 손실은 엄청난 규모다.

키코로 가장 큰 손실을 본 회사는 태산LCD다. 태산LCD는 전체 매출액의 90% 이상이 외화로 결제되기 때문에 환율 변동에 매우 민감한 회사였다. 그래서 태산LCD는 2006년까지 매출액의 일정 비율에 대해 은행과 통화선도계약을 체결하고 있었다. 매입액 중 일부도 외화로 결제되기 때문에 외화매출액 전부에 대한 통화선도계약을 체결할 필요가 없고, 환율 변동에 노출되는 외화매출액과 외화매입액의 차액만큼만 통화선도 계약을 체결하면 된다.

어떤 이유에서인지는 모르지만 태산LCD는 2007년에 여러 은행들과 키코계약을 체결했다. 2007년에는 환율에 큰 변동이 없이 정해진 구간 내에서 움직였으므로 태산LCD는 약간의 이익을 볼 수 있었다. 하지만 2008년 들어 세계금융위기가 발발하면서 환율이 달러당 1,500원 선까지 급등했다. 그 결과 환율이 녹인 구간을 넘어서게 되었고, 태산LCD는 2008년 한 해 동안만 무려 7,500억 원의 손실을 입었다.

2007년 말 기준 태산LCD의 총자산이 2천억 원, 자본이 600억 원 정도라는 것을 감안하면 7,500억 원의 손실이 얼마나 큰 규모인지 짐작할 수 있다. 2008년 1분기에 발생한 키코 관련 손실은 130억 원 정도였다. 그런데 손실을 만회하기 위해 태산LCD의 경영진이 추가계약을 체결하면서 손실이 눈덩이처럼 불어났다. 즉 태산LCD는 하나은행과 계약 기간이 3년 6개월인 14억 4천만 달러 규모의 피봇 PIVOT 계약을 2008년 중 추가적으로 체결했다. 피봇은 키코와 유사한 통화 관련 파생상품이지만 환율 변동에 따라 기업이 얻을 수 있는 손익의 변동이 키코보다 더 큰 것이 특징이다. 키코보다 더 위험한 파생상품인 셈이다. 피봇에 대한 보다 자세한 설명은 너무 복잡하므로 생략한다. 결과적으로 피봇의 계약 구간을 넘어서서 환율이 변했으므로 손실이 걷잡을 수 없이 커졌다. 이런 손실 때문에 태산LCD는 파산하고, 2008년 10월 채권단의 공동관리 상태로 넘어갔다.

태산LCD는 2008년 한 해 동안 2,200억 원의 파생상품 거래손실과 5,300억 원의 파생상품 평가손실을 입었다. 여기서 거래손실과 평가손실이 어떻게 다른지 알아보자. 예를 들어 매년 12월 31일에 은행에 천만 달러를 지급하고, 대신 달러당 1,000원을 지급받기로 하는 계약을 2008년 초 체결했다고 가정하자. 계약기간은 3년이다. 2008년 12월 말 환율이 1달러당 1,300원이라면, 회사 입장에서는 달러당 1,300원이 아니라 1,000원 밖에 은행으로부터 받을 수 없으니 달러당 300원의 손실이 생긴다. 총 1천만 달러를 결제해야 하므로, 총 손실액은 30억 원(300원×1천만 달러)이 된다. 이 30억 원의 금액은 2008년도에 이미 발생한 손실이므로 파생상품 거래손실이라 부른다. 또한 앞으로 1달러당 1,300원의 환율이 지속된다면, 남은 계약기간인 미래 2년 동안 1천만 달러를 결제하려면 연간 30억 원의 손실이 발생한다. 이렇게 미래에 예상되는 총 손실 60억 원을 파생상품 평가손실이라고 한다.

이 60억 원은 지금 당장 은행에 지급해야 하는 금액은 아니지만, 미래 기간 동안 현재 환율이 지속된다면 매년 말 은행에 30억 원씩 지급해야 한다. 이는 예상 손실이므로 실제 발생한 손실은 아니지만, 그렇다고 하더라도 회계상으로는 '현재 발생한 사건의 결과로 미래 현금 지출이 예상되는 경우도 현재의 손실로 반영'하기 때문에 2008년의 손실로 기록한다. 그러나 만약 환율이 2009년 1달러당 1,250원으로 변한다면, 2009년 손실은 25억 원이 된다. 즉 파생상품 거래손실은 확정된 손실이며, 파생상품 평가손실은 추정된 손실이다. 2009년분 손실 30억 원과 2010년분 손실 30억 원을 이미 2008년 재무제표에 추정손실로 기록했는데, 2009년에 환율이 1,300원이 아니라 1,250원이라면 25억 원만 지급하면 되므로 2009년에는 10억 원의 파생상품 평가이익이 발생한다. 2009년분에 대해 발생한 5억 원의 이익과 2010년분에 대한 5억 원의 예상이익의 합계액이다. 실제로 키코 때문에 2008년 동안 파생상품 평가손실을 기록했던 많은 기업들이 2009년 환율이 안정되자(원화 강세가 되자) 약간의 파생상품 평가이익을 기록한 바 있다.

출자전환과 채무조정을 통한 태산LCD의 생환과 파산

2009년 1월 채권은행들은 태산LCD가 키코 관련 손실을 제외하면 건실한 기업이므로 청산 절차를 밟기보다는 계속 회사를 경영할 수 있도록 하는 것이 유리하다는 평가를 내렸다. 정부 측에서도 당시 세계금융위기 직후 기업의 어려운 현실을 고려해 적극적으로 기업을 돕는 정책을 실시하고 있었으므로, 은행들로 하여금 태산LCD 등 키코 손실을 입은 기업들을 돕도록 유도했다. 그 결과 주거래은행인 하나은행 및 다른 은행들은 태산LCD의 키코 관련 채무의 상당 부분인 총 4,750억 원 정도를 2009년 출자전환했다. 또한 잔여 채권 행사기간을 2013년 말까지 유예하며, 단기 대출금은 중장기 대출로 전환하고, 이자율을 낮추는 등 상당한 지원을 하기로 결정했다. 2010년에는 약 1,400억 원 정도를 추가 출자전환했다. 그 결과 태산LCD의 최대주주는 하나은행으로 변경되었다.

태산LCD가 상장되어 있는 코스닥 시장에서도 태산LCD를 2년간 상장유예하기로 결정했다. 태산LCD가 상장폐지되는 위험을 지연시킨 것이다. 은행과 거래소뿐만 아니라 태산LCD의 주거래기업인 삼성전자도 태산LCD를 돕기 위해 나섰다. 삼성전자는 2009년 4월부터 삼성전자의 LCD 모듈 일부를 태산LCD에 위탁 생산했다. 여러 도움이 모이면서 회사는 2009년부터 흑자전환했고 2010년까지 흑자를 기록했다. 그러나 그 후 다시 적자에 빠지면서 태산LCD는 2013년 말 파산했다. 키코의 악몽을 결국 극복하지 못한 셈이다. 건실한 회사가 금융상품을 몇 개 구입했다가 이렇게 파산에까지 이르게 되었다는 점이 안타깝다.

2008년 당시 태산LCD가 인식한 손실은 대부분 하나은행을 포함한 여러 은행으로부터 구입한 키코 및 피봇 때문이다. 하지만 태산LCD가 입은 손실만큼 하나은행이 이익을 본 것은 아니다. 하나은행을 비롯한 대부분의 국내 은행들은 키코 상품을 판매한 후 약간의 수

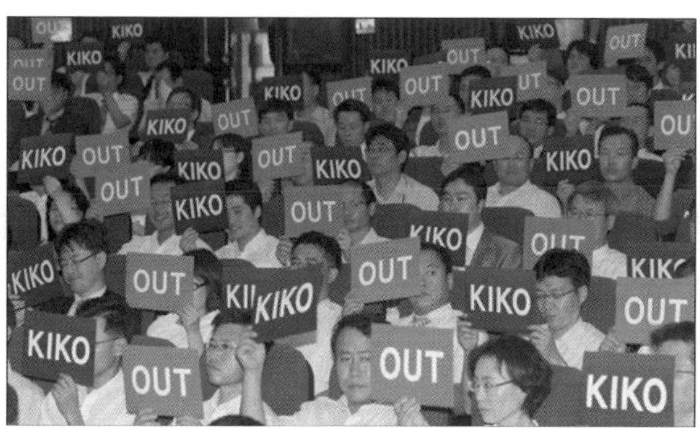

키코 손실에 따른 대책수립과 은행 처벌을 요구하는 기업인들
키코의 위험을 알지 못하고 이를 구입했던 기업들은 큰 피해를 입었다. 그 대표적인 사례가 태산LCD의 경우다. 기업들은 정부의 대책 수립과 은행 관계자 처벌을 요구했다.

수료만 받고 이를 다시 외국계 금융사에 매각했다. 즉 대부분의 국내 은행은 태산LCD와 외국계 금융사를 연결하는 중계자 역할만 했다. 결과적으로 태산LCD와 직접 외환거래를 한 금융사는 하나은행이 아니라 하나은행으로부터 계약권을 구입한 외국계 금융사일 가능성이 높다. 사실 키코는 국내 은행이 개발한 것이 아니라 외국 금융사들이 개발해 국내 은행들을 상품 판매 대리인으로 활용한 것이다. 외국의 유명 투자은행들이 국내 은행들을 설득해서 판매 대리인으로 활용하고, 키코가 얼마나 위험한지 판단할 능력을 갖추지 못했던 국내 은행들이 약간의 수수료를 벌기 위해 중소기업들에 판매한 것이다.

태산LCD가 채무불이행 상태에 빠지자 이 상품을 외국계 금융사에 인도한 하나은행이 계약조건에 따라 부채를 떠안게 되었다. 그 결과 하나은행은 태산LCD와의 거래 때문에 무려 2,861억 원의 평가

손실이 발생했다. 하나은행 입장에서는 키코 판매로 약간의 수수료만 얻었을 뿐인데 그 결과로 이렇게 막대한 손실이 발생했다는 것은 엄청난 타격인 셈이다. 정확하게 알려지지는 않았지만 하나은행뿐만 아니라 국내 다른 은행들도 키코 때문에 상당한 피해를 보았을 것이다. 결국 외국계 금융사들만 상당한 이익을 챙기고 국내 기업과 은행 모두 큰 피해를 입은 셈이다.

키코 피해를 둘러싼 논란과 소송전

2008년 당시 제이브이엠, 디에스엘시디, KPX화인케미칼, 모나미, 수산중공업, 성진지오텍, 대창공업 등 다수의 건실한 중소기업들이 키코 상품에 가입했다가 최소 수십억 원에서 최대 수천억 원에 이르는 피해를 입었다. 이들은 공동으로 단체를 만들어서 키코 상품을 판매한 은행을 규탄하는 집회를 여는 것과 동시에 키코 상품이 무효라며 은행을 상대로 소송을 걸었다.

이들 기업이 키코계약이 무효라고 주장한 논리는 다음과 같다. 우선 기업들은 복잡한 거래내용을 잘 알지 못한 채 은행 직원들의 설명만 듣고 안전한 상품으로 오해해서 가입했으므로 불완전 판매에 해당한다고 주장했다. 상품에 대한 설명이 충분히 이루어지지 않았기 때문에 고지의무를 위반한 불완전 판매에 해당한다는 것이다. 키코 가입을 권유한 은행 직원들은 자체 성과평가 기준에 키코 상품 판매액이 포함되어 있었기 때문에 거래하는 기업들에게 키코 가입을 권유할 인센티브를 가지고 있었다. 그러나 파생상품은 워낙 그 구조가 복잡하기 때문에 키코를 판매한 은행 직원들의 절대 다수도 키코의 위험성에 대해 잘 알지 못했을 것이며, 이를 구입한 기업들은 더더욱 알지 못한 채 구입했다는 것이다. 손해를 본 기업들의 절대 다수는 중소기업이며, 이들 중소기업들은 환위험이나 파생상품에 대한 전문가를 직원으로 채용할 만한 여유가 없었기 때문에 은행 직원들의 권유만 듣고 키코를 구매했다는 주장이다. 또한 언론 보도를 보면 몇몇 기업의 경우는 은행으로부터 대출을 받으려면 키코에 가입해야 한다는 요청을 받고 키코를 구매했다고 한다. 기업들은 또한 상품 자체가 기업이 이익을 볼 가능성은 별로 없고 상당한 손실을 볼 가능성이 대단히 높으므로 은행에게 절대 유리한 불공정한 상품이라고 주장했다. 즉 상품의 구조가 이런 것을 미리 알았다면 키코를 사지 않았으리라는 주장이다.

기업 측의 주장과 어려운 형편 등이 보도되면서 은행들은 여론 및 정부와의 관계를 고려해 조심스러운 입장을 보였다. 그러면서도 '계약은 계약'이라며 기업들이 계약에 동의해서 상품을 구입한 후 나중에 손해를 보자 계약을 취소해달라는 것은 있을 수 없는 일이라고 주장했다. 어쨌든 정부의 유도 또는 압력에 따라 은행들은 태산LCD의 사례처럼 조금씩 양보하면서 키코 피해를 입은 회사들을 파산시키기보다는 회생시키려고 했다. 겉으로 잘 드러나지는 않았지만, 이 당시 정부기관의 금융권에 대한 압박은 상당했을 것으로 판단된다.

기업들과 은행들의 다툼은 곧 소송전으로까지 번졌다. 2008년 8월, 오토바이를 제작해서 수출하는 S&T모터스가 기업들 중 처음으로 민사소송을 제기했다. 그 후 수산중공업 등 97개의 기업들이 연합해 13개 시중은행을 대상으로 소송을 제기했다. 기업들은 공청회와 규탄대회를 열기도 했다. 노벨경제학상 수상자인 로버트 엥글Robert Engle 미국 뉴욕대학교 재무관리 교수를 초빙해서 법정에 증인으로 세웠다. 그는 "키코는 기업들이 환헤지를 한 것이 아니라 은행들이 환헤지를 한 불공정 거래"이며, "키코의 구조를 제대로 알았다면 기업들이 키코계약을 하지 않았을 것"이라고 증언했다. 또한 엥글 교수와는 별도로 국내 학자 5명도 제출한 보고서를 통해 과거 환율 변동에 따라 은행이나 기업이 키코를 통해 얻을 수 있는 이익이나 손실을 시뮬레이션해본 결과, 키코는 은행에 일방적으로 유리한 불공정한 상품이라고 주장했다.

그러자 은행 측은 재무관리 분야의 또 다른 전문가인 스티븐 로스Stephen Ross MIT 교수를 초빙했다. 로스 교수는 "필요한 금액보다 과다한 금액의 외화 파생상품 계약을 맺은 것으로 볼 때 기업들은 환율 변동을 통해 이익을 올리기 위한 목적으로 도박을 한 것이며, 키코의 손익구조는 은행과 기업들 모두 다 알 수 있으니 모두에게 공정한 상품이다."라고 증언했다. 또한 로스 교수는 "만약 필요한 달러만큼만 키코계약을 했다면, 환율 변동으로 실물자산에서 손실이 발생해 키코계약으로 그 손실을 만회할 만큼의 이익이 발생한다. 반대로 환율이 변해서 키코계약에서 손실이 발생했다면 실물자산에서 이익이 발생해 전체적으로 손익이 발생하지 않는다."라고 설명했다. 또한 국내 학자 5명이 제출한 보고서에 대해서 로스 교수는 "이 결과는 키코계약 체결시점이 아닌 과거 10년간 환율 변동을 이용해 시뮬레이션을 한 것

엥글(좌)과 로스(우) 교수
저명한 두 교수는 한국까지 비행기를 타고 날아와 키코에 대해 법정에서 각기 다른 증언을 했다. 아마 양측 다 상당한 보수를 지급하고 이 두 교수를 초빙했을 것이다.

으로 환율이 비정상적으로 움직이던 1997년과 1998년 자료가 포함되므로 옳지 않다."라고 지적했다. 즉 키코계약이 체결되던 2006년이나 2007년 시점의 환율 변동성은 별로 크지 않았으므로 환율이 정해진 구간을 벗어날 가능성이 별로 없어서 문제가 없다고 주장한 것이다.

치열한 공방 끝에 대부분의 재판에서 법원은 은행 편을 들어 기업들에게 패소판결을 내렸다. 그러나 은행들이 고지의무를 위반해 불완전 판매가 발생한 것에 대한 증거가 있는 사건들의 경우는 기업들이 전부 또는 일부 승소한 경우도 가끔 있었다. 예를 들어 2013년 들어 서울 중앙지법 민사부는 코텍, 엠텍비젼, 테크윙 등의 기업들이 청구한 소송에서 은행들이 피해액의 60~70%를 지급하라는 원고 일부 승소 판결을 내린 바 있다. 그러나 소송에서 패소한 기업들도 대법원에 상고할 예정이고, 패소한 은행들도 역시 상고할 것이므로 소송전은 앞으로도 상당 기간 동안 계속될 것이다.

우리가 배워야 할 교훈은?

당시 키코와 유사한 사건은 한국에서만 발생한 것이 아니라 말레이시아, 스리랑카, 인도, 인도네시아, 일본, 중국 등 아시아 및 멕시코, 브라질, 이탈리아, 폴란드 등 세계 각국에서 동시에 발생했다. 외국에서는 키코라는 이름보다는 탄TARN; target accrual redemption note이라는 명칭으로 알려져 있다. 이런 나라들은 공통적으로 환율 변동에 민감하다는 공통점이 있다. 이들 국가에서도 우리나라처럼 많은 기업들이 엄청난 피해를 봤다.[2] 일부 국가에서는 기업들이 불완전 판매 등의 이유로 소송을 걸어 일부 승소한 사례도 많다. 그렇지만 한국과 마찬가지로 기업들이 전부 승소하기란 쉽지 않은 듯하다. 일본에서는 정부가 적극적으로 중재해서 은행과 기업이 50% 정도씩 손실을 분담하는 것으로 타협했다고 한다. 한국과는 달리 일본의 은행들은 개인 주주들의 소유가 아니라 집단의 소유이기 때문에 정부의 말이 상대적으로 손쉽게 통했을 것이다.

---

2 외국의 경우에 대한 보다 자세한 내용은 다음을 참고하기 바란다.
Dodd, 'Playing with fire.' 〈Finance & Development〉, 2009년.
Dodd, 'Exotic derivative losses in emerging markets: Questions of suitability, concerns for stability.' 〈Working paper〉, 2009년.

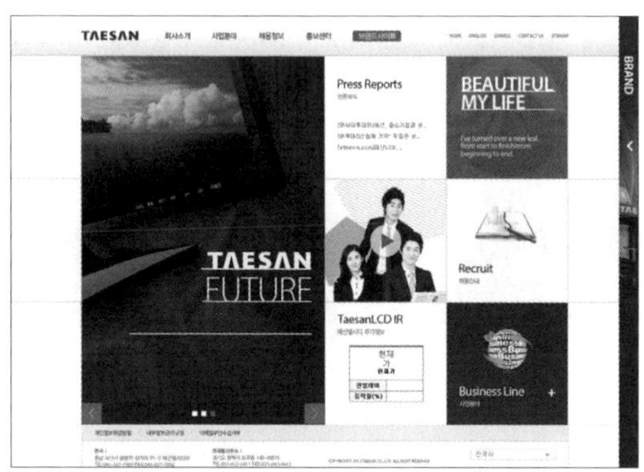

태산LCD의 홈페이지 모습
태산LCD는 키코 때문에 큰 피해를 입었고, 열심히 노력했으나 그 피해를 극복하지 못하고 2013년 말 파산했다. 키코 사건은 파생상품이 얼마나 큰 피해를 안겨줄 수 있는지 잘 보여준다.

소송이 진행중인 민감한 문제에 대해 필자가 개인적인 의견을 제시하는 것은 쉽지 않다. 따라서 우리가 이번 사건을 통해 배워야 할 점이 무엇인지 간단히 핵심만 요약하도록 하겠다. 필자는 키코에 대해 '합리적인 사람이 구조를 제대로 알았다면 절대 구매하지 않았을 불공정한 상품'이라고 생각한다. 전술한 것처럼, 키코계약을 통해 기업이 얻을 수 있는 기대이익보다 기대손실이 월등히 크기 때문이다.

그러나 공정한 계약인지 아닌지의 여부를 떠나서 복잡한 내용들이 여러 장에 걸쳐 게재된 계약서에 도장을 찍은 후 나중에 계약이 무효라고 주장하는 것은 받아들이기 어렵다. 즉 공정한 계약인지의 여부는 본 재판의 승부와 큰 관련성이 없다. 또한 몇몇 기업들은 실제 필요한 달러 규모보다 훨씬 많은 금액을 기준으로 키코에 가입했다. 처음에는 필요한 금액만 키코 상품에 가입했었지만 2007년 동안 환율이 정해진 구간에서 벗어나지 않아 이익을 얻자, 이익을 더 많이 보고자 환위험에 노출되는 금액보다 더 많은 금액을 추가적으로 계약한 것이다. 또는 그 반대로 2008년 약간의 손실을 입자 손실을 만회하고자 다른 키코 상품이나 키코보다 더 위험한 도박인 피봇에 가입하기도 했다. 이런 경우는 환헤지가 아닌 환투기 목적으로 키코에 가입했다고 볼 수 있다.

이런 이유들 때문에, 키코 상품의 구조를 제대로 알지 못한 상황에서(즉 은행이 고지의무를 제대로 수행하지 않은 증거가 있으며 회사 내에 환전문가가 없는 중소기업의 경우) 환노출 규모만큼만 키코를 구입한 경우가 아니라면 법원이 키코계약이 무효라는 기업들의 주장을 받아들이기가 힘들 것이다. 따라서 기업들이 소송에서 이기기 위해서는 은행이 고지의무를 제대로 수행하지 않았다는 증거를 제시해야 한다.[3] 또는 은행들이 다른 조건을 내걸어서(예를 들어 은행들이 대출을 해주는 것의 부대계약으로 키코 가입을 강요했다고 피해기업들은 주장한다) 어쩔 수 없이 키코계약을 체결했다는 증거가 있어야 한다.

이런 사태를 통해 우리가 배워야 할 교훈은 무엇일까? 세계 최고의 투자자로 유명한 워런 버핏warren Buffett이 꼽은 인수대상 기업의 조건 6가지 중 다섯 번째는 '이해하기 쉬운 사업구조'를 가진 회사다. 이 원칙에 따라 버핏은 자신이 이해하기 힘들 정도로 복잡한 구조를 가진

3 혹자는 은행들은 왜 '고지의무를 충분히 이행했다는 것'을 증명할 필요가 없는지 궁금해할 수 있다. 기업들이 키코계약서에 서명을 했는데, 거의 모든 계약서상에는 거래 내용을 충분히 이해하고 계약 내용에 동의해 서명을 한다는 내용이 포함되어 있다. 따라서 계약 자체가 은행들이 사전에 충분한 정보를 제공했다는 증거가 되는 셈이다.

회사에 절대 투자하지 않는다. 그는 "무지無知와 빌린 돈을 합쳐 투자한다면 재미있는 결과가 나올 것이다."라고 말했다. 또 "완벽히 이해할 수 있는 것에만 투자해도 높은 수익률을 올리기란 결코 쉬운 일이 아니며 언제든지 실수할 수 있다."라고 했다. 자신이 알 수 있는 것을 철저히 분석해서 자기 돈으로 투자하라는 말이다. 제대로 분석해서 자기 돈으로 투자를 해도 높은 수익률을 올리기가 쉽지 않은데, 잘 알지도 못하고 투자한다면 높은 수익률을 얻기는 힘들 것이다. 이런 것은 투자가 아니라 투기인 셈이다. 버핏은 "이해할 수 없으면 투자하지 말라."라고도 했다.

이런 버핏의 투자 원칙을 응용해서 생각해보면 키코에 대해서도 똑같은 이야기를 할 수 있다. 주식뿐만 아니라 자신이 이해하지 못하는 상품도 구입하지 말아야 한다. 중소기업뿐만 아니라 모든 사람들이 명심해야 할 이야기다. 모르는 일은 하지 말고, 하고 싶다면 우선 공부를 철저히 해서 그 일이 무엇인지 이해할 수 있는 지식이 생겼을 때 행동으로 옮겨야 한다.

또한 계약 체결시 상대방의 간단한 이야기만 듣고 계약서에 서명하는 것은 위험한 행동이다. 반드시 자세히 서류를 검토한 후 내용을 이해하고 나서 서명해야 한다. '아는 것이 힘'이라는 말을 잘 기억하자. 지금은 '모르는 게 약'이 아니라 '병'인 시대다. 모른다면 그 자리에서 바로 상품을 구매하지 말고 전문가에게 자문을 구해야 한다.

고객의 입장에서 생각해야 한다

마지막으로 키코를 판매한 은행들에게도 재판의 승소나 패소 여부를 떠나서 한 가지 충고를 전하고 싶다. 투자자들이 자신이 이해할 수 있는 상품만 사야 하는 것과 마찬가지로, 판매자도 자신이 이해할 수 있는 상품을 팔아야 한다. 은행들이 키코의 구조를 제대로 알았다면 고객들에게 구입을 권유하지 않았을 것이라고 필자는 생각한다. 파생상품에 대한 충분한 지식을 가진 사람이 키코의 구조를 살펴보면 키코 가입을 통해 고객들이 얼마나 큰 위험에 처하게 될 것인지 명백하기 때문이다. 그러니 크게 한 건 하고 떠나버리겠다는 의도가 아니라면 이런 상품을 고객에게 권유했을 리 만무하다.

우리나라 은행들이 이런 일을 할 리가 없다고 생각한다. 몇몇 외국계 투자은행들이 좋은 상품이라고 소개하니 심각한 고민 없이 일선 지점을 통해 국내 기업들에게 키코를 팔지 않았을까 추측해본다. 만약 이런 추측이 사실이라서 은행들이 의도성 없이 한 일이라고 하더라도 심각한 검토 없이 상품을 팔았다는 것도 큰 문제다. 자체적으로 이런 문제 많은 상품을 걸러낼 능력이 없다는 것도 부끄러운 일이다.

만약 언론에 보도된 대로 몇몇 은행들이 일선 지점의 직원들로 하여금 키코를 팔도록 하고 그 판매실적에 따라 성과평가를 한 것이 사실이라면, 이는 크게 잘못된 일이다. 본점에서 파생상품을 담당하는 소수의 직원이 아니라면 키코의 계약구조를 이해하지 못할 텐데, 일선 지점의 직원들이 판매를 하도록 지시했다는 것은 키코가 어떤 상품인지도 모르는 사람들에게 키코를 팔도록 한 것이다. 키코가 아니라도 대부분의 파생상품은 무척 복잡하기 때문에 소수의 전문가를 제외하면 그 구조를 정확하게 이해하기 힘들다. 필자도 머리를 싸매고 컴퓨터를 두드리면서 분석을 해야 겨우 이해할 수 있다.

이러니 많은 경우 불완전 판매가 일어났을 수밖에 없다. 은행원 스스로도 어떤 구조인지 정확히 모르는 상품을 고객들에게 제대로 설명해 줄 수가 없었을 테니 말이다. 지금은 증권사에 가서 펀드에 가입할 때도 해당 투자자가 어떤 성향의 사람인지 여러 설문을 통해 조사를 한 후에야 투자 성향에 맞는 펀드에 가입할 수 있다. 그런데 펀드보다 수십 배, 수백 배 더 위험한 파생상품을 판매하는데도 그 상품이 무엇인지 모르는 사람들이 자신도 모르는 내용을 기업들에게 대충 설명하고 구입을 권유한다는 것은 어불성설이다.

이러니 관계당국이 나서서 다시는 이런 일이 일어나지 않도록 파생상품 판매규정을 강화해야 한다. 무너진 태산LCD를 다시 살려낼 수는 없더라도, 앞으로 제2, 제3의 태산LCD가 다시 재현되는 것은 막아야 하지 않겠는가? 예를 들어, 복잡한 공식이나 설명이 없어도 〈그림 2〉에서 키코에 가입 안 했을 때의 환율 변동에 따른 손익변화를 나타내는 패널A와, 키코에 가입했을 때의 손익변화를 나타내는 패널C를 함께 보여준다면 파생상품을 잘 모르는 사람도 키코를 사지 말아야 한다는 점을 손쉽게 이해할 수 있을 것이다.

다시 은행의 입장으로 돌아와 생각해보자. 고객에게 불리한 상품을 팔아서 은행이 이익을 보는 것은 잠깐이다. 고객에게 불리한 상품을 판다면 고객은 장기적으로 해당 은행을 외면하고 다른 은행으로 옮겨갈 것이다. 고객이 이익을 볼 수 있는 상품이 무엇인지 고민을 하다 보면 고객을 만족시킬 수 있고, 그 결과 장기적으로 은행에게도 이익이 될 것이다. 예를 들어 환율 변동 때문에 고민하는 중소기업에게 통화선도 상품을 소개해 가입시키는 것은 고객에게 도움이 되는 좋은 일을 한 것이다. 앞으로 은행들이 이런 고민을 더 하기를 바란다.

이 이야기는 은행뿐 아니라 비즈니스를 하는 사람들 모두에게 해당되는 이야기다. 판매자 관점에서 매출을 늘리려고만 생각한다면 매장이란 '고객에게 물건을 파는 장소'일 뿐이다. 그러나 고객의 관점에서 생각하면 매장이란 '고객님이 물건을 구매하는 장소'다. 어떤 관점을 가지고 생각하느냐에 따라 현상을 바라보는 눈이 전혀 달라진다. 우리가 우리 주변의 친구들이 나에 대해 어떤 태도를 가지고 있는지 직접 말로 표현하지 않아도 잘 아는 것처럼, 고객들도 판매자가 어떤 마음으로 장사를 하는지 느낄 수 있다. 필자의 경우도 강의를 하다 보면 수업시간에 학생들이 어떤 자세로 수업을 듣고 있는지 느낄 수 있다. 진정 고객을 위한 마음으로 비즈니스를 행하는 사람과 기업만이 장기간의 레이스에서 성공할 수 있을 것이다.

전문인력 양성의 필요성

어쨌든 본 사건을 보면서 필자는 국내 은행들이 실제로 파생상품 전문가를 보유하고 있는지 궁금해졌다. 진짜 전문가가 있다면 이런 위험하고 고객들을 파산에까지 이르게 할 수 있는 상품을 국내에 판매하지 말았어야 하기 때문이다. 실제로 필자가 인터넷 검색사이트 구

글을 이용해 탄을 찾아보면 탄에 대한 설명이 자세히 나온다. '이 상품을 통해 볼 수 있는 이득은 제한적인 범위이지만 손실은 무한정으로 발생할 수 있다(Gain is limited but loss is unlimited).'라는 주의사항도 손쉽게 볼 수 있다. 그렇지만 당시에는 거의 아무도 이런 내용을 찾아보지 않았을 것이다. 물론 필자도 사고가 터져서 이슈화되기 전까지는 이런 상품이 있다는 것 자체를 알지 못했다. 이슈가 되서 관련 문헌을 찾다 보니, 키코가 아니라 탄이 이 상품에 대한 세계 공통으로 쓰이는 용어라는 사실을 알게 된 것뿐이다.

안타깝지만 이미 벌어진 일을 되돌릴 수는 없을 것이다. 그러나 그렇다고 하더라도 은행들은 앞으로 이런 일이 다시 벌어지지 않게끔 전문인력 양성에 힘쓸 필요가 있다. 직원들에게 공부할 기회는 거의 제공하지 않으면서 직원들을 이용하려고만 한다면 직원들의 역량이 향상되기 힘들다. 그리고 '내 임기 동안 돈만 많이 벌면 된다.'라는 근시안적 사고방식에서 벗어나서 '장기간에 걸쳐 고객의 발전을 위해 일하겠다.'라는 방식으로 사업하는 마인드를 바꿔야 할 것이다.

엥글 교수와 로스 교수의 주장에 대한 필자의 의견

재판 과정에서 기업과 은행 측은 각각 로버트 엥글 뉴욕대학교 교수와 스티븐 로스 MIT 교수를 전문가 증인으로 초빙했다. 본문에 소개한 두 교수의 증언 내용을 비교하면서 누구의 주장이 옳은지 생각해보자. 다만 필자는 언론 보도에 요약된 두 교수의 증언 내용을 보고 이 글을 썼을 뿐이며, 정확한 증언 내용에 대해 모두 알지는 못한다는 점을 미리 말해둔다. 전문가들이 매우 복잡한 주제로 토론을 벌였기 때문에, 전문지식이 부족한 기자들이 빠르게 진행되는 토론 내용을 듣고 요약하는 과정에서 오역誤譯이 있었을 수도 있다. 다만 보도내용이 모두 사실이라는 전제하에서 생각해보면, 재판에 참가한 두 교수가 키코에 대해 깊은 생각과 고민을 하고 재판에 참여한 것은 아닌 듯하다.

(1) 엥글 교수는 "키코는 기업들이 환헤지한 것이 아니라 은행들이 환헤지를 한 불공정 거래"라고 했다. 〈그림 2〉를 보면 기업들의 손익

구조를 알 수 있다. 은행의 손익구조는 정확하게 이와 반대다. 즉 기업들이 이익을 볼 가능성은 매우 낮은 반면, 큰 손해를 볼 가능성은 매우 높다. 헤지를 한다면 손익 변동이 거의 없어야 하는데, 기업들 입장에서는 손해를 볼 가능성이 높으니 기업들이 헤지를 한 것이 아니다. 따라서 이 부분은 엥글 교수의 설명이 옳다. 그러나 은행들 입장에서 헤지를 한 것도 아니다. 왜냐하면 은행은 고수익을 볼 가능성이 높은 계약을 맺은 셈이기 때문이다. 그러니 뒷부분의 내용은 엥글 교수의 설명이 옳지 않다. 헤지란 위험을 회피하는 것을 의미하는 용어이기 때문이다.

(2) 엥글 교수는 "키코의 구조를 제대로 알았더라면 기업들이 키코 계약을 하지 않았을 것… 불공정한 거래"라고 한 반면, 로스 교수는 "키코의 손익구조는 은행과 기업들 모두 다 알 수 있으니 모두에게 공정한 상품"이라고 했다. 우선 앞에서 설명한 것처럼 엥글 교수의 말은 옳다. 로스 교수의 말은 '기업에서 키코의 손익구조를 판단할 수 있는 전문 인력이 있는 경우'에만 옳은 말이다. 전문가가 없다면 손익구조가 모두 공개되어 있더라도 그 의미를 알 수 없기 때문에 꼭 옳다고는 할 수 없다.[1]

(3) 로스 교수는 "필요한 금액보다 과다한 금액의 외화 파생상품 계약을 맺은 것으로 보아 기업들은 환율 변동을 통해 이익을 올리기 위

---

1 손익구조가 투명하게 공개되어 있다면 그 상품을 구입하는 것은 개인의 자유다. 예를 들어 카지노의 경우 도박에 참가하는 절대다수가 손해를 본다는 손익구조가 투명하게 공개되어 있지만 많은 사람들이 자발적으로 카지노에 가서 도박을 즐긴다. 그러니 도박은 공정한 상품이라고 할 수 있다. 결국 로스 교수는 기업들이 키코의 구조를 이해하고도 자발적으로 키코 상품을 구매한 것으로 해석하고 있다는 점을 알 수 있다.

한 목적으로 도박을 한 것"이라고 말했다. 필요 이상의 키코 상품을 구입한 회사들은 헤지 목적을 위해 구입한 것이 아니니 로스 교수의 말이 옳다. 그러나 모든 회사가 필요 이상의 금액으로 키코계약을 한 것은 아니므로, 이런 기업들의 입장에서는 로스 교수의 말이 옳지 않다.

(4) 로스 교수는 "만약 필요한 달러만큼만 키코계약을 했다면, 환율 변동으로 실물자산에서 손실이 발생했다면 키코계약으로 그 손실을 만회할 만큼의 이익이 발생한다. 반대로 환율이 변해서 키코계약에서 손실이 발생했다면 실물자산에서 이익이 발생해 전체적으로 손익이 발생하지 않는다."라고 했다. 그러나 이 설명은 옳지 않다. 이 설명은 일반적인 헤지 상품인 통화선도계약에 해당하는 이야기(부록 〈주석 1〉 및 본문 〈그림 1〉 참조)로, 키코는 〈그림 2〉에서 볼 수 있듯이 환율이 오른편 끝이나 왼편 끝으로 움직일 때 모두 기업 측에 손실이 발생하기 때문에 맞지 않다. 예를 들어 〈그림 2〉에서 원화가 강세를 보여 환율이 달러당 800원이 된다면 실물거래에서도 손실이 발생하고 키코계약에서도 손실이 발생하게 된다.

(5) 국내 학자 5명은 "과거 환율 변동에 따라 은행이나 기업이 키코를 통해 얻을 수 있는 이익이나 손실을 시뮬레이션해본 결과, 키코는 은행에 일방적으로 유리한 불공정한 상품"이라고 했다. 그러나 로스 교수는 "이 결과는 키코 체결시점이 아닌 과거 10년간 환율 변동을 이용해 시뮬레이션을 한 것으로, 환율이 비정상적으로 움직이던 1997년과 1998년 자료가 포함되어 있어 옳지 않다."라고 주장했다. 즉 키코계약이 체결되던 2006년이나 2007년 시점의 환율과 변동성은 별로 크지 않았으므로 환율이 정해진 구간을 벗어날 가능성이 별

로 없어서 문제가 없다는 설명을 했다. 필자는 국내 학자 5인의 주장이 옳다고 생각한다. 우리가 자동차 보험에 가입하는 이유는 앞으로 언제 발생할지 모르는 큰 사고에 대비하기 위해서다. 수시로 일어나는 가벼운 접촉사고나 범퍼가 긁히는 것을 수리하기 위해 보험에 가입하는 경우는 거의 없다. 따라서 은행 상품도 10년이나 20년에 한 번 일어날 수 있는 환율의 급변 가능성을 모두 고려해 분석을 하는 것이 옳다. 마찬가지로 보험회사도 보험료를 책정할 때 10년이나 20년에 한 번 일어날 수 있는 심각한 자동차 사고의 가능성을 모두 고려해서 보험료를 책정한다. 그러나 언론에 보도된 대법원 판결 결과를 보면, 대법원은 이런 장기간이 아니라 키코계약 기간 동안인 단기간 동안의 환율 예측만 고려해 키코가 양측에게 모두 공정한 상품이라고 판단한 듯하다.

이상의 내용을 종합해보면 로스 교수는 키코가 환헤지 상품이 아니라 능력 면에서 대등한 두 거래 당사자가 미래 환율 변동에 대한 예측을 두고 내기하는 형태의 제로섬zero sum 게임을 한 상품으로 이해하는 듯하다.[2]

---

2 제로섬 게임이란 한 사람이 이익을 본 만큼 다른 사람이 손해를 보는 게임이다. 두 환율 전문가가 미래 환율 변화 방향에 대해 다르게 예측한다면 서로의 능력을 믿고 내기를 할 수 있다. 필자가 『숫자로 경영하라 2』의 '11월 11일 주가폭락의 숨겨진 내막'이라는 글에서 설명한 옵션계약과 마찬가지라고 이해하면 된다.

회계로 본 세상

재판이 진행중인 민감한 사건이라 원고를 최초 집필한 후 〈동아비지니스리뷰〉에 발표할 때까지 무려 3년의 시간이 지났다. 약육강식의 무자비한 자본주의와는 좀 다른 상대적으로 온정 자본주의나 인간주의적인 자본주의를 추구하는 한국에서 이런 일이 발생해 많은 기업들이 고통받았다는 점이 안타까울 뿐이다.

요즘 MBC에서 이 사건을 배경으로 한 드라마 〈개과천선〉을 방영중이다. 돈을 위해 악인들을 변호하며 거짓말을 하는 것을 서슴치 않던 변호사 김석주(김명민 분)가, 기억상실증에 걸린 후 과거의 잘못을 뉘우치고 선을 위해 법정에서 싸우는 모습이 등장한다. 이런 복잡한 내용을 드라마로 만들기 위해서 담당 작가나 피디가 얼마나 열심히 공부했을지를 생각해보면 그 분들에게 박수를 보내고 싶다. 어쨌든 이런 사건을 드라마화 한다는 것 자체가 참신한 시도라고 생각되지만, 사건 내용이 너무 복잡해서 시청자들이 드라마를 보면서 내용을 이해하고 공감하기는 어려울 것이라고 생각된다.

그러나 드라마에서 아쉬운 점도 많다. 드라마 내용에는 억울한 피해 기업과 비열한 은행, 은행 측을 대리하고 온갖 불법이나 협박·로비도 서슴지 않는 국내 최고의 법무법인 차영우 로펌(현실에서 은행 측을 변호하는 것은 김&장 등의 대형 법무법인이다.)이 등장한다. 드라마 속에서는 사실 왜곡이나 과장이 너무 많아 선한 측과 악한 측이 명확하게 구별되지만, 실제 이번 사건의 내막을 살펴보면 그렇게 답이 분명하지는 않은 경우도 많다. 그리고 드라마에서는 계약이 불공정하다는 것을 주로 부각시키고 있지만, 본 재판의 승패 여부는 필자가 전술한 바처럼 계약의 불공정성과는 큰 관계가 없다. 따라서 드라마의 내용을 그대로 믿는다면 본 사건을 제대로 이해하지 못하게 된다. 드라마에서는 억울한 피해자만 등장하지만, 현실에서는 꼭 그렇지 않다. 본서에서 설명한 것처럼 환투기 목적으로 도박에 참여한 기업들도 일부 있었기 때문이다. 물론 사건이 발생한 후에 이런 의도를 인정하는 기업은 아무도 없을 것이다.

앞에서도 잠깐 언급한 바 있지만, 이번 사건에서 누구의 주장이 옳은가를 따지는 것보다 더 중요한 것은 한 번 맺어진 계약은 쉽게 무효로 할 수 없다는 점이다. 일방적으로 한쪽 거래 당사자에게 불리한 계약이라고 하더라도, 계약서에 도장을 찍은 이상 그 계약을 무효로 하기는 어렵다. 본문에서 설명한 것처럼 기업들이 재판에서 이기기 위해서는 은행들이 키코에 대해 충분한 설명을 하지 않았다는 증거를 적극적으로 찾아 제시해야 할 것이다. 그래야만 키코에 대한 정보가 부족한 불공정한 상황에서 잘 모르고 계약을 맺었다는 것을 증명할 수 있다. 안타깝지만 현실은 냉혹하다. 그리고 거의 대부분의 기업들이 이런 증거자료를 가지고 있지 못할 것이기 때문에 재판에서 승리하기가 어려운 것이다. 그러니 이번 일을 교훈 삼아 앞으로 잘 모르는 서류에 함부로 도장을 찍는 일은 매우 조심해야 할 것이다.

저축은행 후순위채 사태, 몇몇 기업의 채권이나 CP 사태 때도 많은 개인투자자들이 피해를 입었다. 그런데 개인의 경우는 상대적으로 기업보다 이런 종류의 재판에서 승리할 가능성이 높다. 후순위채나 CP가 무엇인지 모르고 투자한 개인들이 많이 있을 것이며, 객관적으로 볼 때 할아버지나 할머니 등 평범한 개인투자자들이 그 복잡한 내용을 알아듣고 투자를 했을 것으로 판단되지 않기 때문이다. 특히 저축은행과 관련된 후순위채 사건의 경우, 상당수의 사람들은 후순위채를 판매한 저축은행이라는 곳이 '은행'이라는 이름 때문에 원금을 보장해주는 예금만을 취급하는 곳이라고 생각했을 가능성이 높다. 후순위채 사건과 비교할 때 상대적으로 증권회사와 관련된 CP의 경우는 '나는 원금이 보장되지 않는 상품인지 몰랐다.'라고 주장하기가 더 어렵다. 증권사에서 상품을 구입하는 사람들의 성향이 은행과는 다르며, 증권사에서 원금보장 상품을 파는 경우는 거의 없기 때문이다.

그러나 기업의 경우는 다르다. 기업은 대부분 충분히 스스로 판단할 수 있는 능력을 가지고 있다고 여겨진다. 따라서 '나는 몰랐다.'라는 변명이 기업과 관련된 사건에서는 인정받기가 힘든 것이다.

『숫자로 경영하라』에서 소개한 SK그룹의 사례('외국인 투자자는 정말 기업 투명성을 향상시킬까?)에서도, SK그룹 소속 SK증권은 미국의 대형 금융사인 JP모건과 키코와는 약간 다르지만 유사한 종류인 파생상품 계약을 맺었다가 큰 피해를 입었다. 이 파생상품의 정확한 명칭은 토털 리턴 스왑Total Return Swap으로, 키코와 마찬가지로 환율 변동에 대한 미래예측을 두고 판매자와 구매자가 서로 제로섬 게임을 하는 구조다. 1998년 동안 이 계약에서 수천억 원의 손실을 본 SK그룹은 존망이 위험할 정도의 처지가 된다. 이 손실을 숨기려다가 분식회계를 하게 된 것이고, 그 분식이 적발되면서 주가가 폭락했을 때 미리 자금을 준비하고 있던 소버린이 순식간에 SK의 주식을 매집하면서 경영권 분쟁이 시작된 것이다. 외국계 유명 투자은행이 이런 제로섬 게임을 개발해서 판다는 사실을 돌아보면, 자신들이 이길 것이라고 예측된 게임을 팔지 질 것이라고 예측되는 상품을 개발해서 팔지는 않을 것이라는 점은 상식이 아닐까 한다.

이런 일이 발생한 후 키코 사건이 재발할 때까지 10년의 시간이 흘렀다. SK증권의 사례를 보고서도 아직 배우지 못했으니 키코 사건이 다시 발생한 것이리라. 우리가 역사를 배우는 목적이 누구를 비난하기 위한 것이 아니라 역사를 통해 교훈을 배워서 앞으로는 동일한 실수를 되풀이하지 않기 위한 것처럼, 국내 기업들과 금융사들도 키코 사건을 교훈 삼아 다시는 이런 일이 되풀이 되지 않도록 보다 주의를 기울였으면 하는 바람이다.

그리고 앞에서 설명한 것처럼 전문지식을 갖춘 인력양성에 더욱 힘쓰기를 바란다. 전문지식이 없는 직원들만 남아 있다면 어떻게 해외에 진출해서 성공하고, 국내에서도 경쟁에서 승리할 수 있겠는가?

영구채권은 부채인가, 자본인가?

• • • 두산인프라코어 • • •

2012년, 이름도 생소한 하이브리드 증권의 일종인 영구채권을 두산인프라코어가 국내에서 최초로 발행하자 여러 논란이 발생했다. 금융감독원은 이 영구채권이 자본으로 분류된다고 인정했으나, 상급기관인 금융위원회는 자본이 아니라 부채라고 주장했다. 이 채권의 발행 조건이 다른 채권들과 어떻게 다른지, 왜 규제기관들이 나서서 이런 논란을 벌였는지, 그리고 이 영구채권이 부채인지 또는 자본인지가 왜 중요한 이슈가 되는지에 대해 생각해보자. 또한 이 논란이 발생한 후에 다른 기업들의 영구채권 발행 조건에는 어떤 변화가 있었는지도 알아보자.

지난 2012년 10월, 두산인프라코어는 5억 달러 규모의 채권 발행에 성공했다. 이 채권의 성공적인 발행으로 두산인프라코어는 앞으로 상당 기간 동안 자금을 안정적으로 운영할 수 있을 것으로 기대된다. 사실 기업이 채권을 발행한다는 것은 큰 뉴스거리가 안 될 정도로 자주 일어나는 일이다. 그런데 이번 두산인프라코어의 채권 발행을 둘러싸고 치열한 논쟁이 벌어졌다. 금융위원회와 금융감독원, 회계기준원, 회계학계, 산업은행까지 동원된 논쟁이었다. 그 이유는 이 채권이 '영구채권perpetual bond, consol bond'으로, 일반 채권과는 상당히 다른 특징을 가지고 있는 특수한 종류의 채권이기 때문이다. 좀더 구체적으로 설명하자면 이 채권은 부채인지 자본인지 구분이 애매한 '하이브리드hybrid 채권'에 해당한다. 그렇다면 우선 하이브리드 채권이 무엇인지 알아보자.

회계를 조금이라도 공부했다면 '자산 = 부채 + 자본'이라는 재무상태표(대차대조표) 등식에 대해 들어보았을 것이다. 기업이 영업 및 생산을 위해 사용하고 있는 자원resource인 자산은 채권자가 공급한 자금(즉 부채) 또는 주주가 공급한 자금(즉 자본)을 이용해 마련한 것이다. 자금을 조달한 기업 입장에서 보면, 부채는 상환의무가 있지만 자본은 상환의무가 없는 점이 부채와 자본의 가장 큰 차이라고 할 수 있다. 한편 자금을 제공한 입장에서 보면, 채권자는 정해진 이자를 지급받아 투자효익을 얻지만 주주들은 이자가 아니라 이익배분의 성격을 가진 배당금을 지급받거나 주가상승을 통해 투자효익을 얻는다는 점에서 차이가 있다. 기업의 청산시점에서는 채권자가 먼저 투자금을 모두 돌려받은 후에 남는 자금이 있어야 주주가 소유 주식수에 따라 비례적으로 남는 자금을 배분받을 수 있다는 점도 다르다. 이를 전문용어로 '채권자가 주주에 비해서 선순위에 있고 주주가 채권자보다 후순위에 있다.'라고 한다.

이렇게 부채와 자본을 엄격히 구분하는 이유는 부채는 대부분 정해진 시기에 정해진 이자를 지불해야 하므로 지속적인 현금유출이 일어나고, 또 만기가 오면 원금을 채권자에게 상환해야 하므로 채권을 발행한 또는 대출을 받은 회사 입장에서는 미래에 채권이나 대출금의 상환시기가 왔을 때 현금을 마련해야 하는 상당한 재무적 압력으로 작용할 수 있기 때문이다. 그에 반해 자본의 경우는 배당을 꼭 지급하지 않아도 되고 상환할 필요도 없으므로 상대적으로 재무적 압력이 적다. 따라서 규제기관이나 은행, 신용평가사나 개인투자자들은 부채비율(부채÷자본 또는 부채÷자산)을 여러 의사결정 과정에서 기업의 재무건전성을 나타내는 매우 중요한 지표로 사용하고 있다. 부채비율이 높을수록 그 기업은 재무적 압력이 높다는 것을 의미하기 때문이다.

하이브리드 증권의 탄생

그런데 시간이 지남에 따라 부채와 자본의 구분이 조금 애매한 새로운 형태의 증권securities이 속속 등장하기 시작했다.[1] 양자의 장점을 조합해서 투자자들에게 좀더 매력적으로 보이게 만들어 자금의 조달금리를 낮출 수 있도록 한 것이다. 신종 증권(또는 변종 증권, 하이브리드 증권)이라고 불리는 증권이다. 부채이지만 자본으로 바꿀 수 있는 전환사채나 신주인수권부사채 같은 사채들과, 자본이지만 부채처럼 상환의무가 있는 상환우선주가 그 예다. 전환사채나 신주인수권부사채는 지금도 자주 사용되고 있으며, 상환우선주는 2011년 국제회계기준IFRS; International Financial Reporting Standards 도입 이전까지 국내에서 가끔 사용된 바 있다.

부채나 자본으로 분류하기가 하이브리드 증권보다 더 애매한 증권이 등장한 것은 1997~1998년 경제위기 직후다. 당시 정부는 경제위기로 큰 타격을 입은 은행들의 자본확충을 위해 다음 5가지 조건을 충족시키는 채권을 발행한 경우 이를 부채가 아닌 자본으로 인정해주기로 했다.

---

1 증권(securities)이란 보유자가 특정권리를 가지는 증서를 말한다. 주식이나 채권은 모두 증권의 한 종류다.

① 30년 이상 동일한 조건의 채권으로, 발행자가 만기연장 권한 보유

② 보완자본(후순위채)보다 후순위

③ 배당(이자)지급률의 제한적 상향(가산금리step up) 가능

④ 배당시기와 규모에 대한 결정권 보유

⑤ 발행 후 5년 이내에 상환되지 않아야 함

이런 조건에 따라 당시 여러 은행들이 하이브리드 증권을 발행해 이를 자본으로 분류했다. 자본을 발행하면 재무건전성은 높일 수 있지만, 일반적으로 자본은 부채보다 자금의 조달금리가 높고 조달 조건도 까다롭기 때문에 발행이 쉽지 않다. 따라서 위 조건에 해당하는 채권을 발행하면서 자본으로 인정을 받는다면, 필요한 자금을 조달해 사용하면서 동시에 재무제표상에 표시되는 부채비율을 낮출 수 있었다. 이 5가지 조건 중에서 '배당(이자)지급률의 가산금리'란 채권을 발행한 은행이 정해진 배당(이자)률을 상향조정할 수 있다는 것을 의미한다. 예를 들어 발행 후 5년 동안은 이자율이 5%, 그 이후는 10%가 되는 채권을 말한다. 만약 이 가산금리 조건으로 채권을 발행했다면, 위의 조건①에 따라 만기가 없거나, 만기가 아주 긴 채권이라고 하더라도 5년이 지나면 이자율이 너무 높이 올라가기 때문에 발행 은행의 입장에서는 이렇게 부담이 되는 채권을 계속 발행하고 있을 이유가 없다. 따라서 5년이 되는 시점에서 채권을 상환할 강력한 유인이 존재한다. 즉 현실적으로는 자본으로 분류되지만 발행 후 5년이 되는 시점에 상환될 가능성이 매우 높은 자본인 셈이다.

당시 은행들의 재무건전성이 극히 악화된 상황이었으므로 주식을

발행해 자금을 조달하기는 쉽지 않았다. 그런데 주식이 아닌 채권 형식의 영구채를 발행해서 시중에 팔았으니, 상대적으로 주식을 발행하는 것보다 필요한 자금을 조달하기가 용이했던 것이다. 아무래도 자본보다는 부채가 투자자 입장에서는 덜 위험하므로, 채권을 구매할 가능성이 주식을 구매할 가능성보다 높기 때문이다. 그러면서 부채비율은 낮출 수 있었으니 일석이조라고 할 수 있다. 이 당시 발행한 영구채권은 은행권에 한해 특별히 허용된 것이었으므로 은행 외의 기업들은 발행할 수 없었다.

IFRS 도입과 회계상 자본의 정의 변화

1997~1998년 금융위기 이후 한동안 뜸하던 영구채는 2011년 IFRS 도입 이후에 다시 주목받게 된다. IFRS는 재무회계 개념체계에 존재했던 부채의 일반적인 정의(과거 사건에 의해서 발생했으며 경제적 효익을 갖는 자원이 기업으로부터 유출될 것으로 기대되는 현재의 의무)를 좀더 구체화해서, '발행자가 현금결제 의무를 통제할 수 없다면 부채로 분류'하도록 규정했다. 즉 부채의 규정이 좀더 엄격해진 것이다. 그리고 '자산 - 부채 = 자본'이므로 자산과 부채의 차이가 자본으로 분류되기 때문에, 상대적으로 기존에 국내에서 사용되던 회계기준에 비해 자본으로 분류될 수 있는 가능성이 더 늘어났다.

이 새로운 부채와 자본의 정의에 따라 기존 기업회계기준에서 자본으로 분류되던 상환우선주는 IFRS 도입 시점부터 부채로 분류되었다. 상환우선주는 형식상 자본이지만 정해진 기일에 상환해야 하는 의무가 있으므로 발행자가 현금결제 의무를 면할 수 없다. 부채의 정의에 부합되기 때문이다. 따라서 IFRS 도입 이후에 상환우선주를 발행하는 기업의 수는 상당히 줄어들 것이다. 그러나 만기가 없거나 만기가 있기는 하지만 만기 이후에 재연장이 가능한(따라서 상환의무가 명백히 존재하지 않는) 영구채는 부채가 아니라 자본으로 분류하게 되었다. 물론 이자율이 상당히 많이 가산step up된다면 영구채를 발행한 기업이 가산기간 이후에도 영구채를 상환하지 않을 가능성은 낮다. 그러나 명백하게 '상환해야 하는 의무'가 있는 것은 아니므로 부채로 분류할 수 없으니, IFRS상 부채의 정의에 해당하지 않으므로 자본으로 분류하게 된 것이다. 또한 앞에서 설명한 1997~1998년 금융위기 때 국내에서 금융권에 한해 발행이 허용되었던 영구채와는 달리 IFRS상에서는 발행기업의 종류에 제한이 없다. 즉 은행이 아닌 제조업체나 서비스업체가 영구채를 발행하더라도 자본으로 인정받을 수 있게 된 것이다. 한국이 IFRS를 다른 나라에 비해 늦게 도입했으므로, IFRS를 먼저 도입한 외국에서는 바뀐 기준에 따라 기업들이 영구채를 다수 발행하고 있었다. CJ제일제당의 해외법인인 PT CJ 인도네시아도 영구채를 발행한 적이 있었다.

그런데 IFRS 도입 이후인 2012년 10월 두산인프라코어가 산업은행을 통해 영구채를 실제로 국내에서 발행하자 많은 논란이 벌어졌다.[2] 우선 두산인프라코어가 발행한 영구채의 구조를 살펴보자. 이 영구채는 '① 만기는 30년이지만 두산인프라코어가 별도의 통지를 하지 않을 경우 자동 만기 연장, ② 발행금리 3.25%, ③ 5년 후 가산금리 5%, 그 후 2년 후 추가 가산금리 2%, ④ 이자 지급 연기 가능(단, 이자 미지급시 배당금 지급 금지), ⑤ 5년 후 두산인프라코어가 콜옵션call option을 행사해 상환할 수 있음, ⑥ 만약 두산인프라코어가 콜옵션을 행사하지 않을 경우 투자자는 은행에 풋옵션put option을 행사해 상환을 요청할 수 있음, ⑦ 회사 청산시 선순위 부채'라는 구조다.

이 발행조건을 앞에서 설명한 1997~1998년 당시에 은행들이 발행한 영구채의 발행조건과 비교하면 차이가 나는 항목이 ⑥번과 ⑦번이다. ⑦번의 경우에는 은행들이 발행한 영구채는 후순위채의 성격을 가지고 있었지만 두산인프라코어가 발행한 채권은 후순위채가 아니다. 그러나 IFRS상 부채 · 자본의 정의에 후순위채 여부에 대한 언급은 없으므로, 후순위채의 여부가 자본인가 부채인가의 분류에 영향을 미치지는 않는다. 따라서 ⑦번 조건이 있더라도 자본으로 분류할 수 있다.

보다 더 큰 논란의 대상이 된 항목은 ③번과 ⑥번이다. 언론에서는 ③번의 조건에 대해 더 많이 언급을 했지만 필자는 ⑥번의 조건이 더 중대한 이슈가 되었다고 생각한다. 전술한 바처럼 ③번의 조건은 과거 1997~1998년 금융위기 이후 은행권에 한해 발행이 허용되었던 영구채에 이미 허용이 되었던 조건이었다. 따라서 ③번의 조건 때문에 부채 · 자본의 정의에 대한 혼란이 생길 이유는 많지 않았다. 일부

2 이 영구채의 발행조건과 영구채의 분류에 대한 좀더 학술적인 논의는 다음 논문을 참고하기 바란다.
권수영 · 황유선, '신종자본증권 분류에 대한 정보적 · 측정적 · 경제적 파급효과 접근', 〈회계저널〉, 2013년.

언론에서 과거 영구채가 이미 발행되었다는 것을 몰랐기 때문에 문제 삼았던 것뿐이다. 그러나 ⑥번 조건은 성격이 다르다. ⑥번 조건은 만약 두산인프라코어가 이 채권을 상환하지 못할 경우 채권 투자자들이 은행에 채권상환을 요청할 수 있으며, 그렇다면 은행에서 채권을 지급해야 한다는 의미다. 즉 은행이 보증을 해주었다는(전문용어로 '신용공여를 해주었다.'고 표현한다) 의미다. 상식적으로 생각해볼 때 자본에 보증을 해주는 경우는 없다. 따라서 부채를 빌리는 데 보증을 해준 것이라고 볼 수 있으므로 논란이 더 크게 벌어진 것이다. 만약 두산인프라코어가 발행한 영구채가 ⑥번의 조건 없이 발행되었다면 논란이 벌어질 여지도 거의 없이 자본으로 분류가 되고, 감독당국이 촉각을 곤두세우지 않았을 수도 있었을 것이다.

두산인프라코어가 발행한 영구채의 자세한 구조는 149페이지의 그림에 자세히 요약되어 있다. 구조가 매우 복잡해 자세한 설명은 생략하지만, ⑥번의 조건을 정확히 설명하자면 투자자가 풋옵션 행사를 요구하는 주체는 은행이 아니라 특수목적회사SPC; special purpose company 이며, 은행이 이 특수목적회사에 대출을 보증해준 형태다. 만약 실제로 투자자가 풋옵션을 행사하면 은행은 SPC로부터 영구채를 넘겨받게 되고, 그 대신 두산인프라코어에게 두산인프라코어의 주식을 달라고 청구할 수 있다. 그 결과 은행은 SPC로부터 받은 채권 또는 그 채권과 교환한 주식을 국내외 증권시장에서 처분해 자금을 마련하는 구조다.

•• 두산인프라코어의 영구채권 발행 구조

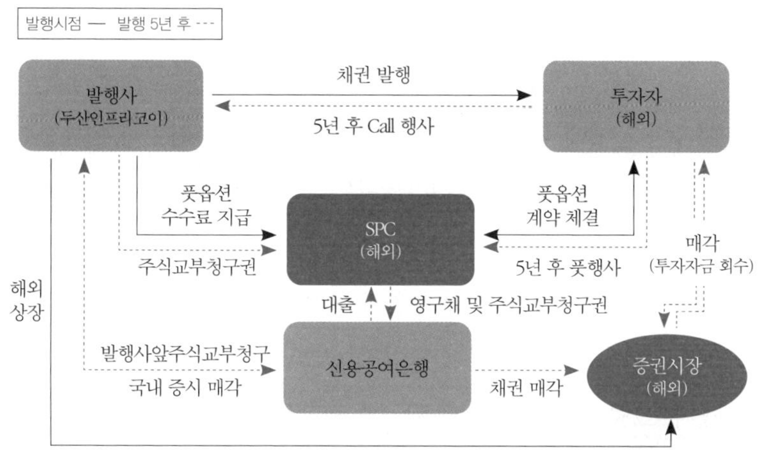

두산인프라코어가 발행하고 투자자들이 구매한 영구채에 대해 은행들이 보증을 하는 형태이므로 투자자는 상대적으로 위험 부담이 적다. 따라서 이 영구채는 투자자 입장에서는 좋은 투자대상이 된다.

금융감독원과 금융위원회의 대립

새로운 종류의 증권을 발행할 때 기업이 독단적으로 발행을 결정할 수 있는 것은 아니다. 이 채권발행을 중계할 은행이나 증권사, 채권을 구입할 투자자인 은행이나 다른 기관투자자, 회계처리에 대한 감사를 할 회계법인 등과 긴밀한 협의를 통해 발행 여부를 결정하게 된다. 또한 회계법인 입장에서는 회계처리를 어떻게 할지 기준이 명확하지 않다면 금융감독원에 문의를 한다. 이런 복잡한 과정을 거쳐 두산인프라코어가 영구채를 발행한 것이다. 영구채 발행을 중개한 기관은 외국계 투자은행들이며, 신용공여를 제공한 은행은 산업은행(40%), 우리은행(40%), 그리고 하나은행(20%)이다.

왜 영구채를 발행했냐고 질문을 할 수도 있다. 주식을 발행하면 이런 복잡한 문제에 얽매일 필요도 없고 회계처리도 단순하기 때문이다. 그러나 주식을 발행하려면, 대주주가 발행한 주식을 원래 지분비율만큼 구입할 자금이 없는 상황이라면 대주주의 지분비율이 감소하게 된다. 즉 경영권이 위협을 받을 수도 있다. 또한 주식 물량이 주식시장에 많이 공급되기 때문에 단기적으로 주가가 하락하게 될 가능성이 높다. 그렇게 되면 기존 주주들도 불만을 갖게 된다. 따라서 주식을 발행하는 것이 항상 쉬운 일은 아니다.

그렇다면 왜 일반 채권을 발행하지 않았는지 궁금해할 수도 있다. 일반 채권을 발행하면 부채로 기록되기 때문에 재무상태표상에 표시되는 부채비율이 상승하게 된다.[3] 많은 이해관계자 집단이 부채비율을 의사결정에 사용하므로, 부채비율이 상승하면 신용등급이 하락하고 대출이자율이 상승하는 등의 부작용이 발생할 수 있다.[4] 그 결과 주가도 하락할 수 있다. 그런데 영구채를 발행하면 현금상환의무가 강제되는 부채가 아니기 때문에 부채비율이 상승하지 않는다. 이런 이유에서 영구채 발행을 선택한 것이다.

---

3 구체적으로 설명하자면, 두산인프라코어의 경우 연결재무제표 기준으로 영구채를 자본으로 분류하면 부채비율이 284%, 부채로 분류하면 부채비율이 362%가 된다.

4 여기에서 의미하는 부채비율은 명목상의 부채비율이 아니라 실질적인 부채비율 또는 차입금 상환 능력을 말한다. 전문가 집단은 형식적인 부채비율이 아니라 실제로 차입금을 상환할 수 있는지를 분석해서 사용하는 데 반해, 비전문가 집단(예를 들면 개인투자자 등)은 차입금 상환 능력을 구체적으로 평가할 능력이 부족하므로 부채비율 같은 손쉬운 지표를 기업의 재무상태를 평가하는 데 사용하는 경향을 보인다.

물론 이런 측면에서 영구채 발행이 발행사에게 상당히 유리한 것처럼 보이지만, 영구채를 발행하기 위해서는 다른 비용을 부담해야 한다. 영구채의 이자율은 일반 채권의 이자율에 비해 조금 높다. 발행기업에게 유리한 여러 조건과, 반대로 투자자들에게는 불리한 조건이 붙어 있으므로(예를 들면 이자를 지급하지 않을 수도 있는 ④번 조건), 그 대가로 이자율을 조금 높게 지불해야 하기 때문이다. 이자를 더 주지 않는다면 조건이 불리한 채권을 살 투자자가 많지 않을 것이다.

그런데 두산인프라코어가 영구채를 발행한다는 소식이 대대적으로 언론에 보도되자 금융위원회가 이에 제동을 걸었다. 금융위원장이 언론에 직접 반대한다는 이야기를 할 정도로 강경한 자세였다. 금융위원회는 영구채의 실질적 성격이 부채에 더 가까우며, 영구채 발행이 허용되면 부실기업이 눈속이기용으로 영구채를 악용할 가능성이 높기 때문에 영구채를 부채로 봐야 한다고 주장했다.

그러자 금융감독원장이 직접 나서서 금융위원장의 견해에 대한 반대의견을 발표했다. 외부에서는 '금융감독원과 금융위원회가 서로 힘겨루기를 한다.'라는 형식으로 이 논쟁을 보도했다. 언론에서 흥미 위주로 사실을 확대해서 보도한 측면도 없지 않지만, 그래도 의견이 서로 달랐던 것은 분명하다.

금융위원회는 회계기준에 대한 해석을 할 권한을 갖고 있지 않다. 따라서 엄밀하게 따지면 금융위원회에서 영구채가 부채인가 자본인가 하는 논란을 벌일 근거는 부족하다. 국내에서 회계기준을 작성하거나 IFRS의 도입과 번역 · 해석 등의 임무 수행은 회계기준원이 담당하고 있고, 분식회계 적발 업무 및 분식회계 판정을 위해 필요한 회

금융위원회의 로고와 금융위원회 현판식 모습. 금융위원회는 금융정책 수립과 집행 및 감독 기능을 분리해 2008년 탄생한 조직이다. 금융정책 수립 기능은 금융위원회에, 수립된 정책의 집행 및 감독 기능은 금융감독원이 가지고 있다. 그런데 영구채 발행과 관련해서 금융위원회와 금융감독원이 서로 의견을 달리하는 일이 발생했다.

계기준의 해석에 대한 권한은 금융감독원이 가지고 있기 때문이다.[5] 파장이 커지자 금융위원회는 영구채가 부채인지 자본인지 여부를 판단해달라고 2012년 11월 8일 회계기준원에게 요청했고, "영구채에 대한 해석 권한은 회계기준원에 있으며 금융위원회는 어떠한 의견도 가지고 있지 않다."라는 교과서적인 발표를 내놓았다.

금융위원회는 내심 회계기준원이 두산이 발행한 영구채는 부채라고 결론을 내려주기를 바랐을 것이다. 그런데 회계기준원은 위원들을 모아 회의를 수차례 열었지만 명확한 결론을 발표하지 못했다. 언론

5 민감한 이야기이므로 보다 정확하게 설명하자면, 회계기준원의 역할은 금융위원회가 가지고 있는 권한을 회계기준원에 위탁해서 생긴 것이다. 즉 원래는 금융위원회의 권한이지만 타 단체에 권한을 위탁한 경우이므로, '금융위원회가 권한을 가지고 있다.' 또는 '없다.'라고 명확히 구분하기가 애매한 상황이다.

보도를 보면 회계기준원이 '부채로 볼 수 없다.'고 잠정적으로 결론을 내렸지만, 금융위원회와 금융감독원의 눈치를 보면서 결론을 발표하지 못했다고 한다. 이런 보도내용이 사실인지는 알 수 없지만, 이런 내용이 보도될 정도라면 당시 회계기준원이 상당히 곤란해하지 않았을까 추측한다. 회계기준원 위원들은 회계법인 고위인사, 회계학 교수, 정부관료, 기업 관계자들로 구성되어 있다. 두 감독기관이 아마 상당한 인맥을 동원해서 회계기준원 위원들을 설득하려고 노력했을 것이다.

회계기준원은 수차례 논의 끝에 결론을 발표하지 않고, 국제회계기준을 제정하는 역할을 수행하는 국제회계기준위원회IASB; International Accounting Standards Board 산하의 국제회계기준해석위원회IFRSIC; IFRS Interpretation Committee에 이 문제에 대한 판단을 내려달라고 요청했다. 그래서 이 문제에 대한 결론은 해를 넘기게 되었다. 세계 각국에서 제기된 문제를 판단하는 국제회계기준해석위원회가 순서를 무시하고 한국만을 위해서, 한국에서 제기한 문제에 대해 신속하게 답을 내놓을 리는 없기 때문이다.

영구채는 자본이다. 그러나…

2013년 5월 국제회계기준해석위원회의 결론이 발표되었다. 영구채를 자본으로 분류할 수 있다는 것이다. 그 결과 영구채 발행을 둘러싼 논란은 일단락되었다. 그동안 많은 기업들이 이 논란을 지켜보면서 영구채 발행을 하지 못하고 있던 터였다. 부채비율을 낮추기 위해서 영구채를 발행하는 것인데, 영구채가 부채로 분류된다면 부채비율이 오히려 상승하기 때문에 발행할 필요가 없는 것이다. 이 소식이 전해지자 두산인프라코어의 주가는 상승했으며, 다른 기업들도 속속 영구채를 발행했다. 이 결정 후 불과 2개월이 지난 2013년 7월 포스코, SK텔레콤, 대한항공 등의 대기업들이 나서서 신속하게 영구채를 발행한 것을 보면, 이들 대기업들이 영구채의 자본 인정 여부를 얼마나 민감하게 주목하고 있었는지 잘 알 수 있다.

그 후 현재까지 영구채를 발행한 기업들을 보면, 두산인프라코어의 영구채의 경우와는 달리 은행의 신용공여 조건(즉 두산인프라코어 영구채 조건 중 ⑥번)이 발행조건에 포함되지 않았다. 즉 은행의 보증 없이 기업의 신용만으로 독자적으로 영구채를 발행한 것이다. 필자는 이것이 우연의 일치인지 잘 알지 못한다. 하지만 두산인프라코어의 영구채 최초 발행시점에서 ⑥번 조건 때문에 상당한 논란이 발생했다는 점을 생각해보면, 기업들이 논란거리가 될 수 있는 조건을 의도적으로 회피해서 영구채를 설계했을 가능성이 있다. 또는 금융감독 당국이 비공식적으로 은행권에 기업이 영구채를 발행할 때 보증을 제공하지 말라고 영향력을 행사했을 가능성도 상당하다.

필자는 영구채 발행이 허용되면 재무건전성이 낮은 일부 기업들이 부채비율이 낮은 것처럼 보이게 하기 위해 영구채를 악용할 수도 있을 것이라는 금융위원회의 우려에 대해 동의한다. 그러나 그렇다고 하더라도 영구채를 억지로 부채로 분류할 수는 없다. 한국이 국제회계기준을 도입해서 사용하고 있는 상황인 만큼, 국제회계기준과 다른 기준을 국내에서만 별도로 만들어 적용할 수는 없는 상황이다. 그리고 영구채가 부채로 회계장부에 적혀 있는지 자본으로 적혀 있는지의 여부에 관계없이, 영구채의 본질에 대한 판단은 회계정보를 이용하는 이용자의 몫이다. 영구채를 부채로 볼 수도 있지만 자본으로도 볼 수 있는 만큼, 투자자는 스스로 자신의 회계정보 이용목적에 맞게 판단을 내리면 된다.

예를 들어 언론보도에 따르면 신용평가사들은 신용평가를 할 때 영구채의 30~50% 정도는 자본으로, 나머지는 부채로 분류하는 기준을 세웠다고 한다. 은행권을 감독하는 국제기관인 국제결제은행의 바젤 Basel III 기준에 따르면, 은행에 대한 감독을 수행할 때 영구채가 자본으로 인정받기 위해서는 국제회계기준보다 더 엄격한 기준을 맞추도록 하고 있다. 즉 자신의 목적에 따라 스스로 기준을 세우고 그 기준에 따라 판단을 하면 된다. 회계장부에 어떻게 표시하는지는 중요한 이슈가 되지 못한다.

물론 되도록이면 정보이용자가 손쉽게 회계정보를 이용할 수 있도록 회계기준을 만들어야 하겠지만, 회계정보 이용자들의 이용 목적이 서로 다르기 때문에 모든 사람의 요구를 다 만족시키는 회계기준을 만든다는 것은 불가능한 일이다. 그 내용에 대해 충분한 설명이 공시되어 있다면, 정보 이용자들이 공시된 정보를 사용해서 판단을 내리는 데 도움이 될 것이다. 이것이 국제회계기준의 기본 철학이다.

따라서 개인투자자나 애널리스트, 펀드매니저들은 회계정보에 대한 본질을 이해하지 못하고 기계적으로 계산한 부채비율만 보고 회사의 가치를 판단해서는 안 된다. 또한 기업 입장에서도, 경영자가 영구채 때문에 인위적으로 부채비율이 낮아진 것을 보고 실제로 자신의 기업이 재무건전성이 높다고 착각해 공격적인 투자를 했다가 기업이 위험에 처한다면, 이는 경영자의 재무제표 해석 능력이나 판단 능력의 문제이지 회계의 문제가 아니다.[6]

매각 후 재임대Sales & Lease Back 거래에 대한 시사점

단, 한 가지 정책적인 고려사항이 있다. 앞으로 두산인프라코어의 경우에 못지않은 다양하고 복잡한 형태의 영구채가 발행될 가능성이 있는 만큼, 영구채의 성격을 명확하게 이해할 수 있도록 자세한 정보가 공시되어야 할 것이다. 자세한 정보가 있어야 외부 정보 이용자가 그 정보를 보고 판단을 할 수 있기 때문이다. 따라서 공시내용을 강화할 수 있도록 행정지도가 필요할 것으로 생각된다.

이 사건을 계기로 영구채를 둘러싼 논란이 치열하게 벌어진 만큼,

6 『숫자로 경영하라』에 실린 '숨겨진 그림자, 풋옵션을 양지로'라는 글을 참조하기 바란다. 2006년 금호아시아나 그룹은 최소 3조 원대에 이르는 풋옵션 부채를 재무제표에 표시하지 않고 주석으로만 표시한 사례가 있다. 재무제표에 부채로 표시하지 않았기 때문에 금호아시아나그룹은 풋옵션을 이용해 조달한 자금으로 대우건설의 M&A를 성공시킬 수 있었다. 그러나 당시 풋옵션 관련 부채를 모두 포함하면 금호아시아나그룹의 평균 부채 수준은 350%를 넘어설 정도로 높은 수준이었으며, 금호산업은 이보다도 훨씬 높았다. 만약 부채비율이 그 정도로 높은 것을 알았다면 재무적 투자자들도 금호아시아나에게 3조 원이 넘는 막대한 자금을 당시 투자할 가능성은 낮았을 것이다. 결국 금호아시아나그룹이나 재무적 투자자들 모두가 재무제표상에 나와 있는 차입부채 수준만 보면서 금호아시아나그룹의 유동성을 평가했고, 그 결과 대우건설을 인수하기 위한 막대한 부채의 추가 차입이 별 문제가 없다고 판단했을 것이라고 유추해볼 수 있다.

건설중장비 전시회에서 전시중인 두산인프라코어의 설비
두산인프라코어는 국내 최초로 영구채권을 발행했다. 이 채권이 발행되자, 이 채권을 부채로 분류해야 할 것인지 자본으로 분류해야 할 것인지에 대해 논란이 벌어졌다.

회계정보 이용자들이 영구채의 의미에 대해서 좀더 잘 알 수 있는 계기가 되었을 것이다. 따라서 회계정보 이용자들이 앞으로 영구채의 의미를 정확히 파악해서 의사결정에 사용했으면 하는 바람이다. 기계적으로 부채비율만 계산해보고 의사결정에 사용해서는 안 된다. 영구채를 발행하는 입장인 기업들도 마찬가지다. 앞에서 언급한 것처럼, 영구채는 장점만 있는 것이 아니라 일반 채권보다 이자율이 약간 비싸다는 단점도 있다. 따라서 기업 측에서도 이런 장단점을 잘 비교해보고 어떤 방법으로 자금을 조달하는 것이 최적인지 결정해야 할 것이다.

영구채를 둘러싼 논란을 보면, 최근 어려운 형편에 처한 기업들이 종종 사용하고 있는 '매각 후 재임대 거래'에 대한 시사점을 얻을 수 있다. 예를 들면 A사가 사옥을 부동산 회사 B에 매각하고 목돈을 받지만, 그 후 매월 임대료를 B회사에 주면서 계속해서 사옥을 사용하는 계약이 매각 후 재임대다. 자금이 필요한 회사들이 종종 수행하는 거래다. 이 경우 A입장에서는 B에게 판매한 것이니 건물이라는 자산이 감소하고 대신 현금이라는 다른 종류의 자산이 증가한 것처럼 회계처리를 하고 싶을 것이다. 그래야 그 자산으로 부채를 상환하는 등의 목적으로 사용해서 재무제표에 표시되는 부채를 줄일 수 있기 때문이다.

그런데 이 거래에는 일정 기간이 지난 후 사옥을 구매한 B가 사옥을 다시 A에게 팔 수 있는 조건이나 옵션이 붙어 있는 경우가 있다. 만약 이런 부가조건이 붙어 있는 경우라면, 회계적으로 보았을 때 이 거래는 매각이 성립되지 않는다. 판매한 재화나 서비스에 하자가 있는 경우가 아닌 한 B가 A에게 그 재화나 서비스를 다시 팔 수 있는 권리를 가졌다는 것은, 실질적으로 A가 완전하게 해당 재화나 서비스를 B에게 매각하지 못한 셈이기 때문이다. 전문용어로는 '진성매각true sale'이 아니라고 표현한다. 법적 소유주라면 그 재화나 서비스에 대한 배타적이고 무한정인 권리와 의무를 가지고 있어야 한다. 매각이 아니므로 A는 B로부터 자금을 빌리는 거래이며(따라서 A에게는 차입부채로 분류되며), B는 A에게 자금을 빌려주는 거래가 된다(따라서 B에게는 대여자산으로 분류된다). 즉 A가 이 방법으로 동원한 자금을 부채를 상환하는 데 사용한다고 해도 부채총액은 변하지 않는 셈이다. 따라서 회계장부에서 부채를 꼭 줄일 필요가 있다면(정부의 규제나 부채 약정의 규정 등을 맞추기 위해서) 재매각 관련 의무사항이 판매조건에 포함되지 않아야 한다.

이 외에도 매각 후 재임대 거래가 차입이 아닌 매각거래로 판정받기 위해서는 여러 까다로운 조건을 맞추어야 한다. B가 위에서 논의한 이슈가 아닌 다른 측면에서도 해당 자산에 대해 배타적이고 무한정인 권리를 가지고 있지 못한다면 회계상으로 매각이 아니라 차입거래에 해당한다. 매각 후 재임대가 아닌 일반 리스lease 거래도 엄격한 조건을 맞추어야만 리스거래로 인정받을 수 있다. 그렇지 못하다면 자금을 차입해서 해당 자산을 구입한 것으로 회계처리해야 한다. 또한 왜 해당 거래가 매각거래인지에 대해서도 자세하게 이유를 주석으로 공시해야 한다. IFRS 도입 이후 주석 공시에 대한 규정과 범위가 대폭 강화되었기 때문이다.

이렇게 이 문제에 대해 자세한 설명을 하는 이유는 최근 여러 기업들에서 이 리스 관련 회계처리가 잘못되었다고 분식회계로 판정받는 사례가 종종 발생하고 있기 때문이다. 기업들은 되도록이면 부채를 재무상태표에 적게 표시하고 싶어하지만 그렇게 하기가 쉽지 않은 셈이다. 혹시 우리 회사에도 이 문제점이 있지는 않은지 한번 꼼꼼히 따져보기를 권한다.

회계로 본 세상

영구채는 대부분 일반 채권에 비해 신용등급이 낮다. 국내의 경우 채권의 발행기간이 대부분 3년이나 5년인데 반해, 이론적으로는 5년 후 상환될 가능성이 높다고 하더라도 만약의 경우 30년 이상 상환되지 않을 수도 있는 영구채를 3년이나 5년 만기의 일반 채권과 동일한 신용등급으로 표시할 수는 없기 때문이다. 따라서 신용평가기관이나 은행, 투자자들은 더 엄격한 기준을 사용해 영구채를 평가할 수 밖에 없다. 이것이 영구채의 이자율이 일반 채권의 이자율보다 높은 이유다. 물론 영구채의 경우 이자 지급을 발행사가 유보할 수 있다는 점도, 그 대신 채권투자자에게 다른 보상을 해줘야 하는 이유가 된다. 그래서 영구채의 이자율이 일반 채권보다 높아지는 것이다.

2013년 7월 영구채 2,100억 원어치를 발행한 대한항공의 경우를 보면, 대한항공 회사의 신용등급은 A이지만 영구채의 신용등급은 A-였다. 따라서 회사의 전체 신용도와 비교할 때 영구채의 금리 수준이 높으므로, 투자를 하는 투자자에게는 매력적으로 보인다. 언론보도를 보면 대한항공이 발행한 영구채의 대부분을 군인공제회 등 기관투자자들이 매입했다고 한다.

그러나 이런 성공 사례들과는 달리 신용등급이 낮은 회사들은 영구채를 발행하기가 매우 어렵다. 그 회사가 30년 혹은 그 이상의 기간 동안 망하지 않을 것이라는 점을 투자자들에게 설득시키기가 어렵기 때문이다. 물론 두산인프라코어의 경우처럼 은행이 신용공여(보증)를 해준다면 가능하겠지만, 앞에서 설명한 것처럼 앞으로 은행이 신용공여를 해줄 가능성은 낮다. 필자는 앞에서 두산인프라코어 사건 이후 기업들이 은행의 신용공여 없이 영구채를 발행한 이유에 2가지 가능성이 있다고 설명했다. 기업들이 의도적으로 논란거리가 되는 신용공여를 받지 않고 영구채를 발행했거나, 아니면 정부가 막후에서 은행들로 하여금 신용공여 제공을 금지했을 것이라는 추측이다. 적극적으로 금지를 하지 않더라도, 신용공여를 제공하면 그 금액의 상당 부분을 대손충당금으로 적립하라는 규정을 비공식적으로 부과했다면 그것도 금지를 한 것과 마찬가지다.

필자의 개인적인 견해이긴 하지만 이 둘 중 후자의 설명이 더 가능성이 높다고 본다. 한국처럼 정부의 영향력이 큰 국가에서 정부가 한마디 하면 모든 은행들이 이를 따를 수밖에 없을 것이기 때문이다. 만약 전자의 이유에서라면, 은행이 신용공여를 하는 사례가 줄어들 수는 있겠지만 그런 경우가 전부 없어지지는 않을 것이다. 두산인프라코어가 영구채를 발행한 이후로 1년 이상의 시간이 흘렀지만 단 한 기업도 은행의 신용공여를 포함한 조건으로 영구채를 발행한 사례가 없는 것을 보면, 정부의 입김이 작용하지 않고서는 이런 결과가 나올 가능성이 낮다.

이런 이유들 때문에 2013년 하반기에 영구채 발행을 모색하던 SK 해운이나 현대상선은 모두 영구채 발행 계획을 취소했다. 발행자가 원하는 조건대로 발행한 영구채를 인수할 만한 개인이나 기관투자자를 발견할 수 없어서일 것이다. 결국 이런 사례를 보면 금융위원회가 간접적으로 원하는 바를 관철시켰다고 볼 수 있다.

물론 이런 정부의 규제에 대해 보증을 제공하고 수수료를 받는 은행이나 영구채 발행을 중개하는 투자은행들은 상당히 불만일 것이다. 은행, 특히 투자은행은 단기 성과평가제도에 따라 주로 운영되므로 (『숫자로 경영하라』의 '세계 금융위기를 초래한 공격적 투자의 근본 원인'편 참조), 이들은 10년이나 20년쯤 먼 미래에 발행사가 위험해지느냐에 관계없이 현재 발행을 중개하거나 보증을 제공하고 받는 수수료가 더 큰 관심사일 것이기 때문이다. 어쨌든 선진국에서는 이런 투자나 보증 여부를 다 시장원리에 맡겨두는데, 한국은 아직 그런 정도까지 이르지 못했다. 다만 이런 정부의 규제 덕분에 한국 증권시장이 상대적으로 덜 위험에 노출되어 있다는 장점도 있는 만큼, 정부의 규제가 모두 부정적인 것만은 아니라는 점도 독자들이 알아주었으면 한다. 즉 장점과 단점이 함께 존재하는 것이지, 일각에서 비판하는 것처럼 정부의 규제가 일방적으로 나쁘기만 한 것은 아니다. 물론 한국의 경우 정부의 규제가 좀 과다한 편이긴 하다. 그래서 일자리를 늘리는 데 규제가 큰 장애가 된다는 이야기가 계속 나오는 것이다.

마지막으로 두산그룹에 대해 한 가지 이야기를 언급하고 싶다. 필자가 『숫자로 경영하라 2』에서도 두산그룹의 구조조정 사례를 소개했었지만, 지난 10년 정도의 기간 동안 두산그룹은 재무나 회계, 자금 부분에서 새로운 아이디어를 발굴하면서 닥쳐온 위기를 선제적으로 극복해왔다. 필자가 글에서 소개한 구조조정 방안은 두산이 한국에서 처음 시도한 혁신적인 것이었다. 이번 영구채권 발행 사례의 경우도 마찬가지다. 영구채 발행을 통해 필요한 자금을 마련하면서 신용등급도 유지시킨 것이다. 다른 기업들도 두산의 이런 역량을 벤치마킹할 필요가 있다. 철저한 사전 계획과 확실한 실행이 두산그룹을 지금의 자리까지 오게 만든 것이다.[1] 그렇지만 이 말이 두산이 모든 것을 다 잘한다는 의미는 아니다. 두산도 다른 측면에서는 좀더 개선해야 할 점이 상당히 있는 듯하다.

1 관련 문헌을 찾아보니 영구채가 처음 발행된 것은 기업이 아닌 정부에 의해서였다. 17세기 말 영국 정부가 장기간의 전쟁에 소요될 전비를 조달하기 위해 영구채를 발행한 것이 그 시초다. 그 전까지는 단기차입을 통해 필요한 전비를 마련하다가, 장기부채로 전환하기 위해서 확정공채(consolidated annuities)를 발행한 것이다. 이 채권은 정부가 채권 보유자에게 이자를 영구적으로 지급하기만 하면 되며, 원금을 상환할 필요가 없는 조건의 채권이다. 채권자가 자금이 필요하다면 이 채권을 채권시장에서 매각하면 된다. 이 채권을 성공적으로 발행한 결과, 영국정부는 기존의 단기채 발행 때와 비교할 때 상당한 양의 자금을 상대적으로 손쉽게 조달할 수 있었다. 영국이 당시 수많은 전쟁을 통해 경쟁국가들을 제치고 유럽의 패자로 부상한 데는, 물론 군인들의 공헌도 크겠지만 영구채 발행을 통해 유럽에서 최초로 막대한 전비를 손쉽게 조달할 수 있었다는 재정 혁신도 큰 공헌을 한 셈이다.

LG그룹의 지주회사 전환과정과 지주회사 전환의 효과

• • • LG그룹 • • •

기업구조 개선과 투명성 향상을 위해 대규모 기업집단들을 지주회사 체제로 재편해야 한다는 소리가 종종 들려온다. 그러나 지주회사 체제가 어떤 것이고, 왜 지주회사 체제로 전환되면 기업구조 개선이 용이해지고 투명성이 향상되는지에 대해 자세히 알 기회는 별로 없다. LG그룹의 지주회사 전환 사례를 통해 이런 점들에 대해 알아본다. LG의 전환 사례는 이후 많은 기업들이 참고한 한국에서의 모범사례라고 할 수 있다. 전환과정뿐만 아니라 지주회사 체제의 장단점이 무엇인지도 알아본다.

"나는 아직 늙었다고 생각하지 않는다. 내 인생은 마흔여섯에 시작한 것이나 다름없다. 그 이전 세월은 준비기였다. 해방이 되고 처음 택시 사업을 시작했을 때 나는 스무 살 젊은이라고 생각하고 뛰어다녔다. 그러니 나는 이제 겨우 사십대다." 금호아시아나그룹의 창업주 고 박인천 회장이 1960년 남긴 말이다. 이 말을 했을 때 박 회장의 나이는 환갑이었다. 환갑이 되어서도 일을 멈추지 않고 정열적으로 임한 셈이다. 이처럼 해방 후 어려웠던 시기에 지금의 대기업들을 창업해 발전시켜온 경영인들 중에는 남들과는 다른, 한 발 앞선 생각을 한 사람들이 많았다. 박 회장도 예외가 아니다.

박 회장이 한 일 중에서 잘 알려져 있지는 않지만 국내 다른 회사들보다 수십 년이나 앞서 수행한 것이 있다. 1972년 10월 '금호실업'을 설립해 금호그룹을 지주회사 체제로 전환시킨 것이다. 지주회사 제도가 국내에 퍼지기 시작한 것이 2000년대 이후이며, 정치권에서 기업들의 지배구조를 지주회사 제도로 전환해 순환출자의 고리를 끊겠다는 이야기가 현재 논의되고 있는 것을 보면 박 회장이 얼마나 빨리 시대를 앞서갔는지 알 수 있다. 당시 설립된 금호실업은 그룹의 지주회사인 동시에 종합무역상사의 역할을 담당했다. 그러나 당시에는 지주회사의 역할이 제한적이었고, 아무런 사회적 관심을 받지 못했다.

지주회사란 무엇인가?

금호실업의 경우를 제외하면 외환위기 직후인 2000년부터 작업을 시작해 2003년 전환작업을 마친 LG그룹이 사실상 우리나라 기업들 중 처음으로 지주회사 체제로 전환한 기업이다. LG그룹이 지주회사로 성공적으로 전환한 이후 다수 기업들이 LG그룹의 방식을 참고해 따랐기 때문에, LG그룹의 전환과정을 살펴보는 것은 국내 기업들의 지주회사 전환방법에 대한 전형적인 사례를 살펴보는 셈이다.

우선 지주회사라는 용어가 무엇을 의미하는지 알아보자. 일반적으로 기업은 재화를 생산하거나 서비스를 제공하는 등의 영업활동(사업)을 통해 수익을 얻는 것을 목적으로 한다. 그러나 기업 중에는 사업을 하기보다는 다른 기업의 주식을 소유해 지배하는 것을 목적으로 하는 회사가 있다. 이러한 기업들을 '주식을 지니는 회사'라는 뜻으로 지주회사持株會社, holding company라고 한다. 농심홀딩스, 대상홀딩스, 동성홀딩스, 풀무원홀딩스처럼 지주회사는 '홀딩스holdings'란 단어를 기업명에 붙여서 지주회사임을 드러내기도 한다. 워런 버핏이 대표로

•• 지주회사의 일반적 구조

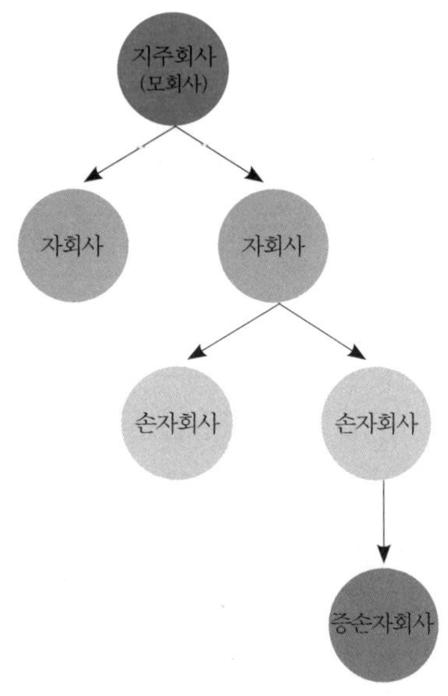

있는 버크셔 해서웨이Berkshire Hathaway도 다수의 보험회사 및 제조업체, 도소매 업체 등의 주식을 보유한 지주회사다.

지주회사는 크게 '순수지주회사pure holding company'와 '사업지주회사operating holding company'의 두 종류로 나눌 수 있다. '순수지주회사'는 다른 기업(자회사)의 주식을 보유해 자회사를 지배하고 관리하는 것만을 업무로 하는 회사를 말한다. 즉 경영권을 확보하는 것 외에는 추가 사업을 하지 않는 형태의 지주회사를 말한다. LG그룹의 지주회사인 ㈜LG는 다수의 LG계열사 지분을 소유하는 역할만을 하는 순수지주회사다. 국내 대부분의 은행들의 지주회사도 순수지주회사다.

'사업지주회사'는 지주회사의 역할을 하면서 본연의 사업도 하는 지주회사를 말한다. 예를 들어 두산은 지주회사로서 두산중공업, 두산인프라코어, 두산엔진, 두산건설 등의 자회사 지분을 소유한 동시에, 인쇄회로용 원판, 유압장비, IT서비스 등을 생산하거나 제공하는 자체 사업을 가진 '사업지주회사'다. 앞서 설명한 금호실업도 지주회사와 종합무역상사 역할을 겸했으니 사업지주회사인 셈이다.

지주회사에 대한 법적인 정의는 다음과 같다. 공정거래법 2조에 의하면 지주회사는 주식의 소유를 통해 국내회사의 사업내용을 지배하는 것을 주된 사업으로 하는 회사로서 자산총액이 1천억 원 이상인 회사를 말한다. 여기서 '주된 사업'의 기준은 자회사 주식가액 합계액이 당해 회사자산총액의 50% 이상을 차지하는 것을 의미한다. 국내 지주회사 관련 법에는 외국에는 없는 복잡한 규제가 많이 추가되어 있는데, 이에 따르면 지주회사는 부채비율이 200% 이하여야 하고, 자회사 · 손자회사에 대한 지분은 상장(등록)된 자회사의 경우 20%, 비상장 자회사의 경우 40% 이상을 소유해야 하며, 증손자회사 이하에 대해서는 100%를 소유해야 한다. 또한 일반지주회사와 금융지주회사는 분리되어야 한다.[1]

1986년 공정거래법이 제정된 이후 지주회사의 설립이나 지주회사로의 전환은 금지되어 있었다. 지주회사의 대주주가 지주회사 체제를

1 이런 규제 때문에 공정거래법상의 지주회사 요건을 만족시키는데도 불구하고 일부러 지주회사 요건에서 벗어나고자 하는 기업도 있다. 예를 들면 동양인터내셔널이나 미래에셋캐피탈 등에서 보유하고 있는 자회사 지분이 자산 중에서 차지하고 있는 비율이 50%가 넘어 법적인 지주회사 요건에 해당되자, 일부러 현금을 은행에 예금하고 그 돈을 대출받아 다른 은행에 다시 예금하고 또 대출을 받는 것을 수차례 되풀이하는 방법으로 자산(예금)과 부채(차입금)를 동시에 늘려서 자회사 주식이 자산 중에서 차지하는 비중이 50%가 안 되도록 조정한 사례가 있다.

LG그룹 계열사들이 다수 위치한 여의도 쌍둥이 빌딩 전경
LG그룹은 2001년부터 2003년 동안 약 2년의 기간에 걸쳐 지주회사 체제로 전환했다. LG그룹의 전환과정 사례는 그후 국내 다른 기업들이 참고한 모범사례로 받아들여진다.

통해 적은 지분으로 많은 종속회사들에 과도한 영향력을 행사할 수 있다는 우려 때문이었다. 그러다가 1999년 금융위기를 거치면서 공정거래법 개정을 통해 지주회사 제도가 허용되었다. 그 후 정부는 지주회사 체제로의 전환을 오히려 장려하기 시작했다.[2] 대신 지주회사 체제의 단점을 최소화하기 위해 지주회사의 부채비율이나 주식 보유 한도에 대해 강력한 제한을 둔 것이다.

당시 정부가 공정거래법을 개정하게 된 이유는 지주회사 체제보다 더욱 복잡한 순환출자를 통해 대주주들이 이미 기업집단을 지배하고 있었기 때문이다. 순환출자라는 복잡한 지배구조가 존재하는 상황에서는 기업의 구조조정이 여의치 않았다.[3] 따라서 정부는 지주회사 전

2 정부는 지주회사 전환을 장려하기 위해 몇 가지 세제혜택도 부여했다. 세제혜택의 구체적인 내용은 설명하기가 너무 복잡해 생략한다.

환을 장려해서 기업 구조조정을 촉진하고자 했다. 또한 지주회사는 권한 · 책임 및 영향 관계가 명확해 경영투명성이 향상되는 장점도 있다.

지주회사 제도의 장단점

그렇다면 지주회사 제도의 장단점을 좀더 구체적으로 살펴보고, 과거 우리나라에서 왜 이 제도를 법으로 금지했는지 알아보자. 국내 기업집단의 문제점으로 지적되는 대표적인 사례는 복잡한 순환출자구조다. 순환출자 형태의 지배체제하에서는 복잡한 출자과정을 통해 적은 지분율로 다수의 기업을 지배하는 문제 때문에, 만약 기업 간 출자의 연결고리가 끊어지면 기업집단의 지배구조가 와해된다는 문제점이 있다. 따라서 경영권을 획득하려는 적대적인 M&A의 위험에 상시 노출되게 된다. 실제로 2003년 해외 펀드인 소버린Sovereign이 ㈜SK의

---

3 혹자는 왜 우리나라를 포함한 아시아와 중부 유럽 소수의 국가에서만 순환출자 문제가 있고, 다른 선진국들에서는 이 문제가 없느냐고 생각할 수 있다. 대부분의 다른 국가들은 차등의결권을 보유한 주식(주주총회 때 여러 표를 행사할 수 있는 주식)이 허용되고 있다. 따라서 차등의결권을 통해 상대적으로 소수의 지분을 보유하고도 대주주가 기업을 통제할 수 있으므로, 복잡한 순환출자제도를 가지고 있을 이유가 상대적으로 적다. 우리나라에서는 차등의결권제도가 허용되지 않는다. 참고로 최근 전자상거래 부분 세계 1위의 업체인 중국의 알리바바그룹이 홍콩 대신 미국 증권시장 상장을 선택했다. 그 이유가 홍콩은 차등의결권제도를 허용하고 있지 않지만 미국은 허용하기 때문이라고 한다. 알리바바의 마윈(Ma Yun) 회장과 기타 임원들이 보유하고 있는 지분은 약 10%에 불과하지만 차등의결권제도를 이용해 회사의 경영권을 지켜왔다. 2대 주주인 한국인 손정의 회장이 이끄는 일본 소프트뱅크의 지분율이 32%로 마윈 회장의 지분율보다 3배가 많지만, 소프트뱅크는 차등의결권제 때문에 경영권을 행사하지 못한다. 알리바바의 결정이 발표되자 홍콩에서도 차등의결권제도를 허용해야 하는지에 대한 논란이 치열하게 벌어지고 있다.

주식을 단기간 동안 집중매입하면서 적대적 인수합병을 시도했던 사례는 이러한 위험이 현실로 드러난 경우라 할 수 있다.[4] ㈜SK의 경영권만 차지하면 순환출자구조에 의해 SK그룹 전체의 경영권을 장악할 수 있는 상황이었다.

지주회사로 전환하면 복잡한 순환출자를 해소하고 지주회사-자회사-손자회사 형태의 피라미드로 기업구조가 재편되므로 지배구조가 단순하고 분명해진다. 따라서 경영투명성이 향상되는 효과가 있다. 또한 지주회사 체제로 전환하는 과정에서 지배회사는 자회사의 지분을 취득해 경영권을 가져야 하며 또한 자회사의 지분을 일정 비율 이상 보유해야 하기 때문에, 결과적으로 기업집단 전체에 대한 대주주의 지분율이 상승하는 효과가 있을 수 있다. 명확한 지배구조와 지분율 상승은 취약한 지배구조에서 비롯되는 적대적 M&A의 위험을 방지하는 효과가 있으며, 소액의 지분으로 전체 계열사를 지배한다는 문제도 일부 해소할 수 있다.

이 밖에도 순환출자구조에서는 복잡한 지배관계의 연결고리 때문

4 2003년 초반, 당시 SK그룹의 대주주인 최태원 회장 일가는 SK C&C의 대주주였고, SK C&C는 ㈜SK를 지배했다. ㈜SK는 주요 자회사로 SK텔레콤을 지배하고, SK텔레콤은 다시 SK C&C를 지배하는 순환출자구조를 가지고 있었다. 최태원 회장을 비롯한 SK그룹의 경영진이 당시 부당 내부거래, 불법 정치자금 제공, SK글로벌 분식회계 등으로 검찰 조사를 받고 구속되는 상황에서, 어떤 이유에서인지 미리 이 사실을 예상한 것처럼 돈을 한국에 들여와서 준비를 하고 있던 소버린은 ㈜SK의 주가가 하락하자 단기간에 집중적으로 주식을 매입했다. 단숨에 2대 주주로 떠오른 소버린은 경영진의 퇴진을 요구하며 경영권을 위협했고, 최태원 회장 일가는 우호지분과 소액주주들의 지원을 얻어 간신히 경영권을 방어했다. 즉 당시 ㈜SK의 지배권만 소버린 측으로 넘어가면 SK그룹 전부가 소버린의 소유가 되는 상황이었다. 순환출자구조의 문제점이 잘 드러나는 사례다. 이 사례에 대한 보다 자세한 내용은 『숫자로 경영하라』에 실린 '외국인 투자자는 정말 기업투명성을 향상시킬까' 편을 참조하기 바란다.

에 부실기업이 있어도 사업을 정리하기가 어려웠으나, 지주회사 체제로 재편하면 모회사가 자회사의 지분을 소유하는 간결한 지배구조가 되어 부실사업을 쉽게 정리할 수 있어서 경영 효율성을 높일 수 있다.[5] 또한 지주회사의 경영진은 전략적 의사결정을 내리는 데 집중할 수 있고, 자회사의 경영진은 일상적 의사결정을 내리는 데 집중할 수 있다. 자회사의 독립경영 체제가 구축되어 책임경영이 정착되고, 그 결과 시장 변화에 보다 빠르게 대응할 것으로 기대할 수 있다. 이 점은 주주들에게도 도움이 될 것이다.

그러나 지주회사 체제가 모든 문제점을 해결할 수 있는 것은 아니다. 지주회사 체제라고 해도 순환출자의 경우와 마찬가지로 소규모 자본만을 가지고 큰 지배력을 행사할 수 있는 가능성은 있다. 대주주가 지주회사에 대한 지분만을 가지고 있으면 지주회사를 통해 수많은 자회사와 손자회사 등을 지배할 수 있기 때문이다. 즉 자회사나 손자회사에 대한 지분을 가질 필요 없이 대주주가 지주회사의 지분만 충분히 보유하면 모든 자회사와 손자회사에 대해 경영권을 행사할 수 있다.

또한 순환출자구조에서는 전술한 것처럼 부실 계열사 퇴출이 어려

---

5 예를 들어 A기업이 B기업의 주식을 보유하고 있고, B기업이 C기업의 주식을 보유하고 있으며, C기업이 A기업의 주식을 보유하고 있는 경우를 순환출자라고 표현한다. 이때 만약 B기업이 위기에 빠져서 퇴출되어야 할 경우에 처했다고 해도, 지배주주의 입장에서는 B를 바로 퇴출시킬 수가 없다. B를 퇴출한다면 C에 대한 지배권이 흔들리게 되고, C에 대한 지배권이 흔들리면 A에 대한 지배권도 흔들리게 되기 때문이다. 따라서 퇴출되어야 할 B를 퇴출시키지 못하고 다른 계열사인 A나 C를 동원해서 B를 도와주려고 하는 유인이 바로 여기에 있다. B를 적절한 사업상의 이유 없이 부당하게 돕는 과정에서 비효율이 발생하고, A나 C의 소액주주와 채권자 등 다른 이해관계자들이 피해를 입게 된다.

우므로 부실 계열사를 살리기 위해 계열사 간 부당한 지원이 종종 발생하는데, 지주회사 체제라고 해서 이를 반드시 막을 수 있는 것은 아니다. 비록 계열사들 사이에 출자관계가 복잡하게 얽혀 있지 않더라도, 지주회사가 지배권을 행사함으로써 특정 계열사로 하여금 다른 계열사를 도와주도록 할 수 있기 때문이다. 지주회사 체제 도입 자체가 반드시 긍정적인 효과를 보장하지는 않고 문제가 발생할 가능성은 여전히 있는 것이다. 물론 경영자의 배임행위에 대한 법적 제재가 매우 강화된 요즘, 계열사에 대한 부당한 지원 행위는 점점 사라지는 추세다.

LG그룹의 지주회사 전환과정의 특징

LG그룹은 IMF 위기를 겪으면서 기업의 체질 개선 및 경쟁력 제고를 위해 단계적으로 구조조정을 추진했다. 그 과정에서 LG그룹은 지주회사 체제로의 전환을 추진하기로 결정했다. LG그룹이 지주회사로 전환하기로 한 것은 전술한 바와 같은 일반적인 지주회사 체제의 장점이 있기도 하지만, LG그룹의 공동 창업주인 허 씨 일가와 구 씨 일가로 구성된 대주주들의 지분을 정리해야 할 필요가 있었기 때문으로 생각된다. 즉 그룹 내 복잡한 출자관계를 정리함으로써 지배주주들의 지분관계를 명확히 해 후계구도에 도움이 되도록 하겠다는 것을 또 다른 목적으로 볼 수 있을 것이다. 재벌 2세·3세로 이어지면서 지배구도가 점점 복잡해져, 기존 순환출자 체계에서는 대주주들의 합의를

Ivan Garcia / Shutterstock.com

LG전자의 스마트폰
LG그룹의 지주회사 전환 사례는 국내 기업들의 모범 사례로서, 이후 많은 그룹들이 LG의 지주회사 전환 방법과 유사한 방법을 사용해서 지주회사로 전환한 바 있다.

이끌어내기가 어렵고 후계자에 대한 경영권 승계나 계열사 분할 역시 어려워질 수 있다. 순환출자 체계에서는 누가 어떤 회사를 소유한 것인지 불확실하기 때문이다.

LG그룹이 선택한 방식은 인적분할 방식과 주식교환에 의한 공개매수 방식을 결합한 것이었다. 이는 당시까지 알려지지 않았던 방식으로 LG그룹이 국내 최초로 시도한 것이다. 따라서 LG그룹이 이 방법을 개발하기 위해 얼마나 많은 고민과 연구를 했을지 추측해볼 수 있다. 인적분할 방식은 현물출자 방식의 단점인 법원의 개입이나, 영업양도 방식을 사용할 경우의 주주총회 특별결의와 소액주주들의 주식매수청구권 행사에 대한 부담, 물적분할 방식의 단점인 사업자회사의 상장폐지, 공개매수방식을 이용할 때의 대규모 자금조달 필요성, 주식이전 · 교환방식을 이용했을 때의 자회사 지분 100% 취득 요건 등을 피할 수 있는 방법이었다.

인적분할 방식의 장점 중에서도 특히 분할로 신설된 회사들이 빠른 시일 내에 거래소에 상장될 수 있다는 점이 중시된다. 분할된 기업이 바로 상장될 수 있어야 소액주주들을 설득하기가 용이해 분할승인에 대한 주주총회의 특별결의를 보다 쉽게 이끌어낼 수 있기 때문이다. 그러나 인적분할을 통해 지주회사를 설립할 때는 분할 후 신설되는 회사 중 지주회사의 역할을 하는 회사가 자회사 지분을 공정거래법상 자회사 지분율 요건을 충족할 만큼 충분히 소유해야 한다. 다행히 당시 지분율 요건 충족에 대해 유예기간 2년이 있었기 때문에, LG그룹은 분할 이후 2년 동안 신주발행 및 주식교환을 통한 공개매수 방법을 이용해서 자회사 주식을 취득해 이 문제를 해결했다. 물론 이 과정에서 이용 가능한 현금을 대부분 동원해 자회사 주식을 사들여야 했기 때문에 상당한 기간 동안 투자를 거의 하지 못했다는 문제점도 있었다.

주식교환 공개매수 방식은 지주회사가 자회사의 주식을 공개매수하는 대가로 현금 대신 신주를 발행해서 자회사 주주들에게 교부하는 방식이다. 지주회사가 현물(주식)을 출자해 자회사의 주식을 취득하는 형태다. 이 방식은 공개매수와 현물출자 규정을 모두 충족시켜야 하므로 절차가 복잡하고 기간이 많이 걸리는 단점이 있다. 하지만 지주회사가 막대한 현금을 들이지 않고도 자회사의 지분을 확보할 수 있다는 점이 큰 장점이다. 따라서 현금을 마련하기 위해 기존 사업을 매각하는 등의 구조조정을 실시하거나 재무적 투자자의 힘을 빌려야 할 필요가 줄어든다. 이처럼 자회사의 주식을 시장에서 직접 매입하는 데 필요한 막대한 현금 동원을 피할 수 있다는 장점 때문에 훗날 많은 기업들이 지주회사 전환과정에서 LG그룹이 사용한 방법을 따라 하게 된 것이다.

또한 주식교환에 의한 공개매수에 모든 주주들이 참여하지는 않을 것이기 때문에, 최대주주와 우호주주가 보유하던 자회사 주식을 이때 모두 지주회사 주식으로 교환하면 지주회사에 대한 최대주주 및 우호주주의 지분율이 상승하는 결과가 발생한다. 즉 지주회사에 대한 대주주의 경영권이 강화되는 것이다.

물론 이런 과정이 회사 측의 힘만으로만 이루어졌던 것은 아니다. 이런 구조를 계획하는 동안 회계법인과 회사가 함께 팀을 이뤄 외국 사례를 연구하면서 많은 아이디어를 내야 했다. 가치평가와 회사 분할 등을 위해서 회계법인이 많은 일을 담당해야 했으며, 여러 법적 절차를 준수해야 하므로 변호사의 도움도 필요했다. 이 과정에서 상당한 비용이 수반되는 것은 물론이다.

LG그룹의 지주회사 전환과정 4단계

LG그룹의 지주회사 전환과정은 크게 4단계로 나눌 수 있다. 1단계로, 먼저 2001년 4월 LG화학을 인적분할해서 지주회사인 LGCI, 화학산업 부문을 담당할 LG화학, 생활건강사업 부문을 담당할 LG생활건강의 3개 회사로 나누었다. 구 LG화학이 LGCI로 이름을 바꾸고 나머지 두 회사를 신설하는 형태였다.

2단계, 2002년 4월 LG전자를 인적분할해서 LGEI와 LG전자로 나

•• 지주회사 전환 이전의 LG그룹의 지배구조

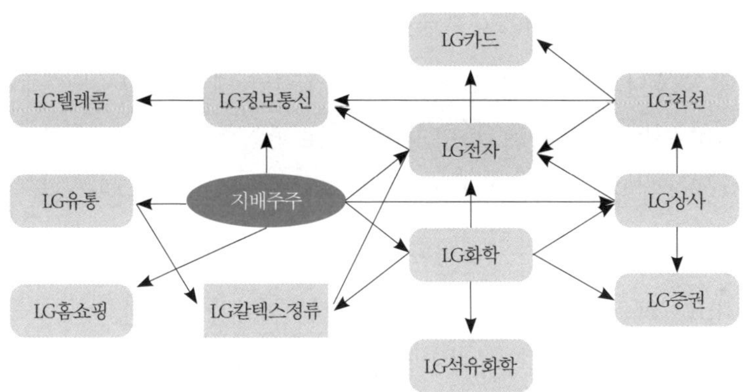

•• 지주회사 전환 이후의 LG그룹의 지배구조

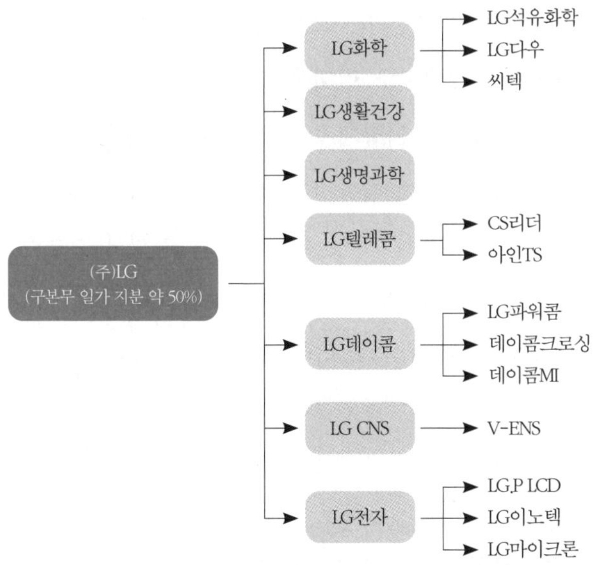

LG그룹의 지주회사 전환과정은 다른 기업들의 모범사례라고 할 수 있다. 지주회사 전환 이전과 이후를 비교해보면 복잡한 지배구조가 단순화되면서 대주주의 지분이 지주회사인 ㈜LG에 집중되어 지배권이 공고하게 확립된다는 점을 알 수 있다.

눴다. LGEI가 존속법인, LG전자가 신설법인이다. 분할 후 사업회사인 LG전자는 데이콤, LG텔레콤, LG필립스LCD 등의 지분을 보유하고 있었다. 이 중 전자업계와 산업군이 다른 데이콤과 LG텔레콤은 LGEI가 주식을 취득해 LGEI의 자회사로 편입했다.[6]

3단계, 1단계와 2단계 분할 후 현물출자 방식으로 유상증자를 통해 지주회사 LGCI는 LG화학과 LG생활건강의 주식을 취득하고, LGEI는 LG전자의 지분을 취득해서 지주회사가 되었다. 기존 자회사 주주들이 가지고 있던 주식을 공개매수를 통해 사들이되, 현금 대신 모회사의 지분을 발행해서 지급했다. 즉 자회사 주주들은 자신이 가지고 있던 자회사 주식을 모회사에 팔고, 그 대신 현금을 받는 것이 아니라 모회사가 추가 발행하는 모회사의 신주를 배정받았다. 전술한 것처럼 주식교환 공개매수로, 자회사의 주주들이 현물(자회사 주식)로 모회사에 출자한 셈이다. 이렇게 하면 모회사는 자본금이 증가하면서 자회사에 대한 지분비율이 높아지고, 자회사 주주는 자회사 주식 대신 모회사 주식을 받아 모회사의 주주가 된다. 자회사 주주 입장에서는 자회사 주식을 모회사 주식으로 교환한 셈이다. 이 과정에서 대주주인 구본무 회장 일가가 공개매수에 적극 참여했다. 그 결과 지주회

6 LG그룹의 경우처럼 인적분할이 한국 대기업집단의 지주회사 전환과정에 가장 널리 사용되었지만 꼭 인적분할만 사용된 것은 아니다. 예를 들어 SK그룹은 ㈜SK로부터 SK에너지를 인적분할해서 지주회사 ㈜SK의 자회사로 편입했다. 그 후 2011년 들어 석유화학 업종 중에서도 사업 분야가 다른 부분들을 나누어 책임경영 체제를 확립한다는 계획하에 SK에너지를 물적분할해서 SK이노베이션을 설립했다. SK이노베이션이 석유화학 분야의 중간지주회사 역할을 하고, SK이노베이션의 자회사로 물적분할된 SK에너지(정유 부분)·SK종합화학(석유화학 부분)·SK루브리컨츠(윤활유 부분)의 3개 회사가 있는 형태다. 즉 SK그룹은 물적분할과 인적분할을 모두 사용한 것이다.

사에 대한 대주주의 지분비율이 상승해 지주회사에 대한 지배권을 확립한 것이다. 반대로 자회사에 대한 대주주의 지분율은 대폭 하락했다.

4단계, 화학 부문의 지주회사 LGCI 및 전자 부문의 지주회사 LGEI가 완성되고 남은 일은 두 지주회사를 합해서 단일한 지주회사를 설립하는 것이었다. 2003년 1월 주주총회에서 두 회사의 합병안건이 승인되었고, 3월에 비로소 LGCI와 LGEI가 합병을 마쳐 ㈜LG가 설립되었다. 이로써 LG그룹은 지주회사 체제로의 전환을 완료했다.

LG그룹의 지주회사 전환 이후: LS와 GS그룹의 탄생

이런 과정을 통해 LG그룹은 지주회사 체제로 전환에 성공했다. 그 결과 각 계열사에 흩어져 있었던 대주주의 지분들이 지주회사인 ㈜LG로 집중될 수 있었다. 대주주는 지주회사만 지배할 수 있으면 지주회사가 자회사들을 지배할 수 있기 때문에 자회사들에 대한 지분을 대주주가 별도로 보유할 필요가 없다. 따라서 대주주는 지주회사의 경영권을 충분히 확보하기만 하면 기업집단 전체에 대해 안정적인 지배권을 유지할 수 있다.

이런 과정이 모두 순탄하게 이루어진 것은 아니다. 주식 공개매수 등의 과정에서 주식의 가치나 교환비율을 정해야 하기 때문에 회계법인의 공정한 가치평가 이슈 및 조세 이슈가 발생할 수 있다. 실제로 지주회사 전환 이후 이 문제와 관련된 몇 건의 소송이 발생하기도 했으며, 이 중 LG그룹 측이 일부 패소한 경우도 있다.

LG그룹이 지주회사 체제를 성공적으로 구축한 이후, LG전선 관련 기업들이 LG그룹에서 분리되어 2003년 11월 LS그룹으로 독립했다. LS그룹도 지주회사 체제로 독립했는데, 이 과정에서 여러 지배주주 가족들의 지분을 지주사인 (주)LS에 집중시켰다. 지배주주 가족들 중 단독으로 경영권을 행사할 만큼 지분비율이 높은 개인이 없었으므로, 지배주주 일가가 경영권을 행사하려면 다른 가족 구성원들의 동의를 얻어야 했다. 따라서 LS그룹은 여러 가족 구성원들의 협력에 의해 회사가 경영되는 독특한 지배구조 체제를 가지고 있다. LG그룹의 사례도 좋지만, 가족의 화목까지 유도한 LS의 사례도 국내 다른 기업들이 배워볼 만한 모범사례라고 생각된다.

또한 2004년 7월 순수지주회사인 ㈜LG가 다시 2개의 순수지주회사인 ㈜LG 및 신설된 GS홀딩스로 분할되었다. GS홀딩스 계열사들은 2005년 4월 공식적으로 GS그룹으로 분리되어 독립했다. 이렇게 계열 분리가 손쉽게 가능한 것도 지주회사 체제의 장점이라고 볼 수 있다. 전술한 것처럼 순환출자구조하에서는 한 회사를 그룹에서 분리하거나 정리하고 싶어도 지배구조가 깨지기 때문에 분할하기가 어렵다. 이런 과정들을 통해 오늘날 범LG계라고 불리는 여러 그룹들이 탄생한 것이다.[7]

LG그룹이 지주회사 체제로 전환한 후 많은 기업들이 LG그룹의 전례를 따랐지만, LG그룹이 처음 지주회사 전환에 착수했을 때 시장의 우려는 만만치 않았다. 특히 지주회사 LGCI가 보유한 자회사 지분율이 낮은 상태에서 법적으로 강제된 지주회사의 자회사 지분비율 요건을 어떻게 만족시킬지에 대한 우려가 컸다. 법으로 허용된 유예 기간 2년 내에 자회사에 대한 지분율을 높여야 하는데, 자회사 주식을 그만큼 매입하려면 상당한 자금이 소요될 것으로 예상되었기 때문이다.[8]

결과적으로 LG그룹은 주식교환에 의한 공개매수라는 방법을 통해 추가 자금을 예상보다 덜 동원하고도 지주회사 전환을 이루어내 시장의 우려를 잠식시켰다. 이렇게 철저한 준비과정을 거쳐서 성공적으로 전환을 이룬 LG의 저력에 찬사를 보낸다. 물론 전술한 것처럼 지분비율 확보를 위한 주식매입에 보유자금을 대부분 사용해서 지주회사 전환이 이루어지는 기간 및 그 전후의 상당 기간 동안 대규모 신규 투자를 할 금전적 여유가 거의 없었던 점은 문제점이라고 할 수 있다.[9]

결과적으로 지주회사 제도는 금호아시아나그룹에 의해 우리나라에 처음 도입되었지만, LG그룹의 사례가 국내 기업의 지주회사 체제 전환의 실질적인 시발점이 된 셈이다. 공정거래위원회의 발표에 따르

7 범LG그룹의 일부로 불리는 LIG그룹의 경우, LG그룹의 지주회사 전환 이전인 1999년 LG그룹에서 분리되었다. 당시 정부가 '5대 그룹의 생명보험사 진출 금지' 정책을 실시했으므로 이때 LG화재가 LG그룹에서 분리된 것이다. 그 후 2005년 LIG손해보험으로 회사명을 변경해 외형적으로도 독립적인 명칭을 쓰게 되었다. 널리 알려진 LG라는 이름을 버리고 LIG라는 새 이름을 쓰게 된 이유는, LG그룹이 지주회사 체제로 재편된 후 지주회사가 LG브랜드 사용료로 광고선전비를 제외한 매출액의 0.14%를 받기 시작했기 때문이다. 지주회사는 자회사로부터 수취하는 배당금 말고는 현금 창출원이 거의 없는 것이 대부분이기 때문에, 브랜드에 대한 소유권을 보유하고 이 브랜드를 사용하는 회사들로부터 사용료를 받는 방식으로 현금수익을 창출하는 방법을 LG그룹에서 고안했던 것이다. 이 방법도 당시에는 획기적인 아이디어로서, 현재 국내의 다른 그룹들도 유사한 방법을 사용하고 있다.

8 〈머니투데이(2000년 10월 10일)〉 기사 참조.

9 예를 들어 언론 보도를 보면 2008년 지주회사 체제로 전환한 KB금융지주의 경우, 전환과정에서 자사주 매입에만 2조 7천억 원을 사용했다고 한다.

면 2012년을 기준으로 지주회사 체제인 회사가 무려 120개 정도나 된다고 한다.

앞으로 아직 지주회사 체제가 아닌 다른 회사들도 LG그룹의 사례를 살펴보고 지주회사 제도를 도입해 경영권 강화뿐만 아니라 경영 투명성도 높이는 계기가 되기를 바란다. 삼성그룹도 상속과 관련해서 그룹 계열사 분리 등을 준비하려고 한다면 지주회사 체제로 전환하는 편이 더 용이할 것이다. 앞으로 삼성이 어떤 행동을 할지 지켜보는 것은 흥미로운 일이 될 듯하다.

지주회사 제도 관련 논의의 종합

이상의 논의를 통해서 지주회사 제도의 여러 장점을 소개했다. 또한 지주회사 제도가 모든 문제점을 해결할 수 있는 만병통치약은 아니며, 지주회사 제도가 도입되어도 해결될 수 없는 문제들도 있다는 것을 설명했다.

더불어 지주회사 제도에 대한 여러 불합리한 규제가 있다는 점도 설명했다. 부채비율이나 지분보유 최소의무비율 기준 같은 제도는 세계적으로도 유래가 없는 제도다. 전세계적으로 공기업에 대해서도 부채비율이나 대주주(정부)의 지분보유 최소의무비율 같은 규제가 없다. 다만 정부가 부채비율을 낮추고 경영효율성을 높이지 않으면 기관장 문책을 하고 매년 국민 세금으로 보조해주는 금액을 줄이겠다고 압박하는 정도다. 그런데 공기업도 아닌 민간기업에 대해 이런 규제가 성문법으로 존재한다는 것은 놀랄 만한 이야기다.[10] 공산주의 국가에서도 없는 규제가 자본주의 국가인 한국에 있으니 말이다.

어쨌든 지주회사 제도가 기존의 순환출자 제도보다는 더 경영효율성과 기업투명성 측면에서 바람직한 제도라는 점은 명백한 사실이다. 따라서 앞으로 우리나라 기업들이 점점 지주회사 체제로 변환해가기 바란다. 물론 전환과정에 소요되는 몇 년 동안은 투자를 거의 하지 못한다는 단점도 있으므로, 전환 준비를 철저히 한 후 행동에 옮겨야 할 것이다.[11]

10 부채가 많다면 채권자인 은행이 나서서 구조조정을 요구하면 되고, 지분비율이 낮다면 자본시장에서 경영권 공격을 받지 않기 위해서 대주주 스스로 지분비율을 높이면 된다. 만약 그렇게 하지 않는다면 전자의 경우는 은행이 나서서 경영권을 인수하거나 제한을 할 수 있고, 후자의 경우는 과거 SK그룹이 당한 것처럼 적대적 M&A의 대상이 될 것이다.

11 이 이슈는 최근 벌어지고 있는 '기존 순환출자를 전면 금지하자.'거나 '신규 순환출자만 금지하자.'라는 정치권의 논란과 관련해서도 시사점을 준다. 순환출자가 바람직한 것은 절대 아니지만, 만약 기존의 순환출자를 어느 시점부터 전면 금지한다면 많은 기업들이 상당 기간 동안 경영권 유지를 위한 주식 매수에 보유하고 있는 자금을 거의 대부분을 사용할 수밖에 없다. 그렇다면 신규 일자리 창출을 위한 대규모 투자는 그 기간 동안 줄어들 수밖에 없을 것이다. 따라서 위의 논란은 국민소득 증대와 일자리 창출이 우선인지, 아니면 대기업의 지배구조 개선이 우선인지를 선택해야 하는 어려운 문제인 셈이다. 필자의 개인적인 견해로는 순환출자 제도의 전면 금지 같은 전세계적으로도 유례가 없을 정도의 강력한 규제정책을 꼭 실시하겠다면 불경기가 아닌 호경기 시점에 장기간에 걸친 유예기간을 두고 실시해야 할 것이다. 그래야 단기간 동안 투자가 축소되어 일자리 부족으로 이어질 가능성이 상대적으로 적기 때문이다.

부록

지주회사 관련 용어 정리

지주회사 제도를 살펴보는 문제는 그리 간단하지 않다. 그러므로 본문에 소개된 복잡한 용어 중 일부를 좀더 자세히 정리해본다. 지주회사를 설립하는 대표적인 방법으로 인적분할spin-off이나 물적분할split-off을 통해 기존 회사를 지주회사와 사업회사로 나누는 방법 등이 교과서에 소개되어 있다. 회사를 새로 만드는 것이 아니라 이미 있던 회사들을 자회사로 편입해 지주회사 체제로 옮겨가는 방법으로는 공개매수, 주식이전, 주식교환 등이 있다.

분할방식은 기존의 기업을 쪼개는 방식을 말하며, 인적분할과 물적분할이 있다. 물적분할 방식을 통한 지주회사로의 전환은 기존의 사업회사가 사업 부문을 분할해 자회사로 만들고, 자신은 자회사의 주식을 보유하는 지주회사가 되는 방법이다. 예를 들어 A기업을 분할해 B기업을 신설하고, B기업에게는 사업을 담당하도록 한다. 그리고 A기업은 B기업의 주식을 소유하는 형태다. 결과적으로 현물출자 방식과 마찬가지로 본래 A기업의 주주는 A기업의 주식을 소유하게 되고, A기업은 B기업의 주식을 소유하는 형태를 갖추게 된다. 물론 A기업은 B기업 주식의 일부를 시장에 매각할 수 있다. 예를 들어 2012년 삼성전자는 디스플레이 사업 부서를 물적분할 형태로 분리해 삼성디스플레이를 설립했다.

인적분할 방식을 통한 지주회사로의 전환은 기존의 회사를 분할해 신규 자회사를 만드는데, 분할되어 생성된 신규 자회사 주식을 기존의 회사 주주들이 주식을 보유한 비율만큼씩 갖는 형태다. 예를 들어 A기업이 인적분할을 통해 B기업을 신규 설립할 경우, 신규 회사 B가 설립되면서 발행되는 주식을 기존의 지분율에 따라서 A기업의 주주들에게 배분하게 된다. 그 결과 기존 A기업 주주는 A와 B 두 회사의 주식을 소유하게 된다. 즉 A기업 주주들은 기존 A기업의 주식과 B기업의 신규 주식을 모두 동일한 비율로 소유하게 되어 두 기업의 지분구조는 동일해진다. 그러나 A기업과 B기업이 분리된 이후 각 회사의 지분구조는 주식거래를 통해 바뀔 수 있다. 이때 A기업이 B기업의 지분을 지주회사 요건에 맞게 충분히 획득한다면 A기업이 지주회사가 될 것이다. 예를 들어 2013년 종근당은 인적분할을 통해 지주회사 종근당홀딩스와 사업회사 종근당으로 분할을 했다. 우리나라의 경우 인적분할을 통해 지주회사 체제로 전환한 빈도가 가장 높다.

물적분할에서는 모기업이 분할된 자회사의 지분을 모두 소유하므로 쪼개져나온 자회사는 비공개 회사가 된다. 따라서 분할된 자회사가 상장을 하기 위해서는 몇 년에 걸친 복잡한 상장준비 및 심사과정을 거쳐야 한다. 반면 본래 상장되어 있던 기업을 인적분할을 할 때는 기존 기업은 상장을 유지하고, 분할되어 신설된 기업도 재상장 절차를 통해서 빠른 상장이 가능하다. 이미 상장심사를 거쳐 상장되어 있었던 기업을 일정 비율에 따라 분리한 것이기 때문에 까다로운 신규 상장심사 절차를 새로 거치지 않는 것이다. 따라서 전체적으로 인적분할이 물적분할보다 분할과정에 시간이 덜 걸린다. 그러나 물적분할은 일단 분할이 되면 자회사에 대한 지배권을 모회사가 유지하는 데 반해, 인적분할은 모회사가 보유자금을 동원해서 자회사의 주식을 취득해서 지배권을 확보해야 하는 단점이 있다. 인적분할을 하든 물적분할을 하든 기업의 기존 주주는 분할되는 회사에 대한 지분을 직·간접적으로 보유하는 것이므로 분할 시점에 보유주식의 총 가치는 똑같다.

공개매수takeover bid, tender offer는 기업의 지배권을 취득(인수·합병)하거나 강화하기 위한 목적으로 주식을 매입하는 것인데, 매입기간·매입가격·매입수량 등 매입조건을 미리 공시해 공개적으로 주식을 매입한다는 의사를 밝히고 불특정 다수로부터 주식 등을 매입하는 방식이다. 공개매수 방식을 통해 특정 회사의 주식을 다량 매입해서 자회사로 편입하는 방식을 이용해 지주회사 체제로 전환할 수 있다. 그러기 위해서는 우선 지주회사가 될 회사를 설립하고, 그 회사가 지배하고자 하는 기존의 사업회사 주식을 공개매수로 취득해야 한다. 그러나 공개매수 방식은 공개매수의 대가로 현금을 지급할 때 대규모의 자금이 필요하므로 자금조달의 문제점이 있다. 현금이 충분히 없다면 증자를 하거나 내부유보금을 쌓아두는 방법 등으로 자금을 우선 마련해야 하므로 시간이 많이 걸린다

주식교환 제도는 두 회사가 주식을 맞바꾸는 방식이다. 주식교환을 통해 다른 회사의 발행주식 전체를 소유하는 회사를 완전모회사라 하고, 소유당하는 회사를 완전자회사라고 한다. 예를 들어 A(완전모회사가 되는 기업) · B(완전자회사가 되는 기업)라는 두 기업이 있다고 할 때, B기업의 주주가 주식을 A기업에 양도하고 그 대가로 A기업이 발행하는 신주를 배정받음으로써 A기업의 주주가 되는 방식이다. 결과적으로 B기업의 주식은 A기업이 모두 소유하게 되고, B기업의 기존 주주는 A기업의 주식을 소유하게 되어 A기업의 주주가 된다. 전술한 바처럼 LG그룹은 지주회사 전환시 주식교환과 공개매수 제도를 결합해서 사용했다. 따라서 공개매수에 필요한 큰 여유자금 없이도 자회사에 대한 지분비율을 늘릴 수 있었다.

주식이전은 A기업과 B기업 중 어느 한 기업이 다른 기업을 지배하는 것이 아니라 제3의 C회사를 설립해서 기존의 A사와 B사 주주가 신설되는 C사에 주식을 양도하고 그 대가로 C사의 주식을 받는 형태를 말한다. 결과적으로 C사는 A · B사를 거느린 지주회사가 되고, 기존 A · B사의 주주는 새로 설립된 C사의 주주가 된다. 주식 이전 · 교환 방식을 택해서 지주회사가 될 경우, 자회사 지분을 100% 취득해야 한다는 법적 제약이 있다.

회계로 본 세상

2014년 새해가 시작되자마자 여야의 격론 끝에 외국인투자촉진법이 국회를 통과했다. 이 법안의 핵심은 지주회사 소속 증손자회사 또는 그 이하의 지배구조에 속한 회사에 대한 지분비율 규제를 완화하는 것이다. 본문에서 설명한 것처럼, 우리나라는 지주회사의 지배구조에 대해 외국에는 없는 상당히 강력한 규제를 하고 있다. 그 중 하나가 손자회사나 그 이하의 회사의 지분을 100% 보유해야 한다는 규정이다. 이 규정 때문에 지분을 100% 보유할 만큼의 충분한 돈이 없다면 신규 회사를 설립할 수 없다. 이 법안이 생긴 이유는 아마도 대기업들이 보유자금이 별로 없는 상황에서 새로운 자회사를 만들어 신사업에 뛰어드는 것을 금지하기 위해서일 것이다. 즉 100% 자기 돈으로만 사업을 할 수 있을 때만 자회사를 설립할 수 있다는 것이다.

그러나 사실 이 법안은 별로 의미가 없다. 새로운 자회사를 만드는 대신 모회사에서 새로운 사업부를 하나 만들어서 신사업을 하면 그만

이기 때문이다. 그런데 이렇게 사업부를 새로 만드는 것이 곤란한 경우가 있다. 바로 외국과 합작을 할 때다. 외국과 합작을 해서 신사업에 뛰어든다면, 외국 회사는 경영권을 지분율만큼 행사하기 위해 신설 회사를 설립하기를 원할 것이다. 기존 회사에 한 사업부로서 합작한다면, 그 사업부 내에서는 상당한 자금을 투자한다고 하더라도 회사 전체에서 보면 작은 영향밖에 미치지 못할 것이기 때문이다.

그런데 기존의 공정거래법에서는 증손자회사 이하의 회사라면 무조건 100%의 지분을 모회사가 보유할 것을 규정하고 있었으므로 실질적으로 외국과 합작을 하는 것이 불가능했다. 외국과 합작을 안 하면 된다고 할 수도 있지만, 기업이 혼자서 신사업을 하겠다면 자금을 충분히 확보하는 것뿐만 아니라 기술개발이나 시장개척 등 여러 가지 선결조건도 해결해야 하기 때문에 훨씬 어려운 문제가 발생하게 된다. 이런 문제들 때문에 GS칼텍스와 SK종합화학이 외국과의 합작사업을 추진하지 못하고 있었다고 한다. 이런 문제점을 해결해주어야 국내에 공장이 더 세워지고 그 결과 일자리가 늘어날 수 있으므로 법률 개정을 추진한 것이다.

우여곡절 끝에 국회를 통과한 외국인투자촉진법의 핵심은 외국과 합작하는 경우에 한해서만 지분비율 규제를 100%에서 50%까지로 낮춘 것이다. 그렇지만 소수의 국회의원들은 '합작회사를 설립하려면 자회사 대신 모회사가 직접 설립하면 된다.'라며 법의 제정을 반대했다. 예를 들면 SK종합화학이 자회사를 설립하지 말고 (주)SK가 자회사를 설립하면 된다는 이야기다. 그럴듯하게 들리지만 이 방법을 따른다면 다른 문제점이 발생한다. SK종합화학은 자금에 여유가 있지만 지주회사인 ㈜SK는 회사를 설립할 수 있는 자금이 부족하다. 지주회사는 사업회사들을 관리하는 역할만 하므로 규모가 작고 여유자금을 보유하는 경우도 별로 없기 때문이다. 또한 지주회사 체제가 아닌 삼성그룹 같은 경우는 이런 규제를 받지 않는다. 결국 지주회사 체제로 개편해서 경영투명성을 높인 기업들만 차별을 받는 셈이다.[1]

따라서 이 법안에 일부 의원이 반대한 실질적인 이유는 아마도 외국 자본이 우리나라에 투자하는 것과 외국과 합작할 가능성이 높은 대기업이 성장하는 것에 반대하기 때문일 것이다. 이런 사고방식을 가진 사람들이 일부 있으니 그렇게 생각할 수도 있다는 점은 인정한다. 그러나 일자리가 부족해서 청년 실업자들이 널려 있는 요즘, 일자리 창출을 통한 국민소득 증대보다 더 중요한 일이 무엇인가 하는 생각을 해본다. 더군다나 국내에 시장이 이미 형성되어 있는 기존 산업에 진출하는 것이 아니라, 합작을 통해 외국의 기술을 도입해서 수출을 하는 신사업 진출에 해당하는 투자인데도 말이다. 앞으로 정치인들이 무엇이 더 국가에 시급한 일인지 좀더 고민을 했으면 하는 바람이다.

합작투자를 하지 않으면 대기업의 주주나 외국 합작사 주주도 돈을 덜 벌겠지만, 그 돈보다 몇십 배 더 많은 돈을 일반 국민들이 벌 수 있

1 SK종합화학이 SK에 배당금을 지급하고, 그 돈으로 SK가 새로운 자회사를 외국과 합작하면 된다고 생각할 수도 있다. 그러나 대부분의 경우 모회사는 자회사의 지분 100%를 보유하고 있는 것이 아니라 30% 정도만 보유하고 있을 뿐이다. 그래서 만약 이 방법으로 SK가 새로운 자회사를 설립하려면 자회사가 필요 자금의 3배가 되는 배당을 지급하고, 그 중에 30%를 보유하고 있는 모회사가 배당 중 30%를 받아서 그 돈으로 새 회사에 출자해야 한다. 즉 상당한 여유자금이 있지 않으면 이 방법을 사용할 수 없다.

는 기회도 사라진다. 이익은 매출액의 5% 정도일 뿐이고, 그 이익 중에서도 대주주나 외국 합작사가 당장 배당으로 받아가는 돈은 일부일 뿐이다. 매출액의 나머지 95%는 비용으로 대부분 국내에서 사용될 것이기 때문이다. 사례로 거론된 GS칼텍스와 SK종합화학은 모두 석유화학 업종이므로, 이 중 절반 정도는 외국에 원재료인 원유 구입비로 송금한다고 해도 95%의 절반인 나머지 47.5%는 국내에서 수많은 사람들에게 돌아가게 된다. 기업이나 대주주 및 외국인 주주가 5%의 돈을 버는 것이 보기 싫다면, 나머지 47.5%의 돈도 국민들에게 돌아갈 수 없다. 이런 내용들을 이해하고, 정치인들도 무엇이 진정으로 국민을 위한 일인지 좀더 고민해보기를 당부드린다.

마지막으로 지주회사 체제로 전환하는 이점을 가장 명확하게 소개한다. 지주회사로 전환하면 대주주의 모회사에 대한 지분비율이 높아진다. 본고에서 소개한 주식 공개매수나 주식교환 등에 대주주는 응하지만 모든 소액주주들이 응하지는 않기 때문이다. 따라서 대주주는 자신의 돈이 없더라도 지주회사 전환을 통해 기업집단 전체에 대한 통제권을 강화할 수 있다. 그렇다면 소액주주 입장에서 볼 때는 주식 공개매수나 주식교환에 응하는 것이 본인에게 유리한 것인지 아닌지에 대해 한 번 고민해보기를 바란다. 민감한 내용이므로 필자의 의견을 솔직히 적지는 않겠다.

총 4편의 글로 구성되어 있는 3부에서는 현행 회계실무의 문제점과 개선책에 대해 살펴본다. 공시 관련 이슈, 분식회계와 우회상장 제도의 문제점, 국제회계기준 도입을 둘러싼 논란, 분식회계와 부실감사를 막기 위한 제도적 개선책 등에 대해 살펴본다. 아무리 좋은 제도를 마련해도 악용하는 경우는 꼭 있기 마련이니 개선책을 찾아 제도와 실무관습을 정비할 필요가 있다.

3부

회계제도의 보완과 개선, 어떻게 할 것인가?

올빼미식 늑장 공시로 다 가릴 수는 없다

• • • 한화 • • •

2012년 금요일 저녁, 주식시장이 마감된 뒤 ㈜한화는 무려 1년 이상 이전에 있었던 '대주주가 상당한 자금의 횡령 및 배임 혐의로 검찰에 기소되었다.'라는 소식을 뒤늦게 공시한다. 이 늑장 공시는 주식시장에 상당한 파장을 가져왔다. 당장 그룹 계열사의 주가가 폭락했을 뿐만 아니라 한화의 주식거래가 정지되었다. 그런데 거래소는 일요일 회의를 소집해서 월요일부터 거래를 재개해도 좋다는 결정을 내렸다. 그러자 이 결정이 대기업에 대한 봐주기가 아니냐는 논란이 벌어졌다. 이런 일련의 사건들에 대해 전말을 살펴보고, 늑장 공시가 과연 효과가 있는지 알아본다.

2012년 2월 3일 금요일 저녁, 주식시장이 마감된 후에 ㈜한화는 '김승연 회장을 포함한 한화그룹 임원 5명이 지난 2011년 1월 29일 ㈜한화S&C의 주식을 저가로 매각하고 위장 계열사의 부채를 다른 계열사에 전가하는 등 전체적으로 회사에 약 899억 원의 손해를 입힌 혐의(배임)로 검찰에 기소되었다.'라는 내용을 공시했다. 2011년 1월에 기소된 내용을 2012년 3월에 공시했으니, 무려 1년도 더 지난 내용을 알리지 않다가 갑자기 공시한 것이다.

이 공시는 주식시장에 상당한 파장을 가져왔다. 한국거래소 규정에 따르면 대기업은 자기자본금액 대비 2.5% 이상(중소기업은 5%)이 넘는 금액과 관련된 횡령 및 배임 혐의가 발생하면 이를 공시해야 한다. 공시 시점은 해당 사실이 확인된 때다. 이 사건은 횡령 및 배임 혐의 금액이 자기자본 대비 3.88%에 해당하므로 공시대상이다. 그런데도 검찰에 기소된 후 1년이 지나서야 이를 공시한 것이다. 심각한 공시

규정 위반인 셈이다.

더구나 이 공시도 자발적으로 한 것이 아니었다. 이 사건에 대한 법원의 판결이 조만간 내려질 것이라는 사실이 언론에 보도되면서, 한국거래소 공시 담당자가 회사에 연락해 공시를 하라고 요구한 후에야 공시가 이루어진 것이다. 또한 거래소 요청을 받고 바로 공시한 것도 아니고, 그 후에도 시간을 상당히 지체하다가 주식시장이 문을 닫은 후에야 공시를 했다. 금요일 저녁부터 일요일까지 주식거래가 되지 않으므로, 금요일 저녁이라는 시간을 골라 늑장 공시를 한 것이 아닌지 의심스럽다는 내용이 다수 언론에 보도되었다.

공시가 발표되자마자 주식시장은 발칵 뒤집혔다. 횡령 및 배임 혐의 금액이 워낙 커서 상장폐지 실질심사 대상에 해당하는 수준이었기 때문이다. 만약 ㈜한화처럼 시가총액 3조 원 규모의 대기업이 갑자기 상장폐지된다면 한화의 주식을 보유하고 있는 수많은 소액주주들은 그야말로 '마른 하늘에서 갑자기 친 날벼락을 맞은' 셈이 된다. 보유하고 있는 주식가격이 폭락할 것은 물론 주식을 처분하는 것도 거의 불가능한 상황에 처할 수 있기 때문이다. 금요일 밤에 거래소는 일단 규정에 따라서 월요일인 2월 6일부터 상장폐지 실질심사 결론이 날 때까지 거래를 정지시킨다고 발표했다.

그러나 2월 5일 일요일 신속히 상장폐지 관련 회의가 소집되어 토론이 이루어진 결과, 상장폐지 대상에 해당하지 않는다는 결론에 이르렀다. 따라서 월요일인 2월 6일 한화의 주식은 거래정지 없이 주식시장에서 거래될 수 있었다. 2월 6일 주식시장이 문을 열자마자 한화그룹 거의 전 계열사의 주가가 하락했다. 언론은 한화그룹의 경영리

검찰이 배임 혐의로 김승연 회장을 구속한 사건에 대해 법원은 2012년 8월 판결을 내렸다. 그 결과 김승연 회장은 구속 수감되었다.

스크가 이 사건을 계기로 크게 부각되었기 때문이라고 보도했다. 또한 비슷한 상황의 다른 기업들은 더 오랜 기간 동안 거래정지가 된 후 상장폐지 여부가 결정된 데 반해, 한화는 일요일에 회의를 소집해 결정을 내렸다는 점에서 대기업에 대한 봐주기 결정이 아니냐는 일부 언론이나 시민단체들의 비난도 제기되었다.

김승연 한화그룹 회장은 이 사건이 벌어진 이후인 2012년 8월 중순, 배임 행위에 대한 법원 판결에 따라 징역 4년 및 벌금 51억 원을 선고받고 구속 수감되었다. 검찰이 밝힌 배임 및 기타 혐의 금액은 최초의 899억 원에서 수사가 진행됨에 따라 6,400억 원으로 크게 불어났다. 엄청난 금액이다. 처음에는 징역 9년과 1,500억 원의 벌금이 구형되었다가, 재판 결과 상당 부분이 무혐의 처리되면서 최종 판결은 구형량에 비하면 상당히 경감되었다. 김 회장 외에도 한화그룹의 고위 임원 2명 역시 징역형을 선고받았다. 한화 측에서 이에 항소 의사를 밝혔으므로, 앞으로 재판은 상당히 오래 지속될 것으로 보인다.

과거 사례를 보면 대기업 회장들은 유죄판결을 받더라도 대부분 집행유예 처분을 받아 판결 직후 석방되거나, 감옥에 수감되더라도 반년쯤 지나면 질병을 이유로 보석을 신청해 석방되곤 했다. 그러나 최근 대기업에 대한 반대 정서가 상당한 것에 비추어볼 때 이번에는 옛날처럼 쉽게 끝날 것 같지 않았다. 유죄판결 받은 내용을 과거의 사건들과 비교하면 형량도 과거보다 상당히 늘어난 셈이라고 한다. 이 때문에 비슷한 배임 혐의로 재판을 기다리고 있는 다른 대기업 회장들도 충격을 받았을 것이라는 기사가 언론에 보도되었다. 감옥에 수감되었던 김 회장은 생명이 위태로울 정도로 건강이 급속도로 악화되는 바람에 2013년 1월 초 구속집행정지 결정이 내려져, 감옥에서 풀려나 병원에 입원한 바 있다.

공시지연 이유와 상장폐지 실질심사

필자는 한화그룹이나 김승연 회장이 범한 배임 사건에 관해서는 자세한 내용을 알지 못할 뿐더러 법률 전문가도 아니다. 그 부분에 대한 보다 자세한 정보를 원한다면 판결문을 구해 읽어보면서 법률 공부를 해야 할 것이다. 다만 배임 혐의에 대해서는 무엇이 배임인지를 명확히 규정하는 방식으로 법률이 개정되어야 할 것이라는 개인적인 의견 정도가 있을 뿐이다.[1]

사실 과거 배임죄에 대한 재판 결과들을 검찰의 기소 내용과 비교해보면, 검찰의 기소는 상당히 부풀려져 있다. 결과적으로 배임죄는 무죄판결을 받는 비율이 다른 죄와 비교할 때 상당히 높으며, 유죄판결을 받아도 유죄로 인정되는 내용이 검찰이 기소에서 언급한 내용들과는 차이가 많아 보인다. 경영자가 경영상의 판단에 의해 투자를 했더라도 실패하면 배임죄를 적용할 수 있을 정도로 법률이 애매모호하고 포괄적이기 때문에 발생하는 현상이다. 이런 문제점을 해결하기 위해 앞으로 법률 개정이 필요하다고 생각한다. 그러나 필자는 이 부분에 대한 전문지식을 갖고 있지는 않으므로 논의 대상을 법률이 아닌 회계의 영역에 해당하는 공시에 국한하도록 하겠다.

먼저 한화그룹이 공시를 1년 이상이나 하지 않은 이유가 무엇인지 알아보자. 한국거래소 상장규정에 따르면 경영상의 중요한 사건들은 공시대상이 된다. 2011년 4월 1일 이전까지는 대주주가 자기자본 대비 2.5% 이상의 횡령이나 배임으로 판결된 시점에 공시를 해야 한다는 규정이 있었다. 그러다가 4월 1일자로 규정이 개정되면서 자기자본 대비 2.5% 이상의 횡령이나 배임 혐의가 확인되면 상장폐지 실질심사를 받아야 한다고 규정이 강화되었다.

한화그룹은 공시를 1년 이상이나 하지 않은 이유로 규정에 대한 해석이 달랐다고 변명했다. 2011년 1월 검찰이 기소를 하기는 했지만

---

1 배임죄란 자신의 책무를 수행하는 데 정당한 주의를 기울이지 않아 타인에게 손해를 입힌 경우를 말한다. 실제로 남의 돈이나 재산을 훔치는 중범죄인 횡령이나 사기와는 종류가 다른 범죄 형태다. 그러나 정당한 주의를 기울여 회사가 투자를 한 경우도 투자가 실패로 돌아가면 주주들에게 손해를 끼쳤다는 죄목으로 검찰이 배임죄를 적용해 대주주나 경영진을 기소하는 경우가 종종 있기 때문에 논란의 대상이 되고 있다. 일단 기소가 되면 전문지식이 부족한 언론이나 대중들은 배임, 횡령, 사기 등을 구분하지 않고 모두 큰 범죄를 저지른 부도덕한 기업인으로 생각하는 경향이 대부분이다.

횡령이나 배임 혐의가 확인된 시점을 '법원의 확정판결을 받았을 때'라고 해석했다는 주장이다. 바뀌기 전 규정에 '판결된 시점'이라는 용어가 사용되었다가, 규정이 바뀌며 용어가 '확인된 시점'으로 변했기 때문이다. 그래서 공시 시점에 대한 규정이 변한 것으로 해석했다고 주장한다.

또한 회사 입장에서는 검찰의 기소 금액이나 내용에 대해 동의하지 않고 재판에서 승리할 것으로 판단했기 때문에 공시할 필요성을 느끼지 않았다고 한다. 2011년 4월 규정이 바뀐 것은 알았지만 개정된 규정에서 변경된 '확인된 시점' 조항이 2011년 1월에 벌어졌던 사건에 소급적용하는 것은 부당하다고 덧붙였다. 그러다가 2012년 2월 들어 한화그룹에 대한 재판 판결이 임박했다는 소식이 언론에 보도되면서, 이에 대해 거래소에서 한화에 공시대상이라고 알려와 '확인된 시점'의 해석이 잘못되었고 본 사건도 소급해서 해당된다는 점을 깨닫게 되었다고 주장했다.

필자는 이 주장의 진위 여부를 알지 못한다. 다만 기계가 아닌 사람이 하는 일이니 그런 실수를 하거나 규정에 대한 해석상의 차이가 있을 수도 있다는 점은 이해한다. 또한 한 회사만 관련된 것이 아니라 그룹의 여러 계열사가 동시에 관련된 일인 만큼, 그 중 어느 회사가 공시를 해야 하는지 명확하지 않았을 수도 있었을 것이다. 그리고 개정된 공시규정의 '확인된 시점'이라는 말도 그 의미가 명확하지 않았다는 점도 이해를 한다. 왜 처음부터 거래소에서 공시규정을 명확하게 만들지 않았을까 하는 점이 아쉬울 따름이다.

하지만 중소기업도 아닌 대기업에서, 일반 임원도 아니고 회장과 관련된 일에 이런 중대한 실수가 있었다는 점은 무척 아쉽다. 한화그룹에서 공시 인력과 조직을 대폭 보완해 앞으로는 이런 일을 되풀이하지 말아야 한다는 교훈을 준다. 한화 외에 다른 대기업에서, 특히 대주주와 관련된 일로 이렇게 큰 공시 관련 사건이 벌어진 사례는 본 적이 없다. 이렇다 보니 언론에서 이 사건을 접한 사람들 중 상당수가 한화의 설명을 믿지 않는 것이다.

어쨌든 검찰에서 최초 기소한 금액 899억 원이 자기자본금액 대비 2.5% 이상인 3.88%에 해당함으로써 공시대상이 될 뿐만 아니라 상장폐지 실질심사 대상에 해당되었다. 상장폐지 여부가 최종 결정될 때까지 거래가 정지되기 때문에, 한화는 2월 6일 월요일부터 거래정지가 될 예정이었다. 상장폐지 실질심사 제도는 상장폐지 여부를 결정하는 심사가 아니다. 상장폐지 여부를 결정하는 복잡한 심사가 필요한지 결정하는 1차 심사다. 몇 가지 내용을 간단히 조사해서 상장폐지가 될 정도가 아니라면 거래가 신속하게 재개될 수 있도록 하기 위한 제도다. 그렇지 않다면 좀더 자세한 내용을 2차로 심사해서 상장폐지 여부를 결정한다. 따라서 상장폐지 실질심사에서 상장폐지에 대한 2차 심사를 하기로 결정한다고 해서 꼭 상장폐지가 되는 것은 아니다. 이 제도가 만들어진 2009년 이후 한화 사건이 벌어졌던 2012년 초까지 상장폐지 실질심사를 받은 기업들 중에서 실제로 상장 폐지된 기업은 50% 정도라고 한다. 한화처럼 상장폐지 실질심사 대상이 아니라는 결정이 내려진 기업들도 상당수이기 때문에, 실제로는 1차 심사를 받은 기업들 중 약 1/3 정도가 상장 폐지에 이르는 셈이다.[2]

그런데 한화 사건의 경우 파장이 커진 것은 '상장폐지 실질심사 대상에 해당하는지를 판단한다.'는 이름 자체가 상당한 혼란을 불러일으켰기 때문이다. 자세한 절차를 알지 못했던 필자도 이 이름 때문에 처음에는 상장폐지 여부를 결정하는 심사를 하는 것이며, 심사를 받으면 상당수의 기업들이 상장폐지될 수 있는 것으로 오해했다. 실제로 상장폐지가 된다면 개인 소액투자자들이 주식을 거래할 수 없으므로 엄청난 타격을 받게 된다. 그래서 한화 사건에서 많은 소액투자자들이 바로 상장폐지되는 줄 알고 놀라서 민감하게 반응했을 것이다. 물론 언론에서도 연일 이 사건을 대서특필하면서, 한화가 곧 상장폐지가 될 가능성이 높다는 이야기를 했었다.

따라서 이 일이 있은 후에 거래소에서는 혼란을 줄이기 위해서 이 제도의 이름을 '상장 적격성 실질심사'로 바꾸겠다는 계획을 발표했다. '상장폐지'라는 용어를 '상장 적격성'이라고 바꾼다고 해서 투자자들의 인식이 크게 바뀔 것 같지는 않다. 이런 일이 다시 되풀이된다면 오해를 불러일으키지 않을 만큼 자세히 제도를 소개할 필요가 있다고 생각된다. 어찌 되었든 2013년 5월 공식 명칭의 변경이 실시되었다.

2 '김문태 · 이지현 '실질심사에 의한 상장폐지와 이익관리 행태에 관한 연구', 〈회계정보연구〉 2012년'에 따르면 실질심사를 받고 상장폐지에 이른 기업들은 상장폐지 3년 전부터 이익을 증가시키기 위해 공격적으로 이익조정을 수행한다고 한다. 회사의 존속이 어려울 정도로 위기 상황에 처했기 때문에 재무제표에 표시되는 경영성과와 재무상태를 긍정적으로 포장하기 위해서 이익을 늘리는 방식으로 회계처리를 한다는 것이다. 따라서 이런 기업들의 재무제표를 세심하게 살펴야 할 것이다.

신속한 거래재개 결정의 배경

거래소 규정에 따르면 상장폐지 실질심사 대상이 되면 15일 이내에 심사를 종료하고 거래를 재개하든지, 더 자세한 조사가 필요하다고 판단하게 되면 2차 심사인 상장폐지 실질심사로 넘어간다. 그리고 2차 심사인 상장폐지 실질심사에 들어가면 다시 15일 이내에 상장폐지 여부를 판단한다. 즉 1차 및 2차 심사를 마치기까지 최대 4주라는 상당한 시간이 각각 걸리는 셈이다. 실제로 한화 사건이 일어난 지 두 달 후 벌어진 하이마트 사건을 보면 이런 과정에 어느 정도 시간이 걸리는지 이해할 수 있다.

2012년 4월 16일 검찰은 하이마트 선종구 회장 및 몇몇 고위 경영진이 무려 2,590억 원을 횡령 및 배임했다며 기소했다. 이 수치는 하이마트 자기자본의 18%가 넘는 막대한 금액이다. 유진그룹과 선종구 회장 사이에 경영권 분쟁이 벌어지면서 선 회장의 비리에 대한 제보가 접수되어 검찰이 수사에 나선 것으로 알려졌다. 그러자 거래소는 신속하게 하이마트 주식 거래를 정지시켰다. 그리고 상장폐지 실질심사 대상에 해당하는지 심사를 시작했다. 거래정지 14일째인 4월 30일, 거래소는 하이마트가 상장폐지 실질심사 대상에 해당하지 않는다는 결론을 내렸다. 그래서 거래가 재개되었다. 이 사건이 거래정지부터 거래소의 거래재개 결정이 내려질 때까지 14일이 걸린 것과 비교해보면, 한화의 경우 금요일에 사건이 발생하자 일요일에 회의를 개최해 3일 만에 거래를 재개하게 한 것이 비정상적으로 보인다. 대기업에 대한 특혜라는 비난이 거세게 제기된 이유다.

한화그룹의 본사 전경
2012년 3월, 한화그룹은 김승연 회장 관련 사건에 대한 공시를 하지 않은 일이 전격적으로 밝혀져 전 국민의 비난을 샀다.

거래소의 심사조건에는 크게 3가지 항목이 있다. '공익과 투자자 보호'와 '기업의 계속성', 그리고 '경영투명성 제고'다. 거래소는 이런 3가지 기준에 따라 상장폐지 여부를 결정한다. 이 기준에 비추어볼 때 한화가 상장유지 결정을 받은 데는 다음과 같은 이유가 있을 것이다. 첫째, '공익과 투자자 보호'라는 측면에서 보면 상장폐지가 미칠 파장이 상당할 것이기 때문이다. 상장폐지까지 이르는 기업들의 대부분은 코스닥에 상장된 소규모의 기업들이라서 소액주주의 숫자나 피해금액이 많지 않다. 그러나 한화는 우량 대기업이므로 소액주주가 많고 시가총액도 크다. 만약 한화가 상장폐지된다면 많은 소액주주들의 자금이 그대로 묶일 것이다. 사회적 파장이 만만치 않을 테니 공익과 투자자 보호를 위해 상장유지를 결정했을 것이다. 둘째, '기업의 계속성' 측면에서도 이유가 있다. 검찰이 기소한 횡령이 실제 발생했다고 하더라도 한화는 파산할 염려가 없는 우량기업이므로 회사가 망해서 투자자들에게 피해를 입힐 가능성이 별로 없다. 셋째, 언론 보도를 보면 사건이 발생하자 한화는 금요일 밤부터 주요 임원들과 직원들을 소집해 밤샘 작업을 강행, 일요일 오전까지 경영투명성 제고 방안을 마련해서 거래소에 제출했다. 특수관계인과의 거래에 대한 승인을 담당할 내부거래위원회를 설립해 운영을 사외이사에게 맡기고, 준법지원인 제도 운영 강화, 이사회 권한 강화, 공시조직 강화 등의 내용이 포함되었다고 한다.

전술한 것처럼 거래소에서 신속하게 사흘 만에 거래재개라는 결정을 내린 점에 대해 대기업에 대한 봐주기라는 비난이 여기저기서 제기되었다. 필자는 이런 주장에 대해 동의하지 않는다. 물론 사례를 찾아보니 2010년에 보해양조나 마니커가 상장폐지 실질심사 대상에 해당하는지를 심사할 때 모두 한화보다 월등히 오랜 기간 동안 거래가 정지되었다가 거래재개라는 결정이 내려진 바 있다. 그러나 보해양조나 마니커는 모두 회사 규모 면에서 한화와는 비교할 수 없는 중소기업으로서, 당시 회사가 계속 생존할 수 있는가에 대한 불확실성이 매우 컸다. 또한 회사가 투명성 제고를 위한 방안을 마련해 거래소에 제출할 때까지 상당한 시간이 걸렸다. 반면 한화는 첫째나 둘째 조건에 문제가 없었고, 투명성 제고 방안을 이틀 만에 제출했으므로 회의를 신속히 열어 거래재개를 결정했다는 거래소의 설명에 타당성이 있다.

한화가 상장폐지 대상이 아니라는 결정은 지극히 상식적인 판단이다. 검찰이 당시 주장했던 대로 899억이 모두 회사에서 증발했다고 하더라도 회사의 생존에는 아무런 문제가 없었기 때문이다. 한화보다 작은 회사인 하이마트에서 자본금의 18% 이상을 횡령한 사건이 발생했는데도 거래재개 결정이 내려졌다는 것과 비교해보면, 한화 자본금의 3.88%가 배임으로 사라졌다고 해도 상장폐지 결정이 내려지지 않을 것이라는 점은 누가 봐도 명백하다. 이렇게 명약관화한 것을 두고 일부 언론에서 '한화가 상장폐지될 것 같다.'라는 논조의 기사를 보도하며 소액투자자들을 큰 혼란과 공포로 몰아갔던 것이다.

누가 혜택을 보았을까?

그렇다고 하더라도 일요일에 회의를 소집해 거래재개 결정을 내렸다는 점은 일반적인 일은 아니다. 월요일에 회의를 열어도 될 텐데 굳이 일요일에 회의를 개최했다는 점은 의사결정을 신속하게 내리겠다는 거래소의 의지를 잘 보여주는 행동이다. 긴급 상황이므로 직원들은 주말에도 출근해서 일할 수 있다고 하더라도, 외부 전문가들이 다수 참여하고 있는 상장폐지 실질심사 위원들까지 일요일에 소집해서 회의를 개최한다는 것은 상상하기 힘들다. 외부 인사들이 골프나 등산 등의 취미활동, 가족모임, 종교모임 참석 등 개인 일정을 갑자기 취소하고 일요일에 회의를 하러 모인다는 것은 매우 특이한 일이다.[3]

더군다나 한화가 보고서를 제출한 직후 회의가 열렸다는 것을 보

3 필자도 여러 외부 위원회에 참석해본 경험이 있지만, 휴일에 모여서 회의를 개최한 적은 한 번도 없다. 급한 안건이 있어서 꼭 회의를 해야 한다면 주중 조찬 모임을 갖는 정도다. 주중 낮이나 저녁 모임은 많은 위원들의 대부분이 참석 가능한 시간을 맞추기가 힘들기 때문이다.

면, 한화의 보고서를 검토한 후 회의를 소집한 것이 아니라는 점을 유추할 수 있다. 미리 회의를 소집해놓고 보고서가 도착하자 곧바로 결정을 내렸다고 볼 수 있다. 이런 정황을 종합해보면 의사결정을 빨리 내려달라는 한화 측의 읍소 내지는 상당한 로비가 있었을 가능성이 높다.

그 후 거래소는 심사제도를 정비해 우량한 회사에 대해서는 심사결정을 빨리 내리는 '약식심사제도'를 도입했다. 한화에 대한 이틀 만의 결정이 일부에서 비난하는 것처럼 '대기업에 대한 봐주기'가 아니었다면, 이와 유사한 사건이 또다시 발생했을 때 거래소가 일요일에 출근하고 회의를 소집해서 신속하게 일정을 진행하는지 살펴보면 정답을 알 수 있을 것이다. 최소한 한화 사건이 벌어진 후 지금까지 거래소가 일요일에 출근해 의사결정을 내렸다는 뉴스를 아직 접하지 못했다. 심사를 빨리 진행하기 위해 약식심사제도까지 만들었으니, 이전보다 더 신속히 의사결정을 내리는 모습을 보여주어야 할 것이다.

하지만 거래재개 결정을 빨리 내렸다고 해서 일부에서 비난하는 것처럼 대기업이나 김 회장에게 직접 특혜를 주었다고 보기는 어렵다. 예를 들어 거래재개 결정을 약 일주일쯤 후에 내렸다고 해도 한화라는 기업이나 김 회장 일가가 직접 얻는 이익이나 손해는 아무것도 없다. 일주일 사이에 한화가 갑자기 증자를 할 수도 없고, 김 회장 일가가 주식을 매각할 수도 없다. 만약 매각한다면 중요 정보를 미리 알고 내부자거래를 했다는 혐의로 훨씬 더 강력한 처벌을 받게 되기 때문이다. 그러니 일주일 동안 거래가 일어나지 않는다고 해도 한화나 김 회장 일가는 아무런 직접적인 영향을 받지 않는다.

그러나 소액주주 입장에서는 이야기가 다르다. 수천 명에서 수만 명에 이르는 소액주주들 중 일주일 사이에 꼭 주식을 팔아야 하는 주주도 틀림없이 있었을 것이다. 그러니 신속한 거래재개 결정은 일부 소액주주들에게는 도움이 되는 결정이다. 거래소가 재빨리 결정을 내린 덕분에 소액주주들이 피해를 입지 않은 것이다. 따라서 거래소를 비난할 것이 아니라 오히려 칭찬해야 할 일이다.[4]

물론 엄청난 비난에 놀란 한화 측에서는 주주들이나 국민의 분노를 잠재우기 위해 신속히 움직였을 것이다. 비난을 빨리 잠재우지 않고 시간이 지체된다면 한화의 기업 평판은 크게 떨어질 것이므로, 직접적은 아니더라도 간접적 및 장기적인 측면에서 보면 한화에게도 피해가 발생하게 된다. 그래서 이틀 밤을 새워서 대책을 마련하고 서류작업을 한 것이리라. 더군다나 이 사건이 일어나기 3년 전, 김 회장의 아들 보복 폭행사건으로 전 국민의 비난을 받았던 한화그룹의 입장에서는 불명예를 빨리 씻어야 할 절박함이 있었을 것이다.

이제 관심을 돌려서 한화가 2012년 2월 3일 금요일 저녁, 주식시장 마감 후 해당 내용을 공시한 사실에 주목해보자. 이런 공시를 '늑장 공시' '일몰 공시' 또는 '올빼미 공시'라고 부른다. 낮에는 잠을 자고 해가 진 후에야 활동을 시작하는 올빼미에 빗댄 이름이다. 투자자들이 공시내용에 잘 신경 쓰지 않는 밤, 그 중에서도 주말인 금요

4 상장폐지 실질심사 제도는 주식투자자 보호를 위해 실시되는 좋은 제도다. 앞으로도 한국거래소가 한화 사건을 신속하게 일요일까지 일하면서 처리한 것처럼 열심히 투자자 보호를 위해 노력하기를 바란다. 일부에서 비난하는 것처럼 '한화를 봐주기 위해' 일요일까지 출근해서 일한 것이 아니라면, 앞으로 다른 기업 관련 사건이 발생했을 때도 유사한 속도로 신속히 업무를 처리하는 모습을 보여줘야 할 것이다.

일 밤부터 일요일까지의 시간 동안 부정적인 뉴스가 특히 많이 공시된다. 주말에 공시된 뉴스가 시장에 반영되는 월요일만 되면 주가가 떨어지는 일이 자주 발생한다고 해서, 외국에서는 이를 '월요일 효과 Monday effect'라고 부르기도 한다.[5]

올빼미 공시의 효과

왜 이런 일이 발생할까? 투자자들의 주의가 집중되지 않는 시간에 악재를 공시하면 주가가 덜 떨어지기 때문에 기업들이 이렇게 늑장 공시를 하는 것으로 추측할 수 있다. 공시할 사건이 있더라도 내부결재를 받다 보면 시간이 흘러 주식시장 폐장시간인 오후 4시 이후에 공시를 할 수밖에 없다고 몇몇 기업들은 변명한다. 이 말이 사실일 수도 있지만, 유달리 다른 요일이 아닌 금요일 저녁에 악재를 공시하는 기업들이 많은 것을 보면 기업들이 의도적으로 공시시점을 선택하는 것은 명백하다. 반대로 호재를 공시하는 시점은 장중, 특히 오전인 경우가 더 많다. 당일 저녁 텔레비전 뉴스와 다음날 조간신문에 보도될 수 있도록 오전중에 기자들을 불러 발표를 하는 것이다.

그렇다면 과연 올빼미 공시의 효과가 있을지 알아보자. '불금'이라

5 주말효과(weekend effect)라고도 한다. 미국의 경우 월요일 효과는 1980년대 후반 이후 점차 사라지고 있는 추세다. 특히 대기업의 경우는 거의 사라졌다고 한다. 늑장 공시의 효과가 거의 없다는 것이 점차 알려졌기 때문에(후술하는 연구결과 참조) 이런 추세들이 사라지고 있는 것이라고 추론할 수 있다.

증권거래소는 사건이 발생하자 일요일에 회의를 소집해서 한화 주식의 거래재개 결정을 내렸다. 이 신속한 결정에 대해 '대기업에 대한 봐주기'라는 비난이 쏟아졌다.

고도 불리는 금요일 저녁은 많은 사람들이 개인적인 모임을 갖는 시간이다. 당연히 공시내용을 꼼꼼히 살피는 투자자들이 적을 것이다. 주말에는 아무래도 집이나 사무실에서 뉴스를 분석하기보다는 야외활동을 많이 하기 때문에 뉴스에 대한 집중도가 떨어진다. 따라서 금요일 저녁에 악재를 공시한다면 월요일이 되어 주식시장이 열리더라도 주가가 떨어지는 정도가 다른 날 공시한 것과 비교할 때 상대적으로 적을 것이라고 기대할 수 있다. 그러니 금요일 저녁에 악재의 공시가 집중적으로 일어나는 것이다. 우리나라에서는 월요일~금요일 오전 7시부터 오후 6시 사이로 공시시간이 정해져 있으므로, 이 중 금요일 주식시장 마감 이후인 오후 4시에서 6시 사이에 악재 공시가 집중된다.

국내 연구결과를 보면 이익이 전기 대비 감소했다는 악재의 경우 장 마감 이후 공시하는 비율이 무려 65%나 된다. 그러나 그 반대로 이익이 전기 대비 증가했다는 호재는 장 마감 이후 공시되는 비율이 44%에 그친다.[6] 두 수치의 차이를 보면 악재일수록 장 마감 후 공시 비율이 높다는 점을 명백하게 알 수 있다. 월요일부터 금요일까지의 5일 중 금요일에 뉴스가 공시되는 비율이 30% 정도로 다른 요일에 비해 상당히 높으며, 금요일 공시 중 악재의 비중이 다른 날보다 약간 높다. 종합하면 결국 금요일 주식시장 마감 후 공표되는 악재의 빈도가 매우 높다는 것을 알 수 있다.[7]

그렇다면 과연 기업이 기대하는 대로 악재를 늦게 공시하면 주가가 덜 떨어질까? 실제로 연구결과를 보면 공시시점과 주가와의 관계는 명확하지 않다. 미국에서 수행된 연구결과들을 보면 늑장 공시를 하면 단기간에는 주가가 덜 떨어지지만, 며칠이 지나면 주가가 계속 떨어져서 늑장 공시든 장중 공시든 주가의 차이가 점점 사라진다.[8] 즉 공시 직후에는 과소반응underreaction이 나타나지만 시간이 지나면 시장에서 공시의 정확한 의미를 이해하게 되어 주가가 정상 수준을 찾아가는 현상이 나타난다. 이를 전문용어로 주가의 지연반응delayed

---

6 이은철 · 최태희, '전략적인 공시시간의 선택과 시장반응', 〈대한경영학회지〉, 2008년.

7 정태훈 · 강태수, '기업공시의 시점과 주식시장의 반응', 〈국제경제연구〉, 2010년.
한국과의 달리 미국에서는 금요일이 아니라 목요일에 뉴스가 공시되는 비중이 30%로 제일 높고, 금요일의 비중이 5% 미만으로 제일 낮다. 보다 자세한 내용은 'Doyle and Magilk, 'The Timing of Earnings Announcements: an Examination of the Strategic Disclosure Hypothesis', 〈Working Paper〉'를 참조하기 바란다. 미국의 경우도 금요일 공시는 악재일 가능성이 다른 날짜보다 높다.

8 Francis, Pagach, and Jens, 'The Stock Market Response to Earnings Announcements Released During Trading versus Nontrading Periods', 〈Journal of Accounting Research〉, 1992년. Dellavigna and Pollet, 'Investor Inattention and Friday Earnings Announcements', 〈Journal of Finance〉, 2009년.

response이 나타난다고 한다.

주식투자자들은 이기적인 동기를 갖고 행동한다. 그리고 다수 투자자들의 판단이 종합된 결과가 주가로 나타난다. 따라서 주식시장에 대한 연구는 한국이나 외국이나 연구결과가 크게 다르지 않다. 돈을 벌겠다는 동기는, 정도의 차이는 있겠지만 어느 나라에서나 똑같이 존재하기 때문이다. 그런데 이 주제에 대한 연구결과는 약간 다르다. 한국에서의 연구는 오히려 금요일 장 마감 후 악재의 공시가 공시 직후 주가를 더 떨어뜨린다고 한다.[9] 투자자들이 금요일 이후 공시에 더 민감하게 반응하는 것이다. 기업이 의도한 것과는 정반대의 효과가 나타나는 셈이다. 물론 한국의 연구들이 상대적으로 적은 수의 표본을 사용했고 다른 측면에서도 보완할 점이 있으므로 앞으로 좀 더 엄밀한 수준의 연구가 수행될 필요가 있다. 만약 한국에서 미국과 동일한 현상이 발견된다고 해도 올빼미 공시로 인해 주가 하락폭이 줄어드는 효과는 없다고 봐야 한다.

한화가 앞으로 해야 할 일은?

이런 연구결과는 기업들에게 중요한 시사점을 준다. 국내 기업들은 투자자들에게 도움이 되는 중요한 뉴스를 금요일 저녁까지 미뤘다가 공시하는 습관을 버렸으면 하는 바람이다. 그렇게 해도 주가에 미치

---

9 이은철 · 최태희, '전략적인 공시시간의 선택과 시장반응', 〈대한경영학회지〉, 2008년.
정태훈 · 강태수, '기업공시의 시점과 주식시장의 반응', 〈국제경제연구〉, 2010년.

한화생명의 따뜻한 잔소리 광고
2013년 한화생명이 시작한 '따뜻한 잔소리' 광고가 상당한 인기를 끌었다. 필자의 본 글이 한화그룹에게 따뜻한 잔소리가 되어 한화그룹이 더 발전하는 계기가 되었으면 하는 바람이다.

는 효과는 거의 없거나(미국의 연구결과) 오히려 역효과가 난다는(한국의 연구결과) 증거가 있는데, 굳이 공시를 미룰 필요가 없는 것이다. 언제 어디서든 실시간으로 정보가 오가는 스마트 세상에서 감춘다고 감춰지는 뉴스는 아무것도 없다. 오히려 악재를 일찍 공시해서 아무리 나쁜 뉴스라도 숨기지 않고 제때 공시하는 솔직한 기업이라는 신뢰를 쌓아가는 편이 장기적으로 볼 때 더 도움이 될 것이다. 미국에서는 1990년대 이후 악재를 호재보다 일찍 공시하는 추세가 점점 더 뚜렷하게 나타나고 있다. 법적 책임이 매우 중요시되는 미국 경영환경에서는, 단 며칠 동안 주가를 유지하기 위해 공시를 미루었다가 나중에 소송이라도 걸린다면 더 큰 피해를 입을 수 있기 때문이다.[10]

이번 사건의 결과로 한화그룹의 기업 이미지는 김 회장의 폭행사건

10 이에 대한 보다 자세한 내용은 『숫자로 경영하라 2』의 '기업들이여, 강호동과 이효리를 본받아라!' 편을 참조하기 바란다.

이후 다시 한 번 큰 타격을 받았다. 한화그룹이 지배구조를 개선하고 공시 인력을 보강하겠다는 방안을 제시했으니, 앞으로 과연 한화그룹이 약속한 대로 실천을 하는지 주목할 필요가 있다. 아픈 만큼 성숙해진다고 한화그룹이 이번 일을 토대로 한 걸음 더 발전했으면 하는 바람이다. 그래서 앞으로 한화그룹의 이미지를 개선하고 투자자들의 신뢰를 되찾을 수 있기를 바란다. 명성을 잃는 것은 한순간이지만 잃어버린 명성을 다시 찾으려면 많은 시간과 노력이 필요한 법이다.

한국거래소는 사건이 모두 정리된 후인 2012년 2월 23일, 한화에 대해 공시규정 위반으로 '1일 주식거래 정지'와 '공시위반 제재금 700만 원'의 벌금을 부과하면서 한화를 '불성실공시법인'으로 지정했다. 10대 기업 계열사 중에서는 2003년 SK 이후 최초로 불성실공시법인으로 지정되었다고 한다. 인력이나 전문성이 부족한 중소기업들이 주로 이런 벌칙을 부과받았었는데, 대기업으로서는 10년 만에 한화가 불성실공시법인으로 지정되었으니 상당한 불명예다.[11] 한화는 앞으로 이런 불명예를 씻기 위해 많은 노력을 해야 할 것이다. 필자가 본문에서 완곡한 표현을 사용하긴 했지만, 필자의 글을 잘 읽어보면 필자가 한화에 대해 어떤 이야기를 하고 있는지 느낄 수 있을 것이다.

한화에 대한 거래소의 제재내용은 거래소 규정으로는 최고 수준이다. 그러나 대기업에 대해 불과 700만 원 벌금이라는 제재는 거의 아무런 의미가 없는 금액이다. '1일 거래정지'란 벌칙도 거의 의미가 없다. 그 1일 동안 대주주나 경영진이 주식을 팔 수도 없고, 꼭 주식을

11 더군다나 자세한 내용을 설명할 필요는 없겠지만, 2003년 SK가 불성실공시법인으로 지정된 사건을 SK의 입장에서 보면 약간 억울한 측면도 있었다.

팔아야 할 이유가 있는 소액주주라도 1일 정도는 기다릴 수 있기 때문이다. 따라서 앞으로 제재 가능한 벌칙의 최대한도를 늘리는 방향으로 규정이 개선되었으면 한다. 거래정지 기간을 대주주와 소액주주에게 다르게 부과한다면 거래정지를 통해 소액주주들이 입는 피해도 최소화할 수 있을 것이다. 규정을 심각하게 위반한 경우에 상당한 제재를 받아야만 규정을 잘 지키려고 하는 인센티브가 생기기 때문이다.

2012년 10월로 한화그룹은 창립 60주년을 맞았다. 해방 직후 탄생해서 오늘날까지 살아남아 발전해온 몇 안 되는 기업들 중 하나다. 여기까지 오는 데는 한화그룹 임직원들도 많이 노력해왔겠지만, 동시에 국민들의 지원이 있었기 때문에 한화의 이런 발전이 가능했다는 점을 잊으면 안 된다. 앞으로 한화그룹이 약속한 지배구조 개선을 꼭 실천해서 보다 성숙한 모습으로 국민의 사랑을 받는 기업으로 재탄생하기를 바란다.

회계로 본 세상

필자의 개인적인 견해이긴 하지만, 본고에 언급된 배임죄 관련 법률이 개정되지 않고 있는 이유는 상대적으로 많은 사람을 손쉽게 기소할 수 있도록 만들어진 법률이 검찰이나 법원의 권한을 강화시키기 때문이라고 생각된다. 대기업 회장이나 고위 임원이 재판에 회부되면 변호사 수임료만 최소 수십억 원인 거물급 변호인단(대법원 판사나 대검찰청 검사였다가 은퇴한 직후인 변호사들로 구성된)이 동원되는 재판이 열리게 된다. 기업들끼리 벌이는 소송들(예를 들면 삼성과 애플이 벌이고 있는 소송전)과 비교할 때, 배임죄 관련 재판의 내용들이 상대적으로 복잡한 것도 아닌데 많은 거물급 변호사들이 동시에 법정에 등장하는 것을 보면 결국 누구를 위한 법률인가 하는 문제를 생각하게 된다. 더군다나 배임죄 여부를 판단하거나 변호하려면 회계나 재무 관련 지식이 풍부한 전문가여야 할 텐데, 이들 거물급 인사들의 상당수는 전공이나 경력이 이와 큰 관계가 없는 사람들이다. 법정에 나와서

도 뒷자리에 앉아 있을 뿐 별로 하는 일이 없다.[1]

경영에 실패한 경영자라면 거의 누구나 기소할 수 있는 애매모호한 법률을 이용해 권한을 휘두르거나, 퇴임 후 옮겨갈 수 있는 고소득의 변호사 자리를 마련하는 것이 아니었으면 하는 바람이다. 반복적으로 이런 사건들이 일어나기 때문에 국민들의 기업에 대한 불신이 실제보다 더 크게 조장되고 있지 않은가 생각한다. 결국 이런 법률 비용을 기업이 부담하고, 그 부담은 결국 그 기업 제품을 소비하는 국민 모두가 조금씩 나누어 부담하는 셈이다.

선진국에서는 거의 없는 배임죄라는 독특한 법률이 우리나라에서 만들어진 이유는, 경영자나 기업 소유주의 교묘한 불법행위 때문에 소액주주들이 피해를 보지 않도록 법으로 소액주주들을 보호하자는 취지였을 것이다. 과거에 국내에서는 피해를 입은 소액주주가 직접 민사소송을 제기하기가 힘들었을 뿐만 아니라 전문지식이 없었으므로 경영자나 소유주의 불법행위에 대해 잘 알기도 어려웠다. 그래서 검찰과 법원이 소액주주들을 대신해서 형사소송을 통해 경영자나 소유주의 불법행위를 억제하자는 의도였을 것이다.

수십 년 전 이런 법률이 만들어졌을 때는 나름대로 합리적인 취지였던 것으로 생각된다. 하지만 그때보다 상당한 시간이 흐른 현재 시점에서 보면 이 제도가 상당한 부작용을 가져오는 것은 명백해 보인

1 물론 이는 법정에서 그렇다는 것뿐이며, 추측이기는 하지만 이들도 담당 판사나 검사를 사적으로 만나는 등 중요한 일을 하지 않을까 생각한다. 즉 실제로 중요한 일은 법정 밖에서 벌어지지 않을까 생각한다. 이런 비공식적 일을 하는 사람들의 역할이 법정에서 다투는 일을 하는 전문가 변호사보다 오히려 더 중요하므로, 엄청난 수임료를 주면서 이들을 변호사로 모시는 것이 아닐까 생각한다.

다. 따라서 최소한 불법행위의 내용을 좀더 분명하게 규정하는 방식으로 법률이 개정되야 할 필요가 있다.[2] 경영상의 판단이 잘못된 것도 거의 대부분 배임혐의로 기소할 수 있다는 것은 법의 권한을 너무 크게 확대한 것이라고 생각한다.

배임죄의 사실 유무를 떠나서 기소한 후 나중에 재판과정에서 기소한 내용의 상당 부분이 무죄로 판명날 경우 명예훼손 및 시간적 · 정신적으로 큰 피해를 본 피해자들에 대한 보상기준도 마련해야 할 것이다. 또한 무분별한 부풀리기 기소를 막기 위해서 최초 기소내용과 재판결과의 차이가 검찰의 성과평가에 반영되어야 할 것이다. 사실 이런 개선책들은 기업이었다면 당연히 벌써 실시되었을 상당히 원론적인 이야기일 뿐인데, 법조계가 필자의 이런 주장을 쉽게 수용하리라고는 생각되지 않는다. 현재의 분위기를 보면 앞으로 최소 10년쯤 지나더라도 필자가 언급한 법률이나 제도들은 거의 변하지 않을 것으로 생각된다.

이제 논제를 바꿔 다시 공시 관련 내용으로 돌아가보자. 필자는 『숫자로 경영하라』에 실은 '먼저 맞는 매가 덜 아프다.'라는 글에서, 두산그룹이 밥캣 인수와 관련해서 '금융사들과 맺은 차입약정 조건 준수에 필요한 자금을 마련하기 위해 간단히 증자를 하겠다.'고 공시를 했

2 언론 보도에 따르면, 2012년 기준 5억 원 이상의 배임사건 1심 무죄율은 15.6%로 다른 형사사건보다 무려 7.1배나 높다. 통계는 없지만, (본고에서 언급한 사건의 경우처럼) 유죄판결을 받은 경우라도 원래 기소된 내용과 비교해본다면 상당수의 기소내용들이 무죄판결되고 극히 일부분의 사항에서만 유죄판결을 받는 경우도 대단히 높을 것이다. 잘못을 저지른 사람은 철저하게 벌을 받아야 하겠지만, 큰 잘못이 아닌데도 엄청난 잘못을 저지른 것처럼 확대해서 기소하는 이런 관행은 빨리 사라져야 할 것이다.

다가 큰 홍역을 치른 사건을 소개한 바 있다. 이런 간단한 내용이 공시되자 2008년 8월 말부터 9월 초에 걸친 2주일 동안 '두산그룹이 유동성 위기에 빠졌다.'라는 소문이 시장에 퍼지면서 두산그룹 전 계열사의 주가가 30% 정도 동반 폭락했다.

이런 일을 겪은 후 두산은 공시 담당 인력을 대폭 보강하고 공시에 더 신경을 쓰게 되었다. 중요한 정보의 내용을 투자자들에게 자세히 설명하는 것이 얼마나 큰 이슈인지 잘 이해하게 된 것이다.[3] 한화도 이번 사태를 계기로 기업설명회IR; Investor Relation의 중요성을 실감했을 것이다. 이번 사건을 계기로 한화가 공시 인력도 보강하고 지배구조도 개선한다고 했으니, 이제부터라도 더 투명하고 소통하는 경영을 하게 되기를 바란다. 단기적으로는 비용이 조금 더 들겠지만 기업의 장기적인 성장과 발전을 위해서는 꼭 필요한 일이다. 주주, 채권자 및 기타 이해관계자들과 꾸준히 소통하는 것은 기업의 의무라고 할 수 있다. 소통 잘하는 리더가 칭송받는 것처럼, 소통 잘하는 기업도 더 이해관계자들로부터 사랑을 얻을 수 있을 것이다.

3 이 내용에 관해서는 2011년에 발행된 〈동아비지니스리뷰〉 77호에 실린 필자와 동아일보 하정민 기자가 공저한 'DBR – 서울대 CFO 전략과정 Case Study No. 4: IR 실패한 두산, IR 강자로 대 변신'이라는 글을 참조하기 바란다.

우회상장과 상장폐지의 악순환을 막으려면?

• • • 네오세미테크 • • •

네오세미테크는 상장폐지된 기업들 중 시가총액 기준으로 사상 최고를 기록했던 기업이다. 그렇게 큰 기업에서 막대한 분식회계가 적발되면서 순식간에 상장폐지되었기 때문에, 무려 7천 명이나 되는 소액주주들이 막대한 손실을 입었다. 네오세미테크의 성장과 발전과정, 그리고 우회상장 및 고의적인 분식회계, 마지막으로 상장폐지에까지 이르는 과정을 살펴본다. 또한 네오세미테크의 재무제표를 분석해서 분식회계의 징후를 어떻게 파악하는지에 대해서도 알아본다. 이 사건이 누구의 책임인지에 대해서도 생각해본다.

2010년 8월, 말도 많고 탈도 많았던 네오세미테크가 상장폐지되었다. 2010년 3월 말 경 회계법인의 감사 결과 분식회계가 적발된 후 5개월 만에 증권시장에서 퇴출된 것이다. 퇴출 전 거래가 중지될 시점의 시가총액은 무려 4천억 원 대로 코스닥 기업 중 26위에 해당했다. 시가총액으로 볼 때 역사상 가장 큰 기업이 상장폐지된 셈이다.

코스닥 시장에서 상장폐지는 매년 수차례 발생하지만, 상장폐지된 기업들의 거의 대부분은 상장폐지 이전부터 경영상태가 부실하고 시가총액이 수억 원에 불과할 정도로 회사가 어려워진 상태에서 퇴출된다. 그런데 네오세미테크의 경우는 전혀 달랐다. 부실 징조가 전혀 없이 우량한 기업처럼 보이던 상태에서 갑자기 상장폐지된 것이다. 그 결과 무려 7천여 명이나 되는 소액주주들이 엄청난 손실을 보게 되었다. 최대 피해자는 277억 원을 날렸다고 하니 필연적으로 상당한 후폭풍이 벌어지지 않을 수 없었다. 소액주주들은 '네오세미테크 주주연대'라는 모임을 결성해 소송을 제기했다.

최근 들어 이처럼 소액주주들이 집단으로 연대해서 기업을 대상으로 소송을 하는, 이른바 '집단 소송'이 자주 발생하고 있다. 2011년에는 대주주 횡령과 주가조작 등으로 상장폐지된 씨모텍을 대상으로 수백 명의 주주들이 연대해 소송을 제기했다. 소송 대상에는 유상증자를 주관했던 동부증권까지 포함되었다. 역시 2011년 1월 한국 증권시장에 상장되었다가 불과 두 달 만인 3월에 분식회계가 적발되어 상장폐지된 중국고섬 사태와 관련해서도, 소액주주들이 한국거래소와 상장 주관사인 대우증권을 대상으로 손해배상 청구소송을 제기했다. 분식이나 횡령을 저지른 회사들의 경영진뿐만 아니라 회계법인이나 증권사, 관련 공공기관까지 소송을 당할 수 있는 시대가 된 것이다. 앞으로는 이런 추세가 점점 더 확산될 것이다.

네오세미테크의 성장과 발전

네오세미테크 사건과 관련해 한 가지 중요한 점은 네오세미테크가 문제가 발발하기 직전인 2009년 10월 우회상장 과정을 통해 코스닥시장에 상장되었다는 점이다. 2009년 10월에 상장해 2010년 3월에 거래 정지되었으니, 상장된 기간은 5개월에 불과하다. 이 때문에 우회상장 과정과 관련된 금융감독원이나 증권거래소에 대한 비판이 다수 제기되었다. 이하에서는 네오세미테크의 성장배경과 분식회계, 우회상장 제도에 대해 자세히 살펴보겠다.

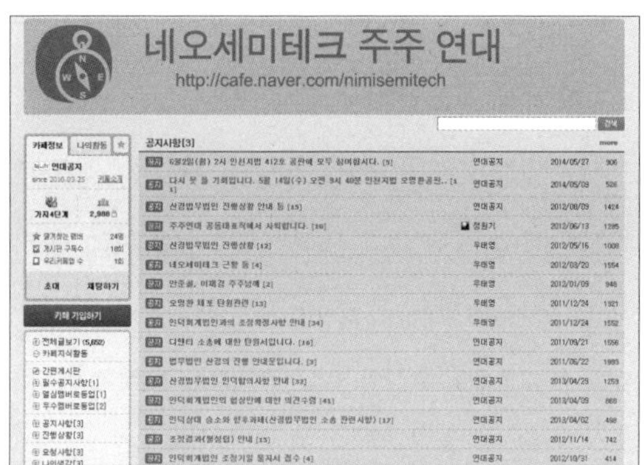

네오세미테크 주주연대 홈페이지(http://cafe.naver.com/nimisemitech)
네오세미테크가 갑작스럽게 상장폐지되자 7천여 명의 소액주주들이 총 4천억 원 이상의 심각한 피해를 봤다. 소액주주들은 네오세미테크 주주연대라는 단체를 결성해서 피해보상을 받기 위해 노력했다.

네오세미테크의 창업주인 오명환 사장은 공학박사 출신의 전문가다. 원래 LG전선에서 근무하던 중 2000년에 독립해서 회사를 설립했다. 초창기에 근무하던 30여 명의 엔지니어들 대부분은 오 사장을 믿고 LG에서 함께 옮겨온 석박사급 인력들이었다. 이는 초창기 네오세미테크가 상당한 기술역량을 가지고 있었다는 점을 암시한다. 네오세미테크의 주품목은 갈륨비소를 이용한 반도체 웨이퍼였다. 이 상품은 2001년 산업자원부(현 산업통상자원부)로부터 세계일류상품으로 인정을 받았고, 회사는 최우수 벤처기업상을 수상하기도 했다.

이후 회사는 반도체 웨이퍼와 연관된 품목으로 태양전지 웨이퍼 사업에 진출한다. 태양전지 웨이퍼는 태양광 발전시 태양광을 흡수해 전기로 바꿔주는 역할을 하는 부품이다. 2006년 이 기술을 개발한 네오세미테크는 대만 수출을 시작으로 세계 각국의 기업과 수출계약을 맺을 정도로 사업이 확대되었다. 그러자 네오세미테크는 지속적으로 생산능력을 확대하는 신규투자를 수행했다.

2008년 이후 자원고갈과 환경보호, 녹색성장 등이 새로운 화두로 떠오르면서 네오세미테크는 더욱 각광받기 시작했다. 국내 여러 대기업들에 웨이퍼를 납품하는 계약을 맺었다. 2009년 지식경제부는 네오세미테크의 웨이퍼 제품을 세계일류상품으로 선정하고 장관이 회사를 방문하기도 했다.

이 과정에서 네오세미테크의 자산규모나 이익은 급증했다. 설립 초기인 2001년 130억 원에 불과하던 총자산은 2004년까지 267억 원 정도였으나, 2005년 400억 원, 2006년 810억 원, 2007년 1천 억 원, 2008년 2,200억 원으로 증가했다. 2007년에서 2008년 사이에는 불과 1년 동안 2배 이상 규모가 증가한 것을 볼 수 있다. 당기순이익도 마찬가지였다. 2006년 13억 원에 불과하던 이익이 2007년 25억 원으로 2배까지 증가했다가, 2008년에는 230억 원으로 무려 9배나 늘었다. 매출액은 2007년 315억 원에서 2008년 1천억 원으로 3배가 증가했다. 실로 엄청난 성장 속도가 아닐 수 없다.

네오세미테크의 우회상장 과정

그러던 중 2009년 10월 네오세미테크는 코스닥 시장에 우회상장했다. 우회상장이란 무엇이며, 네오세미테크의 우회상장 과정은 어떠했는지 살펴본다.

우회상장이란 비상장사가 상장사와 합병하는 형태로 주식시장에 상장하는 것을 말한다. 비상장사가 직접 주식시장에 상장되기 위해서는 증권거래소의 복잡한 상장심사 절차와 공모 과정을 거쳐야 한다. 비상장회사가 거의 시장가치가 없는 유명무실한 상장회사와 합병하면, 이런 복잡한 과정을 거치지 않고 바로 주식시장에 상장하는 효과를 얻을 수 있다. 복잡한 과정을 회피하고 뒷문을 통해 주식시장에 진입한다고 해서 '백도어 리스팅back door listing'이라고도 한다.

우회상장의 법률적 형태는 상장회사가 비상장회사를 합병하는 것이다. 그렇지만 합병한 후에 회사의 이름을 과거의 비상장회사로 바꿔버리면 실질적으로는 비상장회사가 상장하는 셈이 된다. 비상장기업에서 현금을 이용해서 상장회사의 지분을 인수한 후에 두 회사를 합병하는 경우도 있고, 현금을 별로 동원하지 않고 주주 간 주식교환을 통해 합병하기도 한다. 기존 상장회사가 대부분 껍데기만 남아 있던 유명무실한 회사였거나, 그렇지 않더라도 비상장사에 비하면 규모가 작은 회사이기 때문에 합병을 하더라도 비상장회사가 주도권을 가진다.

우회상장을 하는 이유는 빠른 상장이 가능하다는 이점 때문이다. 정상적인 과정을 통해 상장하려면 최소 2~3년 동안의 준비과정이 필요하다. 외부자금을 신속하게 조달할 필요가 있는 기업 입장에서는 그렇게 기다릴 시간적·금전적 여유가 없다. 이 경우 우회상장을 하면 주식시장에서 바로 외부자금을 조달할 수 있다. 또 한 가지 이점은 복잡한 상장심사 절차를 거칠 필요가 없다는 점이다. 상장심사 절차를 통과하지 못할 정도로 튼튼하지 않은 기업도 이 방법을 선택하면 감독당국의 감시를 교묘하게 피해서 상장할 수 있기 때문이다. 네오세미테크의 사례를 보면 이 2가지 점을 모두 노렸다는 것을 알 수 있다.

네오세미테크는 2009년 10월 ㈜모노솔라를 통해 우회상장했다. 이 회사는 2006년 코스닥에 상장한 회사로, 네오세미테크에 부품 및 자재 등을 공급하는 특수관계회사였다. 2008년 9월부터는 네오세미테크의 오 사장이 ㈜모노솔라의 대표를 겸하고 있었다. 즉 우회상장 이전에 모노솔라의 경영권을 네오세미테크가 장악해 우회상장을 진행한 것이다.

당시 상당수 증권회사의 애널리스트들은 네오세미테크의 미래에 대한 장밋빛 전망을 쏟아냈다. 이처럼 각광을 받으면서 우회상장이 이루어졌다. 모노솔라가 네오세미테크를 흡수합병하면서 상호를 네오세미테크로 변경하는 형식이었다. 상장시 주가는 15,150원이었다. 이 시점에 시가총액은 6천억 원대 초반으로 코스닥 상장사 중 시가총액 기준 13위에 해당했다. 이후 주가는 약간 떨어져서 1만 2천 원대를 횡보한다.

분식회계의 적발

상장 직후 첫 번째 발행된 감사보고서에서 회계감사인인 대주회계법인은 네오세미테크의 재무제표를 신뢰할 수 없다며 '의견 거절'을 선언한다. 회계법인은 재무제표를 감사한 후 감사의견을 제시하는 역할을 한다. 특별한 문제점을 발견할 수 없었다면 '적정 의견'을, 일부 회계처리 방법에 문제가 있었다면 '한정 의견'을, 전체적인 회계처리 방법에 동의를 할 수 없다면 '부적정 의견'을, 그리고 감사의견을 내릴 만큼 충분한 감사 증거를 확보할 수 없었다면 '의견 거절'을 낸다. 적정 의견 외의 의견을 받은 기업은 바로 거래가 중지되면서 그 이유에 대한 조사가 시작된다.

대주회계법인의 '의견 거절' 소식이 발표된 날은 2010년 3월 24일이었다. 대주회계법인은 회사의 재무자료를 신뢰할 수 없으며, 회사가 개발비를 부풀리고, 유형자산과 이익을 과대계상하고 있으며, 매출을 중복계상하는 등 회계기록이 극히 방만하게 이루어지고 있어 회계자료를 신뢰할 수 없다고 '의견 거절' 이유를 설명했다. 또한 회사의 내부통제가 제대로 이루어지고 있지 않다는 '내부통제제도(내부회계관리제도)'에 대한 검토 의견도 별도로 발표했다. 상장 직전까지 회계감사를 해왔던 인덕회계법인에서는 아무런 문제점을 발견하지 못했다는 '적정 의견'을 계속 발표해왔었는데, 새롭게 감사를 맡게 된 대주회계법인에서는 재무제표가 심각한 문제점을 포함하고 있다는 의견을 낸 것이다.

'의견 거절'이 발표되자 네오세미테크의 주식은 증권시장 규정에 따라 즉시 거래정지되었다. 이 시점의 주가는 8,500원이었다. 그러자 네오세미테크의 소액주주들은 거세게 반발했다. 금감원이나 청와대, 여야 정치인들에게 피해를 보상해달라거나 회사를 살려달라며 투서를 보내는 경우도 있었지만, 감사가 잘못되었다며 감사인을 협박하는 사례도 있었다. 부정을 저지른 회사가 아니라 부정을 발견한 감사인을 협박해서 감사의견을 바꿔 적정 감사의견을 제시하라고 요구한 것

•• 분식으로 조작된 네오세미테크의 재무상태와 경영성과

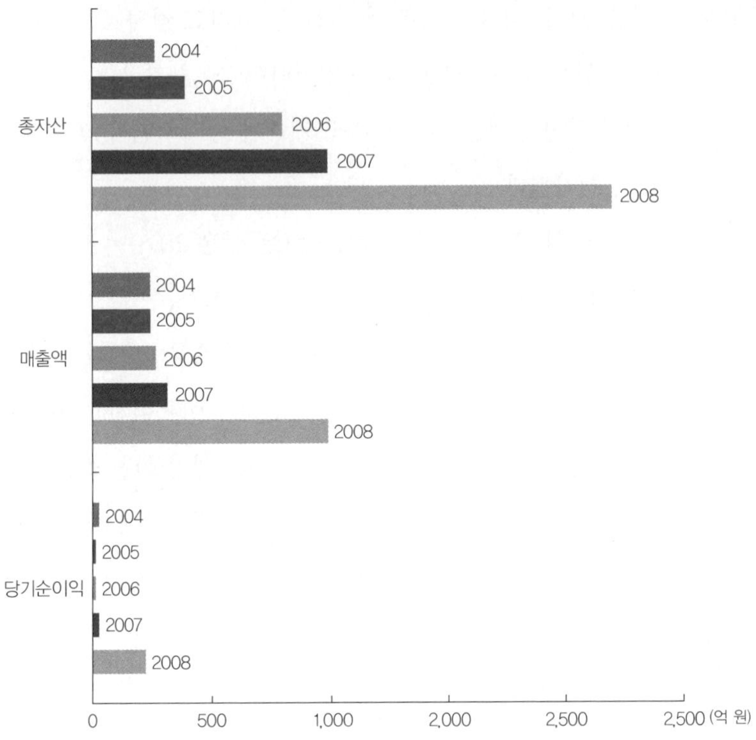

네오세미테크가 재무제표에 보고한 우회상장 이전의 재무상태와 경영성과를 보면 회사가 급격히 성장하면서 매출액이나 이익이 급증하고 있음을 알 수 있다. 그러나 이런 재무 자료 대부분이 가짜로 작성된 허구였다는 것이 우회상장 이후 밝혀지면서 네오세미테크는 상장폐지되었다.

이다. 네오세미테크 측에서는 분식을 인정하지 않고 회계자료에 대한 해석의 차이라고 변명했다. 우여곡절 끝에 대주회계법인과 네오세미테크가 재감사 약정을 체결했고, 그 결과 3개월 동안 상장폐지가 유예되었다. 그러나 3개월 후 발표된 재감사의견도 역시 '의견 거절'이었다. 회사의 회계기록 자체를 전혀 신뢰할 수 없으므로 재무제표를

믿을 수 없다는 내용이었다.

2010년 2월 회사가 최초 공시한 내용에 따르면 2009년 매출액 1천 453억 원, 영업이익 313억 원, 순이익 274억 원이었는데, 3월에 대주회계법인의 감사 이후 수정된 재무제표는 매출액 979억 원, 영업이익 19억 원, 순손실 224억 원으로 나타났다. 그러나 재감사를 통해 공표된 재무제표는 매출액 187억 원, 영업손실 150억 원, 당기순손실 838억 원으로 줄어들었다. 매출액이 8배 정도나 부풀려졌던 것이다. 재감사 결과에서도 의견 거절을 받았으므로 네오세미테크는 결국 정리매매를 걸쳐 증시에서 퇴출되었다. 퇴출 시점인 2010년 8월 23일의 정리매매가격은 295원이었다. 15,150원에 상장된 기업의 주가가 불과 1년도 되지 않아 휴지조각처럼 가격이 급락한 것이다.

상장폐지 이후 밝혀진 추악한 진실

상장폐지된 후 대주주의 여러 추악한 모습들이 속속 알려졌다. 대주주인 오 사장을 포함한 몇몇 경영진은 회사 사정을 미리 알고 '의견거절' 소식이 알려지기 직전 보유하던 주식을 대규모로 내다 팔았다. 즉 내부자거래를 한 것이다. 내부자거래 자체만 해도 강력한 처벌대상이다. 그러나 이는 빙산의 일각에 불과했다.

나중에 밝혀진 사실에 의하면 네오세미테크의 오 사장은 2007년 친인척 명의로 홍콩에 페이퍼컴퍼니를 설립했다. 그리고 2007년부터 2009년까지 무려 83회에 걸쳐 이 페이퍼컴퍼니에 웨이퍼를 수출했다. 가짜 웨이퍼를 포장해 홍콩으로 배에 실어보내고 수출했다고 매출로 회계장부에 기록한 것이다. 장부만 가짜로 만든 것이 아니라 가짜 상품을 정식 선적서류를 갖춰서 홍콩으로 배를 통해 실어보내는 식으로 치밀한 사기를 준비한 것이다. 이러니 회계감사에서 이를 적발하는 것이 어렵다. 이런 과정을 통해 무려 2천억 원대의 가공매출이 발생했다.

또한 이 페이퍼컴퍼니로부터 92회에 걸쳐 물품을 가짜로 수입하면서 거래대금 519억 원을 해외 비밀구좌로 빼돌렸다. 그리고 검찰의 수사가 시작된 후인 2010년 8월 오 사장은 동생의 여권을 이용해 마카오로 출국, 잠적해버렸다. 상장폐지와 거의 동시에 도망친 것이다. 마카오를 통해 중국으로 넘어가버리면 오 사장의 소재를 파악할 방법이 없다. 횡령한 519억 원을 가지고 숨어서 한국으로 돌아오지 않으니 피해자들이 보상받을 길이 없는 셈이다. 이런 내용을 보면 대주주가 처음부터 사기를 치기 위해 재무제표를 조작하면서 상장을 준비했다는 것을 짐작할 수 있다.

2007년부터 급증한 다른 회사들에 대한 해외 수출도 대부분 재구매한다는 조건이 붙은 수출이었다. 팔았던 물품을 네오세미테크가 다시 구매하는 방식이다. 그렇지만 재구매한 내용에 대해서는 회계장부에 기록하지 않은 식으로 분식을 했다. 즉 2006년 이후 기록한 네오세미테크의 화려한 성장은 전혀 실체가 없는 거짓말이었던 셈이다. 2006년 매출액이 270억 원이었는데, 재감사 후 수정된 2009년 매출액은 187억 원이다. 2006년부터 2009년까지 늘어난 매출액 1,200억 원이 모두 가짜였던 셈이다.

이후 증권거래소는 공시 관련 규정을 강화했고, 금융감독원은 우회상장에 대한 규정을 대폭 강화하는 규제안을 내놓았다. 네오세미테크뿐만 아니라 당시 우회상장한 여러 기업들에서 문제가 발생했기 때문에 우회상장 심사과정을 강화하기로 한 것이다. 우회상장을 하더라도 직상장과 비슷한 수준의 엄격한 심사를 받아야 하고, 금감원에서 지정한 감사인으로부터 감사를 받아야 한다는 조건들이 추가되었다. 그 결과 전술한 바 있는, 기업들이 우회상장을 할 때 누릴 수 있는 이점 2가지가 모두 사라져서 2011년 이후에 우회상장한 기업의 숫자가 급감한 상태다.

우회상장 제도의 보완과 문제점

금감원이 2010년 도입한 우회상장 규제의 핵심은 수익가치에 대한 할인율('자본환원율'이라고 부름)을 최소 10%로 한다는 점이다. 금감원은 10%나 차입금 가중평균이자율의 1.5% 중 높은 것을 적용토록 했다. 수익가치(60%)와 순자산가치(40%)를 종합해 비상장기업의 가치를 평가하는데, 미래에 대한 이익을 예측해 이를 현재가치로 할인해서 수익가치를 계산한다. 이때 예측된 미래 이익을 현재가치로 할인하는 데 사용하는 이자율을 정한 것이다. 과거 몇몇 기업들이 인위적으로 낮은 할인율을 적용해 수익가치를 부풀려 평가했으므로, 이를 막기 위해 만들어진 제도다.

상장회사의 가치는 주식시장에서 거래되는 시가로 측정하면 되는

데, 비상장회사는 시가가 없기 때문에 가치평가 과정을 통해 가치를 결정한다. 그 결과 상장회사와 비상장회사의 가치를 비교해 양사의 합병비율이 결정된다. 이때 비상장회사의 가치가 부풀려지는 것을 막기 위해 이런 제도를 도입한 것이다. 사실 이런 제도는 전 세계적으로 거의 유례가 없다. 민간기업들의 합병과정에서 가치를 계산하는 방법을 정부가 강제한다는 것 자체가 이상하다.

만약 할인율이 10%보다 낮던 우량한 회사라면 디스카운트를 받아 오히려 손해가 되는 셈이다. 이러니 우량한 회사라면 손해를 보면서 우회상장을 할 이유가 없다. 바로 이 규제 때문에 2009년 큰 관심을 받으면서 우리나라에 도입되었던 기업인수목적회사SPAC; Special Purpose Acquisition Company(이하 스팩) 제도가 실패한 것이다. 스팩은 우회상장을 양성화하자는 제도인데, 10% 비율로 할인해 가치가 디스카운트되는 손해를 감수하면서 우회상장을 하려는 우량한 기업이 없으므로 스팩이 실패하게 된 것이다.[1]

필자는 금감원에서 마련한 것처럼 감사인지정제도를 도입해서 우회상장하려는 비상장회사에 대해 감사를 강화하면 충분하다고 생각한다. 민간기업들 사이의 합병시 가치평가는 전문가들에게 맡겨두면 된다. 이것만으로는 부족하다고 생각한다면, 지정감사인에게 충분한 시간과 보수를 주고 일반적인 감사보다 더욱 엄격히 감사하도록 하면 된다. 대주회계법인이 네오세미테크의 문제점을 발견해낸 것처럼, 충분한 시간을 가지고 엄격히 감사를 실시한다면 문제점을 발견해낼 가

---

1 스팩에 대한 보다 자세한 내용은 〈동아비지니스리뷰〉 No. 49에 실린 필자의 글, 회계로 본 세상 시리즈 25, '한국 자본시장에 기업인수회사가 뜨면…' 을 참조하기 바란다.

금감원과 증권거래소는 네오세미테크의 우회상장 및 상장폐지 문제로 많은 비난을 받았다. 그래서 금감원이 우회상장을 엄격히 규제하는 방안을 2010년부터 마련했는데, 이 방안이 너무 엄격해서 우회상장이나 스팩을 통한 상장을 실질적으로 봉쇄해버렸다.

능성이 높다. 우회상장을 주관하는 증권사에게도 마찬가지로 더욱 엄격한 책임을 부과하면 된다. 가치평가를 담당하는 외부기관을 합병 당사자인 회사가 선정하는 것이 아니라 금감원이 직접 지정하는 방식도 고려해볼 수 있다. 감사인지정제도와 유사한 방식이다. 회사가 평가기관을 선택하면 아무래도 평가기관이 독립적으로 공정한 가치평가치를 제시하기가 쉽지 않기 때문이다.[2]

2 합병이나 기업분할시 합병이나 분할비율을 특정인이나 기업에게 유리하게 조정하는 일이 종종 발생한다. 2011년 발생한 우회상장 시 합병비율에 대한 사례를 보면(백복현 · 김범준 · 김영준 · 임상균, 'The Tunneling Effect through M&A between Affiliated Firms: The Case of WooWon Development', 〈회계저널〉, 2013년) 그 예를 알 수 있다. 따라서 합병비율 산정을 위한 가치평가를 제대로 수행하는지에 대한 엄격한 조사가 필요하다. 그런 의미에서 상장대상 법인에 대한 회계감사인 지정제도를 운영하고 있는 것과 마찬가지로, 의심스러운 기업들에 대해서만이라도 가치평가 기관을 지정하는 문제를 고려할 필요가 있다. 또는 가치평가 기관을 회사가 선택하는 것이 아니라 주주총회에서 소액주주들이 선택하도록 하는 것도 한 가지 대안일 수 있다.

합병 시점에서 결정된 합병비율이 불합리하다고 판단해 합병에 반대하는 주주들이 있다면 주식매수청구권을 이용해서 주식을 회사에 매각할 수 있다. 결국 재무제표를 잘 살펴보고 기업의 가치를 평가할 수 있는 주주들이라면 문제점이 있을 때 사전에 발견하고 투자를 철회할 수 있는 기회를 가지고 있는 셈이다. 회사의 실상은 거의 알지 못하면서 언론에 보도되는 장밋빛 미래만 보거나 풍문만 듣고 투자하는 주주라면 이는 본인의 책임이다. 필자의 개인적인 견해로는 이렇게 투자하는 사람들은 투자가 아니라 투기를 한다고 봐야 한다. 잘 알지 못하는 상품을 사면서 요행에 의지해서 돈을 벌 것을 기대하는 행위가 바로 투기다. 그러니 자신의 투기에 대해 자기 스스로 책임을 져야 한다. 투기와 달리 투자는 자신이 잘 아는 일을 해서 돈을 버는 것이다. 만약 나중에 회사의 재무제표가 거짓으로 드러난다면, 그때 회사, 대주주, 증권사, 회계법인에 소송을 걸어서 잘잘못을 따지면 된다.

회계법인과 증권사의 책임은?

다만 상장 이후에 우회상장한 회사에 문제가 발생한다고 해서 그 문제가 전부 회계법인이 제대로 의무를 수행하지 못했기 때문은 아니라는 점을 분명히 하고 싶다. 회계법인은 감사할 때 해당 회사의 모든 자료를 전수조사하는 것이 아니라 일부 자료만 표본으로 추출해 표본조사를 실시한다. 그러니 네오세미테크의 경우처럼 회사가 의도적으로 분식을 숨기려고 한다면 이를 발견하기가 쉽지 않다. 따라서 감사를 할 수 있는 충분한 시간을 감사인에게 주는 것이 중요하다.

특히 우리나라 비상장기업의 경우는 외국과 비교할 때 감사보수가 매우 낮기 때문에, 적정 감사시간의 1/3도 제대로 감사에 투입되지 못하는 경우가 부지기수다. 따라서 우회상장 시점이라면 상장회사의 소액주주들은 비상장회사에 대한 감사가 제대로 이루어졌는지에 대해 면밀히 주의를 기울여야 한다. 네오세미테크의 우회상장시 다수의 애널리스트들이 장밋빛 보고서를 발표했었다는 사실을 되돌아보더라도, 소위 전문가라는 집단에서도 분식회계를 찾아내는 것이 얼마나 어려운지 이해할 수 있을 것이다.

만약 회계법인이 충분한 시간을 들여 제대로 감사를 수행했는데도 문제점을 발견하지 못했다면 이는 회계법인의 책임은 아니다. 회계법인에게 소송을 제기했을 때의 논점은 분식회계의 적발 여부가 아니라 회계법인이 규정에 따라 감사를 수행했는지의 여부다. 앞에서 설명한 네오세미테크의 홍콩 소재 페이퍼컴퍼니와의 거래의 경우, 가짜 물건을 포장해 화물로 홍콩에 수출하고 서류만 제대로 갖추어놓는다면, 한국의 회계법인이 네오세미테크의 회계장부를 표본조사한 후 가공의 수출이라는 것을 파악해낸다는 것은 거의 불가능한 일이다. 상당수 소액주주들은 이런 점을 이해하지 못하면서 분식회계를 발견하지 못한 것이 무조건 회계법인의 잘못이라고 생각하는 경향이 있다. 감사는 검찰이나 경찰이 하는 범죄에 대한 수사가 아니므로, 수출서류 자체가 가짜인지 또는 가짜 상품을 수출했는지를 감사를 통해 밝혀내지는 못한다.

그리고 우회상장의 주관사인 증권사에게도 더욱 엄격한 책임이 부과되어야 한다. 회계법인이 받는 감사보수의 수십 배가 되는 돈을 상장을 주관하는 증권사가 수수료로 받는데, 법적 책임은 회계법인이 더 크게 부담한다는 것은 이치에 맞지 않는다. 증권사도 보수 수준에 걸맞는 책임을 지고 더 꼼꼼히 회사를 살펴야 한다. 회사가 제대로 감사를 받지 않는다는 것을 알았다면 증권사가 충분한 감사보수를 지불하고 별도의 회계법인을 선정해서 더 꼼꼼한 감사를 요청할 수도 있을 것이다.

분식을 의심할 만한 조짐은?

그렇다면 분식의 조짐을 미리 알 수 있는 방법은 없을까? 명확하지는 않지만 네오세미테크의 경우 몇 가지 분식을 의심할 만한 조짐이 있었다. 다음 표에서 제시된 분식회계가 적발되기 이전인 2005년부터 2008년까지 네오세미테크의 요약된 영업성과를 살펴보자.

2005년부터 2008년까지 매출액이나 영업이익, 당기순이익은 엄청나게 급증했다. 그러나 이에 반해 영업현금흐름은 2007년을 제외하면 계속 적자이며 큰 변화가 없다. 이익은 계속 증가하는데 벌어들이는 현금이 없으므로, 가공의 매출이 발생해서 이익이 증가하는 것은 아닌지 추측해볼 수 있다. 영업이익이 증가한다면 영업현금흐름도 비슷한 추세로 증가하는 것이 정상이다.

또한 '영업현금흐름-투자현금흐름' 방법으로 계산하는 잉여현금흐름free cash flow이 매년 음(-)이라는 점도 이상하다.[3] 회사가 정상적이라

•• 네오세미테크의 요약 영업성과

(단위: 억 원)

	2005년	2006년	2007년	2008년
매출액	250	270	315	1,032
영업이익	16	22	28	355
당기순이익	12	13	25	230
영업현금흐름	-40	-41	14	-16
투자현금흐름	-46	-191	-404	-720
재무현금흐름	107	393	230	775

면 영업활동으로 벌어들이는 현금으로 투자가 수행되어야 한다. 그런데 영업활동에서 벌어들이는 자금이 미미한 수준이므로, 투자할 자금이 만성적으로 부족하다. 결국 모자라는 자금은 재무현금흐름을 통해 외부에서 차입하거나 증자를 통해 조달해야 한다. 투자현금흐름의 규모를 보면, 영업활동을 통해 벌어들이는 돈과 비교할 때 엄청난 자금을 계속 투자에 사용한다는 점을 알 수 있다. 매출액이나 이익의 화려한 증가와는 달리, 회사내부에서는 버는 돈보다 들어가는 돈이 더 많았던 셈이다.

운영자금이 모자라므로 회사는 외부에서 계속 자금을 조달했다. 비상장회사는 외부자금을 조달하기가 쉽지 않다. 위의 표에서 재무현금흐름으로 적힌 금액이 외부에서 조달한 자금이다. 2005~2008년 동

3 잉여현금흐름의 정확한 계산방법은 이것보다 약간 더 복잡하다. 단, 이 방법을 이용하면 손쉽게 잉여현금흐름의 근사치를 계산할 수 있다.

안 외부에서 조달한 순자금 1,505억 원(표에서 4년치 재무현금흐름의 합계액) 중 515억 원은 증자, 나머지 990억 원은 차입을 통해 조달했다. 2008년 수치를 보면 외부에서 조달하는 금액이 전년도보다 상당히 급증한 것을 알 수 있다. 아마도 그래서 우회상장을 해서 주식시장에 상장함으로써 외부자금을 손쉽게 조달하려고 했다가 깐깐한 감사를 통해 분식회계가 적발되었을 것이다. 대주회계법인의 재감사 결과 2008년의 실제 이익은 274억 원 적자로 판명되었다. 영업현금흐름은 84억 원 적자였다. 이 정도의 정확한 수치는 알 수 없지만, 이 표를 자세히 보면 뭔가 수상하다는 점은 짐작할 수 있다.[4]

이 표에 나타나 있지는 않지만 재무제표를 자세히 살펴보면 다른 특이한 점들도 다수 눈에 띈다. 매출채권이나 재고자산, 건설중인 자산계정이 정상적인 수준보다 급증한다. 그러는 과정에 매출원가율은 급락하고, 판매관리비 비율도 급락한다. 유형자산은 급증하는데도 감가상각비 비율은 감소한다. 정상적이라고는 보기 힘든 추세들이다.

투자는 자기 책임이다

소액주주들이 네오세미테크의 상장 전 감사인인 인덕회계법인에게 손해배상 소송을 제기했을 때, 인덕회계법인은 피해자들에게 피해액

4 동국대학교 곽영민 교수와 부산대학교 최종서 교수의 논문('코스닥 시장 우회상장 기업의 이익조정', 〈회계학연구〉, 2013년)을 보면 우회상장 기업들이 우회상장 직전 이익을 높이기 위해 상당한 이익조정을 수행한다는 것을 알 수 있다.

수의 9% 정도를 지불하는 선에서 타협한 바 있다. 이는 인덕회계법인이 분식의 징후가 있었는데도 불구하고 제대로 감사를 수행하지 않았다는 점을 암묵적으로 인정한 결과가 아닌가 싶다.

어떤 제도를 도입하든 회계분식이나 상장폐지 사건은 앞으로도 계속 발생할 것이다. 신이 아닌 한 문제를 모두 예방할 수 있는 완벽한 제도를 마련할 수는 없다. 주식시장에서 크게 한탕하고 도망가려는 비도덕적인 사람은 어느 국가에서건 존재하기 때문이다. 전 세계적인 불경기로 국내 경기도 어려운 현재 시점에서는 사기치려는 사람들이 더욱 늘어날 가능성이 높다.

필자가 여러 편의 글에서 강조한 것처럼, 이런 문제점이나 피해를 줄이려면 제도는 정비되어야 하겠지만 제도뿐만이 아니라 개인투자자들의 투자 자세도 바뀌어야 한다. 워런 버핏이 이야기한 것처럼, 재무제표와 사업보고서를 열심히 읽고 그에 따라 투자의사 결정을 내리는 것이 정답이다. 도박하는 심정으로 아무렇게나 투자한 후 우연히 성공하면 자기 탓이라고 자랑하고, 실패하면 감독당국 · 회계법인 · 증권회사 · 언론 · 정치인 등 남 탓이라고 비난하는 것은 이제 그만했으면 한다. 결국 투자는 자기 책임하에 수행해야 한다. 내가 내린 의사결정의 모든 결과는 내 탓이지 남 탓이 아니다. '내 탓이오, 내 탓이오, 내 큰 탓이로소이다.'

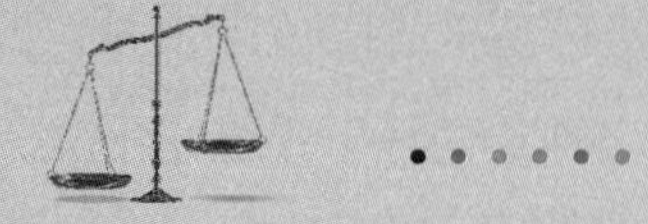

회계로 본 세상

앞에서 잠깐 설명했지만, 회사의 재무제표를 볼 때 한 가지 주의할 점은 회사가 영업활동으로 충분한 현금을 조달하고 있느냐의 여부다. 네오세미테크의 경우를 보면 영업이익이나 당기순이익은 급속히 증가하고 있었지만 영업활동으로 인한 현금흐름은 2005~2008년까지 거의 변화가 없었다. 정상적인 기업이라면 이익(특히 영업이익)과 영업현금흐름이 대략 비슷한 방향으로 움직일 가능성이 높다. 그러나 네오세미테크의 경우는 이런 정상적인 관계를 재무제표에서 찾아볼 수 없다.

회계이익은 회계수치 조작을 통해 상대적으로 부풀리거나 줄이기가 쉽다. 즉 이익조정을 하기가 상대적으로 용이하다. 그러나 현금은 이익에 비해 검증하기가 상대적으로 쉽기 때문에 수치 조작이 어렵다. 따라서 양자 사이의 차이가 크다면 이익조정을 의심해볼 수 있다. 회계에서는 양자 사이의 차이를 비교해 이익의 질

earnings quality의 간단한 근사치를 계산해서 분석에 사용하기도 한다. '(영업현금흐름 − 감가 상각비) / 당기순이익'의 방법으로 계산한 수치다.[1] 이 수치가 높을 수록 이익의 질이 높다. 참고로 1994~2008년까지 데이터를 이용해 조사해보면 국내 상장기업들의 평균 수치는 0.5정도 된다. 이 수치가 0보다 현저하게 낮은 기업이라면 재무제표를 자세히 검토해 볼 것을 권한다. 물론 실제 회계학 연구에서는 이 방법보다 훨씬 더 정치하고 복잡한 방법을 사용한다. 그러나 이렇게 단순한 방법을 사용해도 이익의 질의 근사치를 계산할 수 있다.

필자는 『숫자로 경영하라』 및 『숫자로 경영하라 2』에서 계속해서 EBITDA(감가상각 및 법인세 차감 전 영업이익)를 기업가치 평가 목적으로 사용하는 데 있어서의 문제점을 지적한 바 있다. 또한 본서에서도 일부 이와 관련된 이야기를 소개했다. EBITDA의 문제점은 네오세미테크의 경우에서도 잘 알 수 있다. EBITDA는 이익 수치에 기반해서 계산을 한 것이므로, 네오세미테크처럼 이익수치를 부풀리는 경우 EBITDA 수치는 당연히 커지게 된다. 따라서 EBITDA를 사용하면 기업가치가 왜곡된다. EBITDA가 아니라 영업현금흐름에 기반을 둔 수치를 사용해야 이런 왜곡현상을 방지할 수 있다.[2] 이런 경우를 보면서 앞으로 국내의 다른 기업들이 경영활동에 사용하는 지표를 보

---

1 이 수치에 대한 좀더 자세한 내용은 '백복현 · 장귀화 · 최종학, 『재무제표분석과 기업가치 평가』, 박영사, 2011년'의 147쪽을 참고하라.

2 기업이 회계수치를 의도적으로 왜곡하지 않는다면 EBITDA를 사용해도 기업가치가 왜곡되지 않는다. 즉 EBITDA의 사용이 적합하지 않은 이유는 기업이 의도적으로 회계수치를 왜곡할 때 그 왜곡을 잡아내지 못한다는 것이며, 그렇지 않은 경우라면 EBITDA를 사용해도 아무런 문제가 없다.

완했으면 한다.

코스닥 시장 시가총액 20위권의 상당히 큰 기업이 거짓말 위에 만들어진 허상이었다는 것을 보면 경영자의 윤리성에 대해 고민을 하게 된다. 열심히 경영을 했지만 회사의 경영 형편이 어려워져서 마지막 순간에 회사를 살려보고자 약간 분식회계를 했다면 그 의도를 약간은 이해할 수도 있고 동정심도 생길 수 있다. 그러나 네오세미테크의 경우 최대주주는 치밀하게 준비해서 몇 년에 걸쳐 의도적으로 자금을 해외로 빼돌려왔다. 그리고 문제가 표면화되자마자 바로 외국으로 도망가버렸다. 경영자가 아니라 전형적인 사기꾼의 행태다. 이런 사기꾼이 공학박사 학위를 받고 대기업 연구소에서 오랫동안 근무하던 사람이었다는 것이 믿어지지 않는다. 이런 범죄자를 잡아 국내로 송환할 방법이 실질적으로 거의 없다는 것도 답답한 현실이다.

결국 이런 사태를 미리 방지하기 위해서는 엄격한 회계감사가 실시되어야 한다. 그러기 위해서는 본고에서 잠깐 언급한 것처럼 충분한 보수를 주고 깐깐한 감사를 실시해야 한다. 분식을 하는 회사 입장에서는 깐깐한 감사를 일부러 받으려고 할 이유가 없고, 회계감사 보수를 많이 주려고 할 이유도 없다. 그러니 주주들이 직접 나서야 한다. 주주들이 주주총회에서 강하게 자기 목소리를 내서 제대로 감사를 실시하는 회계법인을 감사인으로 선임하고, 충분한 감사시간이 확보될 수 있도록 해야 한다.

그렇지 않고 있다가 사고가 벌어진 이후에 나서서 회계법인을 탓하고 소송을 제기한다면, 네오세미테크 관련 소송의 경우처럼 소송에서 이긴다고 해도 큰 피해보상을 기대하기가 힘들다. 회계법인이 정상적인 주의를 기울였는데도 불구하고 분식을 발견하지 못했다면 법적 책임을 회계법인에게 물을 수 없기 때문이다. 400시간쯤 감사를 해야 제대로 감사할 수 있는 회사를 100시간 감사할 보수밖에 지급하지 않고 감사계약을 체결했다면, 회계법인이 감사과정 중에 문제점을 발견하지 못했다고 해서 회계법인에 중대한 귀책사유가 있다고 하기는 어렵다. 이러니 만약의 사태에 대비해 보험에 가입하는 의미에서라도, 회계감사를 제대로 받을 수 있도록 주주들이 나서야 한다. 그리고 어떤 회계법인이 감사를 실시하는지, 감사보수나 감사시간은 동등한 규모의 다른 회사에 비해 어떤 수준인지를 면밀히 관찰해야 할 것이다.

필자는 이런 의도에서, 감사보수나 감사시간에 대해 투자자들이 좀 더 명확하게 알 수 있도록 이런 정보들을 감사보고서에 포함시켜야 한다고 생각한다. 그리고 적정 감사보수나 감사시간이 얼마인지에 대한 벤치마크 정보도 감사보고서에 포함되어야 한다고 생각한다. 또한 회사가 어떤 중요한 위험에 직면하고 있는지도 감사보고서에 포함했으면 한다. 미국에서도 현재 감사보고서에 더 많은 중요한 정보들이 포함될 수 있도록 감사보고서 내용을 확대하는 논의가 진행중이다.

왜 국제회계기준 도입이 문제인가?

• • • KSS 해운 • • •

국제회계기준 도입을 둘러싸고 상당한 논란이 벌어졌으나, 2011년과 2012년을 기점으로 대부분의 기업들이 국제회계기준을 도입해 현재 사용중에 있다. 국제회계기준 도입을 둘러싼 찬반논란 중 무엇이 진실인지를 살펴보고, 국제회계기준을 왜 도입해야 했는지에 대해 알아본다. 또한 국제회계기준이 도입된 후 최초로 적용된 재무제표인 2011년 재무제표가 발표된 뒤 벌어졌던 영업이익의 정의를 둘러싼 혼란에 대해서도 알아보고, 국제회계기준 도입 이후 재무제표를 어떻게 해석하고 무엇이 바뀌어야 할지에 대해 소개한다.

우리나라가 국제회계기준IFRS; International Financial Reporting Standards을 완전히 채택한 것은 2012년이다. 한국에서 채택한 국제회계기준을 K-IFRS라고 부른다. 채택을 발표한 2008년 말부터 우리나라가 왜 독자적인 회계기준을 버리고 IFRS를 사용해야 하는지에 대해 논란이 많았다. 하지만 IFRS를 채택하면 국가 간 비교 가능성이나 회계투명성이 높아지기 때문에 외국인 투자자들이 한국 주가를 낮게 평가하는 이른바 코리안 디스카운트가 줄어들 것이라는 논리에 따라 IFRS 도입이 확정되었다. K-IFRS는 2011년 대기업에, 2012년부터 상장 중소기업에 의무 적용되기 시작했다.

그런데 2012년 초 들어 IFRS의 도입이 다시 논란이 되고 있다. 특히 2012년 7월 미국이 당분간 IFRS를 도입하지 않고 독자적인 회계기준을 계속 사용하겠다고 발표하자 이 논란에 다시 불이 붙었다. 왜 미국이나 일본보다 먼저 도입했는지를 두고 비난하는 목소리와 함께 도입 담당자를 문책해야 한다는 이야기가 여러 언론에서 흘러나왔다.

사실 미국이 IFRS를 도입하지 않는다는 것은 과거에도 수차례 발표된 내용이다. IFRS를 제정하는 IASB International Accounting Standards Board와 미국의 증권거래위원회SEC; Securities and Exchange Commission는 2000년대 중반부터 미국의 IFRS 도입에 대해 논의해왔다. 미국은 IFRS가 기업의 자의적인 회계처리 선택을 상당히 많이 허용하고 있으므로 회계정보를 이용하는 투자자들을 제대로 보호할 수 없을 것으로 판단했다. 그래서 IASB가 미국 회계기준 수준으로 IFRS를 엄격하게 개정한다면 미국도 도입하겠다는 입장이었다. 하지만 IFRS는 미국 회계기준 수준으로 개정되지 않았다. 오히려 미국의 바람과는 달리 기업의 자의적인 회계처리를 더 많이 허용하는 방향으로 변했다. 2008년 세계금융위기 이후 유럽 국가들의 정부가 앞장서서 회계처리를 변경하고 금융사들의 엄청난 부실 숨기기를 허용한 것이 대표적인 예다.[1] 따라서 미국이 당분간 IFRS를 도입하지 않겠다고 발표한 것은 이미 예측되었던 바다.

IFRS의 졸속도입에 대한 비판

국내 언론에서 비판하는 내용을 보면 마치 우리나라가 다른 나라들보다 앞서서 IFRS를 서둘러 도입한 것처럼 오해할 수 있다. 하지만

---

1 이에 대한 자세한 내용은 『숫자로 경영하라 2』에 실린 '미국의 금융개혁과 시가평가제를 둘러싼 논란'을 참조하기 바란다.

사실은 그 반대다. 우리가 알고 있는 선진국 가운데 우리나라보다 늦게 IFRS를 도입한 나라는 없다. 미국과 일본만 독자적인 회계기준을 사용하고 있을 뿐, 다른 나라들은 모두 한국과 동시에 또는 한국보다 앞서서 국제회계기준을 도입했다. 2012년까지 IFRS를 도입한 나라는 무려 100개국이 넘는다. 대부분의 유럽 및 영연방 소속 국가들은 2005년까지 IFRS를 의무적으로 도입했다. 홍콩은 2005년, 중국은 2009년, 브라질은 2010년, 캐나다 · 인도 · 아르헨티나는 2011년부터 IFRS를 도입했다. 한국과 멕시코만 2012년부터 IFRS를 전면 도입했는데, 이는 세계적인 추세로 볼 때 가장 늦은 편에 속한다. 그러므로 IFRS를 다른 나라보다 서둘러 졸속으로 도입했다는 비판은 사실이 아니다.

미국과 일본은 우리나라와 사정이 다르다. 미국의 경제규모는 세계 1위다. 중국에 추월당하기는 했지만, 일본은 아직 세계 3위다. 이 두 국가는 독자적인 회계기준을 사용하더라도 이를 문제 삼을 국가나 투자자가 없다. 아쉬운 쪽에서 이들 국가의 회계기준을 공부해야 한다. 더군다나 이들 국가의 회계기준은 IFRS보다 더 엄격하다.

하지만 한국은 사정이 다르다. 한국이 IFRS 도입을 결정할 당시 전 세계 선진국이나 중진국 이상 국가들 중 IFRS를 사용하거나 곧 사용하기로 결정하지 않은 나라는 한국과 미국, 일본, 이렇게 세 나라뿐이었다. 이런 상황에서 한국이 계속 독자적인 회계기준 사용을 고집한다면 외국인 투자자들 입장에서는 한국 기업들의 회계정보를 디스카운트할 수밖에 없다. 지금도 한국의 회계 투명성이 선진국보다 낮아서 많은 기업들이 직간접적으로 손해를 보고 있는 상황인데, 한국이

영국 런던에 위치한 IFRS를 제정하는 역할을 하는 IASB 건물. 세계 각국에서 선출된 16인의 위원회가 회계기준 제정과정을 총괄한다.

끝까지 고집을 부렸다면 상황이 어떻게 되었을지는 명약관화다. 미국과 일본을 제외한 대부분의 국가들이 왜 IFRS를 신속하게 도입했는지 생각해보면 이해가 빠를 것이다.

일부에서는 회계사들과 회계학 교수들이 돈을 벌기 위해 IFRS 도입을 주장한 것이라고 비판하기도 한다. 그러나 회계학 교수인 필자 입장에서는 IFRS 도입의 당위성을 이해하는 편인데도 불구하고, 개인적으로는 IFRS 도입이 달갑지 않다. 회계는 기업이 외부 이해관계자와 소통하는 일종의 언어language다. 회계기준이 바뀌면 언어가 달라진다. 쉽게 설명하면 이제까지 수십 년 동안 영어를 열심히 배워서 남들과 소통했는데, 갑자기 공용어가 불어로 바뀌는 식이다.

이 점은 회계사들도 마찬가지다. IFRS로 변환하는 과정에서 새로운 일감이 많이 생기기 때문에 수익을 창출할 수 있겠지만, 그것은 단 한 번뿐이다. 새로운 언어를 배워서 자연스럽게 체화하려면 얼마나 많은 공부를 새로 해야 할까. 결국 회계사들도 IFRS 도입의 필요성을 이해하기는 하지만, 개인적으로는 대부분 좋아하지 않는다.

IFRS를 새로 도입한 기업들이 시스템을 바꾸고 직원들을 교육하는 데 부담을 느끼는 것처럼 회계학 교수들이나 회계사들도 새로운 언어를 배우기 위해 부단히 애를 써야 한다. 그러나 어렵다고 하더라도 결국 가야 할 방향이기 때문에 각종 부담과 수고를 감수하더라도 가는 것이다.

IFRS 도입의 긍정적 효과는?

IFRS 도입에는 긍정적인 점도 많다. IFRS를 도입하면 국내 대기업들은 상당한 직접비용을 절감할 수 있다. 과거 세계 각국이 대부분 독자적인 회계기준을 사용하던 시절에는 해외에 진출한 기업들이 해당 국가의 회계기준을 공부해서 따로 회계장부를 마련해야 했다. 한국회계기준에 따른 장부를 만들고 해당 국가 기준에 따른 장부를 별도로 만들어야 했다는 의미다. 필자가 홍콩과기대학 교수로 근무할 때 홍콩에 진출한 한국계 금융사의 관계자들을 만나 물어보니 모두 장부를 2개씩 만들어 관리하고 있었다. 진출한 국가가 소수라면 큰 문제가 아닐 수도 있겠으나 수많은 국가에 진출해 일하는 대기업에서는 국가별로 서로 다른 회계기준을 공부해서 장부를 모두 다르게 만든다는 것이 상당히 번거롭다.

그런데 이제 전 세계 회계기준이 IFRS로 통일되었으니 이런 수고가 줄어든 것이다. 아프리카나 유럽, 중국이나 아시아, 남미 등 세계 각국에 나가 있는 자회사들의 회계장부를 동일한 기준인 IFRS를 사용해 만들 수 있게 되었다. 이에 따라 해외 자회사나 지사들을 본사에서 관리하기가 이전보다 훨씬 쉽고 비용도 절감된다.

또한 해외 기업에 투자하는 투자자 입장에서도 해외 기업의 재무제표를 이해하기 위해 현지 국가의 독자적인 회계기준을 별도로 공부할 필요가 없어졌다. 전 세계 국가 대부분이 IFRS를 사용하게 되었으므로 한 번만 제대로 공부해두면 어떤 나라의 기업에 대해서도 같은 기준으로 이해할 수 있기 때문이다. 따라서 해외에 대한 투자가 더욱 효율적이고 효과적으로 수행될 수 있다. 국내 기업에 투자하는 해외 투자자들에게도 동일한 효과가 있다. 그래서 코리안 디스카운트를 줄일 수 있는 것이다. 이로 인해 국내 기업들은 자본조달비용을 줄일 수 있으므로 IFRS 도입의 간접적인 혜택을 누리게 된다.

물론 미국이나 일본은 독자적인 회계기준을 사용하고 있으므로 이 두 국가에 진출하려는 기업이나 투자하려는 투자자는 미국 및 일본의 회계기준을 공부해야 한다. 다만 미국은 IFRS를 도입하지 않는 대신, 미국 주식시장에 상장된 외국 회사는 미국 회계기준이 아닌 IFRS에 따라 작성한 재무제표를 그대로 이용하도록 허용하고 있다. IFRS와 미국 회계기준의 차이로 이익이나 자산, 부채, 자본이 어떻게 달라지는지 요약해서 보여주는 표를 첨부하면 된다. 이로 인해 미국 시장에 상장된 SK텔레콤이나 KT 등이 앞으로 상당한 비용을 절감할 수 있을 것이다.

일부에서는 IFRS가 아니라 미국 회계기준을 도입했어야 한다고 주장한다. 하지만 미국 회계기준을 도입했다면 전 세계에서 미국과 한국만 동일한 회계기준을 사용하게 되므로 IFRS를 도입한 것처럼 효과가 크지는 않을 것이다. 기업에서도 기존에 국내에서 사용하던 회계기준보다 더 엄격한 미국 회계기준 도입을 환영하지는 않았을 것이다. 따라서 당시 상황에서 IFRS 도입은 우리나라 입장에서 충분히 합리적인 선택이었다.

IFRS 도입시 발생한 '영업이익' 계산의 혼란

물론 IFRS 도입이 모든 문제점을 해결해주는 만병통치약은 절대 아니다. 과거에는 없던 새로운 문제들도 발생했다. 2011년 발생한 문제점 중 가장 중요하고 이슈가 되었던 것은 영업이익 공시 문제다. 과거 한국 회계기준은 미국 회계기준처럼 매출액에서 매출원가와 판매관리비를 차감한 것을 영업이익이라고 하고, 영업이익 계산에 포함해야 할 항목을 규정했다. 그런데 최초에 도입된 K-IFRS에는 이런 규정이 없었다. 영업이익 공시 여부나 영업이익 계산방법 등이 기업의 자율에 맡겨진 것이다. 다만 해당 영업이익을 어떻게 계산했는지에 대해서만 주석을 통해 자세히 공시하도록 규정했다.

원래 IFRS는 '원칙 중심 회계기준'이라고 불린다. 이는 기존에 우리가 사용하던 '규칙 중심 회계기준'과 반대되는 개념이다. 기존 회계기준은 마치 법률 조문처럼 세부적인 사항들이 일일이 규정되어 있어서 그 규정에 따라 회계처리하면 되었다. 그러나 IFRS에서는 기본 원칙만 제시하고 있을 뿐, 그 기본 원칙을 해석해서 적용하는 데 대해서는 구체적인 규칙이 없다. 기본 원칙을 어떻게 해석해서 적용할지는 기업의 자율에 맡겨진 셈이다.[2] 이 같은 방식은 영업이익 공시나 계산뿐 아니라 다른 많은 회계처리 방법에 모두 적용된다. 다만 해당 회계처리방법이나 분류방법을 왜 선택했는지와 왜 그 방법이 합리적인 것인지 주석을 통해 자세하게 공시하기만 하면 된다.

그런데 이렇게 기업들에 자율권이 부여되자 몇몇 기업들이 자신들에게 유리한 방향으로 자율권을 이용하면서 문제가 발생했다. 예를 들어 KSS해운은 2011년 1분기 영업이익이 전년 동기보다 무려 331% 증가한 192억 원이라고 발표했다. 나중에 분기 재무제표가 공시된 후 살펴보니 과거에는 영업외수익으로 분류하던, 보유선박 매각을 통해 발생한 유형자산처분이익을 영업이익에 포함한 결과였다. 이를 제외하면 영업이익은 47억 원으로 전년도와 비슷한 수준에 불과했다. 결국 분기 영업이익이 최초 공시되었을 때는 주가가 크게 올랐지만, 실제 재무제표가 공시되어서 영업이익이 급증한 이유가 밝혀지자 주가가 원래 수준으로 떨어졌다. 영업이익을 어떻게 계산했는지는 설명하지 않고, 그냥 영업이익이 얼마인지만 공시를 해서 혼란이 생긴 경우다.

이뿐만이 아니다. 코스닥 상장사는 4년 연속 영업손실을 기록하면 관리종목에 지정된다. 그리고 5년 연속 손실을 면치 못하면 거래소에서 퇴출된다. 뉴로테크는 2008~2010년까지 3년 연속 영업손실을 기록했는데 2011년에는 5억 원의 영업이익을 기록해서 관리종목으로 지정되지 않았다. 그런데 재무제표를 자세히 살펴보면 당기

2 2010년 중 K-IFRS가 개정되면서 2011년부터는 모든 기업들이 의무적으로 영업이익을 공시하게 되었다.

순손실은 150억 원에서 437억 원으로 오히려 악화되었다. 그럼에도 불구하고 영업이익이 흑자전환한 까닭은 기타 대손충당금 21억 원을 2011년에 환입했는데 이를 영업이익 계산에 포함했기 때문이다. 과거에는 이 항목이 영업외수익으로 분류되었다. 금융감독원 발표에 따르면 3년 연속 영업이익이 적자인 상장사 69곳 가운데 41곳이 2011년 영업이익 흑자를 기록했다. 이들 중 상당수는 영업이익 항목을 회사가 임의로 정할 수 있는 IFRS의 특징을 활용해서 흑자전환한 것으로 보인다.[3] 결국 바뀐 회계기준을 활용해 관리종목으로 지정되는 일을 피한 셈이다. 이러니 영업이익 수치만 볼 것이 아니라 영업이익을 어떻게 계산했는지 꼼꼼히 살펴볼 필요가 있다.

영업이익을 어떻게 계산할지가 기업의 자율에 맡겨지면서 기업 간 비교가 어려워졌다는 문제도 있다. 기업마다 사용하는 회계처리 방법이 달라졌기 때문이다. 이건산업이나 디스플레이테크처럼 2010년도 영업이익 자체를 공시하지 않는 회사도 생겼다. KSS해운과 비슷한 시점에 현대상선은 보유선박 매각을 통해 발생한 287억 원의 유형

---

3 다음 연구에 따르면, 2011년에 3년 연속 영업적자를 기록하다 흑자전환한 39개 기업 중 15개 기업은 IFRS를 적용하지 않고 이전 기준에 따라 영업이익을 계산하면 영업적자라고 한다. 주식시장은 이런 기업의 행동에 대해 완벽하게는 아니지만 일부 분별을 해내고 있다. IFRS상으로만 흑자이며 기존 회계기준상으로는 계속 적자인 기업들의 경우, 기존 회계기준상으로도 흑자이고 IFRS상에서도 흑자전환한 기업에 비해 회계정보가 주식수익률을 설명하는 정도가 낮다고 한다. 즉 주식시장의 투자자들이 해당 기업들의 회계정보를 상대적으로 덜 신뢰하며 의사결정에 사용한다는 의미다. 그러나 이들 기업들도 흑자전환을 보고하면 주가가 상승하는 것으로 나타났는데, 이는 일부 비전문가 투자자들이 이런 회계처리방법 변경의 효과를 정확히 이해하지 못하고 기계적으로 흑자전환했다는 뉴스에 반응했다고 볼 수 있다.
조성표 · 박선영 · 하석태 · 김현아, '장기영업손실기업에서 IFRS 도입으로 인한 영업손익 흑자전환에 대한 자본시장의 반응', 〈회계학연구〉, 2013년.

자산처분손실을 영업이익 계산에 포함했다. 그 결과 영업손실 240억 원이 기록되었다. 과거 회계기준으로 처리했다면 영업이익은 47억 원 흑자였을 것이다. 오히려 불리해 보이는 방법을 선택한 셈이다. 삼성전자와 LG전자도 외환 관련 평가손익을 서로 다르게 회계처리했다. 배당금수익을 영업수익으로 처리하는 회사도 있고, 영업외수익으로 처리하는 회사도 있다. 영업이익 계산법뿐 아니라 영업현금흐름 계산도 기업별로 제각각이다.[4]

문제점을 해결하려면?

이런 문제들이 발생하자 금융감독원이나 회계기준원에 비난이 쏟아졌다. 졸속도입으로 혼란이 발생했다는 지적이다. 공공기관인 한국거래소도 나서서 비난을 서슴지 않았다. 필자는 이런 주장을 이해는 하지만 동의는 하지 않는다. 이런 문제들은 IFRS가 기존에 사용하던 기준과 접근방법이 달라 생긴 것일 뿐, 도입상의 문제가 아니다.

우리나라보다 먼저 IFRS를 도입한 외국에서는 왜 이런 문제들이 발생하지 않을까? 이유는 선진국에서는 회계정보를 분석하고 가공해서 제공하는 전문가 집단이 제 역할을 하고 있기 때문이다. 애널리스

---

4 보다 자세한 내용과 문제점의 해결방안에 대한 요약은 다음 세 연구를 참조하기 바란다.
전영순 · 하승현, 'K-IFRS를 조기 도입한 기업의 영업이익 구분표시 및 영업이익 산출에 관한 연구', 〈회계저널〉, 2011년.
김문철 · 전영순, '영업손익의 공시 등에 관한 연구', 〈회계저널〉, 2012년.
문현주, '분류변경을 통한 이익조정', 〈회계저널〉, 2013년.

•• 2011년 영업손익 흑자전환한 3년 연속 코스닥 영업손익 적자기업

(단위: 억 원)

종목명	2011년		
	매출액	영업이익	순이익
3H	127.06	1.56	5.3
테라리소스	39.15	2.01	1.86
G러닝	85.37	2.77	5.18
큐렉소	80.30	2.89	-0.56
서울전자통신	135.52	3.22	6.16
솔브레인이엔지	838.95	3.44	-27.87
자티전자	98.93	3.55	10.52
아이디엔	66.57	3.68	-16.28
트레이스	191.21	3.98	-21.95
큐리어스	260.30	4.85	-74.43
에이치엘비	188.57	5.01	-14.32
한국자원투자개발	77.49	5.09	-19.13
뉴로테크	64.26	5.22	-437.41
파나진	407.31	5.34	-14.27
다스텍	203.43	5.56	-8.67
아미노로직스	40.29	5.88	15.84
태창파로스	154.76	6.17	2.81
샤인	245.96	6.29	-12.53
한국가구	118.92	6.65	1.60

(단위: 억 원)

종목명	2011년		
	매출액	영업이익	순이익
에이스하이텍	63.09	7.12	-152.86
스카이뉴팜	177.52	7.15	-12.64
디웍스글로벌	44.72	7.51	-4.64
엔케이바이오	81.18	7.79	-5.33
국제디와이	144.75	9.01	10.94
터보테크	42.41	9.12	-25.61
승화산업	246.12	9.34	-26.58
루보	425.01	10.37	1.07
현대디지탈텍	458.64	10.49	2.25
기륭전자	200.15	10.58	2.08
에이앤씨바이오홀딩스	326.01	11.17	-237.43
코아로직	425.56	11.89	-93.35
웰메이드	214.08	16.15	-24.40
인성정보	800.36	20.12	8.23
에프티이앤이	440.87	22.34	10.42
예당	57.30	22.38	7.06
에스아이리소스	243.76	33.81	10.61
손오공	717.63	35.14	12.19
피엘에이	144.52	40.76	19.30

(단위: 억 원)

종목명	2011년		
	매출액	영업이익	순이익
룩손에너지	339.75	45.08	29.00
SBI인베스트먼트	275.45	48.14	48.14
제이콘텐트리	601.81	74.55	32.43

12월 결산 2008~2010년 연속 영업손실 낸 기업 기준

트들이 대표적이다. 기업이 어떤 회계처리 방법을 쓰더라도 애널리스트들이 그 내용을 꼼꼼히 분석해서 재무제표의 행간에 숨겨진 의미를 찾아낸다. 따라서 기업이 사용한 회계처리 방법을 제대로 공시만 했다면, 어떤 방법을 사용했는지 자체는 그다지 중요하지 않다. 예를 들어 미국에서 애널리스트들의 이익 예측치를 모아 제공하는 IBES 등의 서비스 회사들은 공통적인 기준을 적용해 회사가 발표하는 영업이익과는 다른 별도의 영업이익을 계산하고, 이를 정보 이용자들에게 제공한다.

그런데 우리나라는 상황이 다르다. 우리나라에는 재무제표를 제대로 읽지 못하는 회계정보 이용자가 너무 많다. 대출심사를 담당하는 금융사 관계자나 이런 과정들을 감독하는 규제기관 담당자들도 구체적인 회계처리 절차를 잘 모른다. 회계전문가여야 할 애널리스트 중 상당수도 변경된 회계기준이 무엇인지 알지 못하며 회계처리 방법의 차이로 발생하는 효과를 분석할 능력을 갖추지 못하고 있다. 그러니

그저 기업에서 보고한 영업이익이나 당기순이익 수치를 그대로 이용해서 연도별 또는 분기별로 비교하고, 그에 따라 보고서를 작성할 뿐이다. 이래서 영업이익 계산에 대한 기준이 없으니 재무제표를 비교할 수 없다는 불평이 나오는 것이다. 이는 당연히 해야 할 공부를 안 한 자신들의 잘못은 인정하지 않고, 기준이 복잡해져 불편해졌다는 불평이라고밖에 할 수 없다. 주석사항을 조금만 읽어보면 이전과의 차이점을 알고 비교할 수 있는데, 할 일을 소홀히 한 채 불만만 표출하는 식이다.

예를 들면 한국거래소는 필요한 항목만 선택해서 스스로 영업이익을 규정하고, 이렇게 계산된 이익이 4년 연속 적자면 관리종목에 지정하겠다고 기준을 바꾸면 된다. 재무제표에 나타난 영업이익을 기준으로 4년 적자 여부를 판단할 필요가 없다는 의미다. 은행이나 신용평가사도 마찬가지다. 스스로 평가기준을 적절하게 바꾸면 된다. 제도가 변하는데 자신들의 기준을 그에 따라 맞추지 않고 있다가 문제가 생기자 바뀐 제도를 탓하는 것은 바람직한 자세가 아니다. 재무제표를 잘 모르는 일반 투자자가 어렵다고 불평한다면 이해를 하겠지만, 회계를 잘 알고 재무제표의 숨겨진 이면까지 분석해내야 하는 소위 전문가 집단이라고 칭하는 기관이나 회사들까지 이런 이야기를 한다는 것은 아이러니다.

어쨌든 재무제표를 이용하는 대다수의 사람들이 회계를 잘 모른다는 점을 감안하면 이런 사람들을 돕기 위해 제도를 보완할 필요가 있다. 그래서 금융감독원과 회계기준원은 IASB를 설득해서 IFRS를 개정하는 데 성공했고, 그에 따라 영업이익을 2011년부터 포괄손익계산서에 표시하도록 의무화했다. 영업이익을 어떻게 계산하는 것이 적정한지 연구한 후 2012년 7월 회계기준원을 통해 K-IFRS 개정초안을 발표했다.[5]

발표된 개정안에 따르면 영업이익은 매출액에서 매출원가와 판매관리비를 차감한 것으로, 판매관리비 계산에 포함되는 세부 항목들도 열거되었다. 즉 영업이익 계산에 대한 기준만큼은 IFRS 도입 이전 국내에서 사용하던 회계기준과 동일한 기준으로 환원하게 된 셈이다. 이는 IFRS를 도입한 국가들 중 거의 전례가 없는 일이다. 외국에서도 영업이익을 공시하도록 규정되어 있는 경우가 종종 있지만 영업이익 자체를 어떻게 계산하는지 구체적으로 규칙을 두는 나라는 거의 없다. 회사의 영업 본질을 가장 잘 나타낼 수 있는 방법으로 영업이익을 정의하라는 기본 원칙만 제시되어 있을 뿐이다.[6]

5 영업이익의 내용을 정하는 것은 원래 IFRS의 규정이 아니다. 따라서 이 개정안을 IASB로부터 허가받기 위해 상당한 노력이 필요했다. 뿐만 아니라 한국은 IFRS 제정시 한국의 입장을 반영하기 위한 노력을 계속해온 결과, 2012년 서정우 국민대학교 교수(전 회계기준원장)가 치열한 세계 각국의 경쟁을 뚫고 IASB 위원으로 선임되었다. 세계 기업들이 사용하는 언어의 최종 결정권자인 IASB 위원 16인 중 한 사람으로 한국인이 포함된 것은 상당히 기쁜 쾌거라고 하겠다. IASB위원 중 아시아인으로서는 국가 기준으로 일본, 호주, 중국에 이어 네 번째 선출이다. 한국의 국가적 위상이 과거와는 달리 많이 올라갔고, G20 정상회의를 개최하는 등 세계 문제를 해결하려는 노력에 기여하는 바가 커졌으므로 이런 일이 가능했을 것이다.

6 개정초안에 따르면 기업들은 K-IFRS에 의해 정의된 영업이익과 다른, 독자적인 방식으로 정의한 영업이익이 기업의 수익성 평가에 더 적절하다고 판단한다면 후자의 정보를 '조정영업이익'이라는 이름으로 주석에 공시할 수 있다. 미국에서 'pro forma earnings' 또는 'street earnings'라고 불리는 개념을 도입한 것이다.

회계처리의 자율성이 가져온 장점과 단점

영업이익의 구분 표시와 영업이익 계산법에 대한 규정이 발표되었다고 모든 문제가 해결된 것은 결코 아니다. 사실 영업이익 계산법을 규정하는 것은 단순한 일이다. 영업이익에 포함되는 항목들을 회계기준에서 명확히 규정하지 않는다고 해도 어차피 영업이익과 영업외손익을 모두 고려한 후의 당기순이익은 변하지 않는다. 영업이익과 당기순이익은 모두 투자자들이 기업 가치를 평가하는 데 중요하게 사용하는 항목이다. 따라서 회계를 잘 모르는 사람이라도 영업이익이 불명확하면 당기순이익을 보고 원하는 정보의 근사치를 얻을 수 있다.

영업이익의 정의에 대한 혼란보다 더 큰 문제는 회계처리 방법의 자율성이다. IFRS하에서는 기업들이 선택할 수 있는 회계처리의 자율성이 종전보다 높다. 회계를 잘 아는 사람이라면 재무제표의 주석을 꼼꼼히 읽고 기업마다 서로 다른 회계처리 방법의 효과를 이해할 수도 있고, 동일한 기준으로 변경해서 기업과 기업을 비교할 수도 있다. 하지만 절대 다수의 사람들은 이런 회계지식을 갖고 있지 않다. 안타깝지만 국내에서는 이런 능력을 갖춘 애널리스트도 많지 않다. 그러니 기업들이 서로 상당히 다른 회계처리 방법을 사용한다면 재무제표에 보고된 수치만으로 다른 기업들을 일대일로 비교하기는 예전보다 훨씬 힘들어진 셈이다. 회계처리 방법을 바꾸면 당기순이익 수치도 수십 퍼센트 차이가 나도록 얼마든지 바꿀 수 있기 때문이다.

예를 들어 삼성전자는 동일 산업군에 속한 다른 기업들보다 상당히 보수적으로, 즉 이익이나 자산을 줄이는 방식으로 회계처리를 한다. 그렇다면 삼성전자의 이익 100억 원과 다른 회사의 이익 100억 원을 같은 기준에서 평가하면 안 될 것이다. 동일한 회계처리 기준을 사용하지 않는 기업들의 이익 수치를 근거로, PER이나 PBR, ROA나 EVA 등을 계산해서 다른 기업과 비교하는 것은 별로 정확하지 않은 비교가 되는 셈이다.

IFRS는 이런 문제점을 보완하기 위해 어떤 근거에서 회계처리를 했는지 주석을 통해 자세히 공시하도록 규정하고 있다. 2009년 IFRS를 조기 도입한 기업의 재무제표 주석을 분석한 결과, 2008년 과거 회계기준 적용 시점시 주석은 평균 45쪽이었으나 2009년 K-IFRS 도입 후에는 77쪽으로 분량이 늘었다고 한다. 따라서 앞으로는 회사를 제대로 분석하려면 재무제표만 보는 것이 아니라 주석을 꼼꼼히 읽어봐야 한다. 그래야 사용된 회계처리 방법을 이해하고 다른 회사와 같은 방식으로 통일시켜서 다시 이익을 계산해볼 수 있기 때문이다.

주석을 읽는다고 해도 회계에 대한 전문지식이 없다면 그 내용을 제대로 이해하기가 쉽지 않다. 그러니 최소한 기업의 경영진이나 주식 및 채권 투자자들, 금융사 직원들이라도 과거보다 더 열심히 회계 공부를 해야 할 것이다. IFRS하에서는 과거보다 더 자세한 정보가 공개되므로 회계를 충분히 잘 아는 전문가에게는 오히려 도움이 될 수도 있다.

하지만 회계를 잘 모르는 상당수의 사람들에게는 비교나 이해 가능성이 더 낮아진 회계기준이 도입된 셈이다. 특히 요즘처럼 세계 경기가 어려운 상황에서는 경영 성과가 좋지 않은 기업이 많을 텐데, 이럴 때는 회계처리 방법을 자의적으로 선택해 성과를 좋게 포장하려는 기업이 늘어날 가능성이 높다. 이런 기업들에 대해 회계감사인은 더욱 엄격하게 감사해야 하며, 특정 회계처리 방법을 선택한 이유에 대해 자세히 공시하지 않는 기업이 있다면 감독당국에서 엄격히 지도해야 할 것이다. 그런데 아직까지도 이런 내용을 잘 모르고 예전 그대로 주석공시를 하는 기업들도 있으며, 새로운 회계기준에 익숙하지 않은 회계사들도 감사 수행시 아직 이에 대한 지적을 안 하기도 한다.

회계정보, 아는 만큼 보인다

이런 문제를 방지하기 위해 모든 기업들에 한 가지 회계처리 방법만 사용하라고 강제할 수는 없다. 미국도 그렇게는 하지 않는다. 회사 상황을 가장 잘 알릴 수 있는 회계처리 방법을 사용하라는 의미에서 여러 가지 선택 가능한 대안을 허용하는 것이다. 결국 회계처리 방법을 이해하고 어떻게 활용할 것인지 선택하는 것은 회계정보 이용자들의 능력에 달렸다.

새로운 제도가 도입될 때는 새 제도에 익숙하지 않기 때문에 일시적으로 혼란이 생기게 마련이다. 2012년 들어 2011년 업적을 발표한 후 재무제표에 포함된 일부 내용이나 수치를 정정공시한 기업 숫자가 대폭 늘어난 것 역시 IFRS를 적용해 회계처리하는 데 서툴기 때문이라고 볼 수 있다. 연결재무제표의 주재무제표화, 세금계산의 차이, 자산재평가의 허용, 금융자산의 시가평가, 리스의 회계처리 등 여러 복잡한 사항들이 상당히 많이 변했다. 그렇지만 이런 혼란은 앞으로 1~2년 정도가 지나고 IFRS에 익숙해지면 사라질 것이다. 이런 혼란이 두렵다면 새로운 제도는 영원히 도입할 수 없다.

IFRS는 이미 전 세계 대부분 국가를 포함해 우리나라에도 도입되어 사용되고 있다. 약간의 부작용이 있다고 해서 이를 취소하고 과거로 되돌아간다면 더 큰 혼란이 발생할 것이다. 전술한 것처럼 IFRS가 도움이 되는 경우도 많다. 따라서 잘 도입한 것이냐, 잘못 도입한 것이냐를 두고 소모적인 논란을 지속하기보다는, IFRS의 도입시 발생한 회계정보 해석의 어려움을 어떻게 해결할 것인가에 관심을 집중해야 한다. 이번 개정안으로 영업이익의 공시 및 계산 문제를 해결한 것처럼 앞으로 비교 또는 이해 가능성이 부족한 항목이 발견된다면 이를 보완하는 방법을 찾아 기준을 수정하면 된다.

모든 이해관계자를 다 만족시키는 해결책은 존재하지 않는다. 결국 가장 중요한 것은 이해관계자들 모두가 회계 공부를 열심히 해야 한다는 점이다. '아는 만큼 보인다.'라는 말이 있듯이, 회계정보는 그 의미를 아는 사람에게는 엄청난 정보의 원천이지만 모르는 사람에게는 아무 의미가 없는 숫자들의 나열일 뿐이다. 결국 숨겨진 정보를 찾아 제대로 활용할 수 있는 사람만이 남들이 알지 못하는 가치를 낚아 올릴 수 있을 것이다.

회계로 본 세상

IFRS 도입 이후 영업이익 계산 문제에 대한 비난이 쏟아지자 언론들은 'IFRS를 졸속으로 도입했다.'라는 비난에서부터 '빨리 IFRS를 개정해 문제를 해결하라.'라는 등의 요구를 쏟아냈다. 첫 번째 비난과 관련해서, IFRS를 졸속으로 도입한 것이 아니라 전 세계 국가들 중 거의 제일 마지막으로 도입한 것이라는 것은 전술한 바 있다. 잘 알지도 못하는 비전문가들이 나서서 전문가들이 한 일을 비난하는 셈이다. 한국은 IFRS 도입을 거부한 미국과 일본을 제외하면 세계에서 '회계기준'이라는 것을 가지고 있는 나라들 중 거의 제일 늦게 도입했다. 따라서 상당한 시간을 가지고 이해득실을 따져본 후 신중하게 도입을 결정한 것이다. 오히려 너무 늦은 감이 있을 정도다. 차라리 '왜 이렇게 늦게 도입했냐.'라고 비난한다면 어느 정도 이해를 할 수 있다.

두 번째 비난과 관련된 사항인 IFRS의 개정은 우리나라가 마음대로 할 수 있는 일이 아니다. 우리나라의 독자적인 회계기준을 포기하고 IFRS를 도입한 이후부터는 IFRS에 규정된 내용을 우리나라 마음대로 바꿀 수 없다. IFRS를 만들고 개정하는 기관인 IASB에 현 규정의 문제점을 설명하고, IASB가 규정을 바꾸도록 설득을 하는 복잡한 절차가 필요하다. 이번 문제의 경우 서정우 국민대학교 교수(전 회계기준원장)가 IASB 위원으로 선출된 직후에 이슈가 대두되었으므로, 다행스럽게도 IASB와 접촉하는 시간을 단축해 짧은 기간 안에 문제를 해결할 수 있었다. 또한 영업이익 관련 이슈는 상대적으로 단순한 것이고 외국에서도 동일한 문제가 있기 때문에 상대적으로 손쉽게 IASB를 설득할 수 있었다.

필자는 IFRS에 문제점이 있기 때문에 '이러이러한 점'들을 개정해야 한다는 설명을 모임에서 듣게 되는 경우가 가끔 있다. 제일 많이 들은 사항이 조선업이나 해운업 등의 환헤지에 대한 회계처리 이슈다. 너무 복잡한 주제라서 그 내용을 다 설명하기는 곤란하지만, 기업의 실질에는 아무 영향이 없는데도 환율이 변함에 따라 재무제표에 표시되는 자산이나 부채의 금액이 크게 달라지게 되는 문제다.[1] 그 금액도 수천억 원씩에 이른다. 해당 기업의 입장에서는 재무제표에 표시되는 변동성이 커지므로 심각한 문제다. 재무제표를 이용하는 사람들이 이 문제점을 알고 관련 자산·부채·수익·비용을 고려대상에서 빼버리면 간단한 일인데, 대부분의 비전문가 재무제표 이용자들은

1 이들 금액이 기업의 실질에 아무 영향을 미치지 않는 이유는 환헤지 계약이 끝나면 모든 이와 관련된 수익과 비용이 정산되어 총 합계가 0이 되기 때문이다. 즉 계약중에만 일시적으로 장부상의 평가손익이 발생하게 된다. 기업 입장에서는 환헤지 비용만 지출하는 것이고, 계약의 결과로 환율 변동에 대한 손익은 기업과 환헤지 계약을 체결한 금융회사로 이전되는 것이다. 그러나 이 내용은 너무 복잡하기 때문에 더이상의 자세한 설명은 생략한다.

이런 이슈에 대해 관심이 없이 기계적으로 재무제표에 보고된 숫자를 이용한다. 따라서 재무제표에 어떤 숫자가 보고되느냐에 따라 해당 기업에 대한 재무제표 이용자들의 평가가 크게 달라지게 된다. 그러니 기업들이 숫자에 민감하게 반응할 수밖에 없다. 이러니 '진실된 숫자로 경영'하는 것이 아니라 '외부에 보고된 숫자만 보고 경영'하게 된다.

이 문제점을 해결하기 위해서는 IFRS를 개정하도록 IASB를 설득해야 한다. 그런데 그렇게 하기가 쉽지 않다. 우선 우리나라는 수출의존도는 높은 국가이며, 그 중에서도 조선업이나 해운업이 특히 더 환율 변동에 민감한데, IASB를 주도하는 유럽의 국가들은 환율 변동에 민감한 기업들이 거의 없다. 따라서 한국 측에서 아무리 노력을 해도 그 문제점이 왜 많은 기업들에게 심각한 문제가 되는지 이해를 시키는 것이 쉽지 않다. 이들 업종이 우리나라 입장에서 보면 매우 중요한 산업 분야이지만, 전 세계 또는 유럽의 입장에서 보면 그렇게 큰 비중을 차지하는 업종이 아니기 때문이다. 영국 등의 소수 국가에서도 조선이나 해운 업종이 중요하겠지만, 그렇다고 해도 영국의 입장에서는 환율 변동이 중요한 이슈가 아니다. 영국의 독자화폐인 파운드화로 상당한 거래가 이루어질 것이기 때문이다. 그러니 우리가 회계기준 변경에 대한 의견을 제시해도 국가나 산업별 각각의 특수성을 모두 감안해 그 국가와 업종만을 위해 회계기준을 바꾸기는 어렵다는 반론에 부딪히게 된다. 세계각국에서 IASB에 대해 회계기준 개정에 대한 이런저런 요구를 많이 하는데, 그때 IASB가 반론으로 사용하는 논리가 바로 이것이다.

우리나라가 힘이 센 강대국이었다면 조금 더 손쉽게 일을 처리할 수 있었을 텐데, 그렇지 못하니 우리나라의 의견을 IASB에 반영하는 것이 쉽지 않은 것이다. 변명 같지만, 이 분야의 관계당국이나 회계학자들도 국내 기업들의 의견을 반영하기 위해 열심히 노력하고 있다는 점을 기업들이 알아주었으면 한다. 위에서 사례로 든 '확정계약에 대한 공정가치위험회피회계'의 경우도, 우리나라가 몇 년에 걸쳐 열심히 노력한 결과, 우리나라 입장이 반영된 방향으로 IFRS를 개정하는데 최근 성공한 바 있다.

그리고 우리나라가 이렇게 IASB에 제 목소리를 내고 우리나라의 의사를 관철시키기 위해서는 IFRS를 사용하는 각 나라가 IASB에 지급하는 분담금도 충분히 내야 한다는 것을 기업들이 알아주었으면 한다. 분담금은 내지 않으려고 하면서 이것저것 기준을 바꿔달라고 요구하는 기업들이 너무 많다. 회계제도의 마련을 위해 사용되는 비용은 도로나 통신망처럼 일종의 '사회 인프라' 구축을 위한 비용이다. 이런 비용을 쓰지 않는다면 기업과 사회가 잘 돌아가기 힘들다는 점을 명심해야 한다. 분담금을 내는 비중만큼 IASB에 요구할 수 있는 우리의 목소리도 커지게 된다.

저축은행 사태로 살펴본 부실 회계감사 문제의 해결책

••• 회계법인 •••

많은 저축은행들이 2008년 세계금융위기 이후 부실화되면서 저축은행이 발행한 후순위채를 매입했던 투자자들이 큰 피해를 입었다. 왜 저축은행들이 부실한 것을 사전에 발견하지 못했는지에 대해 감독당국과 회계법인에 많은 비난이 쏟아졌다. 본고에서는 회계법인이 실시하는 회계감사의 한계점에 대해 소개한다. 또한 한국의 회계감사 현실의 문제점에 대해 알아본다. 마지막으로 현재의 회계실무를 개선하기 위해서는 제도적으로 어떤 해결책이 있을지에 대해 생각해본다.

2011년 여름부터 시작된 저축은행 부실 사태가 쉽게 해결될 기미를 보이지 않고 있다. 부산저축은행을 비롯한 여러 저축은행이 영업을 중단하거나 다른 곳으로 매각되었다. 이들 저축은행은 대주주가 차명으로 설립한 특수목적법인에 막대한 자금을 불법으로 대출했다. 1인당 대출한도가 정해져 있으므로, 이를 피하기 위해 다른 사람의 이름을 빌려 대출을 해준 것이다. 부산저축은행의 경우, 은행의 대주주가 특수목적법인을 무려 120여 개나 차명으로 운영하고 있던 것으로 드러났다. 부산저축은행은 이들 법인에 총 5조 3천억 원에 이르는 자금을 빌려줬다. 이렇게 받은 자금을 이용해 특수목적법인들은 전국 각지의 부동산 개발사업에 뛰어들었다. 부산저축은행 전체 대출금의 60%에 달하는 금액이 부동산 관련 프로젝트 파이낸싱PF에 대출되었을 정도다.

2000년대 초중반, 전국적인 부동산 개발사업 붐이 일면서 국내 부동산 가격이 천정부지로 치솟았다. 하늘 높은 줄 모르고 뛰어오르던 부동산 가격은 2005년 정점을 찍었다. 저축은행을 포함한 많은 건설사들이 아파트 건설 및 부동산 개발 사업에 본격적으로 뛰어들기 시작한 시점이 바로 이때다. 그러다 2008년 여름 세계금융위기가 시작되면서 부동산 거품이 꺼지기 시작했다. 저축은행에서 돈을 빌려 특수목적법인들이 벌인 사업은 대부분 실패로 끝났다. 당연히 대출금 회수가 불가능했다. 저축은행 부실이 여기서 비롯되었다. 만약 부동산 거품이 발생했다가 터지는 일이 없었더라면 이처럼 큰 피해는 발생하지 않았을 것이다. 어쨌든 부동산 거품이 폭발한 결과 선의의 피해자가 속출했다. 저축은행에 돈을 맡긴 일반인들은 원금조차 돌려받을 수 없었다. 현행 예금자보호법은 최대 5천만 원까지만 원리금을 보장한다. 일부 정치인들이 모두 돌려주자는 이야기를 하고는 있지만, 5천만 원을 초과하는 금액은 돌려받기 어려워 보인다.

금융감독원과 회계법인에 대한 비난

비리의 당사자인 저축은행 대주주나 직원뿐만 아니라 간접적으로 책임이 있는 금융감독원이나 공인회계사에 대한 비난도 날로 거세지고 있다. 금융감독원의 경우, 금감원 출신 전직 공무원들이 부실 저축은행의 감사로 재직하고 있었는데도 오히려 대주주의 불법행위를 도와주는 역할을 했다는 점이 도마에 올랐다. 금융감독원의 현직 직원이 저축은행의 부정을 적발하고도 뇌물을 받고 눈감아준 사례도 드러났다.

부산저축은행의 경우 자기자본비율인 BIS비율이 최소 기준인 5%에 미치지 못했는데도 불구하고 금융감독원이 예외기준을 만들어 적용한 점이 문제가 되었다. 부산저축은행은 2008년 부실 저축은행인 대전저축은행을 인수해 자회사로 편입했는데, 이 과정에서 자회사가 떠안고 있는 부실을 BIS비율 산정에서 제외할 수 있는 특혜를 받았다. 부산저축은행에 영업정지 조치가 내려질 당시 외부로 공표된 BIS비율은 5.13%로 정상에 해당했지만, 자회사 부실을 반영할 경우 부채가 자산을 216억 원이나 초과한 자본잠식 상태였다. 즉 BIS비율이 0 미만인 상태였다.

이는 금융감독원이 합법적으로 분식회계를 할 수 있도록 허락해준 것이라고 볼 수밖에 없다. 부실덩어리 은행이라는 것을 모르는 투자자들은 BIS비율이 기준보다 높으니 안전하다고 믿고 투자했다가 손해를 보게 된 것이다. 비난이 빗발치자 대통령까지 나섰다. 이명박 대통령은 금융감독원을 불시에 방문해 강력하게 질책했다. 현행 금융감독 제도를 보완하기 위한 논의가 진행중인데, 금융감독원에만 믿고 맡길 수 없다는 이유를 들어 청와대 내부에서도 별도 태스크포스TF 조직을 꾸린 것으로 전해진다.

논의 대상을 공인회계사로 돌려보자. 공인회계사의 경우, 저축은행을 감사하면서도 이러한 부실 상태를 적발하지 못했다는 점에서 비난을 받고 있다. 일부에서는 공인회계사들이 감사를 부실하게 수행했기 때문에 심각한 분식회계를 잡아내지 못했다고 주장한다. 이런 맥락에서 볼 때 공인회계사도 사건의 공범으로 봐야 하며, 법적 처벌은 물론 손해배상도 요구하겠다는 주장이다. 이에 대해 회계사들은 "감사 대상 회사가 작심하고 장부를 조작하면 짧은 감사시간 동안 밝혀내는 것은 불가능하다."고 반박한다. 회계사들이 수사권을 갖고 있는 것은 아니기 때문에 대출장부만 보고 특수목적법인의 차명 여부를 밝혀낼 수는 없다는 논리다. 또 저축은행을 감사한 것이지 대출처인 특수목적법인을 감사한 것이 아니기 때문에 특수목적법인이 어느 곳에 자금을 집행했는지까지 살펴보는 것은 감사 범위에 해당하지 않는다고 반발한다. "범인을 못 잡았다고 경찰을 처벌하는 것은 불합리하다."라는 이야기도 나온다.

물론 회계사들의 논리가 틀린 것은 아니다. 하지만 그럼에도 불구하고 막대한 규모의 부정 대출을 단행한 저축은행을 감사하면서 거의 모든 회계법인이 공통으로 문제를 발견하지 못했다는 것은 정상적인 현상으로 볼 수 없다. 결국 회계사들이 고의적으로 부정을 눈감아주지는 않았다고 하더라도 감사가 철저하지 못했다는 여론의 비난은 불가피하다.[1]

회계부정이 되풀이되는 이유

'회계부정'을 이야기 할 때, 전 세계적으로 파문이 컸던 2001년 미국 엔론Enron 사건을 빼놓기는 어렵다. 사실 우리나라에서도 잊을 만하

---

1 부산저축은행의 부실화 배경과 회계부정 내용에 대한 보다 자세한 내용은 다음 논문을 참고하기 바란다.
김지령 · 이준호 · 권선국, '부산저축은행의 회계부정 사례' 〈Korea Business Review〉, 2013년

면 한 차례씩 회계부정 사건이 발생한다. 2000년대 초반에는 대우·현대그룹의 분식회계 사건이 있었다. 2010년에 들어서는 상장폐지된 기업 가운데 시가총액이 가장 컸던 네오세미테크의 분식회계 사건이 있었다. 2011년에는 한국 증시에 상장된 외국회사로 유명세를 떨치던 중국고섬이 상장 2달 만에 거래정지되는 사태도 발생했다. 이러한 사건들에 대해 회계사들은 입을 모아 "감사기간이 너무 짧아 문제를 발견하기 쉽지 않다."라고 말한다. 저축은행 사태에 대한 변명과 똑같다.

회계부정 사건들이 터질 때마다 관련 회계사들이 처벌을 받거나 회계사의 손해배상 책임이 강화되는 방향으로 사후 처리가 이루어졌다. 그런데도 비슷한 유형의 회계분식 사건들이 20년 동안이나 되풀이되는 것을 보면, 회계사를 처벌하거나 법적 책임을 강화하는 것은 근본적인 해결책이 아니라는 것을 알 수 있다. 즉 처벌이나 손해배상 책임을 무겁게 하는 것만으로는 해결할 수 없는 다른 원인이 있다는 의미다.

이는 공부 못하는 자녀를 공부시키겠다고 회초리를 들거나 벌을 세우는 것과 다르지 않다. 처음 얼마쯤은 부모의 눈치를 보느라 자녀가 조금 더 공부를 할 수 있겠지만 공부를 못하는 근본 원인을 찾아 해결하지 않으면 아무리 닦달해도 만족스러운 성적을 받기 힘들다. 회계사를 처벌하거나 손해배상 책임을 강화하는 것은 시험 점수를 올리겠다고 자녀를 회초리로 겁주는 것과 다르지 않다.

부실 감사 문제가 되풀이되는 이유는 어떻게 하면 짧은 감사시간을 늘려 회계사들이 감사를 제대로 수행할 수 있게 할 것인가에 대한 근본적인 고민이 없었기 때문이다. 감사시간이 획기적으로 늘어나지 않는 한 회계사들을 아무리 압박해도 문제는 해결될 수 없다.[2]

현재 감사 시장은 자유경쟁 시장이다. 기업들은 감사수임료를 낮게 제시한 회계법인을 골라 감사를 맡긴다. 회계법인 간 경쟁이 치열하기 때문에 감사수임료가 높아질 수 없는 구조적 한계가 있다. 회계법인들은 보유한 인력을 놀리는 것보다는 수임료를 적게 받더라도 일감을 따내는 편이 유리하므로 감사수임료를 높게 제시하지 못한다. 기업 입장에서도 주주들이 감사의 질적 가치에 별로 신경을 쓰지 않는데 저렴한 값에 감사를 하겠다는 회계법인을 마다할 이유가 없다. 즉 감사 품질에 관심이 없기 때문에 결국 수임료를 적게 제시한 회계법인이 경쟁에서 이긴다. 소비자가 품질을 따지지 않고 가격만으로 제품을 선택하면 최저가에 제품을 공급하는 공급자가 경쟁에서 이기는 것이 당연지사다. 감사보수가 낮으므로 이에 따라 감사시간도 당연히 낮아진다.

그러면서 소비자는 책임지지 않고 공급자만 탓한다면 문제가 해결될 수 없다. 결국 회계정보의 주요 소비자에 해당하는 주주나 채권자, 신용평가기관, 애널리스트 같은 집단에서 적극적으로 나서서 감사가 제대로 수행되는지 관심을 기울여야 한다. 그렇지 않다면 이 문제가 해결될 수 없다.

---

2 아래의 연구는 감사시간이 짧은 경우 회계부정이나 이익조정을 제대로 적발하지 못한다는 것을 잘 보여준다.
Caramanis and Lennox, 'Audit Effort and Earnings Management', 〈Contemporary Accounting Research〉, 2008년.

감사시간을 늘려야 문제가 해결된다

그렇지만 소비자들이 감사품질에 관심이 없으니 감사수임료는 이전과 비교해 크게 달라지지 않았다. 2000년대 초반부터 2007년까지의 자료를 분석한 결과를 보면, 한국의 감사수임료는 상장기업 기준 연평균 7% 정도 증가했다. 2000년대 초반 내부통제제도의 확립과 내부통제제도(내부회계관리제도)에 대한 검토의견 발표 등의 제도가 도입되면서 감사 범위가 크게 늘어난 것과는 대조적인 변화다. 비상장기업에 대한 감사수임료는 놀랍게도 오히려 감소했다.

미국의 경우, 같은 기간 동안 감사수임료가 무려 200% 이상 증가했다.[3] 미국에서는 2002년 제정된 사베인스-옥슬리 법Sarbanes-Oxley Act에서 도입한 여러 감사강화제도를 실행하기 위해 감사시간이 크게 늘었고, 이 결과 감사수임료가 늘었다. 한국도 2004년부터 미국과 유사한 제도들을 도입했는데도 불구하고 양국간 감사수임료는 큰 차이를 보인다. 즉 한국에서는 새로운 제도를 도입했는데도 감사시간이 거의 변하지 않았다는 것을 알 수 있다. 형식적으로만 제도가 도입되었을 뿐 실제 감사 행태는 거의 달라지지 않았다는 의미다.

세계 각국의 감사수임료를 비교한 필자의 연구결과를 살펴보자.[4] 2008년 기준, 자산 1조 원 규모인 한국 기업의 평균 감사수임료는 해당 기업이 홍콩에 있다고 가정할 경우와 비교해 33%, 싱가포르에 있다고 가정할 경우와 비교해 52% 정도에 불과하다. 이는 한국의 감사

3 Ghosh and Pawlewicz, 'The Impact of Regulation on Auditor Fees: Evidence from the Sarbanes-Oxley Act', 〈Auditing: A Journal of Practice and Theory〉, 2009년.

수임료가 국제적 수준 대비 비정상적으로 낮다는 점을 보여준다.[5]

낮은 감사수임료는 감사에 투입되는 절대적인 시간을 축소시키는 악순환을 부른다. 감사수임료가 홍콩 기업의 33%에 불과하다는 것은 한국의 회계사 개인이 홍콩 회계사와 비교해 보수가 33%에 그친다는 말이 아니다. 이는 감사시간이 33%에 불과하다는 의미다. 필자가 홍콩에서 7년 동안 거주하며 살펴본 바에 따르면 물가와 국민소득 수준을 고려할 때 양국 회계사들의 보수에 큰 차이는 없다. 한국 회계사들은 1년 동안 홍콩이나 싱가포르 회계사보다 2~3배 많은 숫자의 회사들을 감사하기 때문에, 개별 회사에 대한 투입시간은 적지만 전체 소득은 홍콩 및 싱가포르와 비슷해지는 셈이다.

결국 관건은 회계법인이 충분한 시간을 감사에 투입할 수 있도록 제도를 보완하는 일에 달렸다. 현재 국내에서는 회계사가 기업의 장부를 전수검사하지 않고 5~10% 정도의 표본을 추출해 감사한다. 이로써는 기업의 부실이나 부정을 적발하기에 턱없이 부족하다. 20~30% 정도를 표본추출하고, 추출한 표본에 대해서는 조사와 확인을 제대로 할 수 있을 만큼 감사시간이 늘어야 충분한 부정 적발이 가능해질 것이다.

---

4 최종학 · 박종일 · 이창우 · 전규안 · 황이석, '한국시장에서의 적정 감사보수 산정 모형개발', 〈한국공인회계사회〉, 2009년. 이 연구에서는 한국을 포함한 세계 15개 국가의 감사수임료를 비교하고, 각 국가별로 감사수임료가 어떤 개별 기업별 요인 및 국가별 특성들에 따라 달라지는지를 비교 분석했다. 따라서 국가별 특성들과 개별 기업별 요인들을 통제하고 나면 다른 나라와 비교해볼 때 한국에서의 평균적인 감사수임료 수준이 어떤지 계산할 수 있다.

5 분석결과를 보면 특히 중소기업일수록 감사수임료가 국제적 수준과 큰 차이가 난다.

문제 해결을 위한 정책 제언

이런 문제점을 해결하기 위해서는 대략 다음과 같은 8가지 제도적 개선이 필요하다.

첫째, 업종별·기업별 적정한 감사시간에 대한 가이드라인을 정해야 한다. 그리고 가이드라인에 따라 적정한 시간이 감사에 투입될 수 있도록 감독기관에서 철저히 감독해야 한다.[6] 기업별 연차보고서에 감사시간 자료가 공지되기는 하지만, 이 자료가 얼마나 정확한지 확인할 수 있는 방법이 없다. 또 연차보고서가 50~100페이지에 달하기 때문에 그 속에 숨어 있는 감사시간 자료는 투자자들의 눈에 잘 띄지 않는다. 따라서 연차보고서가 아니라 감사보고서에 감사시간 가이드라인에 따른 추정 감사시간과 실제 감사시간이 얼마인지를 기재하도록 해야 한다. 양자 간 차이가 많이 나면 그 이유를 설명하도록 해야 한다. 감사보고서는 투자자나 애널리스트들이 많이 참고하는 자료이기 때문에 연차보고서에 비해 투자자들의 주의를 높이는 효과를 가져올 수 있다. 예를 들어 적정 감사시간이 500시간인 기업에 대한 실제 감사시간이 200시간에 불과하다면, 감사가 엉터리로 수행되었을 것이라는 점을 손쉽게 추측할 수 있다.

6 감사보수가 얼마쯤 되어야 한다는 감사보수 규정을 만든다면 공정거래법 위반이 될 것이다. 또한 일부 회계법인에서는 감사시간을 늘리지 않으면서 감사보수만 규정에 따라 많이 받아갈 위험도 있다. 그러나 적어도 이 정도의 감사시간을 투입해서 감사를 해야 한다는 감사시간에 대한 가이드라인을 제정하는 것은 공정거래법 위반의 소지도 없을 뿐더러 공익을 위해서도 필요한 제도다. 규정된 시간을 꼭 투자해서 감사하기만 한다면, 감사보수를 낮게 받아갈 수 있을 정도로 효율성을 가지고 있는 회계법인이 일감을 따가는 것은 아무 문제가 없다.

비슷한 예로 미국의 경우 2002년부터 애널리스트가 리서치 보고서를 발간할 때 소속 회사의 항목별 주식 추천(매수 · 보유 · 매각 등) 비중이 얼마인지를 포함하도록 의무화했다. 그러자 매수 추천 비중이 70%대에서 40%대로 큰 폭 떨어졌고, 2%에 불과했던 매도 추천 비중은 17%로 높아졌다. 리서치 보고서를 읽는 투자자들이 해당 회사의 전체 추천 비중을 쉽게 알 수 있게 되자, 애널리스트들이 매수 추천을 남발하는 현상이 억제된 것이다.[7] 회계감사 분야에도 이 같은 제도를 도입하면 동일한 효과를 기대할 수 있다. 투자자들로 하여금 어떤 회계법인이 시간을 덜 투입해 불충분한 감사를 수행하는지, 어떤 기업이 감사를 대충 받고 넘어가는지를 알 수 있게 하는 것이다.

둘째, 회계법인의 감사시스템 전반에 대한 거시적인 감리가 강화되어야 한다. 현재 금융감독원에서 회계법인에 대해 실시하는 감리는 개별적인 기업 감사가 제대로 행해졌는지를 살펴보는 미시적 측면에 집중하고 있다. 하지만 앞으로는 회계법인 내 인력 배치와 감사시간 배분, 적정한 감사시간 투입 여부 등에 대한 거시적 감리를 함께 시행해야 한다.[8] 회계법인 전체에서 인력이 어떻게 배치되고 활용되는지 시간별 배분 자료를 분석하면 기업별로 사용된 감사시간을 상당히 정확하게 추정할 수 있을 것이다. 이는 감사시간이 충분했는지 여부를

---

7 『숫자로 경영하라』에 등장하는 '애널리스트의 보고서를 믿어야 할까?' 참조

8 황문호 · 권수영 · 이영한의 연구결과('감사인 품질관리감리의 효과성에 관한 연구', 〈회계와감사연구〉, 2011년)에 따르면, 현재 한국공인회계사회에서 실시중인 품질관리 감리결과가 감사품질이 높고 낮은 회계법인을 구별하는 데는 효과적인 역할을 하고 있다고 한다. 그러나 감리에서 문제가 발견된 회계법인의 경우는 그 후에도 감사품질에 변화가 없다고 한다. 즉 적절한 사후조치가 수행되지 않고 있다는 뜻이다. 따라서 금융감독원의 감리 시에는 사후조치가 확실히 실행되는지에 대해서도 점검할 필요가 있다.

저축은행 사건에 대해 항의하는 피해자들
2011년 말 저축은행 사태가 발생해 많은 피해자들이 발생했다. 이들은 금융감독원과 국회를 방문해 격렬하게 항의하고 피해보상을 요구했다.

판단하는 자료로 활용할 수 있다. 이를 통해 규정된 시간대로 감사를 수행하지 않으면서 마치 제대로 한 것처럼 감사시간을 부풀려 보고서를 작성하는 경우를 적발해 강력히 처벌해야 한다. 또 드물기는 하겠지만, 부정을 발견하고도 눈감아준 회계사가 있다면 이에 대한 법적 처벌은 더욱 강화되어야 할 것이다.

셋째, 금융감독원은 감리를 더 광범위하게 실시해야 한다. 철저한 회계관행이 정착될 때까지만이라도 감리 강화가 필요하다. 매년 더 많은 회사를 감리 표본에 포함시켜야 하며, 감리 결과를 지금보다 더 자세히 공개해야 한다. 현재는 감리 결과 부실회계가 적발된 기업들이 어떤 분식을 저질렀는지에 대한 공개 내용이 상당히 미흡하다. 전문가라고 할지라도 공개 정보만 보고서는 어떤 내용인지 이해하기 어려울 정도다. 비전문가라도 자세한 내용을 이해할 수 있도록 충분한 정보를 공개해야 한다. 중요한 정보를 공개하면 기업 보호가 어렵다는 반론이 있을지도 모른다. 하지만 재무회계는 기업이 아니라 채권자나 주주 및 잠재적 주주인 투자자를 보호하기 위해 존재하는 것이다. 이들이 충분한 정보를 제공받아 회계 정보를 신뢰하고 투자에 나설 때 결과적으로 기업이 도움을 받는 것이 제대로 된 프로세스다. 따라서 투자자를 우선적으로 보호할 수 있도록 정책이 개선되어야 한다. 이를 위해서 우선 금융감독원의 감리 담당 인력이 확충되어야 한다. 외국의 경우와 비교해보면 우리나라의 금융감독원이나 금융위원회의 회계 담당 인력의 숫자가 비교하기 부끄러운 수준이다. 우리나라 정부에서 얼마나 회계의 중요성에 대해 무관심한지를 잘 알 수 있다.

넷째, 감사인지정제도가 확대되어야 한다. 현재는 분식회계가 적발된 회사나 상장을 준비하는 회사 정도만 감사인이 지정된다. 지정된 감사인이 훨씬 더 감사업무를 철저하게 수행한다는 것에 대해서는 국내에서 다양한 연구결과가 제시된 바 있다. 따라서 앞으로는 사후적으로 문제가 생긴 기업들만 감사인을 지정할 것이 아니라, 사전적으로 문제가 있을 것으로 의심이 가는 기업들을 대상으로 감사인 지정을 확대해야 한다. 증권선물위원회, 감리위원회 등에서 회의를 거쳐 해당 기업들을 선정할 수 있을 것이다. 예를 들면 감사시간이 지나치게 낮은 기업, 이익의 질이 낮은 기업, 감사인을 빈번하게 교체하는 기업, 경영권이 빈번하게 교체되는 기업, 사외이사가 뚜렷한 이유없이 사임하거나 빈번하게 교체되는 기업 등이 여기에 해당한다.

감사인 지정의 방법은 앞에서 언급한 금융감독원의 감리확대 방법보다 효과가 높을 것으로 기대된다. 금융감독원의 감리확대를 위해서는 인력이나 예산이 더 확충되어야 하는데, 실제적으로 현재 정부 상황을 보면 그럴 만한 여유가 거의 없을 것으로 보이기 때문이다. 그렇지만 감사인지정의 확대는 추가적인 정부의 예산이나 인력 투입 없이도 손쉽게 이루어질 수 있다.

회계연도의 분산과 시간제 감사계약

다섯째, 기업 회계연도를 분산시켜야 한다. 금융권(3월)을 제외한 국내 대부분 기업의 회계연도가 12월에 끝난다. 40%가량의 기업들이 12월 결산법인이 아닌 미국과 차이가 크다. 그 결과 국내에서는 감사 업무가 12~2월 초에 집중된다. 이 기간에는 회계법인의 모든 인력이 감사 업무에 투입되어 밤낮없이 장부를 검토한다. 그러다 보니 감사를 제대로 수행할 시간이 부족하다. 회계사들은 며칠마다 기업을 바꿔가며 정신없이 일해야 한다. 그런데 감사 시즌이 끝나고 3월부터 11월까지는 인력을 다 활용할 방법이 없을 정도로 일감이 준다. 바쁜 시즌에 인력이 부족하다고 쉽게 늘릴 수도 없는 노릇이다. 이런 문제를 해결하기 위해서는 정부에서 인센티브를 활용해서라도 기업들의 회계연도를 분산시켜야 한다. 그래야 감사 업무가 분산되면서 개별 기업 감사에 좀더 많은 시간을 투입할 수 있다. 동일한 대기업 집단에 소속되어 연결재무제표를 작성하는 기업들 몇 곳만 회계연도를 6월이나 9월로 바꿔도 그 효과는 상당할 것이다.[9] 정부가 먼저 나서서 공기업부터라도 회계연도를 바꿨으면 한다.

여섯째, 회계법인이 개별 기업과 맺는 감사계약을 현재와 같은 총액제에서 시간당 보수제로 바꿔야 한다. 물론 계약할 때 추정 감사시간을 제시해서 전체 감사보수가 얼마나 될지에 대해 기업이 미리 짐작할 수 있도록 해야 한다. 상당수 선진국과 달리 국내 기업은 회계법인과 총액제로 계약하기 때문에 회계사가 감사시간을 늘린다고 해도 수임료가 달라지지 않는다. 그러니 감사시간을 늘릴 만한 유인이 없다.

예컨대 회계법인은 기업과 감사계약을 맺을 때 시간당 보수를 명시한다. 그리고 '20% 정도 표본 추출을 해서 감사를 진행하면 500시간 정도가 소요된다.'라는 식의 정보를 제공한다. 정해진 만큼 표본을 추출한 후 감사한 결과, 문제가 발견되면 그 종류나 중요성, 크기에 따라 감사 투입시간을 늘려 더 많은 표본을 추출해 분석하겠다는 점도 계약서에 명시한다. 이런 규정이 정비되어야 회계법인이 문제를 발견해도 손해 볼 염려 없이 감사시간을 충분히 가질 수 있을 것이다.

일곱째, 감사위원회 또는 감사가 회계감사인을 선정하도록 해야 한다. 현재 대부분 기업에서는 CEO나 CFO가 회계감사인을 이사회나 감사위원회에 추천하고, 이사회나 감사위원회에서 형식적 승인을 한다. 이는 감사를 받는 대상인 CEO나 CFO가 직접 감사인을 선정하는 셈이 되기 때문에 엄밀한 감사를 어렵게 한다. 따라서 감사인을 교체할 경우 감사위원회 또는 감사가 직접 후보 감사인을 면담하고

9 최근 국제회계기준 사용과 더불어 연결재무제표가 기본재무제표로 바뀌게 되자 기업들은 모회사와 자회사의 회계연도를 모두 통일하려는 움직임을 보이고 있다. 이런 경우 12월이 아니라 다른 달로 회계연도를 함께 바꾸도록 정부가 유도한다면 큰 효과가 있을 것이다. 어차피 다른 달로 바꿀 계획이라면 바꿀 때 함께 바꾸는 것이 덜 번거로울 것이다.

새로 선정하도록 해야 한다. 또한 회계를 잘 아는 전문가가 감사위원회나 이사회에 반드시 포함되어야 한다.[10] 이런 제도적 보완들이 이루어져 부실 감사 문제가 다시는 우리나라에 일어나지 않게 되기를 바란다.

여덟째, 기업이 회계법인을 교체할 때 교체 사유와 교체를 결정한 주체가 누구인지를 명확히 공시하도록 해야 한다. 미국에서는 이런 내용이 교체 시점에서 즉시 공시되는데, 우리나라에서는 아직 공시되지 않고 있다. 특히 회계법인이 왜 교체되었는지는 전혀 알 수 없다. 외국이나 국내의 연구를 보면 모두 회계법인 교체 직후에 회계부정이나 이익조정이 빈번히 일어나며, 회계법인을 자주 교체하는 기업일수록 역시 회계부정이나 이익조정이 많다. 따라서 회계법인 교체 시에는 과거 10년간 회계법인을 몇 번이나 교체했는지, 그리고 이번에 회계법인을 교체하면서 체결한 감사계약을 전임 회계법인의 계약과 비교하며 시간당 감사보수와 감사시간이 얼마인지를 서로 비교해 공시하도록 해야 한다. 그래야만 투자자들이 명확한 회계법인 교체 이유가 공시되지 않더라도 교체 빈도와 감사보수나 감사시간 변화추이를 보면서 이유를 손쉽게 짐작할 수 있기 때문이다.[11]

10 사실 이 제도가 마련되더라도 그 효과는 명확하지 않다. 대기업들은 어느 정도 감사위원회나 감사가 독립적으로 활동하고 있어 효과가 있을 테지만, 실제로 부실감사의 문제가 더 많은 중소기업들은 감사위원회나 감사도 대주주와 밀접한 관련성이 있어서 대주주로부터 독립적이지 않은 경우가 많기 때문이다. 그러나 이런 한계점에도 불구하고 논리적으로 불합리한 제도는 수정되어야 한다.

주주와 회계사들도 반성해야

지금까지 제시한 8가지 개선책 외에도 고쳐져야 할 문제점들이 있다. 부실감사 문제가 끊이지 않는 원인에는 전술한 것처럼 주주들로 대표되는 이해관계자 집단(채권자·신용평가기관·애널리스트 등)의 무관심도 있다. 주주는 회사가 감사수임료를 충분히 지급하면서 적정한 감사를 받고 있는지 관심을 갖고 기업에 이를 요구해야 한다. 전술한 것처럼 적정 감사시간과 실제 감사시간이 감사보고서에 명시된다면, 회계를 잘 모르는 주주라도 감사시간의 부족 여부를 쉽게 판단할 수 있을 것이다. 감사 품질에 문제가 있는 것으로 알려진 회계법인이 감사를 맡았다거나 감사수임료가 비정상적으로 낮은 경우, 감사 투입시간이 충분하지 않은 경우에는 감사인을 교체하라고 주주총회에서 목소리를 높여야 한다.

기업의 주인인 주주가 관심을 갖지 않는다면 회사 직원들 역시 애써 감사에 신경 쓰려 하지 않을 것이다. 오히려 감사를 불필요한 통과의례쯤으로 생각하고 비용을 줄일 방법만 찾으려 할 가능성이 높다. 평상시에는 감사에 아무런 관심이 없거나 오히려 감사비용 줄이는 것을 더 선호하다가, 문제가 생긴 뒤에서야 비로소 감사 똑바로 못했냐고 목소리를 높이는 주주들이 대다수다. 감사비용을 깎는 것을 더 선

---

11 회계법인의 교체 빈도 및 회계법인의 계속감사기간과 감사품질의 관계에 대한 연구들은 필자의 저서 『숫자로 경영하라』의 '회계법인, 몇 년마다 바꿔야 할까?'라는 글을 참조하기 바란다. 회계법인 교체시 과거 10년간 회계법인을 몇 번이나 교체했는지 공시해야 한다고 한 이유는 현행 최소 감사기간 계약 단위가 3년이기 때문이다. 따라서 10년 동안 매 3년마다 감사인을 교체하며 총 3회 교체하는 것이 가장 빈번히 교체하는 것이다.

호하는 것은 무관심 정도가 아니라 부실 감사를 하라고 적극적으로 옹호하는 것과 마찬가지다. 이런 주주들의 자세가 바뀌지 않는다면 감사는 제대로 이루어질 수 없다. 같은 맥락에서 좋은 감사의견을 달라고 감사인을 협박하는 몰지각한 주주에 대해서는 본보기 삼아 특별법을 제정해서라도 강력히 처벌해야 한다.

회계법인과 회계사들도 뼈를 깎는 반성을 해야 한다. 주위 환경 탓만 하는 것은 바람직한 자세가 아니다. 어떤 변명을 내세우더라도, 회계사들이 감사과정에서 문제를 적발하지 못했다는 비난은 피할 수가 없다. '적당히 하는 감사'는 한국에서 사라져야 한다. 이를 위해 감사 관련 제도들이 신속하게 개정되는 것은 물론 주주와 회계사의 인식이 달라져야 한다. 그래야 한국 기업들의 투명성이 향상되고, 한국 기업들이 선진국 기업에 비해 주식시장에서 상대적으로 저평가받는 이른바 '코리안 디스카운트'가 사라질 수 있다.

분식회계 없이 투명한 회계장부를 만드는 기업들조차 코리안 디스카운트 때문에 금전적 손해가 상당하다. 감사와 직접 관련성이 없어 보이기 때문에 잘 깨닫지 못하지만, 코리안 디스카운트 때문에 더 비싸게 자본을 조달하면서 입는 손해는 감사를 제대로 하기 위해 지불하는 수임료와는 비교할 수 없을 정도로 크다. 기업들도 감사의 중요성을 인지하고 엄격하게 실시될 수 있도록 협력해야 하는 이유가 바로 여기에 있다.

문제가 있을 때 어느 한쪽만 희생양 삼아 일방적으로 비난하는 것은 올바른 해결방법이 아니다. 이해관계자 모두의 인식 전환과 협력, 제도 보완이 있을 때 문제가 근본적으로 해결될 수 있다.

회계로 본 세상

현재 일부 정치인들은 국민이 낸 세금으로 파산한 저축은행에 예금을 했던 예금자들의 손실 금액을 전부 보상해주자는 주장을 하고 있다. 그러나 논리적으로 생각해보면 이런 주장을 받아들이기 곤란하다. 모든 투자는 위험과 수익률의 서로 다른 조합으로 귀결된다. 고수익인 투자일수록 위험이 높고 저수익인 투자일수록 안전하다. 만약 위험한 투자를 한 사람이 투자 실패로 본 손실을 정부가 다른 국민들부터 걷은 세금으로 보전해준다면 손해를 볼 위험이 없어지게 된다. 그렇다면 모두가 더 고위험 투자를 향해 달려갈 것이다. 만약 성공하면 자신이 이익을 챙길 수 있고, 손실이 발생하면 정부로부터 보전받을 수 있기 때문이다. 그렇게 된다면 정부가 물어줘야 할 돈이 기하급수적으로 늘어난다.

또 어떤 이들은 이번 한 번만 보전해주고 앞으로는 해주지 말자고 주장한다. 그렇지만 보전해준 선례가 생긴다면 다음에 이런 사건이

다시 벌어졌을 때 피해자들이 '왜 우리는 지난번처럼 도와주지 않느냐?'면서 가만히 있지 않을 것이다. 따라서 논리적으로 생각해보면 예금자보호법 한도에 규정된 5천만 원까지만 도와주는 것이 안타깝지만 정답이다. 예금액 5천만 원 미만인 서민 피해자의 대부분은 일부 불충분하더라도 구제가 되기 때문이다. 물론 그렇다고 하더라도 불완전판매가 증명되는 경우라면 당연히 피해금액의 상당 부분을 저축은행에서 우선적으로 피해자들에게 보상해줘야 할 것이다. 따라서 키코의 경우와 유사한 것이, 피해자들은 불완전 판매를 증명할 수 있는 증거 수집에 노력해야 승소할 가능성이 높다고 판단된다.

만약 당시 우리나라에 부동산 거품이 발생하지 않았더라면, 그리고 저축은행의 경영진들이 방만하고 불법적인 대출을 하지 않았더라면 세계금융위기가 발생했다고 하더라도 그 여파가 상대적으로 적었을 것이다. 그러나 2000년대 초반부터 정치인들의 주도로 전국 각지에서 각종 개발사업이 시작되면서 대량의 자금이 토지수용대금으로 풀려나갔다. 그런 자금들이 부동산에 대한 수요를 불러일으켜 전국적으로 아파트 값이나 땅값이 치솟았다. 뉴타운이나 재개발, 혁신도시를 만든다는 정치인들의 공약도 땅값 상승에 기여했다. 한국발 부동산 버블이 발생했던 것이다. 이런 부동산 상승세에 뒤늦게 뛰어든 건설업체들 중 다수가 금융위기의 직격탄을 맞았다. 그 결과 다수의 건설사들이 2009년 이후 파산한 바 있다.

저축은행들이 파산한 이유도 이와 같다. 부동산 붐이 지속될 줄 알고 건설회사들에 막대한 자금을 빌려주었거나 전문가도 아닌 자신들이 직접 개발사업에 뛰어들었던 것이다. 이런 투자가 줄줄이 실패로 돌아가면서 투자금을 회수할 수 없게 되자 파산한 것이다. 물론 현재까지 밝혀진 바로는 몇몇 대주주나 임직원들이 횡령한 금액도 상당한 것으로 보인다. 이 글에서 필자는 세계금융위기와 한국의 부동산 거품을 연결시키려고 했으므로 자세한 이야기는 하지 않았지만, 이번 사태의 가장 큰 원인은 고객들의 예금을 사금고처럼 마음대로 사용하고 상당한 돈을 횡령한 저축은행의 대주주나 임직원들이다.

이처럼 버블은 엄청난 피해를 미친다. 만약 부동산 버블이 없었다면 건설회사나 저축은행들이 이런 무리한 투자를 할 이유가 별로 없었을 것이다. 버블이 계속되면 사람들은 경기 호황이 지속될 것이라는 잘못된 생각을 가지게 된다. 그 결과 물불 가리지 않는 과감한 투자를 한다. 그러다 버블이 터지는 순간 엄청난 피해를 입게 되는 것이다. 2000년대 초반 실물경제가 별로 좋지 않은 상황에서 집값이 40%나 올랐다는 것 자체가 거품이 명확하다는 것을 보여주는 증거다. 정상적인 경우라면 부동산 가격은 실물경제의 변화 정도와 비슷한 추세로 움직일 것이기 때문이다.

이 버블은 누구의 잘못 때문일까? 당시 전국에 걸쳐 개발 열풍을 불러 일으켰던 정치인들의 탓이 크다. 경제를 잘 모르는 정치인들이 항상 겉으로는 다른 구호를 내세우지만, 뒤에서는 부동산 경기부양을 통해 손쉽게 경제 호황이 되면 표가 늘어날 것이라는 계산하에 이런 일을 벌인다. 그러나 정치인의 잘못만 탓할 수는 없다. 부동산 개발에 뛰어든 건설 회사, 돈을 좀더 벌어보겠다고 대출을 받아 집을 사거나 판 우리 가족이나 이웃 모두가 공범인 셈이다. 건설업계나 건설업계에 돈을 빌려준 금융기관, 기타 건설업계에 납품하는 다른 산업군도 모두 당시 덕분에 호황을 겪었다. 이때 이들 기업의 주식을 사서 돈을 번 사람도 마찬가지다. 당시 이들 산업계에서 일하면서 실적이 좋으니 두둑한 보너스를 받았던 사람도 있을 것이다. 그리고 이들이 번 돈을 소비하기 때문에 간접적으로 혜택을 본 다른 소비재 산업계나 식당, 소매상 등의 개인사업자들도 있다.

이러니 당시의 거품 폭발의 피해자는 파산한 저축은행에 예금을 했던 예금자들뿐만이 아니다. 대폭 고용을 늘리는 호황기 때 건설업계에 취직했다가 불경기가 닥치자 직장을 잃게 된 사람들, 주식투자에 뛰어들었다가 2008년 이후 주식시장이 반토막날 때 손해를 본 사람들, 집값이 치솟는 것을 보고 집을 샀다가 그 후 가격이 떨어져서 손해를 본 사람들도 모두 피해자다. 부실대출금으로 인해 입은 손해를 만회하려고 은행들은 이자율을 올리고, 그 결과 은행에서 대출받은 사람들은 더 많은 이자를 내야 하지만 예금자들은 더 낮은 이자를 받게 된다. 이러니 대출자와 예금자도 피해자가 된다.

결국 국민 대부분이 가해자인 동시에 피해자가 된다. 나는 부동산이나 주식투자도 안 하니 관련이 없다고 생각할 수도 있지만, 우리가 가입하고 있는 연기금이나 펀드가 우리를 대신해서 부동산과 주식투자를 하고 있다.

무슨 일이 터질 때마다 우리는 손쉽게 남을 비난한다. 그러나 가만히 앞뒤를 따져보면 나도 그 일을 일으킨 수많은 범인들 또는 그 일 때문에 이익을 본 사람들 중 하나인 경우가 많다. 사회문제들이 대부분 이렇게 복잡하게 얽혀 있다. 그래서 공부를 하고 생각을 깊이 하면 할수록 신중해지는 것 같다.

회계정보는 기업 외부 정보이용자들뿐만 아니라 기업 내부에서 관리적 목적으로도 널리 활용된다. 성과평가와 보상을 결정하는 기준이 바로 회계정보다. 회계정보를 어떻게 활용해야 가장 높은 효과를 얻을 수 있을지는 명확하지 않다. 그런 방법들에 대한 고민을 4부에서 3편의 글을 통해 생각해본다. EVA, EBITDA, 전략의 실행 등의 이슈에 대한 논의들이다.

4부

회계정보의 성과평가와 보상에서의 활용

EVA,
과연 만병통치약일까?

• • • 삼성그룹과 LG그룹 • • •

기업의 성과평가나 보상을 위한 지표로 2000년대 초반 이후 국내에 EVA(경제적 부가가치) 개념이 소개되어 널리 사용되고 있다. EVA는 기존의 단편적인 성과측정치들과는 달리 종합적인 측면에서 과학적인 방법으로 성과평가나 보상금액을 계산하는 것을 가능하게 한 수치다. EVA의 개발과정과 정확한 정의를 소개한다. 그리고 EVA 수치를 이용해서 성과평가나 보상을 지급하는 데 어떤 부작용이 있을지도 고민해본다. 그리고 가장 좋은 평가제도가 무엇일지에 대해서도 생각해본다.

기업의 성과평가 및 보상지표로 최근 가장 널리 쓰이는 게 바로 EVAEconomic Value Added, 경제적 부가가치다. 언론 보도에 따르면 한국 대기업의 거의 대부분이 경영 의사결정 과정에서 EVA를 사용하고 있다고 한다. EVA가 한국에 도입된 지 불과 10년 정도임에도 불구하고 이처럼 광범위하게 쓰인다는 점은 매우 놀랍다. 선진 경영평가 및 보상제도가 이제 우리 기업들에게도 점차 자리를 잡아가고 있다는 증거라고 하겠다.

재미있는 점은 EVA가 성과평가 및 보상 목적으로 개발된 지표가 아니었다는 사실이다. EVA의 시초는 수십 년 전 경제학 교과서에 추상적으로 소개된 내용을 1960년대 펜실바니아대학교의 데이비드 솔로몬스David Solomons 교수가 발전시킨 것이다. 회계학 분야의 대가인 캐나다 브리티시컬럼비아대학교 제럴드 펠섬Gerald Feltham 교수와 미국 애리조나주립대학교 제임스 올슨James Ohlson[1] 교수가 이런 개념들을 더욱 발전시켜 종합적인 이론으로 개발한 것이 1990년대 중반에 발표된 기업가치 평가모형인 초과이익모형residual income model이다.[2] 초과이익모형은 여러 회계학자들의 연구에 의해 과거 널리 쓰이던 배당할인모형dividend discount model, 현금흐름할인모형cash flow discount model, 잉여현금흐름할인모형free cash flow discount model에 비해 월등히 정확한 평가수치를 제공한다고 밝혀진 우수한 방법이다.[3] 이에 컨설팅 회사인 스턴 앤 스튜어트Stern & Stewart에서 초과이익모형의 일부분만을 취합해 EVA라는 이름을 붙였다. 스턴 앤 스튜어트가 이를 적극 홍보하며 컨설팅 과정에 사용하면서 전 세계적으로 유명해지기 시작했다. 이 컨설팅 회사의 이름은 조엘 스턴Joel Stern과 베넷 스튜어트Bennett Stewart라는 두 설립자의 이름을 딴 것이다.

EVA는 세전이익 혹은 영업이익에서 투입자본에 대한 최소 요구수익률을 뺀 금액을 이용해 수익성을 평가한다. 과거 수익성을 나타내는 지표로 널리 쓰이던 당기순이익이나 총자산순이익률ROA; Return on Assets, 자기자본 순이익률 ROE; Return on Equity보다 계산 방법은 조금 복잡하지만 그 정확도는 비교할 수 없을 정도다. 1990년대 초반에는 두

---

1 올슨 교수는 현재 뉴욕대학교로 자리를 옮겨 근무중이다.

2 Ohlson, 'Earnings, Book Values, and Dividends in Equity Valuation', 〈Contemporary Accounting Research〉, 1995년. Feltham and Ohlson, 'Valuation and Clean Surplus Accounting for Operating and Financial Activities', 〈Contemporary Accounting Research〉, 1995년.

3 Bernard, 'The Feltham–Ohlson Framework: Implications for Empiricists', 〈Contemporary Accounting Research〉, 1995년. Frankel and Lee, 'Accounting Valuation, Market Expectation, and Cross-sectional Stock Returns', 〈Journal of Accounting and Economics〉, 1998년. Penman and Sougiannis, 'A Comparison of Dividend, Cash Flow, and Earnings Approaches to Equity Valuation', 〈Contemporary Accounting Research〉, 1998년.

제임스 올슨 교수(좌)와 제럴드 펠섬 교수(우)의 사진
두 교수는 공동연구를 통해 초과이익모형을 개발한 회계학 분야의 대가들이다. 두 교수는 경제학에서 주로 사용하는 수학적 분석방법을 사용해 회계와 관련된 현상들을 수식으로 풀어내는 방식의 연구를 주로 진행하고 있다.

터운 학술 논문, 1990년대 중후반에는 대학교의 관리회계 교재에서나 등장하던 EVA는 현재 회계학 교재를 넘어 재무관리·인사관리·경영전략 분야의 대학교재는 물론, 경영 관련 일반 서적이나 언론에도 등장할 정도로 유명해졌다. 앞서 언급했듯이 국내 상당수의 기업들도 EVA를 평가기준 지표로 사용하고 있다.[4] 언론 보도에 의하면,

4 스턴 앤 스튜어트가 EVA를 사용하여 컨설팅 업무를 시작한 것은 초과이익모형에 대한 논문이 출판된 1995년보다 약간 앞선 1990년대 초반부터다. 그러나 회계학 분야가 논문의 저술에서부터 검증과정을 거쳐 출판되기까지 수년(빨라야 3~4년)의 시간이 걸린다는 점을 고려하면 이를 이해할 수 있다. 필자의 경우는 첫 번째로 세계 4위의 학술지에 실는 논문의 준비부터 출판까지 총 6년이 소요되었던 경험이 있다. 그러나 팰섬이나 올슨도 초과이익모형을 개발한 것이 완전히 독창적인 신발명은 아니다. 이 모형은 이미 수십 년 전의 경제학 책에 그 개념이 소개되어 있다. 추상적인 개념을 구체화해서 식으로 도출한 계산방법을 개발한 것이 바로 팰섬이나 올슨의 업적이라고 할 수 있다. 이 두 학자는 현재 회계학 분야에서 대가로 인정받고 있다.

국내 대기업 중 약 30% 이상이 EVA를 평가나 보상지표로 사용하고 있다고 한다.

재미있는 사실은 EVA가 이렇듯 널리 쓰이고 있음에도 불구하고 EVA의 원형인 초과이익모형을 기업가치 평가시에 사용하는 한국 기업들은 많지 않다는 점이다. 일반 기업들뿐만 아니라, 기업가치 평가에 소위 전문가라고 자처하는 애널리스트들도 이 방법에 대해 모르는 사람들이 상당히 많다. 또한 실무 현장은 물론이고 대학교 강의 내용에도 들어있지 않을 때가 많다. 컨설팅 회사가 간단하면서도 멋져 보이는 이름을 붙이고 적극 홍보했다는 차이가 아닐까? 새삼 마케팅의 효과가 불러온 차이가 놀랍기만 한다.

EVA, 왜 우수한가?

'EVA = 당기순이익(또는 세후영업이익) – 투하자본 최저요구수익률' 이것이 EVA를 계산하는 공식이다. 기업별로 특성에 따라 위의 기본식의 일부를 약간씩 변형한 형태가 사용된다. EVA가 도입되기 전 수익성 평가를 위해 널리 쓰이던 지표는 매출액순이익률ROS; Return On Sales, ROA, ROE 등이다. EVA는 회사가 투자한 자본 금액과, 회사가 해당 자본 투자에 대해 요구하는 최저수익률이 얼마인지를 수익성 평가에 적절하게 고려한다. 그러나 위에서 언급한 다른 지표들은 단편적인 관점, 즉 매출액, 자산, 자본 등 한 가지만을 중심으로 수익성을 계산하기 때문에 지표로서의 가치가 훨씬 낮다. 예를 들어 과거 일부 한국 대기업들의 성향처럼, 수익성은 고려하지 않고 규모만 키우려고 하다 보면 매출액이나 자산규모 등으로 계산되는 기업의 규모는 커져 보이지만 EVA는 작아지게 된다.

EVA는 특정 기간, 예를 들어 1년 동안 창출한 이익에서(그간 투자한 자본으로부터) 회사에서 창출하고자 하는 최소 이익수준 정도를 차감한 수치다. 삼성그룹은 요구수익률 14%를 기준으로 EVA를 계산해 성과평가 및 보상을 결정하는 데 사용한다. 즉 회사나 사업부 전체의 이익 규모가 아니라 투자 자본 대비 14%의 요구수익률 수준보다 높은 이익을 올려야만 보상을 받을 수 있는 셈이다. 잘 알려진 것처럼 삼성그룹 직원들이 받은 보너스 규모는 일반 직장인들이 상당히 부러워할 정도로 엄청난 수준이다. EVA 목표 초과 달성분의 20% 정도를 종업원들에게 성과 보상으로 지급한다고 한다.[5]

EVA는 한국 기업들이 과거의 직관적인 평가체제에서 벗어나 더욱 객관적이고 합리적인 평가 기준을 사용하도록 만드는 데 큰 공헌을 했다. EVA 수치를 높이려면 첫째로 순이익 및 영업이익을 늘리거나, 둘째로 불필요한 부분에 대한 투자를 억제하거나, 셋째로 수익성이 떨어지는 부분을 구조조정해서 낭비되는 투하 자본을 줄이거나, 넷째로 요구수익률을 낮추려고 노력해야 한다. 이를 위해서 여러 가

5 삼성전자는 사업부별 성과만을, LG그룹은 회사 전체 성과와 사업부별 성과를 종합한 결과를 보너스 금액을 결정하는 데 사용한다. LG그룹의 경우 회사 전체 성과가 80%, 사업부 성과가 20% 비중을 가지고 있으므로, 사실 사업부별 성과보다는 회사 전체의 성과가 보너스 금액을 더 크게 좌우한다. 이 점을 비교해봐도, 철저한 성과평가와 이에 따른 보상 또는 문책을 하는 삼성그룹의 문화와 조직 전체의 인화를 강조하는 LG그룹의 문화 차이를 알 수 있다. LG그룹은 창출된 EVA의 1/3은 사내유보, 1/3은 주주배당, 1/3은 사원 성과보상의 원칙을 사용한다.

지 혁신적인 노력이 뒤따랐음은 물론이다. 기존 지표인 ROE · ROA · ROS보다 경영의 다양한 측면을 동시에 고려할 수 있도록 하는 평가수단을 제공했다고 볼 수 있다.

물론 EVA가 기업의 모든 문제점을 해결해주는 만병통치약은 절대 아니다. 하지만 과거에 사용하던 지표보다 훨씬 우수한 도구라는 점은 분명한 사실이다. 이제부터는 어떤 경영학 교재에도 등장하지 않는 EVA의 문제점과, 이를 해결하고 보완하기 위해 사용할 수 있는 방법들을 알아보자.

문제점 1: 과거 또는 현재 업적에 대한 보상

특정 업종에서는 산업의 형태가 독점 및 과점이거나, 산업이 성숙되어 안정화 단계에 접어들었을 때가 있다. 이런 산업의 선두 업체는 특별한 노력이나 혁신이 없어도 항상 높은 수준의 EVA를 창출할 가능성이 높다. 따라서 무조건 EVA의 규모에 따라 성과평가 및 보상을 하는 것은 옳지 않다. 이런 산업에서의 성과평가는 '현재 얼마나 잘하고 있느냐'보다 '전년도 혹은 전분기와 비교해서 얼마나 더 잘했느냐'가 회사에서 당기에 이룬 업적이나 당기에 투입한 노력 정도를 보다 잘 나타낸다. 초 · 중 · 고등학교에서 성적 우수상과 함께 진보상을 주는 이유도 여기에 있다.

때문에 산업이나 기업의 특성에 따라 양 항목에 적절한 평가비율을 배분할 필요가 있다. 과거에도 우수한 성과를 거뒀고, 현재는 산업계를 리드하는 수준의 한 기업이 있다. 이 기업이 매우 큰 EVA를 창출한다면, 이 기업의 종업원들은 EVA만 가지고 성과평가를 할 때 열심히 일할 동기를 부여받지 못할 수 있다. 열심히 일하지 않아도 충분히 큰 EVA가 기록되기 때문이다. 반대로 회사의 경영 상태가 악화되어 EVA가 마이너스(-)의 값을 가진다면, 종업원들은 기본급 외에는 추가 보너스를 받을 가능성이 없으므로 역시 열심히 일할 이유가 별로 없다. 그러나 EVA의 변화를 평가기준에 포함하면, 위의 두 사례 모두 종업원들이 더 열심히 일해서 EVA를 전기 또는 전년도보다 늘리려고 노력할 것이다.

EVA의 절대 수치 자체는 과거의 업적에 대한 보상의 성격이 강하다. 즉 과거에 열심히 한 결과로 산업이 본 궤도에 올라가야 EVA가 높아진다. 물론 이 부분에 대한 보상도 필요하다. 그러나 이때 현재의 업적에 대한 보상은 약간 미흡할 수 있다. 또한 신입사원이라면 과거에 일한 적도 없는데 운 좋게 회사를 잘 선택했다는 이유만으로 높은 보상을 받는다는 모순이 생긴다. 따라서 현재 업적에 해당하는 EVA의 변화 정도까지 함께 고려해서 보상기준을 정해야 과거와 현재를 모두 포괄하는 평가기준이 될 수 있다.

LG그룹은 1997년 외환위기 직후에 EVA 제도를 도입해 수년간 EVA의 절대 크기를 평가기준으로 사용했다. 이후 EVA의 변화도 평가기준에 포함시킨 바 있다. 그 과정에서 시간이 갈수록 점점 EVA의 절대 크기보다 변화 정도에 대한 가중치도 높아졌다. LG그룹의 이런 움직임은 필자가 아는 한 전 세계 기업 중 가장 앞선 사례라 해도 과언이 아니다. 외국 기업 중에서도 EVA의 변화 정도에 주목하는 기업은 극히 최근에 몇몇 등장했을 뿐이다. 스턴 앤 스튜어트의 공동 창업자인 베넷 스튜어트는 최근 독립해 자신의 컨설팅 회사를 차린 후 EVA 모멘텀momentum이라는 지표를 개발해 이를 적극 홍보하고 있다. 이 EVA 모멘텀이 바로 EVA의 전년도 대비 변화의 정도를 전년도의 매출액으로 나눈 수치다. 즉 LG그룹에서 사용한 방법과 개념적으로 거의 같은 방법이다.

이처럼 한국 기업들이 외국의 선진기업도 사용하지 않는 경영기법을 미리 개발해 적용하고 있다는 사실은 한국의 일류 기업들이 명실상부한 세계 최고 기업의 반열에 올랐다는 점을 잘 보여준다. 국민의 한 사람으로서 참으로 가슴 뿌듯한 일이 아닐 수 없다.

문제점 2: EVA가 직원의 동기 부여를 저해할 때

동일 그룹 내 계열사들의 성과평가, 한 기업 내에서 사업 내용이 상당히 다른 여러 사업부들의 성과평가에 EVA가 사용될 때가 있다. 이때 EVA를 잘못 사용하면 의도와는 반대로 오히려 직원의 사기를 꺾는 역할을 할 수도 있다. 한 그룹 내에서는 전혀 업종이 다른 많은 기업들이 존재한다. 독점적 위치에서 이익률이 20%에 이르는 계열사가 있는가 하면, 치열한 경쟁 속에서 벅찬 싸움을 벌이느라 이익률이 5%에 불과한 계열사도 있다. 사업을 시작한 지 얼마 되지 않아 아직 이익을 내지 못하는 계열사도 있을 수 있다. 이 회사들을 모두 동일한 요구수익률로 평가하면, 아무리 열심히 일해도 구조적으로 평가결과가 나쁠 수밖에 없는 계열사가 있다. 그 결과, 해당 기업들의 직원들이 열심히 일해서 더 많은 보너스를 받으려고 할 인센티브가 상대적으로 줄어들 수밖에 없다.

인센티브 제도는 직원들이 '내가 열심히 일하면 상당한 수준의 인센티브를 받을 수 있겠구나.'라는 점을 느끼고 더 열심히 노력할 때만 효과를 발휘할 수 있다. '내가 아무리 열심히 일해도 보너스를 받을 가능성이 없겠구나.'라고 생각하거나, '내가 열심히 일하지 않아도 보너스는 충분히 받겠구나.'라고 생각한다면 오히려 역효과가 나게 된다. 즉 회사의 보수 체계 자체에 대해 불만을 느끼는 직원들이 늘어날 것이다.

그룹 내 여러 계열사나 한 기업 내의 다른 사업부를 동일한 기준으로 평가하는 일은 이 외에도 여러 가지 문제점을 초래할 수 있다. 예를 들어 한 기업에 속해 있는 사업부A는 사업이 본궤도에 올라 안정적으로 많은 이익을 창출하고 있다. 사업부B는 장래의 성장가능성이 매우 높지만 아직 초창기라서 불확실성도 높고, 자본구조도 나쁘며, 수익성은 낮다고 가정하자. 이때 이 기업의 미래는 사업부B가 얼마나 빨리 성장할 수 있느냐에 따라 달라진다. 동일한 기준의 요구수익률을 두 사업부에 모두 적용해서 EVA를 계산한 다음, 보너스 지급액을 결정한다고 생각해보자. 이 회사의 유능하지만 이기적인 핵심 인재들은 불확실한 미래를 믿고 사업부B로 옮겨가기보다는 안정적이면서도 충분한 보상을 받을 수 있는 기존 사업부A에 남아 있으려고 할 것이다. 그 결과 사업부B는 사업부A의 생존경쟁에서 밀린 비핵심 인재들이 모이는 곳으로 전락할 가능성이 있다. 이때 사업부B가 성공할 가능성은 더욱 낮아진다.

이 문제점을 해결하기 위한 방법은 매우 간단하다. 계열사별 또는 사업부별로 EVA 계산에 필요한 요구수익률을 다르게 설정해야 한다. 또는 목표대비 달성률지표를 EVA와 함께 보조적으로 사용하는 것도 좋은 방법이다. 평가자와 피평가자가 충분한 대화를 한 후 공정하게 목표를 설정한다면, 목표대비 달성률은 피평가자의 동기 유발에 좋은 지표가 될 것이다. 예를 들어 GE는 각 사업부의 경쟁업체를 벤치마크로 정해 경쟁업체의 이익률 대비 GE 각 사업부의 이익률을 평가에 중요한 지표로 반영한다. 이를 EVA에 적용하면, EVA의 절대 크기가 아니라 벤치마크 대상 업체의 EVA의 크기와 해당 회사의 EVA의 차이를 비교하는 방법과 유사하다 하겠다.[6] 한진그룹의 경우도 EVA를 전년도 대비 변화분, 목표대비 달성실적, 그리고 경쟁업체 대비 차이, 이렇게 3가지로 구분해서 각각 가중치를 부여하고 이를 종합해 평가를 하고 있다.

필자는 이것 외에 한 가지 방법을 더 추천하고자 한다. 만약 회사가 정책적으로 앞으로 핵심사업으로 육성하려는 분야가 있다면, 이 분야는 지금 현재 어떤 손실을 입는다고 하더라도 그 손실에 관계없이 투자를 지속해야 한다. 이때 그 손실을 성과평가를 하기 위한 EVA의 계산에서도 제외해야 한다. 손실 전액을 제외하기 힘들다면 특정 규모의 손실까지는 범위를 정해 이를 평가에서 제외하면 된다. 그렇지 않

6 〈하버드 비즈니스 리뷰〉 1999년 4월호에 실린 'New Thinking on How to Link Executive Pay with Performance'라는 노스웨스턴대학교 알프레드 라파포트 교수의 글에서도, 경쟁상대방 기업과의 상대평가를 통해 경영자 보수를 결정하는 방식을 적극 지지하고 있다.

다면 회사 또는 사업부에서 손실을 보면서 막대한 투자를 계속할 인센티브가 없어지기 때문이다. 핵심 인재들을 신규 사업부로 유치하기 위해서라도 기존 사업부보다 더 좋은 보상제도를 만들어야 한다. 물론 언제까지 이 제도를 계속 유지할 수는 없다. 따라서 사업 부서의 설립 초기 3~5년 정도라도 시한을 정해 이런 제도를 유지하는 것이 좋다.

삼성전자의 경우 각 사업부에서 지급받아야 하는 보너스 중 일정 부분의 지급을 유보한 다음, 이 금액을 모두 합쳐서 풀pool로 만든다. 그리고 각 사업부에서 개발한 신사업 아이템을 회사 차원에서 종합적으로 심사해, 선정된 신사업 분야에 이 자금을 모두 투자한다. 즉 위험이 높지만 장래성이 있는 것으로 판단되는 신사업 분야에 대한 투자를 각 사업부에서 담당하는 것이 아니라, 사업부와 관계없이 본사에서 담당하는 것이다. 따라서 그 투자 자금은 사업부를 평가할 때 제외하는 것이다. 하지만 나중에 신사업 투자로 인해 얻게 되는 과실은 해당 사업부서가 차지한다. 즉 모든 부서들이 서로 좋은 신사업 분야를 발굴하기 위해 열심히 노력할 인센티브가 생기는 것이다.

문제점 3: 자본비용 계산의 문제

EVA 계산에는 자본비용, 즉 요구수익률이 포함된다. EVA를 높이기 위해서는 자본비용을 낮추면 된다. 그런데 여기서 자본비용은 주주지분의 자본비용과 부채의 자본비용을 자본과 부채의 구성비율에 따

한진그룹 사옥과 대한항공 비행기 사진
한진그룹 사옥과 한진그룹 주력사인 대한항공의 비행기. 한진그룹은 EVA를 전년도 대비 변화분, 목표대비 달성실적, 경쟁업체 대비 차이, 이렇게 3가지를 종합해 평가한다.

라 가중평균한 값이다. 예를 들어 주주지분의 자본비용이 14%, 부채의 자본비용이 7%이며, 부채비율이 80%라고 한다면, 가중평균 자본비용은 10.9%[7]가 된다. 그렇다면 이 자본비용을 낮추려면 어떻게 하면 될까? 부채의 자본비용이 주주지분의 자본비용보다 더 싸다는 사실은 잘 알려져 있다.[8] 따라서 위의 예에서도 주주지분의 자본비용은 14%, 부채의 자본비용은 7%로 가정한 것이다.

가중평균한 회사 전체의 자본비용을 낮추는 방법은 간단하다. 부채비율을 높이면 된다. 즉 필요한 자금을 증자增資를 통해 조달하는 것이 아니라 부채를 빌리는 방법으로 조달하면 된다.

그러나 이런 행위는 기업의 안전에 심각한 위험을 가져올 수 있는

---

7 0.14 x (10/18) + 0.07 x (8/18).

행동이다. 이렇게 기업이 칼날 위를 걷는 것처럼 불안한 행동을 하다가 만약 금융위기 상황이 닥치기라도 한다면 회사는 순식간에 파산할 수 있다. 예를 들어 금융위기가 닥쳐서 은행들이 만기가 돌아온 대출금을 차환해주지 않고 회수를 하기 시작한다면 이런 행동을 하는 기업은 순식간에 흑자도산할 수 있다.

이런 부작용을 고려하지 않고 무조건 자본비용을 낮추려고만 한다면, 기업들이 EVA를 높이기 위해서 일부러 상당히 위험한 이런 행동을 선택하도록 하는 유인을 조장하는 것이다. 실제로 한국의 모 기업에서 2000년대 후반에 이런 행동을 하다가 회사 전체가 위기상황에 빠졌던 선례가 있다.

이런 문제점을 해결하려면 어떻게 해야 할까? 명확한 답은 없다. 회사 입장에서는 능력이 허락하고 회사에 위험을 끼치지 않는 범위 내에서라면 부채를 사용해서 자금을 조달하는 것이 더 유리하다는 것은 분명하다.[9] 이런 문제를 없애기 위해서 모든 회사에 적용되는 동일한 자본비용을 사용한다고 해도, 앞에서 설명한 것처럼 회사별로 또는 사업부별로 성격과 경쟁상황이 다른데 동일한 자본비용을 사용한

8 쉽게 설명하자면 다음과 같은 예를 들 수 있다. 현금을 보유하고 있는 투자자가 은행의 정기예금에 가입하면 약 6%의 이자율을 받을 수 있다. 그 대신 어느 정도의 수익률을 올릴 것이라고 믿는다면, 정기예금 대신 주식을 사서 주식시장에 투자하는 방법을 택할 것인가를 생각해보면 된다. 정기예금에 가입한다면 위험이 없지만 주식을 매입한다면 위험이 발생할 것이다. 따라서 기대수익률이 6%보다 상당히 높은 경우에만 주식을 매입하는 투자방법을 선택하게 된다. 한국 투자자들은 대체로 어느 정도의 수익률을 기대하고 주식시장에 투자하는지를 분석해보면 대략 10% 초중반의 수치가 나온다. 따라서 이런 현실을 고려해 위의 예에서 주주지분의 자본비용을 14%로 잡은 것이다.

9 『숫자로 경영하라』의 샌즈그룹 사례('적정 부채 비율, 과연 얼마인가?')를 참조하기 바란다.

다면 그 회사나 사업부의 특성을 고려하지 못하는 것이다.

이 문제는 해결하기가 상당히 어려운 문제다.[10] 필자의 개인적인 견해이기는 하지만, 그룹이나 회사의 사장실에서 미리 회사 또는 사업부별로 매년 평가에 사용될 적정 자본비용을 사전에 정해주면 어떨까 한다. 그러면 부채를 많이 빌려서 자본비용을 낮출 유인이 사라지게 된다. 이때는 GE의 경우처럼 경쟁상대가 되는 벤치마크 업체를 정하고, 그 경쟁상대 업체의 자본비용을 해당 회사나 사업부의 자본비용으로 삼는 데 참고할 수 있을 것이다.

그럼에도 불구하고(즉 성과평가에 사용되는 자본비용을 고정시키더라도) 이익을 늘리기 위해 부채를 많이 빌려와서 투자를 늘리는 방식의 경영형태는 없앨 수 없다. 따라서 그룹의 지주회사나 사장실에서 자회사나 사업부들의 부채비율과 부채를 통한 자금조달 정도를 항상 주의 깊게 관찰해야 할 것이다.

문제점 4: 재무 평가 기준의 한계

최고 경영자가 단기 EVA의 향상을 위해 장기 EVA의 가치를 하락시킬 위험이 언제든 존재한다. 단기간에 EVA를 높이기 위해서는 연구개발비와 교육훈련비, 광고선전비 등을 삭감하면 된다. 제품의 품질

10 필자도 이 부분의 대안을 제시하기 위해 상당히 고민했다. 국내의 모 그룹의 경우는 특정 조건에 해당하는 부채를 해당 계열사에서 조달하는 금리를 기준으로, 그 금리에 일정 비율을 곱해주는 방식으로 자본비용을 계산하기도 한다.

이나 고객에 대한 서비스 수준을 감소시켜도 EVA는 증가한다. 종업원의 보수나 복리후생비 등을 삭감해도 EVA가 증가한다. 그러나 이런 행동의 결과로 EVA가 늘어나는 건 지극히 단기적 효과에 불과하다. 장기적으로 이 기업은 성장동력을 잃고 소비자들은 해당 기업으로부터 떠나갈 것이다.

특히 해당 회사에서 수십 년간 일한 경험이 있는 내부 승진 인사가 아니라 외부 영입 인사가 갑자기 CEO가 되거나, 단기간 회사를 경영한 후 매각할 의사가 있는 CEO라면 이런 유혹을 더 크게 느낄 것이다. 내부 승진 여부에 관계없이 현 경영자가 은퇴를 앞두고 있다고 해도 마지막으로 큰 보너스를 받기 위해 이런 행동을 할 수도 있다. 이런 행동을 막으려면 재무지표뿐 아니라 비재무적 지표들도 성과평가 및 보상기준에 포함해야 한다.

예를 들어 교육훈련비를 늘리면 EVA는 줄어든다. 제품의 품질을 높여도 비용이 더 들기 때문에 EVA가 줄어든다. 하지만 EVA, 교육훈련비 지출액, 소비자 만족도를 모두 성과평가 및 보상기준에 적절히 포함한다면, 경영자는 이 지표들과 수익성 사이에서 최적의 조합을 찾기 위해 많은 노력을 할 것이다. 균형성과표BSC; Balanced Score Card처럼 재무 및 비재무지표를 모두 고려하는 평가방식을 사용하면 효과적으로 목적을 달성할 수 있다. BSC는 재무적 측면 · 고객 측면 · 내부 프로세스 측면 · 학습과 성장 측면의 4가지 관점에서 경영자가 종합적으로 생각할 수 있는 프레임워크를 제공해주는 좋은 제도이기 때문이다.[11]

재무적 측면을 제외한 다른 3가지 측면은 모두 현재의 재무적 성과를 어느 정도 희생해야 좋은 지표를 달성할 수 있는 부문들이다. 그렇지만 이들 3가지 측면은 미래에 재무적 성과의 향상을 가져올 수 있는 부분들이므로, 현재의 단기 재무적 성과를 희생해서라도 회사 입장에서는 어느 정도의 수준을 유지해야 한다. 사실 BSC라는 제도를 도입한다는 것이 중요한 것이 아니라, 이런 제도를 도입해도 어떻게 BSC에 포함된 평가지침을 마련하느냐를 고민하는 것이 더 중요하다. 『숫자로 경영하라』에 수록된 은행이나 카드회사의 사례에서처럼('조직의 전략목표와 직원 성과평가지표를 일치시켜라'), 평가방법에 문제가 있다면 BSC라는 좋은 제도를 도입한다고 해도 별다른 의미가 없을 것이다.

서로 다른 평가기준의 효과

그렇다면 과연 재무지표와 비재무적 지표를 어느 정도의 비율로 반영해야 할까? 이에 대한 모범 답안은 없다. 다만 회사가 재무적으로 안정적 상태에 있다면 기업의 장기 발전과 성장을 위해 비재무적 지표의 비중을 좀더 높이는 게 바람직하다고 생각된다. 반면 회사가 생존이 불확실할 정도로 위기 상황에 처해 있다면 재무지표의 비중이 훨씬 중요하다. 회사의 상황이 심각하면 심각할수록 단기 지표를 중심

11 BSC는 하버드대학교 관리회계 교수인 로버트 캐플란(Robert Kaplan)과 컨설턴트 데이비드 노턴(David Norton)이 실무에서 일부 사용되는 방법을 종합하고 구체화해서 발전시킨 방법이다.

으로 평가를 해야 한다. 종업원들의 신속한 행동을 유발하려면 평가 및 보상이 신속히 이루어져야 하기 때문이다. 평가 결과에 대한 보상은 당장의 현금유출이 적은 스톡옵션 등을 활용하는 것이 좋다. 반면 회사가 위기 상황에서 벗어났다면 현금이나 승진 등을 사용하는 것이 좋다. 설립 초창기의 회사인 경우 유능한 인재를 유치할 만한 충분한 현금이 없는 경우가 많기 때문에, 이런 경우라면 스톡옵션을 활용하면 좋다.

평가 및 보상은 또한 직급이 어느 수준이냐에 따라 달라져야 한다. 하위 직급의 직원은 재무지표를 사용한 평가 및 보상이 객관적일 때가 많다. 비재무적 지표는 개별 하위직 직원의 근무 태도나 노력 여부가 영향을 미칠 수 있는 성질의 지표가 아닐 때가 많다. 또 하위직 직원의 숫자가 많기 때문에 정성적 지표를 이용해 개개인을 평가하기도 쉽지 않다. 평가를 해도 공정성 문제 때문에 직원들의 불만도 많이 생길 수 있다.

그러나 상위직 직원이라면, 특히 임원급의 최상위 직급이라면 비재무적 지표도 상당 수준 평가기준에 포함해야 한다. 임원급을 재무 기준으로만 평가한다면 임원들이 재무지표 개선을 위해 비재무적 지표를 희생시키는 의사결정을 내릴 수 있기 때문이다. 또 임원급 직원은 그 수가 많지도 않으므로 정성 평가가 힘들지도 않다.

또한 하위직 직원은 되도록이면 회사 전체의 업적보다는 부서나 개인의 업적을 기준으로 보상하고, 상위직 직원으로 옮겨갈수록 회사 전체의 업적이 차지하는 비중을 높여야 할 것이다. 상위직 직원은 회사 전체의 발전 방향을 보면서 부서별 협력을 이끌어낼 수 있는 실력을 길러야 하며, 실제로 회사 전체의 업적에 영향을 미칠 수 있는 위치에 있기 때문이다. 미국 디즈니사의 경우를 보면, 임원 평가시 임원 소속 부서의 업적을 70% 고려하지만, 다른 부서와의 협업을 통해 시너지 효과를 얼마나 창출했는지도 30%를 고려한다. 임원은 자기 부서뿐만 아니라 조직 전체의 효율성에 영향을 미칠 수 있는 위치에 있기 때문이다. 이렇게 하면 부서 이기주의에 빠져 회사 전체적으로는 손해가 되더라도 부서에는 도움이 될 의사결정을 내릴 가능성이 줄어들 수 있다.

그러나 하위직 직원은 개인 한 명의 업적이 회사 전체의 업적에 영향을 미칠 가능성이 별로 없으므로, 개인이나 부서의 범위 안에서의 성적을 바탕으로 보상을 결정하는 것이 더 논리적이다. 이런 논거에서 생각해보면, 하위직 직원은 스톡옵션으로 보상할 필요가 별로 없다. 하위직 직원 개인의 업적이 주식가격에 영향을 미칠 가능성이 별로 없기 때문이다. 그러나 임원의 경우라면 임원 개인의 업적이 주식가격에 영향을 미칠 수도 있다. 따라서 스톡옵션을 사용한다면 임원이나 기타 상위직군 근로자들을 중심으로 사용하는 것이 더 옳다고 본다.[12] 물론 상위직군 근로자가 아니더라도 회사 전체의 업적에 영향을 미칠 만큼 중요한 일을 하고 능력이 있는 직원이라면 스톡옵션을 지급할 수 있을 것이다.

12 스톡옵션이 과거 널리 사용된 이유와 최근 사용 빈도가 줄어들고 있는 이유에 대해서는 『숫자로 경영하라』의 국민은행 사례편('기업들이 스톡옵션을 더이상 사용하지 않는 이유')에서 설명한 바 있다.

가장 좋은 평가제도란?

사실 평가제도를 어떻게 바꾼다고 해도 조직 구성원 모두가 만족하는 평가제도란 있을 수 없다. 제도가 바뀌면 반드시 과거 제도와 비교할 때 유리한 자와 불리한 자가 나타나기 마련이다. 그러니 항상 제도에 불만을 가진 직원은 있다.

다만 좋은 제도와 나쁜 제도를 구분하는 기준은 항상 존재한다. 바로 평가제도에 대해 불만을 토로하는 사람이 누구인지를 보면 된다. 회사에서 키우려는 핵심 인재들이 불만을 가지고 있는 제도라면 문제가 있는 제도라는 뜻이다. 그러나 그 반대로 회사에서 별로 관심 없는 직원들이 주로 불만을 토로하는 제도라면 상대적으로 과거에 비해 좋은 제도라고 할 수 있다.

거듭 말했듯 모든 상황, 모든 기업에게 완벽하게 적용할 수 있는 만병통치약 같은 보상 기준은 없다. 지금 우리회사에 가장 알맞은 제도를 찾아냈다고 하더라도, 2~3년 후에 똑같은 제도가 계속해서 우리회사에 적합할 것이라고는 장담할 수 없다. 굳이 찾자면 현재 상황에서 자신에게 가장 효과적인 평가 및 보상 기준을 찾아내고, 이를 올바르게 적용하려는 각 기업의 노력이야말로 진정한 만병통치약이 아닐까 생각한다.

회계로 본 세상

간단한 듯하면서도 정말 복잡한 것이 바로 성과평가 및 보상제도다. 공부를 하면 할수록, 그리고 많은 사례를 보면 볼수록 계속해서 느끼는 것이지만 모든 것이 숫자로만 해결되는 것이 제일 단순한 것 같다. 인간이 관련되면 관련될수록 문제는 복잡해진다. 세상에서 가장 알기 어려운 것이 바로 사람의 마음속이 아니던가.

필자는 앞의 글에서 스톡옵션에 대해 잠깐 언급했다. 스톡옵션은 회사가 위기상황일 때는 도움이 될 수 있지만, 회사가 위기상황에서 벗어난다면 현금이나 승진 등의 보상이 더 효과적이라는 내용이다. 왜 그럴까? 기업이 위기상황에 처한다면, 일단 정상적인 방법으로 경영을 해서는 회사의 생존이 불투명하다. 그리고 이때는 회사의 형편이 어려우므로 다른 방법의 금전적인 보상을 해주기가 곤란하다. 그런데 스톡옵션은 상방향上方向 보상은 가능하지만 하방향下方向 벌칙이 없는 보상 방법이다. 즉 회사가 위기상황을 극복한다면 주가가 올라서 상당한 보상을 받을 수 있는 방법이지만, 그 반대로 회사가 위기상황에서 그냥 망한다고 해도 스톡옵션을 보유한 사람이 스톡옵션 때문에 얻는 피해는 없다. 스톡옵션을 행사하지 않으면 되기 때문이다. 따라서 스톡옵션을 받게 되면 어떻게 해서든지 회사를 살리기 위해 모험적인 방법도 불사하면서 노력하게 된다. 이런 모험적인 방법들은 실패할 가능성이 높지만, 정상적으로 경영을 해서는 회사가 살아날 길이 별로 안 보이기 때문에 시도해보는 것이다. 따라서 이런 경우에 스톡옵션을 지급하면 더욱 적극적으로 모험을 감수하면서 노력해볼 유인이 생기게 되는 것이다. 만약 회사가 그런 모험을 했는데도 불구하고 실패하면 어떻게 될까? 그러면 경영자는 자신이 일할 회사가 없어져서 피해를 보고, 주주들은 주가가 폭락해서 피해를 본다. 즉 회사가 위기에 처해 있는 상황에서는 주주나 경영자가 모두 한배를 타는 셈이다.

그러나 회사가 정상궤도에 있을 때 스톡옵션은 반대의 효과를 가져올 수 있다. 회사가 정상적인 상황에 있다면 일부러 실패 가능성이 높은 위험한 방법을 택할 필요가 별로 없다. 그런데 스톡옵션을 지급하면 임직원, 특히 고위직 임원의 모험 감수 투자를 촉진시키는 효과가 있다. 그런 투자가 실패하더라도 본인이 입는 손해는 크지 않다. 스톡옵션을 포기하면 되기 때문이다. 또한 임원 신분이므로 나이가 많기 때문에 회사가 망하더라도 어차피 은퇴시기가 얼마 남지 않은 상황이다.[1] 그러나 무리한 투자를 하다가 실패한다면 주주들이나 중하위직 직원에게는 큰 피해가 돌아온다. 따라서 회사가 정상적인 경영환경에 있다면 굳이 스톡옵션을 지급할 필요가 없다. 오히려 주식을 지급하는 것이 더 좋은 보상 방법이다. 주식은 경영을 잘하면 주가가 올라갈 수 있으며, 경영에 실패하면 주가가 내려갈 수도 있다. 즉 상방향 보상과 하방향 벌칙이 모두 가능한 보상 수단이므로, 경영진이 상대적으로 균형잡힌 시각에서 의사결정을 하도록 유인하는 역할을 한다.

승진도 마찬가지다. 회사가 정상적으로 경영이 잘 이루어진다면, 승진이 된 임직원은 앞으로 회사에서 근무할 수 있는 기간과 회사로부터 미래에 받을 수 있는 보수가 늘어날 수 있다. 따라서 상당한 금전적 보상이 되는 것이다. 그러나 회사가 어려운 시점에서의 승진은 별다른 의미가 없다. 회사가 언제 망할지 모르는 상황하에서는 먼 장래를 생각하는 사람들이 별로 없기 때문이다. 따라서 승진은 회사가 정상적으로 잘 경영되고 있는 상황에서만 도움이 되는 보상 수단이다.

앞에서 주식을 지급한다면 상방향 보상과 하방향 벌칙이 모두 가능한 보상 수단이므로 좋은 제도라고 언급을 했다. 그러나 이런 내용은 주식 지급이 문제가 없는 제도라는 뜻은 아니다. 스톡옵션이나 주식을 지급받은 경영진은 이익을 높이기 위해 최선을 다한다. 그런데 가끔은 분식회계를 하거나 단기이익을 높이기 위해 장기이익을 희생하는 회계처리 방법을 선택하는 경향이 있다. 합법과 불법 사이의 경계를 구분하기 힘든 회계처리를 하기도 한다. 그래야 이익이 높게 보고되어 주가가 상승하고, 그 순간에 보유한 주식을 매각하거나 스톡옵

---

1 샌더스(Sanders)와 하브릭(Habrick)의 연구 ('Swinging for the Fence: The Effects of CEO Stock Options on Company Risk-taking and Performance' 〈Academy of Management Journal〉, 2007년)에 따르면 스톡옵션을 경영진에게 지급한 회사는 M&A나 설비투자, R&D 투자에 보다 적극적으로 나서는데, 평균적으로 경영성과는 그렇지 않은 회사보다 더 나쁘다고 한다. 투자를 더 많이 하는데도 불구하고 경영성과가 더 나쁘니 과잉투자가 역효과를 낸다는 것을 알 수 있다.

션을 행사할 수 있기 때문이다. 이런 현상은 외국뿐만 아니라 국내에서도 다수의 연구들이 발견한 사실이다.[2] 물론 전문경영진은 거의 대부분 이익을 높여 보고하려고 하는 인센티브를 가지고 있다. 주식이나 스톡옵션을 경영진이 직접 보유하고 있을 때 이런 인센티브가 더 강해지는 것이다. 필자는 한국에서 의도적으로 적자를 확대시킨 후 주가를 낮추고 나서 스톡옵션을 부여받고, 나중에 그 반대로 회계처리하여 이익을 늘려 보고한 후 주가가 올라가자 스톡옵션을 처분해 거액을 번 몇몇 유명한 경영자의 사례도 알고 있다.

분기별 또는 연도별 성과급 제도가 근시안적인 단기적 경영을 불러일으킨다는 비판 때문에 성과급 제도보다 좀더 장기인 3~5년 정도의 성과를 가지고 보상을 지급하는 스톡옵션 제도가 도입되어 유행을 했는데, 스톡옵션 제도도 실제 실시해보니 이처럼 여러 문제점을 발생시킨 것이다. 즉 만병통치약 같은 제도는 존재하지 않는다. 회사에서는 상황에 맞게 보상제도를 재빠르게 변화시켜야 하며, 투자자나 주주들은 회계 실력을 키워서 이익조정을 찾아낼 수 있는 능력을 길러야 할 것이다.

---

2 스톡옵션과 관련된 사례는 『숫자로 경영하라 2』에 수록된 '엔론 몰락과 세계금융위기 발발 원인의 유사점'을 참조하기 바란다.

EBITDA의 성과평가와 투자의사 결정 목적으로의 활용

• • • IT 기업 • • •

기업의 외부 이해관계자들이 주로 가치평가를 위해 사용하는 지표로 EBITDA가 있다. IT버블 당시 투자은행들이 개발해 사용하기 시작하면서 널리 퍼진 지표다. 그런데 최근 들어서는 이 지표를 기업 내부의 투자의사 결정, 성과평가, 보상액수 결정 등의 목적으로 사용하는 경우도 일부 발생하고 있다. EBITDA가 고안되기 전부터 사용된 EBT나 EBIT 등과 EBITDA의 차이점에 대해 알아본다. 또한 EBITDA가 기업 내부 의사결정에 사용될 때 어떤 문제점이 발생할 수 있을지 고민해 본다.

필자는 『숫자로 경영하라 2』에 실린 'EBITDA 지표가 놓친 것들을 들여다보자'에서, EBITDAearnings before interest, tax, depreciation, and amortization(이자비용, 세금, 감가상각비, 무형자산상각비 차감전 이익의 약자)의 정의와 EBITDA를 기업가치 평가 목적으로 이용하는 것이 올바른 방법인지에 대한 논의를 소개했다. 필자는 EBITDA보다는 현금흐름표에 보고되는 영업현금흐름이 기업의 현금창출능력을 더 잘 나타내고 있으며, 기업가치 평가를 위해서는 영업현금흐름과 잉여현금흐름, 당기순이익과 영업이익들을 모두 종합해서 사용해야 한다고 설명한 바 있다. EBITDA가 기형적으로 널리 사용되는 것의 문제점을 소개한 이런 내용은 기업의 외부 이해관계자의 입장에서 EBITDA의 유용성을 평가해보는 글이다.[1]

EBITDA는 이런 외부 이해관계자 입장에서의 가치평가 목적 외에도 기업 내부의 성과평가와 투자의사 결정 목적으로도 종종 이용되고 있다. 투자은행과 애널리스트들이 EBITDA를 널리 사용하므로, 그것이 유행이 되어 기업 내부용으로까지 확대되어 사용되는 것이다. 몇몇 컨설팅 회사들이 이 지표의 사용을 추천했을 수도 있다. 그렇다면 이렇게 기업 내부적인 목적으로 EBITDA를 사용하는 것이 과연 적합한지 살펴보도록 하겠다.

EBT와 EBIT의 활용 이유

EBITDA와 유사한 용어로 EBT와 EBIT가 있다. 이들은 1980년대 들어 EBITDA가 처음 사용되기 훨씬 이전부터 자주 사용되어 온 용어다. EBTearnings before tax는 세전이익이다. 당기순이익 또는 영업이익에 세금을 더해서 계산한다. EBT는 여러 국가에 사업장을 가진 다국적 기업에서 내부성과 평가용으로 종종 사용되었다. 국가마다 세율이 다르므로, 내부적으로 성과평가를 할 때 세율의 영향을 제거하고 순수한 사업장의 실적에 근거해서 사업장별 업적을 평가하기 위함이다. 물론 한 국가 안에서도 세율이 변동한다면 변동 전과 변동 후의 업적을 비교하기 위해서 세율의 영향을 뺀 EBT를 이용할 수 있다. 또한 한 국가 안에서도 서로 다른 사업부들에 적용되는 유효 법인세율이 다르다면 EBT를 사용할 수 있다. 세금의 영향을 제거하는 이유는 평가받는 사업부, 부서, 또는 개인이 통제할 수 있는 항목만을 가지고

1 이 글이 실무계에 상당한 영향을 주었다는 이야기는 여러 기회를 통해 전해 들었다. 이런 측면을 통해 한국 기업들의 발전에 공헌할 수 있다는 점이 글을 쓰는 보람이라고 생각한다.

성과를 평가하는 것이 가장 정확한 평가 방법이기 때문이다.

EBITearnings before interest and tax는 이자 및 세전이익이다. 당기순이익에 이자비용과 세금을 더해서 계산하거나, 이자비용과 세금이 고려되기 전인 영업이익을 사용한다. EBIT는 EBT와 마찬가지로 여러 국가에 사업장을 가진 다국적 기업에서 내부성과 평가용으로 사용되던 지표다. 대부분의 경우 각 국가별 사업장에 얼마만큼의 자기자본을 투자하고, 얼마만큼의 자금을 부채를 통해 조달할지 등 자본구조에 대한 의사결정은 현지 사업장이 아닌 본사 차원에서 수행된다. 자본구조는 해당 국가의 세율이나 과실송금 규정, 투자위험 등에 영향을 받아 결정된다. 대략 위험이 큰 국가나 프로젝트는 주로 부채를 통해 자금을 조달하고, 그렇지 않은 경우는 자본을 이용해 자금을 조달한다. 이자비용은 이렇게 결정된 자본구조에 따라 달라지는데, 부채를 많이 사용했다면 이자비용이 늘어나게 된다.

따라서 현지 사업장의 경영성과를 평가할 때 현지에서 통제할 수 없는 자본구조에 따라 결정되는 이자비용의 영향을 EBT에서 추가적으로 제거해주기 위해서 EBIT를 계산해서 사용한다. 역시 EBT와 마찬가지로, 한 국가 내에서도 사업부서별 자본구조가 다르다면 내부성과평가를 위해서 EBIT 지표를 종종 사용한다.

오랜 동안 사용되어온 EBT와 EBIT에 비해 EBITDA는 1980년대 이후에야 새롭게 등장한 지표다. 이 지표는 EBIT에 감가상각비depreciation와 무형자산상각비amortization의 두 항목을 추가적으로 더한 것이다. 감가상각비와 무형자산상각비는 현금유출이 수반되지 않는 비용항목이기 때문에, 이를 다시 당기순이익에 가산해 영업활동으로 인한 현금흐름액과 비슷한 수치를 만들려는 의도다. 필자가 『숫자로 경영하라 2』에서 설명한 것처럼, EBITDA는 현금흐름표가 개발되기 이전 시대인 1980년대에 사용되던 다른 재무제표[재무상태표(구 대차대조표), 손익계산서] 등을 이용해서 영업활동으로 인한 현금흐름액의 근사치를 손쉽게 계산하기 위해 탄생한 지표다. 회계를 잘 모르는 사람들도 재무제표에 나오는 몇 가지 항목만을 이용해서 손쉽게 EBITDA를 계산할 수 있다.

이상의 내용을 종합해보면, EBT나 EBIT 지표는 기업의 내부성과 평가 목적으로 빈번하게 사용되고 있으며, 각 지표도 합리적인 의미를 가지고 있는 셈이다. 그렇다면 EBITDA도 이런 목적으로 사용될 수 있을지 생각해보자.

성과평가와 EBITDA

첫째, 만약 각 사업부별 성과평가 목적으로 EBITDA를 사용한다면, 사업부 책임자 입장에서는 되도록이면 감가상각비depreciation를 많이 발생시키는 방향으로 생산과정을 변화시킬 수 있다. 예를 들면 어느 제품을 생산하기 위해서는 설비자산에 보다 더 많은 투자를 할 수도 있고, 설비투자를 하지 않고 인력을 좀더 많이 동원해서 생산라인에 투입할 수도 있다. 전자의 경우는 감가상각비라는 고정비가 더 많이 발생하는 구조이며, 후자는 인건비라는 변동비가 더 많이 발생하는 구조다. 어떤 방식으로 생산을 할 것인지는 기업마다 최적의 생산

•• 미국 NASDAQ 시장의 주가지수 변화추세

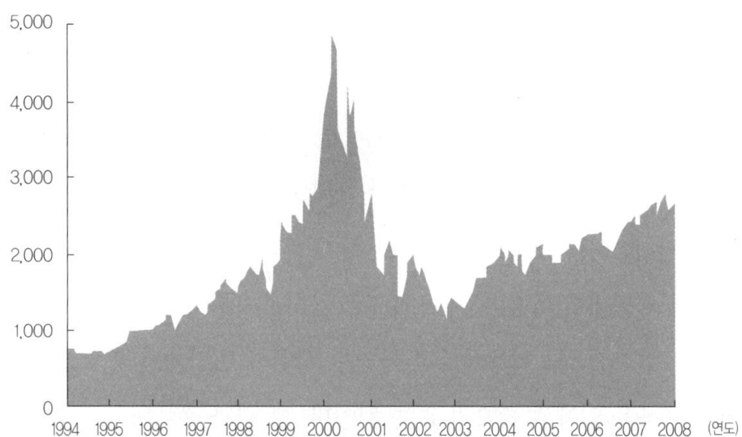

하이테크 회사들이 주로 상장되어 있는 미국 NASDAQ 시장의 지표를 보면, 2000년 3월 정점을 이루었던 지표가 그 후 대폭락하는 것을 알 수 있다. 닷컴 버블(dotcom bubble)이 발생했다가 버블이 꺼진 것이다.

방법이 무엇인지를 탐색해 결정하게 된다.

그런데 만약 이익이나 영업현금흐름이 아닌 EBITDA를 이용해서 성과평가를 한다고 가정해보자. 이익은 똑같다고 하더라도, 설비자산에 투자하는 전자의 방법을 선택하면 인건비는 줄어들면서 감가상각비가 늘어나므로 EBITDA는 늘어난다. EBITDA는 이익에 감가상각비 및 다른 항목들을 더해서 계산하기 때문이다. 그러나 후자의 방법을 선택하면 감가상각비가 줄어들면서 인건비가 늘어나므로 EBITDA는 줄어든다. 인건비는 EBITDA를 줄이지만 감가상각비는 EBITDA에 영향을 미치지 않기 때문이다. 이런 결과를 보면, EBITDA를 사용하면 불필요한 설비자산에 대한 과잉투자가 발생할 수 있다. 그 결과 운영 레버리지operating leverage가 적정 수준 이상으로 커지게 되어 고정비인 감가상각비가 증가한다. 따라서 조업도가 변함에 따라 이익의 변동성이 높아지는 결과가 발생한다.[2]

또한 설비투자를 늘리기 위해서는 추가적인 투자자금이 필요할 것이다. 그렇다면 부채나 자기자본을 적정수준보다 더 많이 사용해야 한다. 결국 효율적으로 자금을 사용하지 못하는 셈이다. 부채를 더 조달해서 사용해도 이자비용은 EBITDA의 크기에 영향을 미치지 않는다. 즉 EBITDA를 이용한다면 사업부 책임자 입장에서 불필요한 부채의 사용을 억제할 필요가 없는 것이다. 그 결과 부채비율이 증가할 가능성이 있다.

둘째, 무형자산 상각비 중 가장 중요한 항목은 M&A 시에 발생하는 영업권에 대한 상각비다. IFRS 도입 이후 영업권에 대한 상각비라 부르지 않고 영업권에 대한 손상차손이라고 부른다. EBITDA 계산 시 영업권 손상차손을 비용으로 고려하지 않으므로, M&A 의사결정 시 미래의 성과를 예측할 때 영업권 손상차손을 고려하지 않게 된다. 그렇다면 미래성과를 과대평가하게 되어 과감한 웃돈을 주는 M&A가

---

2 운영 레버리지(operating leverage)란 전체 비용 중 고정비 비중을 말한다. 운영 레버리지가 높다면, 고정비 비중의 상대적 증가로 이익의 변동성이 높아진다. 매출액이나 생산량의 변화에 따라 비례적으로 변동하는 비용을 변동비라고 하고, 매출액과 생산량에 관계없이 거의 고정적으로 발생하는 비용을 고정비라고 한다. 고정비 비중이 높은 기업은 생산량이 변해도 전체 비용이 크게 변하지 않기 때문에 매출액이 늘어나더라도 비용이 별로 많이 증가하지 않으므로 이익이 크게 늘어난다. 그 반대로 매출액이 줄어들어도 비용이 그에 비례해서 줄지 않으므로 이익이 크게 감소한다. 그래서 매출액의 변동성과 비교할 때 이익의 변동성이 증가하는 것이다. 국내에서는 운영 레버리지를 영업 레버리지라고 번역한 경우가 더 많지만, 개념상 'operating'을 '운영'으로 번역하는 것이 더 올바르다.

필요 이상 더 많이 일어날 수 있다.

셋째, EBITDA를 성과평가 목적으로 사용하면 영업이익 계산에 포함되지 않는 특별손익은 성과평가 목적으로 고려하지 않는 셈이다. 그렇지만 특별이익도 기업의 가치에 영향을 미치는 항목이며, 이 부분의 일부 항목들은 사업부 책임자의 경영활동의 결과로 발생한 것이다. 따라서 이런 부분을 고려하지 않는다면 정확한 업적을 평가하지 못하는 것이다.

넷째, EBITDA 계산에는 영업현금흐름에 악영향을 미칠 수 있는 항목들이 제대로 반영되지 않고 있다. 재고자산이나 외상매출금의 변동들이 이에 해당된다. 예를 들어 기업이 이익을 늘리고자 하는 유인이 있다면 밀어내기 매출을 하면 된다. 그러면 매출이 증가하기 때문에 이익이 늘어나지만, 늘어난 매출액은 대부분 외상매출금으로 쌓이므로 현금회수가 안 될 것이다. 필요한 수준 이상으로 과잉생산을 해서 재고자산을 쌓아두고 있어도 생산단위당 고정비가 감소하는 효과가 발생해 매출원가가 낮아지므로 이익이 증가하게 된다.[3] 따라서 EBITDA는 이런 현상들을 고려하지 못한다. 영업현금흐름과 이익을 함께 비교해볼 때만 기업이 이익조정을 위해 재고자산이나 외상매출금을 과다하게 보유하고 있는지 알 수 있다.

---

3 필요한 재고의 수량보다 더 많은 수량을 생산하는 경우, 생산된 제품의 단위당 변동비는 변화가 없지만 단위당 고정비는 하락한다. 즉 총 고정비는 생산량의 변화에 관계없이 일정하기 때문에, 생산량이 증가하면 총 고정비를 생산수량으로 나눈 단위당 고정비는 하락하는 것이다. 그 결과 전체 생산수량의 단가(단위당 변동비 + 단위당 고정비)가 하락한다. 매출원가는 단가와 매출수량을 곱해서 결정되므로, 이 경우 매출원가가 하락해 매출총이익이 실제보다 증가하게 된다.

EBT, EBIT, 그리고 EBITDA

이상의 내용을 종합해보면, EBITDA를 성과평가 목적으로 사용하는 것이 여러 가지 문제가 있다는 것을 알 수 있다. 이에 비해 EBT나 EBIT는 나름대로 의미가 있는 수치다. 그렇지만 필자는 EBT나 EBIT도 당기순이익이나 영업이익, 그리고 현금흐름과 함께 보완적으로 사용해야 한다고 생각한다. 사업부서의 책임자가 EBT나 EBIT에 영향을 미칠 수 있는 가능성이 있기 때문이다. 이 내용을 좀더 알아보자.

예를 들어 능력 있는 경영자라면 세금을 줄이는 데도 노력을 해야 한다. 법률이 어떻게 바뀌는지도 주의해야 하며, 법률이 바뀌었을 때 기업에 대한 피해를 어떻게 줄일 것인지 대비해야 한다. 좀 심한 경우이긴 하지만, 『숫자로 경영하라 2』에 수록된 '자본주의는 몰락의 길로 접어들었는가?'라는 글을 보면 골드만삭스가 미국 정부로부터 구제금융을 받기 직전인 2008년 미국 정부에 납부한 세금이 세전이익의 불과 1%밖에 되지 않는다는 사실을 설명한 바 있다. 돈을 버는 온갖 거래들이 조세피난처 국가에서 이루어진 것으로 거래구조를 설계하고, 이에 따라 회계처리해서 나타난 결과다. 이로 인해서 골드만삭스는 당시 세금은 내지 않다가 구제금융만 챙긴 파렴치한이라는 비난을 받았다.

이런 너무 심한 경우가 아니라면 주어진 법률 안에서 세금을 최대한 줄이는 것도 경영자의 능력이다. 우리나라의 많은 기업들도 해외투자 시 점점 조세피난처를 이용한 투자를 늘리고 있는 상황이다. 법이 허용하는 한 최대한 세금을 줄이기 위해서다. 그러니 당기순이익을 보지 않고 EBT만 보는 것도 한계점이 있다.

EBIT도 마찬가지다. 능력이 있는 경영자라면 적정 수준 이상의 부채를 유지하지 않을 것이다. 그런데 능력이 부족한 경영자는 적절한 재무구조를 유지하지 못할 것이므로, 불필요하게 많은 부채나 최적 수준보다 낮은 수준의 부채를 유지할 것이다. EBIT에서는 이자비용이 반영되지 않으므로 이런 차이가 계산에 포함되지 않는다. 특히 전술한 EBITDA의 경우처럼 과다한 자금을 부채를 통해 조달해서 사용할 위험성이 있다. 물론 그 정도는 EBITDA를 사용하는 것보다는 덜하기는 하다. EBITDA에서는 감가상각비도 고려대상이 아니지만, EBIT에서는 감가상각비를 고려하고 있기 때문이다.

이상을 보면 EBT나 EBIT도 성과평가 목적으로 완전한 수치가 아니라는 점을 알 수 있다. 물론 이 두 지표는 EBITDA에 비하면 그래도 상당히 타당성이 있는 지표다.

EBITDA를 이익이나 현금흐름지표 외에 사용할 필요가 있는 경우도 있다. 수년에 한 번씩 대규모 투자가 필요한 업종이 있다. 통신업이나 반도체 업종을 예로 들 수 있다. 대규모 투자가 있으면 감가상각비가 갑자기 늘어나서 이익이 줄어들게 된다. 대규모 현금을 조달하느라 현금사정도 악화된다. 그래서 투자 이전과 성과를 비교하기가 용이하지 않다. 이런 경우에 감가상각비의 규모에 영향을 받지 않는 EBITDA를 보조 지표로 사용할 수 있을 것이다.

투자의사 결정과 EBITDA

이제 투자의사 결정 시에 EBITDA를 사용하는 일에 대해 생각해보자. 전술한 것처럼 EBITDA를 이용해서 투자의사 결정을 수행하면 과잉 설비투자가 발생할 문제점이 생긴다. 감가상각비도 중요한 비용인데, 감가상각비를 투자의사 결정에 고려하지 않으니 많은 감가상각비를 발생시킬 수 있는 설비 투자를 보다 손쉽게 집행하게 되는 것이다. 그 결과 고정비 비중이 전체 비용 중에서 차지하는 비중이 높아져서 운영 레버리지가 높아지고, 설비 투자 자금을 마련하기 위해 부채가 증가하여 부채비율이 상승하는 문제점이 발생한다.

투자의 대가 워런 버핏도 이런 입장에서 "감가상각비의 중요성을 고려하지 않고 현금흐름이나 EBITDA만 강조하는 경영자는 잘못된 결정을 내릴 가능성이 높다."라고 말한 바 있다. 감가상각비가 중요한 비용이므로 반드시 가치평가에 고려해야 한다는 의미다.

또한 전술한 것처럼 과감한 M&A가 불필요하게 수행될 가능성도 증가한다. 높은 가격을 치르고 다른 회사를 매입해도 EBITDA는 증가하기 때문이다. 높은 가격을 지불한다면 영업권 상각비가 증가하지만, 이 영업권 상각비는 EBITDA의 계산에서 빠지게 된다. 결국 M&A를 위한 자금을 부채를 이용해 조달한다면 부채비율이 상승하는 효과가 발생하게 되는 셈이다. 주주 입장에서 볼 때 불필요한 설비투자나 M&A가 발생하면 당연히 주주 수익률이 낮아지게 된다. 그러나 기업의 자산규모는 투자가 계속되므로 빨리 성장하게 된다. 즉 오히려 성장성이 높은 것처럼 보일 수도 있다.

워런 버핏
오바마의 현인으로 불리는 워런 버핏. 세계 최고의 투자자라고 불리는 워런 버핏은 EBITDA를 사용해서 의사결정을 내린다면 부정확한 의사결정을 내리는 것이라고 지적한 바 있다.

투자의사 결정 시의 지표로 일부 기업에서 EBITDA를 사용해온 이유는, EBITDA가 영업활동으로 인해 조달된 현금흐름으로써 기업의 현금창출력을 나타내는 지표로 잘못 알려져왔기 때문이다. 영업활동으로 인해 조달된 현금으로 투자를 수행하면 무리하지 않는 안정적인 투자가 된다. 그러나 『숫자로 경영하라 2』의 'EBITDA 지표가 놓친 것들을 들여다보자'라는 글에서 설명한 것처럼, EBITDA는 영업활동으로 인해 창출된 현금흐름과 다르다. 전술한 바처럼 기업이 비정상적인 행동을 하지 않는다면 양자의 추세가 비슷해지지만, 그렇지 않다면 양자 사이에 큰 차이가 발생하게 된다.

현금창출력을 나타내는 수치는 재무제표의 하나인 현금흐름표에 보고된 '영업활동으로 인한 현금흐름'을 보면 더 정확히 알 수 있다. 따라서 EBITDA를 사용하는 목적과 더욱 부합하는 측정치는 '영업활동으로 인한 현금흐름'이다. 또한 현금 수치를 직접 바탕으로 의사결정을 해야 적정 수준의 현금관리의 중요성을 더 느낄 수 있으며 현금수준에 대한 긴밀한 모니터링도 가능할 것이다. 현금이 아닌 EBITDA를 이용해 유동성을 평가한다면, 실제 현금이 없지만 매출채권이나 재고자산만 가지고 있는 상황에서도 마치 단기 유동성이 충분한 것처럼 생각하는 잘못된 판단을 할 수 있다. 단기적인 재무상황 파악을 위해서는 현금흐름을 살펴보는 것이 매우 중요하다.

이상의 내용을 종합하면 성과평가나 투자의사 결정 목적으로 EBITDA보다는, 현금흐름표에 보고된 영업활동으로 인한 현금흐름을 사용하는 것이 더 합리적이다. 그러나 이 지표만 볼 것은 아니다. 당연히 당기순이익이나 영업이익, 잉여현금흐름도 고려해야 한다. 감가상각비나 무형자산상각비는 현금흐름의 계산에서 빠지지만, 이런 비용도 중요한 비용 항목이기 때문이다. 그러므로 현금흐름이나 이익 수치를 이용해서 계산한 NPV순현가법나 IRR내부수익률법, EVA경제적 부가가치, ROA자산이익률, ROE자본이익률 등의 다양한 지표를 함께 사용해야 할 것이다.

필자는 『숫자로 경영하라 2』에 실린 '이익인가, 현금흐름인가?'라는 글에서, 단기적인 의사결정에는 현금흐름을, 장기적인 의사결정에는 이익을 기반으로 한 지표를 사용하는 것이 더 합리적이라고 소

4 EBITDA를 성과평가와 투자의사 결정에 사용하는 것의 문제점에 대한 더 자세한 설명은 필자의 동료인 황이석 교수가 쓴 『CFO 강의노트』를 참조하기 바란다.

개한 바 있다. 거듭 말하지만, 만병통치약처럼 모든 경우에 다 사용할 수 있는 단 하나의 손쉬운 지표는 없다.[4]

회계로 본 세상

EBITDA의 문제점에 대한 구체적인 예를 들어보자. 만약 A기업이 100억 원을 10%의 이자를 부담하며 B은행으로부터 차입한 다음, 이 금액을 C은행에 이자율 6%로 저금하고 있다고 가정해보자. 이 거래의 결과, 이자비용 10억 원과 이자수익 6억 원이 발생하게 된다. 즉 세전손실이 4억 원이 된다. 그렇지만 이자비용은 EBITDA에 포함되지 않으므로, EBITDA는 6억 원(-4억+10억=6억)이 된다. 즉 위의 사례처럼 회계이익으로는 적자가 늘어나는 경우에도, EBITDA를 이용해서 평가하면 마치 기업의 실적이 개선되는 것처럼 보이는 것이다.

이런 이상한 행동을 미치지 않고는 누가 하겠느냐고 생각할 수 있지만, 이런 경우가 실제로 불과 10여 년 전 닷컴버블 기간에는 다수 일어났었다. 몇몇 기업들이 EBITDA를 부풀리기 위해 이런 행동을 한 것이다.

또 다른 예를 들어보자. 어떤 제품이 다른 회사에서 1,100원 정도에 팔린다고 하자. 그리고 제품원가를 살펴보면 감가상각비가 총 5천 원이고, 다른 변동원가가 개당 600원이라고 가정해보자. 그렇다면 신생기업 A는 기존 기업들로부터 고객을 빼어오기 위해서는 가격을 1,100원보다는 낮게 책정해야 한다.

그런데 EBITDA 수치를 바탕으로 투자은행이나 애널리스트, 그리고 투자자들이 A기업을 평가하고, A기업의 주식이 상장되었을 때 주가가 결정된다고 해보자. 그리고 제품에 대한 수요가 회사가 1,100원으로 가격을 책정하면 10개, 1,000원으로 가격을 책정하면 20개, 900원으로 가격을 책정하면 30개라고 해보자. EBITDA를 늘리기 위해서는 제품을 많이 팔아야 하고, 그러려면 가격을 낮추어야 한다. EBITDA 수치는 가격을 낮출수록 커진다. 예를 들어, 가격을 900원으로 낮추면 EBITDA는 9,000원(=900원×30개-600원×30개)이지만 세전이익은 -300원(=900원×30개-1,000원×30개)이 된다.[1] 그 반대로, 가격을 1,100원으로 책정하면 EBITDA는 5,000원(=1,100원×10개-600원×10개)으로 줄어들지만 세전이익은 1,000원(=1,100원×10개-1,000원×10개)으로 늘어나게 된다.

닷컴 버블 당시, 바로 위에서 설명한 이유로 상당수의 닷컴 기업들이 EBITDA를 늘리려 했고, 그러기 위해서 매출을 늘리려고 했다. 그래서 원가보다 싼 가격에 제품을 팔아서 고객들을 유인했다. 그 결과 이런 기업들이 폭발적으로 매출액이나 EBITDA가 성장하는 추세를 보여준 후 상장을 한 것이다. 폭발적으로 매출액이나 EBITDA가 늘

1 EBITDA 계산에는 감가상각비 5천 원이 포함되지 않는다. 본 예에서는 문제를 간단히 하기 위해 세금은 없다고 가정했다.

어나고 있다는 점을 투자자들에게 홍보해 자금을 끌어들인 것이다. 그러나 실제로 위의 예에서 알 수 있는 것처럼 기업들은 이익이나 현금을 창출하지 못하는 상황이었다. 이들 기업들이 불과 몇 년 후에 대부분 몰락한 이유가 바로 여기에 있다. 상장 시 재빨리 지분을 팔아버리고 '먹튀'한 대주주와 경영진, 이를 중개하고 수수료를 받은 투자은행들만 부를 챙겼다.

물론 이런 과정을 거쳐서 살아남은 기업들도 소수 존재한다. 이런 과정을 통해 조달한 자금으로 계속해서 싼 가격에 제품을 소비자에게 제공해서 고객군을 확대했고, 그 결과 오프라인 기업들과의 경쟁에서 승리해 시장을 장악할 수 있었던 것이다. 세계 최대의 서점 아마존amazon이 그 좋은 예다. 결과적으로 이 기업들에 투자했던 주주들은 이익을 봤다. 그렇지만 망한 IT기업들이 성공한 기업보다 몇십 배나 더 많으니, 손해를 본 주주가 훨씬 더 많다는 것을 알 수 있다.

EBITDA를 내부 투자의사 결정이나 성과평가 목적으로 사용한 사례는 잘 알려져 있지 않다. 물론 다수의 기업들이 EBITDA를 이런 목적으로 사용하고 있다는 점을 설명했지만, 그렇다고 해도 그런 사용이 어떤 긍정적 · 부정적인 효과를 가져왔는지에 대해서는 알려진 사례가 없다. 이런 내용들은 대부분 회사의 내부정보이므로 외부인이 알기가 힘들다. 그리고 어떤 결과가 있다고 하더라도 그 결과가 꼭 EBITDA 때문인지 명확하지 않을 것이다.

그렇지만 본서의 설명을 자세히 읽어보면 EBITDA가 여러 문제점을 가진 지표라는 것을 이해할 수 있을 것이다. 그러니 EBITDA 만을 사용해서 내부 의사결정을 하는 것은 삼가야 한다. 물론 EBITDA를 사용하지 말라는 것은 아니다. 앞에서 설명한 것처럼 EBITDA도 투자규모가 큰 업종에서는 영업현금흐름의 보조지표로 사용할 수 있을 것이다. 또한 본고에서 설명한 것 같은 비정상적인 행동이 일어나지 않는다면 EBITDA도 다른 목적으로 얼마든지 사용될 수 있다. 다만 EBITDA를 사용하기 위해서는 비정상적인 행동이 일어나고 있지 않은지 재무제표를 철저하게 살펴야 할 것이다.

실천이 최선의 전략이다

마이크로소프트와 사우스웨스트 항공

마이크로소프트와 사우스웨스트 항공은 우수한 전략을 세워서 성공한 기업으로 널리 알려져 있다. 이 기업들의 설립 초기 상황으로 돌아가서, 어떻게 그런 우수한 전략을 세울 수 있었는지 알아본다. 그 전말을 자세히 살펴보면 우리가 흔히 듣는 이야기와는 상당히 다르다는 점을 알 수 있다. 또한 마이크로소프트나 사우스웨스트와 유사한 전략을 세웠으나 실패한 기업들도 있다는 사실을 발견할 수 있다. 그렇다면 어떤 기업들이 성공하게 되었는지, 그리고 전략을 제대로 실천하기 위해서는 무엇을 해야 하는지 알아본다.

경영 서적에 가장 많이 등장하는 기업이 바로 마이크로소프트MS; Microsoft와 사우스웨스트Southwest 항공이다. 많은 사람들은 MS와 사우스웨스트가 다른 기업에 없는 엄청난 전략을 세워 성공했을 거라고 생각한다. 경영 서적들은 MS가 운영체제operating system 관련 소프트웨어를 독점 공급하는 전략을 세웠고, 사우스웨스트는 소수의 항로만 운행하면서 비용을 최소화하는 전략으로 성공했다고 설명한다. 그러나 이런 이야기는 상당한 과장이다. 초창기의 두 회사에는 독특한 전략이라고 이름 붙일 만한 것들이 별로 없었다. 두 회사의 진짜 성공 비결은 전략보다 실천에 집중했기 때문이다.

먼저 MS의 사례를 보자. MS와 IBM의 관계는 '재주는 곰이 부리고 돈은 왕서방이 번다.'는 말이 딱 들어맞는다. IBM은 세계 최초로 개인용 컴퓨터를 개발했다. 하지만 컴퓨터 운용에 필수적인 소프트웨어 개발을 MS에 위탁하는 전략 실패를 저질렀다. IBM이나 IBM의 경쟁사가 개발한 컴퓨터에는 모두 MS의 프로그램이 탑재되었다. IBM이 치열한 경쟁을 뚫고 컴퓨터를 팔아도 MS는 IBM보다 더 많은 이익을 올렸고, 그 결과 IBM보다 더 큰 기업으로 성장했다. 하지만 IBM은 장기적으로 몰락의 길로 접어들게 되었다. 1990년대 후반부터 IBM은 PC사업 부문에서 적자를 기록하기 시작했다. 결국 IBM은 2004년 PC사업 부문을 중국 레노버Lenovo에 매각하고 시장에서 철수했다.

사우스웨스트 항공은 소수의 항로만 운행하고, 다른 항공사보다 더 빨리 비행기를 이륙시키는 전략으로 유명하다. 기내식이나 음료수도 무료로 제공하지 않는다. 이를 통해 절감한 운송 원가에 맞춰 비행기 표의 가격을 내리고, 더 많은 고객을 유치하고 있다. 사우스웨스트의 좌석 점유율이 경쟁업체에 비해 월등히 높은 이유다. 이에 비해 델타, 노스웨스트, 아메리칸 등 기존의 항공업계 거인들은 모두 생존 위기에 있을 만큼 어려움을 겪고 있다.

MS와 사우스웨스트의 성공 비결이 과연 최고경영자가 최선의 전략을 세웠기 때문일까? 필자는 이에 동의하지 않는다. MS는 자사의 전략으로 엠에스도스MS-DOS라는 운용 소프트웨어를 개발하지 않았다. 당시 IBM은 프로세서 공급업체로 인텔을, 운용 소프트웨어 공급업체로 MS를 선택했다. IBM이 MS를 파트너로 뽑았기 때문에 MS가 현재의 위치에 오를 발판을 마련했다고 봐야 한다. 물론 인텔이나 MS가 IBM의 공급업체로 뽑힐 만한 역량을 갖추고 있었다는 점은 간과할 수 없지만, 성공의 결정적 원인은 MS 외부에 있었다. 특히 인텔은 당시에도 상당한 역량을 가지고 있는 회사였다. 그러나 MS는 아주 작은 군소회사로서, IBM의 요청을 받고 이미 사용되고 있던 프로그램인 도스Dos라는 운용체제를 다른 회사로부터 구입한 후 약간 개량해서 엠에스도스를 만든 것뿐이다.

IBM이 전략에 실패했는가?

IBM은 왜 자체 개발을 포기하고 인텔과 MS에 프로세서나 소프트웨어의 납품을 요구했을까? 이는 일부 경영 서적에서 최대의 전략적 실수로 평가받고 있는 행동이다. 1970년대 말~1980년대 초 IBM의 보유 인력과 기술 수준은 세계 최고였다. 당시만 해도 군소회사에 불과했던 인텔이나 MS와는 비교가 되지 않았다. IBM의 자체 역량으로도 인텔 프로세서나 MS 소프트웨어를 개발할 수 있었다는 의미다.

그렇다면 IBM은 왜 자체 개발을 포기한 것일까? 당시 IBM은 여러 측면에서 IBM 컴퓨터보다 우수하거나 대등하다고 할 수 있는 애플Apple의 매킨토시Macintosh 컴퓨터와 경쟁해야 했다. IBM보다 낮은 가격으로 IBM 호환 기종을 생산하는 후발 업체의 추격도 무시할 수 없었다. 경쟁에 이기기 위해서 IBM이 선택한 전략은 '최고 품질의 더 빠르고 더 작은 컴퓨터 개발'이었다. 이를 위해 우수 인력을 집중시켜 더 빠르고 작은 컴퓨터를 개발하는 일에만 총력을 기울였고, 당시에는 별로 중요하지 않았던 부품 및 소프트웨어를 인텔과 MS에 아웃소싱한 셈이다. 자신들이 비교우위를 가지고 있던 분야인 기술에 집중하는 전략을 수립했던 것이다.

만약 IBM이 컴퓨터 개발에만 매진하지 않고 모든 작업을 독자 수행했다면, IBM 컴퓨터의 발전은 훨씬 늦어졌을 것이다. 그 결과 현재 우리가 사용하는 컴퓨터의 대부분은 IBM 계통이 아니라 매킨토시 계통이었을 가능성이 높다. 성능 면에서는 당시 매킨토시 계열의 컴퓨터가 IBM의 계열 컴퓨터보다 우수한 측면이 많았기 때문이다. 지금은 사라졌지만 당시 IBM 호환기종 컴퓨터를 훨씬 값싸게 생산하며 IBM을 거세게 추격했던 후발주자 중 한 업체가 IBM을 제쳤을 수도 있다.

그러나 IBM은 '최고의 기술로 최고의 컴퓨터를 개발한다.'는 목표에 집중했기 때문에 30년 동안 컴퓨터 산업에서 강자의 자리를 지킬 수 있었다. 당시 IBM의 수많은 경쟁자 중 현존하고 있는 업체는 애플뿐이다. 일각에서는 당시 IBM의 전략이 최선의 전략이 아니었다고 평가한다. 하지만 그 전략이 지난 30년간 IBM을 먹여 살렸다는 점을 감안해야 한다. 때문에 필자는 IBM의 당시 전략이 충분히 옳았다고 생각한다. 30년 동안 회사를 먹여 살린 전략을 실패한 전략이라고 부르는 것은 적합하지 않다. 같은 맥락에서 MS가 당시 최선의 전략을 썼기 때문에 오늘날과 같은 거대 업체로 성장한 건 더더욱 아니다.[1]

---

1 필자의 짧은 40여 년의 인생을 되돌아보면, 그때 그 순간에 그 훌륭한 분을 안 만났더라면 필자의 인생이 크게 바뀌었을 것이라는 느낌이 드는 인생의 장면이 몇 개 있다. 필자가 그 순간에 그분을 만났다는 것은 어떤 면에서는 운이 좋았다고도 할 수 있다. 또한 그분과 필자가 만남 이후 긴밀한 관계를 맺게 되었다는 점에 대해서는 필자도 그분이 보잘것 없었던 당시의 필자를 신경 써서 포용해주거나 가르침을 줄 만큼 어느 정도의 숨겨진 역량을 가지고 있었다고 할 수 있다. 인텔과 MS도 비슷하다. 그만그만한 역량을 가지고 있던 그때 그 순간에 IBM을 만났다는 것이 그 후 30년의 인생을 바꾼 것이다. 어떤 면에서 IBM과 같은 좋은 친구를 가지고 있었던 것도 능력이라고 할 수 있다. 즉 좋은 친구를 많이 사귈 수 있다는 것은 성공을 위해 매우 중요한 능력이라고 하겠다.

인텔은 당시 프로세서를 생산하던 다른 경쟁자들을 차례로 제치는 데 독자적인 전략을 효과적으로 수행했던 역사가 있기는 하다.

사우스웨스트에는 자체 전략이 있었나?

사우스웨스트의 사례는 더 흥미롭다. 설립 초기 사우스웨스트에는 독자적인 전략이라고 이름 붙일 만한 것이 별로 없었다. 사우스웨스트가 채택한 대도시와 중소도시 사이의 단거리 루트를 운항하는 저가 항공사의 개념은 사우스웨스트 이전에 이미 있었다. 사우스웨스트의 경우, 소송 등을 통한 기존 업체의 방해와 예상을 초과해서 발생하는 과다한 비용 문제, 경험이 별로 없는 사람들이 모여서 회사를 설립하는 데 발생하는 여러 시행착오들 때문에 창업이 자꾸 미뤄졌다. 우여곡절 끝에 겨우 비행기를 띄울 준비를 마쳤을 때는 창업 전 계획했던 4대의 비행기가 아닌 3대의 비행기를 구입할 돈밖에 남아 있지 않았다. 기존 업체의 방해가 워낙 거세 각 도시의 중심 공항에 취항할 수도 없었다. 따라서 대도시 주변에 위치한 중소도시에 대신 취항할 수밖에 없었다.

당시 사우스웨스트 경영진이 회계자료를 분석하자, 3대의 비행기로 기존 항공사가 운항하는 취항 루트를 운항하면 회사의 생존이 어렵다는 결과가 나왔다. 3대의 비행기만으로 처음에 계획한 4대의 비행기가 있어야 운행할 수 있는 루트를 모두 운항시켜야만 손익분기점에 다다를 것이라는 결론이 나왔다. 그러기 위해서는 비행기가 착륙

한 후 공항에 머물러 있는 시간을 최대한 줄여야 했다. 다른 항공사들이 비행기를 거의 띄우지 않는 새벽부터 한밤중에도 운행해야 했다. 돈이 없으니 승무원도 많이 고용할 수 없었다. 승무원 수가 부족하니 음료수나 식사도 비행중에 무료로 제공할 수 없었다. 비용절감을 위해 청소도 승무원들이 직접 해야 했다. 그러기 위해서는 한국 항공사에서 볼 수 있는 것처럼 하이힐을 신은 미인이 스튜어디스 역할을 하는 것이 아니라 장시간의 근무시간과 강도 높은 업무에도 버틸 수 있는 튼튼한 직원을 뽑아야 했다. 기내 잡지나 신문도 비용절감을 위해서 고객들에게 나눠줄 수 없었다. 비행기에서 영화를 보여주는 등의 서비스도 없앴다. 대도시에서 약간 떨어진 중소도시에 취항하기 때문에, 대도시에 거주하는 고객들을 유치해 오기 위해서는 비행기 요금도 대도시에 취항하는 경쟁회사보다 낮춰야 했다. 그리고 초기 취항도시가 텍사스 이내의 중소도시와 대도시를 연결하는 것이니 만큼, 소득수준이 대도시보다 낮으므로 요금을 높게 책정할 수도 없었다.

'불과 3대의 비행기로 접근성이 떨어지는 도시 외곽의 작은 공항에 취항해야 한다.'는 한계가 오늘날의 사우스웨스트 신화를 만들었다는 점은 아이러니다. 지금은 누구나 사우스웨스트 경영진의 위대한 비전과 선견지명에 관해 이야기하지만, 사실 당시의 상황을 들여다보면 이는 살아남기 위해 직원들이 머리를 맞대고 아이디어를 쥐어짜다 보니 떠오른 몇 가지 작은 실천책들에 불과했기 때문이다. 물론 자신의 한계를 극복하는 게 아무나 할 수 있는 일은 아니지만 말이다. 또한 회사가 생존위기에 있었으므로 사우스웨스트의 직원들도 열악한 고용여건 속에서도 불만 없이 열심히 일했을 것이다. 전술한 것처럼 사우스웨스트가 처음 세운 수익성이 높은 단거리 몇 개 노선만 운행한다는 전략도 독창적인 것이 아니라 미국 서부지역에 있던 몇 개의 작은 항공사의 모델을 보고 그와 동일한 방법을 따르기로 한 것뿐이다.

사우스웨스트는 이후에도 계속 자사의 단점을 타개할 방법을 고민했다. 짧은 거리를 비행할 때는 음료수나 음식을 주지 않아도 승객들의 불만이 적었지만, 항공사의 규모가 확대되어 장거리 비행도 운행하기 시작하자 문제가 달라졌다. 장거리 비행 때는 지겹다는 승객들의 불만이 상당했다. 사우스웨스트는 승객들의 주의를 다른 곳으로 돌리기 위해 비행중에 승무원이 승객들에게 농담을 건네거나 마술을 보여주는 식으로 손님들의 관심을 끌었다. 이것도 이름도 알려지지 않은 평범한 직원이 낸 아이디어를 채택한 것이다. 그러기 위해 비행기에서 고객과 직접 접하는 직원들도 교육 수준 등의 기준이 아니라, 명랑하고 농담을 잘할 수 있는 재미있는 사람들을 우선적으로 뽑았다. 그 효과는 컸다. '지루하다, 왜 음식과 음료수를 주지 않느냐?'는 승객들의 불만이 현격히 줄었다.[2]

사우스웨스트는 이런 방식으로 성공했다. 손님이 몰려들어 이익이 창출되기 시작하자 그동안 고생한 직원들에게 추가적인 보상을 줄 수

---

2 요즘 이런 전후 맥락을 무시하고, '사우스웨스트는 재미있는 직원을 우선적으로 뽑는다.'면서 이야기하는 몇몇 책자를 보면 쓴웃음이 나온다. 사우스웨스트도 다른 기업들과 똑같다. 똑똑한 직원이 필요한 자리는 똑똑한 직원을 뽑으며, 성실한 직원이 필요한 자리는 성실한 직원을 뽑는다. 고객을 직접 상대하는 직종의 경우는 지적 수준이 아닌 다른 기준에 의해서 직원을 뽑을 뿐이다. 그 다른 기준에 승객들을 즐겁게 하기 위한 유머감각과 청소 등의 일까지 맡아서 하고 장시간의 근무를 견딜 수 있는 튼튼한 체력을 갖춘 사람이라는 조건을 사용할 뿐이다. 즉 업무의 특성에 따라 적재적소에 알맞은 사람들을 배치하는 것이다. 한국의 기업들도 모두 이러기 위해서 노력하고 있다.

있었다. 그러자 그동안 격무에 시달리던 직원들의 만족도도 향상되었다. 다른 항공업계가 모두 생존위기를 겪고 있는 상황이니 만큼, 추가적인 보상을 준다는 것은 직원들의 만족도를 향상시킬 수 있는 좋은 수단이었다.[3]

델 컴퓨터의 성공사례

사우스웨스트의 경우와 비슷한 예가 델Dell 컴퓨터의 사례다. 1984년 대학의 기숙사에서 마이클 델Michael Dell이 전화를 통해 다른 대학생들로부터 컴퓨터를 주문받은 후, 부품을 구입해서 기숙사 방에서 조립해 주문한 학생에게 직접 배달을 시작한 것이 델 컴퓨터의 시작이다. 마이클 델 역시 사업이 어느 정도 성공해 밑에 직원을 몇 명 거느리게 되자 다른 큰 컴퓨터 회사들처럼 전국적인 체인 소매점에서 물건을 팔려고 시도했다. 그러나 전혀 이름 없는 델 컴퓨터를 어느 소매점도 받아들여주지 않았다. 마이클 델이 여러 차례 전시회에도 참가하면서 노력했지만 불과 20대의 대학교 중퇴생이 소개하는 컴퓨터를 어느 소매점의 구매 담당자들도 신뢰하지 않았다. 그래서 할 수 없이 델은 인터넷과 전화주문을 통해 대학생들을 대상으로 한 판매에만 주력하

3 사우스웨스트가 성공한 것은 물론 초창기의 어려운 경영환경 속에서 회사를 이끌었던 최고경영진의 과감한 리더십과, 여러 직원들의 아이디어를 평가하고 선택해 실천으로 이끌었던 분석력과 판단력 등 여러 요소가 복합적으로 작용해 일어난 것이다. 이런 측면에서 사우스웨스트의 성공 요인이 단지 실천에 있었다고 하기는 곤란하다. 실천으로 이끌어갈 수 있었던 최고경영진의 리더십과 능력도 대단히 중요한 것이다.

게 된다.

즉 델의 인터넷이나 전화주문을 통한 생산과 판매라는 방식도 결국 전략의 성공이라기보다는 초창기의 델에게 시장에 의해서 강요된 선택을 델이 따른 것뿐이다. 델의 성공이 위대한 전략 때문이라고 추켜세우는 것은 상당한 사후 합리화다. 한국의 용산 전자상가에서 델과 거의 비슷한 방법으로 부품을 조립해서 팔던 수많은 영세 가게들은 대부분 실패했고 겨우 몇 개만 살아남아 명맥만 유지하고 있다. 델의 위대한 전략에 대해서 추켜세우는 사람들은 비슷한 방식으로 영업을 한 많은 다른 회사들이 왜 실패했는지에 대해 언급을 하지 않는다. 대학교의 MBA 강의나 많은 경영서적들 중에서도, 성공한 기업이나 사람들 이야기를 소개할 뿐 대부분의 경우 왜 똑같은 전략을 실시한 기업이나 사람들 중에서 왜 유독 그 기업이나 사람만 성공했는지에 대해서까지 분석한 경우는 거의 없다.[4]

어떻게 전략을 실천할 것인가?

MS와 사우스웨스트의 사례는 경영에서 차지하는 '실천'의 비중이 얼마나 큰지를 잘 보여준다. 물론 전략은 중요하다. 하지만 전략보다 더

---

4 필자는 많은 경영서를 읽는다. 필자가 판단하는 좋은 책과 그렇지 않은 책을 나누는 기준은 다음과 같다. 모 기업이 어떤 전략을 써서 신시장을 개척해 성공했는지에 대해서만 설명하는 책은 우수한 책이 아니다. 항상 똑같은 전략을 썼는데도 실패한 기업이 다수 있기 때문이다. 정말로 좋은 책은 똑같은 전략을 썼는데도 성공한 기업과 실패한 기업이 왜 생기게 되었는지까지 분석해서 설명하는 책이다. 필자는 이런 책은 자주 보지 못했다.

중요한 건 전략을 제대로 실천하는 일이다. 미국 경제지 〈포춘Fortune〉의 조사에 의하면 자사의 핵심 전략을 효과적으로 실천하는 기업은 놀랍게도 10% 미만에 불과했다.

하지만 아직도 많은 CEO들은 전략 구상에만 많은 시간을 소모한다. 반면 수립한 전략을 어떻게 실천할 것인지에 대해서는 큰 주의를 기울이지 않는다. 실무자들에게 "알아서 잘 방법을 마련해 보라."라고 지시를 할 뿐이다. '녹색 성장을 위한 사업구조 개편'과 '블루오션 개척' 이라는 거창한 구호를 보자. 이 이야기를 들은 조직원 중 '내가 무엇을 해야 그 전략을 달성할 수 있을지'를 아는 사람이 과연 몇 명이나 될까. 또한 '내가 어떻게 행동할 때 나에게 어떤 효익이 돌아올지'를 피부로 느끼지 못할 것이다.

이래서는 조직원의 행동이 바뀔 가능성이 별로 없다. '열정'이나 '헌신' 등의 구호를 아무리 이야기해도 별로 내 가슴에 와닿지 않는다. 현대 사람들은 이기적이다. 젊은 청년들이 '열정'에 빠져 결혼을 하더라도, 그 열정이 마음에 와닿아서 결혼 상대방의 모든 것이 마음에 꼭 드는 시기는 약 6개월 정도, 길어야 1~2년일 것이다. 결국 회사에 입사한 신입사원들도 마찬가지다. 1~2년의 시기가 지나면 열정이 아니라 직접 직원들이 효익을 느낄 수 있게끔 제도를 만들어주어야 행동이 바뀌게 된다.

좋은 예를 들어보자. 필자가 학부와 석사를 마치고, 지금 교수로 있는 서울대학교의 교훈은 '진리는 나의 빛'이다. 대학교 1학년 입학식 때부터 시작해서 이 교훈에 대해서 수도 없이 들었다. 서울대에서 사용하는 공책이나 연습장의 첫 페이지에 이 말(라틴어로 'Veritas Lux

Mea')이 써 있는 경우도 많다. 그렇지만 서울대학교의 구성원 어느 누구도 '진리는 나의 빛'이라는 이 훌륭한 말을 어떻게 실생활에 적용할지에 대해서 고민해본 적이 없다. 즉 이 말은 멋진 구호일 뿐 실제로는 아무런 의미가 없는 내용이다. 이 말을 머릿속에 아무리 새긴다고 해도, 그 구호를 어떻게 실천할지 구성원들에게 피부에 와닿지 않기 때문이다. 따라서 당연히 아무도 이 교훈을 실천하기 위해 고민하지 않는다.

필자도 '고객에게 최고 가치를 주는 제품 공급'이나 '도전과 혁신' 등 거창한 구호가 오가는 기업·정부·학교의 탁상공론 회의에 여러 번 참석한 적이 있다. 회의에서 아무리 중요한 이야기가 오가도 회의 안에서 끝날 뿐, 그 논의를 구체적으로 실천하는 경우는 거의 보지 못했다. 아무도 그 실천을 점검하거나 실천방안에 대해 고민하지 않기 때문이다. 열심히 전략에 대해 토의를 하면서, 그 전략을 어떻게 실천할 것인가에 대해서는 실무자에게 "고민해보라." "잘 생각해보라." 하는 정도로 회의를 끝내기 일쑤다. 회의에 참석한 사람들이 모두 무척 바쁘기 때문이다. 이렇게 자꾸 하위 관리자에게 실천방안을 맡기다 보면, 하위 관리자는 자신이 볼 수 있는 미시적인 범위 내에서만 생각하고 그에 따라 미시적인 실천방안을 제시하게 된다.

전략을 수립할 때 100시간을 사용했다면, 그 실천방안을 마련할 때는 최소한 100시간 이상을 소모해야 한다. 그래야만 전략에 대한 제대로 된 실천방안이 마련될 것이다. 앞서 미국 〈포춘〉의 조사에서 전략이 제대로 실천되는 경우는 불과 10% 미만이라는 통계를 설명했다. 이 실천 정도를 10%에서 100%까지 높이려면 실천을 위해 소요되는 시간을 전략의 수립에 걸리는 시간보다 더 늘려야 한다. 그러나 그 반대로 대부분의 경우 실천을 위해 소요되는 시간이 전략수립을 위해 쓰는 시간의 1/10에 불과할 것이다. 이런 문제점에도 불구하고 한국의 회사들은 전략을 너무 많이 강조하는 경향이 있다. 한마디로 '전략과잉의 상태'라고 진단할 수 있다. 그리고 전략은 CEO가 2~3년에 한 번씩 바뀔 때마다 또 바뀐다. 지속적으로 수행되는 전략이 별로 없는 셈이다.[5]

전략이 바뀐 초기에는 직원들이 그 전략을 잘 이해하고 있는지를 계속적으로 확인해야 한다. 또한 실행과정이 올바른지도 점검해야 한다. 전략을 만든 임원진들은 그 전략이 만들어진 배경에 대해서 잘 알지만, 하위조직의 임직원들은 그런 내용을 잘 모르기 때문이다. 계속적인 커뮤니케이션과 점검을 통해 직원 모두가 실천하는 습관이 생길 때까지 계속 이런 자세를 유지해야 한다. 그러기 위해서는 CEO나 다른 고위 임원의 지속적인 관심과 리더십이 필요하다. CEO가 실천에 미쳐야만 하위 임직원들이 절반쯤 미친 흉내라도 낼 것이다. CEO가 큰 관심이 없다면 직원들은 '잠깐 저러다가 말거야.' 또는 '조금만 참으면 다 바뀔 거야.' 하면서 시큰둥한 반응을 보일 뿐이다.

---

5 매튜 스튜어트(Mathew Stewart)는 『위험한 경제학』이라는 책에서 전략을 이용해서 돈을 버는 가장 좋은 방법은 그 전략을 활용해 성과를 올리는 것이 아니라, 전략을 남들에게 파는 컨설턴트가 되는 것이라고 했다. 그만큼 전략의 실천이 잘 안 된다는 말을 강조하는 이야기다. 필자는 기업으로 영입되어 많은 공헌을 하고 훌륭하게 경영을 하고 있는 우수한 역량을 갖춘 전직 컨설턴트들을 많이 알고 있다. 그러니 위의 이야기를 반드시 일반화할 수는 없겠지만, 우리가 한 번쯤은 곰곰히 생각해 봐야 할 이야기일 것이다. 즉 최고로 훌륭한 경영자는 '도랑을 설계하는 능력과 실제로 도랑을 팔 수 있는 능력'을 모두 갖춘 사람이다.

실천과 관련해서 생각해볼 이슈들

제대로 된 균형성과표BSC; Balanced Score Card나 핵심성과지표KPI; Key Performance Indicator의 사용이 중요한 이유가 여기에 있다. BSC나 KPI는 기업의 전략 목표를 구체적인 실천 방안으로 연결시켜주는 방법들로 관리회계 분야에서 고안된 일종의 도구instrument들이다. 한국의 CEO 중 자사의 전략 목표를 기억하는 사람은 많아도, 자사의 BSC나 KPI가 무엇인지 기억하는 사람은 드물 것이다. 물론 CEO가 시시콜콜하게 이런 것들을 다 기억할 필요는 없다. 필자는 CEO의 가장 중요한 역할은 기업이 미래에 나아가야 할 방향을 결정하는 것이라고 생각한다. 그러나 잠깐 시간을 내서 지금이라도 BSC나 KPI를 꺼내 들고 다음 3가지 사항에 대해 생각해보자.

첫째, 조직의 전략 목표와 BSC나 KPI가 나타내는 지표가 서로 일치하는가? 많은 기업들의 경우 조직의 전략 목표와 BSC나 KPI가 측정하고자 하는 지표가 서로 일치하지 않는다. 둘째, 성과평가지표와 보상은 적절히 연결되어 있는가? 그리고 조직원들이 그 관계를 명쾌하게 이해할 만큼 단순한가? 조직원들이 경영자의 의도를 잘 이해하고, 그 의도에 따라 행동할 것이라고 기대하지 말아야 한다. 자신들이 무엇을 해야 할지, 그리고 그 행동이 어떤 보상으로 나타날 것인지의 관계가 누구나 잠깐 보고도 이해할 수 있을 만큼 명확하지 않다면 조직원들의 행동은 바뀌지 않는다. 조직원들은 그런 지표가 왜 생겼는지 맥락을 알지 못한다. 지표를 보고 경영자의 의도를 이해하려고 고민하지도 않는다. 다만 지표만을 보고 그 지표에 따라 반응할 뿐이다.

셋째, 지표를 적용하면 과연 조직원의 행동이 의도한 대로 바뀔 것인가? 그렇지 않은 예가 너무나 많다. 좋은 예가 필자가 『숫자로 경영하라』의 '조직의 전략목표와 직원 성과평가지표를 일치시켜라'라는 글에서 언급한 은행이나 카드회사들의 KPI 지표의 경우다. 이들 기업들이 카드 발급 수치만을 가지고 직원들을 평가하니, 직원들이 외부에 나가서 "카드를 발급받으면 부러뜨려 버려라." 하면서 카드 발급 숫자만을 늘리기 위해 힘쓰는 것이다. 소비자들이 카드를 발급받아서 모두 부러뜨려 버린다면 소속 은행이 큰 피해를 볼 수도 있다는 것에 대해서는 직원들이 거의 신경 쓰지 않는 상황이다. 즉 잘못된 지표가 회사의 발전을 오히려 저해하고 있었던 셈이다.[6]

이 3가지 질문에 모두 "예."라고 대답할 수 있다면 그 조직의 성공가능성은 매우 높다. 그래도 성공하지 못한다면 실천방안이 아니라 전략 자체가 잘못되었기 때문일 가능성이 대부분이다. 하지만 전략이 잘못되었을 때보다 전략을 실천하지 못해 실패하는 기업이 훨씬 많다는 점을 명심하자.

많은 자기계발서는 '성공하는 사람과 평범한 사람의 차이는 거의 없다.'고 주장한다. 작은 목표라도 실행 가능한 목표를 세워 이를 꾸준히 실천하는 사람만이 성공할 뿐이다. 출퇴근 길에 30분 동안 영어회화를 공부하는 것은 1일 단위로 보면 그야말로 작은 차이에 지나지

6 필자가 이 점에 대한 원고를 언론에 발표하고, 그 내용을 확대 수록해서 『숫자로 경영하라』를 출간한 후 은행과 카드사들에 많은 변화가 있었다. 필자의 원고를 본 이들 회사들이 성과평가 지표를 변경한 것이다. 그 결과 지금은 이런 말을 하고 다니는 은행이나 카드사 직원들이 드물어졌다. 필자는 은행이나 카드사 임원들로부터 이에 대한 감사의 인사도 수차례 받았다.

않는다. 하지만 이 차이가 5년, 10년씩 누적되면 엄청난 차이를 만들어낸다. 성공하는 조직과 실패하는 조직의 차이도 마찬가지다. 작은 일을 실행하느냐 아니냐의 차이가 5년, 10년 후 그 기업의 운명을 가른다는 점을 잊지 말자.

GE의 전설적인 경영자 잭 웰치Jack Welch도 "전략은 매우 간단하다. 회사의 방침을 정한 후 끝까지 실천하는 것뿐이다."라는 말을 남겼다. 파산 직전의 닛산 자동차를 살렸던 카를로스 곤Carlos Ghosn 사장도 "실행이 곧 전부다."라는 말을 했다. 즉 전략의 수립보다 실천을 더 강조한 것이다. 현재 우리 회사는 어떤 상황에 있는지 잠시 생각해보자.

회계로 본 세상

본고에서 MS와 사우스웨스트에 대해 이야기를 했지만, 사실 두 기업은 현재 매우 다른 상황에 처해 있다. MS는 경쟁자가 없는 독점적인 위치를 굳건히 지키고 있다. PC가 존재하는 한 MS는 앞으로도 계속 독점적 우위를 누릴 가능성이 높다. MS는 시장을 장악한 독점적 위치를 이용해 경쟁우위를 확보하고 있는 셈이다. 과거 1970~1980년대까지만 해도 적은 자본으로 소프트웨어 사업을 할 수 있었지만, 지금은 MS에 도전할 만큼 소프트웨어 사업을 키우기 위해서는 엄청난 자금을 장기간 동안 투자해야 할 것이고, 그런다고 하더라도 성공할 가능성이 상당히 낮다. MS의 입장에서는 과거 AT&T가 반독점법 위반으로 여러 회사로 강제 분리되었던 것처럼, 오히려 회사가 유사한 사항에 처하지 않도록 좀 덜 잘나가도록 조심해야 하는 상황이다.

그러나 사우스웨스트는 이야기가 다르다. 사우스웨스트는 시장을 장악한 최강의 위치를 차지하고 있지 않다. 다만 수많은 항공사들 중의 하나로서, 그 중 수익성이 상대적으로 높은 편일 뿐이다. 그리고 사우스웨스트가 수행한 작은 실천방안들은 다른 경쟁사들도 얼마든지 쉽게 모방할 수 있는 것들이다. 이미 많은 소규모의 경쟁 항공사들이 사우스웨스트의 전략을 모방해서 성공했다. 예를 들면 말레이시아의 에어아시아Air Asia 항공사나 유럽의 라이언 에어Ryan Air, 이지젯Easy Jet 등이 있다.

미국 내에서도 제트블루Jet Blue등의 항공사가 사우스웨스트와 동일한 방법을 통해 성공했다. 그런데 그 반대로 똑같은 저가 항공사 전략을 사용해서 실패한 항공사도 상당히 많다. 그리고 최근에는 대형 항공사들도 비용을 절감하기 위해 최대한의 노력을 기울이고 있다. 사실 이런 상황에서 사우스웨스트의 30년 후 미래가 어떨지는 불확실하다고 할 수 있다. 한국에 최근 들어 많이 생긴 저가 항공사들도 비슷한 상황에 처해 있다. 앞으로 성공하기 위해서는 정말 열심히 노력해야 할 것이다. 한국의 저가 항공사가 중국이나 동남아시아의 저가 항공사와 국제선 루트에서 경쟁해 상당한 이익을 올리는 것이 어려울 것이기 때문이다. 물론 틈새시장에서 그만그만한 이익을 올리며 존속할 수는 있겠지만, 더 크게 성장하기는 쉽지 않을 것이다. 아무리 비용을 절감해도 동남아시아 국가들이나 중국 수준으로 비용을 낮출 수는 없을 것이기 때문이다. 세계금융위기 이후에는 사우스웨스트도 겨우 적자를 면할 정도로 고전하고 있다.

이상에서 보듯이 사우스웨스트가 수행한 비용 절감에 따른 경쟁우위 확보는 한계점을 가지고 있다. 남들과 다른 독특한 전문기술의 개발을 통한 비용절감은 남들이 손쉽게 모방할 수 없다. 그러나 단순한 방법들을 통한 비용절감은 그 단순한 방법이 알려지면 남들도 쉽게 모방할 수 있다. 남들이 나와 비슷한 방법으로 무장해 공격해온다면 나는 다시 새로운 방법을 마련하지 않는 한 점차 남들과의 격차가 줄어들 것이고, 결국은 남들과 비슷해질 것이다. 승자의 자만에 빠져 혁신을 게을리한다면, 오늘의 승자가 꼭 내일도 승자라는 법은 없는 것이다. 본고에서 소개한 델 컴퓨터도 소비자시장이 휴대형 초소형 컴퓨터시장으로 점점 변해가는 추세에 적응하지 못해 지금 현재 경영에 상당한 어려움을 겪고 있는 상황이다. 2013년 CEO 마이클 델은 회사를 환골탈태시키겠다며 249억 달러를 들여 모든 유통주식을 매입해서 회사를 상장폐지시키기까지 했다. 단기 성과에 연연하지 않고 여러 해에 걸친 장기간의 구조조정을 실시하겠다는 의미다.

또한 사우스웨스트의 방법이 꼭 최선인 것도 아니다. 그 반대로 홍콩의 캐세이퍼시픽Cathay Pacific이나 싱가폴의 싱가폴에어라인Singapore Airline은 비싼 요금을 내고 여행을 하는 1등석이나 비즈니스석 승객들에게 최고의 서비스를 제공하는 것으로 명성을 쌓았다. 즉 사우스웨스트와는 정반대의 방향으로 향한 것이다. 싱가폴에어라인의 경우, 최신의 비행기를 구입해서 운행하다가 약 10여 년 정도만 운행한 후 비행기가 좀 낡아지면 매각한다는 회사정책을 갖고 있을 정도다. 상대적으로 최첨단의 새 비행기만 운행한다는 이야기다. 그 결과는 사우스웨스트와 마찬가지로 아주 성공적이다.

그리고 필자는 사우스웨스트보다 더 지속가능성이 높은 모델이 바로 이 두 항공사의 경우라고 생각한다. 사우스웨스트를 이용하는 고객들은 이 두 항공사를 이용하는 고객들보다 가격에 민감한 고객들이므로 항상 낮은 가격을 유지해야 한다. 따라서 사우스웨스트는 마진을 높이기 힘들다. 그러나 이 두 항공사를 이용하는 고객은 가격에 민감하지 않다. 서비스가 좋다는 명성만 쌓이면 좀더 비싼 가격을 지불하더라도 고객들은 다른 항공사의 비행기를 이용하기보다는 계속해서 이 두 항공사를 이용할 것이다. 한국의 대한항공과 아시아나 항공의 두 항공사도 우수한 서비스나 다양한 루트의 운행, 효율적인 환승 시스템의 설계나 정시 운항 등을 통한 여행시간의 최소화 등을 무기로 경쟁을 해나가야 할 것이다.

이런 사례들은, 어떤 방식을 택하느냐보다는 택한 방식을 확실히 실행해야 성공할 수 있다는 좋은 교훈을 우리에게 제시해주고 있다. 결국 전략의 수립보다 실행이 제일 중요한 것이며, 전략의 실행을 위해서는 적합한 KPI를 세워서 이를 점검하고, 종업원들에게 적절한 피드백과 보상을 주는 것이 최고의 방법이다.

2011~2012년까지 일간신문에 연재했던 칼럼들의 내용을 일부 보강해서 5부에 실었다. 다른 원고들과 비교할 때 내용도 짧고 쉽고 재미있는 내용들이다. 그렇지만 원고에 포함되어 있는 내용들은 경영자가 한 번쯤은 생각해볼 필요가 있는 것들로 회계나 숫자에 대한 내용은 아니지만 가볍게 다루어지지 말아야 할 것들이다. 경영이란 결국 논리성과 통찰력으로 연결될 것이므로 그와 관련된 내용들이다.

5부

경영에 대한 단상 8가지

2010년 최고의 광고 모델은 김연아라고?

사진: Iurii Osadchi / Shutterstock.com

지난 2011년 4월 러시아 모스크바에서 열린 세계선수권대회에서 김연아 선수는 일본의 안도 미키 선수에 이어 준우승을 차지하는 데 그쳤다. 첫날 쇼트프로그램에서 1위를 했지만, 긴장을 했는지 둘째 날 벌어진 프리 스케이팅에서 2번의 실수를 하며 상당한 감점을 받았기 때문이다. 시상식에서 김연아 선수는 안타까운 마음에서인지 눈물을 흘려서 이 모습을 바라보던 국민들의 마음을 아프게 했다. 김연아 선수가 금메달을 따지 못했다고 질타하는 사람은 아무도 없었다.

그러나 불과 몇 달 전인 2010년 2월 캐나다 벤쿠버에서 열린 동계올림픽에서 김연아 선수는 228.56이라는 세계신기록 점수를 얻어 일본의 동갑내기 라이벌 아사다 마오 선수를 큰 점수 차이로 압도했었다. 당시 연기를 펼치는 김연아 선수의 모습은 마치 조용히 호수를 가로지르는 우아한 한 마리의 백조 같았다. 그 결과 김연아 선수는 한국 여자 피겨스케이팅 역사상 최초로 올림픽 금메달을 차지하는 주인공이 되었다. 경기가 끝나고 시상식에서 애국가가 울려퍼지며 금메달을 목에 거는 김연아 선수의 모습에 가슴이 뭉클했다. 아마 한국의 거의 모든 사람들이 이때 김연아 선수의 경기 장면과 시상식을 지켜보았을 것이다. 한국 역사상 긍정적인 의미에서 세계적으로 가장 유명해진 인물이 바로 김연아 선수가 아닐까 한다. 하지만 필자가 이 글을 쓴 목적이 김연아 선수가 스케이팅을 잘하는 것을 칭찬하기 위한 것은 아니다.

동계 올림픽 당시 필자는 한낮에 열린 김연아 선수의 경기 모습을 점심시간 동안 식당에서 대학원 학생들과 함께 지켜봤다. 김연아 선수의 경기 직전 열렸던 아사다 마오 선수의 경기가 끝나고, 잠시 광고가 방송되었다. 그리고 김연아 선수의 경기 이후에도 다시 광고가 나왔다. 필자는 바쁘게 생활하느라 텔레비전을 볼 시간이 많이 없는데, 직업이 경영학 교수인지라 텔레비전을 볼 때는 남들이 잘 보지 않는 광고도 유심히 보는 편이다. 한마디로 직업병인 셈이다.

그런데 이때 김연아 선수의 경기 전과 후에 각각 방영된 광고가 12편이었다. 모두 똑같은 광고였다. 그 중 6편에 김연아 선수가 등장했다. 그리고 광고가 끝난 후 SBS방송국의 자체 홍보영상 2편이 이어졌다. 거기에도 역시 김연아 선수가 등장했다. 즉 총 14편의 똑같은 광고가 김연아 선수의 경기 전과 후에 되풀이되었는데, 그 중 8편에 김연아 선수가 등장하는 것이었다. 또 한 가지 재미있는 사실은, 김연아 선수가 등장하지 않는 광고 6편 중 2편에 김태희 씨가 등장한다는 것이었다. 김연아 선수와 김태희 씨가 최고의 광고모델로 각광받고 있다는 이야기다.

필자는 식사를 마치고 연구실로 돌아오는 길에 동행한 학생들에게 '방금 본 김연아 선수가 나온 광고 중에서 무엇을 기억하는지'에 대해 물어봤다. 모두들 김연아 선수를 아주 많이 본 것은 기억하고 있었다. 좀더 구체적으로 광고의 내용을 물어보자, 대부분의 학생들이 똑같은 광고 3편을 기억한다고 이야기했다. 그런데 그 3편의 광고는 필자도 자주 봐서 어렴풋이 기억하는 현대자동차, 매일유업, KB국민은행의 광고였다.

똑같은 광고의 효과는?

서로 다른 사람들이 12편의 광고를 본 후 똑같은 광고만 3편을 기억한다는 것은 놀라운 우연의 일치다. 실제로 이런 일은 일어나기가 거의 불가능하다. 그 3편을 기억한다는 것은, 그 3편을 김연아 선수의 경기 모습 직전과 직후에 봐서가 아니라 올림픽이 있기 2~3달 전부터 그 3편의 광고가 쉴 새 없이 텔레비전에 방영되었기 때문이다. 즉 학생들은 그 광고를 이전에 자주 본 것이었기 때문에 기억한 것이지, 그 광고가 김연아 선수 경기 직전에 방영되었기 때문에 기억한 것이 아니다. 이 3편의 광고가 아닌 다른 광고들은 올림픽 전부터 계속해서 방송된 것이 아니라 올림픽 기간이 임박해서 광고를 시작한 것이었다.

이런 모습을 보면 왜 모든 사람들이 똑같이 생각하는지 안타까운 느낌이 든다. 김연아 선수가 들어가는 광고를 광고단가가 무척 비쌀 것이 분명한 올림픽 기간에 방영할 수 있는 회사들은 상당히 큰 대기업들일 것이다. 그런데 그런 대기업들이 줄 서서 거의 똑같은 모습의 광고를 동시에 방영하니 광고 효과가 별로 없는 셈이다. 아름다운 모습으로 피겨스케이팅을 하는 김연아 선수가 등장하는 비슷한 8개의 광고를 짧은 시간 동안 연속적으로 본 후, 소비자들은 공통적으로 김연아의 모습을 기억할 뿐이다. 김연아 선수가 등장한 광고가 전하고자 하는 바가 무엇인지까지 기억하는 사람은 거의 없을 것이다. 모든 기업들이 똑같은 생각을 하고 똑같은 광고를 만드니 비싼 돈만 들이고 광고 효과는 별로 없는 셈이다.

이처럼 경영활동에서는 역발상의 지혜가 필요하다. 모든 사람들이 똑같이 행동한다고 하면 나의 행동을 조금만 바꿔도 그 효과가 크게 나타날 수 있다.

예를 들어 전국의 모든 시청자의 관심이 집중되는 이때, 김연아 광고 틈 사이에 어눌한 경상도 사투리를 쓰는 모 회장님이 나타나서 '남자한테 참 좋은데, 정말 좋은데, 뭐라고 설명할 방법이 없네. 직접 말하기도 그렇고….' 하면서 구수하게 이야기하는 천호식품 산수유 주스 광고가 방송된다고 가정해보자. 이 회사는 대기업이 아니므로 그렇게 많은 광고를 하지 않았다. 하지만 필자는 한두 번밖에 보지 못한 이 광고를 확실히 기억한다. 남과 다른 광고, 두고두고 기억에 남는 광고이기 때문이다. 필자는 잘 모르지만, 해당 식품회사는 틀림없이 상당한 광고 효과를 누렸을 것이다.

이영애의 하루와 김연아의 하루

과거 최고의 광고모델로 각광을 받은 배우는 이영애, 전지현, 김태희 씨 등이었다. '산소 같은 여자'라는 광고 카피로 기억되는 이영애 씨는 '이영애의 하루'라는 말이 등장할 정도로 다양한 제품 광고에 출연했다. 아침부터 시작해서 이영애 씨가 광고하는 비누로 세수하고, 화장도 하고, 다이어트 음식도 먹고, 오후에 차도 마시고, 은행에도 간다는 의미에서 생긴 용어다. 이 광고들은 등장인물인 이영애 씨는 같지만 이영애 씨가 광고에 등장해서 하는 일은 그래도 광고마다 달랐다. 따라서 제품마다 광고 내용을 구별해서 소비자들이 상대적으로 손쉽게 기억할 수 있었다.

올림픽 후 얼마 동안 '이영애의 하루'가 아니라 '김연아의 하루'라는 말이 등장할 정도로 김연아 선수가 최고의 광고모델로 전성기를 구가했다. 김연아 선수처럼 좋은 이미지를 가지고 있는 모델이 드물고, 소비자들이 당시 김연아 선수에 열광했으므로 기업들 입장에서는 누구나 김연아 선수를 모델로 삼고 싶어했을 것이다. 2010년 광고주가 선정한 최고의 광고모델로 김연아 선수가 뽑혔다는 뉴스도 있었다.

그렇지만 똑같은 돈을 쓰더라도, 소비자들의 기억 속에 조금이라도 더 남게 하기 위해서는 남들과는 다른 착상이 필요하다. 그리고 모델료가 상당히 비싼 김연아 선수나 김태희 씨 같은 최고의 광고모델을 기용할 형편이 되지 않는 다른 회사들은 전혀 다른 방법으로 접근해야 한다. 세련된 이미지의 일류 모델이 너무 많이 등장하는 광고의 홍

수 속에서, 남들과는 다른 방법으로 확실히 기억되는 광고를 만들기 위해서는 반대 방향에서 접근해야 한다는 의미다. 그것이 바로 투박한 산수유 주스 광고가 기억에 남는 이유다. 오랫동안 방송되지 않고 금방 사라져서 안타까웠지만, 아기의 탄생부터 엄마가 힘들게 아이를 기르는 모습을 담은 '깐깐한 물'을 내세운 웅진 코웨이의 정수기 광고도 필자는 확실히 기억하고 있다. 다른 광고와 확실히 다르기 때문이다.

김연아 선수가 등장하는 광고를 만들지 말라는 이야기가 아니다. 그리고 필자도 개인적으로 김연아 선수의 열렬한 팬이다. 다만 김연아 선수가 등장한다고 해도 얼마든지 분위기가 다른 광고를 만들 수 있다. 국민 남동생이라는 칭호를 받는 이승기 씨와 김연아 선수가 함께 등장하는 광고나, 브라이언 오서 코치와 김연아 선수가 함께 등장하는 광고가 그런 예일 것이다. 김연아 선수가 등장하지만, 차를 타고 드라이빙을 즐기는 모습을 보여준 광고도 남들과 다르다. 최소한 광고에서 스케이트를 타지는 않는다.

그렇지 않다면 올림픽 때만 잠깐 광고를 내보내는 것이 아니라, 최소 몇 개월의 장기간 동안 꾸준히 같거나 유사한 종류의 광고를 내보내 소비자들이 뚜렷하게 기억할 수 있도록 하는 것도 방법이다. 필자가 위에서 언급한 바처럼, 대학원생들이 공통적으로 기억한 3편의 광고가 바로 오랜 기간 동안 꾸준히 언론에 소개된 광고들이다. 꾸준히 언론에 나온 광고이니 모두 대기업 광고들이다.

남들과 다르게 생각하자

미국에서 최고로 광고단가가 비싼 프로그램은 매년 슈퍼볼super ball이라고 부르는 프로 미식축구national football league 챔피언 결정전이다. 이 프로그램을 보면, 수많은 광고가 등장하지만 하나도 비슷한 광고가 없다. 모두들 정성에 정성을 들여 남과 다른 광고를 만들려고 노력한다. 광고 내용도 철저히 보안에 붙여져 있다가, 슈퍼볼 경기 때 첫 방송을 타는 경우가 많다. 그래서 이때의 광고는 쉽게 기억되고, 슈퍼볼 이후 상당 기간 동안 미국인들에게 화제가 된다.

남들과 똑같은 광고를 하고 싶은가? 그렇다면 최고 인기모델을 최고 비싼 모델료를 지급하고 고용하라. 그리고 남들과 똑같은 분위기의 광고를 만들라. 회사에서 광고 시제품을 평가할 때는 여러 사람들이 회의실에 모여 제작한 광고를 돌려보며 의견을 나눈다. 스케이트를 타는 김연아 선수의 모습은 분명 아름다울 것이다. 그 광고를 보면 회의실에 모인 관련자들은 틀림없이 최고의 광고를 만들었다고 자평할 것이다.

그렇지만 이때 반드시 다른 기업들은 어떤 광고를 만들 것인가에 대해서도 생각해야 한다. 자신들이 만든 광고 한 편 보는 것과 수많은 광고를 한꺼번에 볼 때의 효과는 분명히 다르기 때문이다. 물론 시청자들은 수많은 광고를 한꺼번에 본다. 그리고 거의 똑같은 모습으로 스케이트를 타는 광고가 전하는 바가 무엇인지 잘 기억하지 못할 것이다. 더군다나 김연아 선수 같은 아름다운 모델이 등장하니 말이다. 그러니 이제 제발 남들과 다르게 생각해보자.

후기

필자가 이 글을 모 신문 칼럼에 게재한 지 1년쯤 지나 해당 신문사에서 일하는 잘 아는 기자를 만났다. 그 기자는 "교수님의 글이 광고회사들 사이에서 상당한 반향을 일으켰고, 그 덕분에 요즘은 김연아 선수가 스케이트 타는 광고가 모두 사라졌다."고 소식을 전해주었다. 충격적인 이야기다. 이 역시 모든 사람들이 똑같이 한 방향으로만 생각한다는 증거다.

지금도 김연아 선수는 많은 광고에 출연하는 최고의 모델이다. 그러나 김연아 선수가 스케이트를 타지 않을 때, 만약 한 광고에서 스케이트를 타는 아름다운 김연아 선수의 모습을 담는다면 그 광고는 소비자들의 기억에 잘 남을 것이다. 이처럼 역발상의 지혜가 필요하다. 송해 씨가 등장해서 어눌하게 말을 하는 단순한 IBK기업은행의 광고도 역발상의 좋은 사례다. 멋지고 세련된 광고들 틈에 숨어 있는 이런 친숙한 광고들이 소비자의 기억에 남기 때문에 더 큰 효과가 있는 것이다.

마지막으로 필자의 이 글 때문에 상처받았을 관련 광고회사 분들에게 죄송하다는 말씀을 전한다. 필자가 누구를 비난하기 위해 쓴 글이 아니라는 점을 이해해주셨으면 하는 바람이다. 필자도 이 글 때문에 김연아 선수의 열성 팬들로부터 필자의 글에 달린 댓글을 통해 비난도 많이 받았다. 김연아 선수를 비판한 것이 아니라 광고회사나 광고주를 비판한 글인데, 열성 팬들은 그런 여부를 잘 따지지 않는다. 욕을 많이 먹었으니 필자의 수명이 좀 늘어나지 않았을까?

그래서 필자도 김연아 선수를 열심히 응원하는 팬이라는 점을 밝힌다. 김연아 선수를 응원하고 앞으로 더 잘되기를 바라는 마음은 국민 대부분이 공통적으로 가지고 있을 것이다.

남들이 보지 않는 곳에서도 자신을 속이지 않겠습니다

세계금융위기가 발생해 점차 상황이 악화되고 있던 2007년 12월, 당시 세계 최고의 투자은행investment bank들 중 하나였던 리먼 브라더스Lehman Brothers는 갑자기 최고재무책임자CFO를 교체했다. 새로 CFO에 임명된 사람은 놀랍게도 불과 43세의 여성 에린 캘런Erin Callan 이었다. CFO를 맡을 만한 직급에 있지도 않았으며, CFO를 맡을 역량을 가진 회계나 재무전문가도 아닌 외부에 잘 알려지지 않은 사내 변호사가 갑자기 대폭 승진해 CFO를 맡게 되자 모두가 놀랐다. 당연히 사회의 관심이 쏟아졌다. 직장 내에서 여성의 승진을 가로막는 보이지 않는 '유리 천장'이 깨진 상징적인 사건이라고 환호하는 반응도 있었지만, 전문성이 없는 사람이 왜 그 직책을 맡아야 하는지에 대한 의구심도 일부 제기되었다.

그녀는 2008년 초, 2007년 4분기 실적 발표에서 공식석상에 자신의 모습을 처음으로 드러냈다. 발표회장에서 그녀는 청산유수로 화려한 미사여구를 쏟아내며 청중을 압도했다. 그녀는 리먼 브라더스의 어려운 상황은 다 해결되었고 앞으로 실적이 개선될 일만 남았다는 긍정적인 발표를 했다. 그 결과 수개월간 하향곡선을 그리던 회사의 주가가 실적 발표 직후 하루 동안 무려 15%나 뛰었다. 그녀의 발표가 끝나자 발표회장에 있던 애널리스트나 기자들이 기립박수를 보낼 정도였다. 사람들이 얼마나 그녀의 발표 내용을 철석같이 믿었고 그녀에게 매혹되었는지 알 수 있다. CFO가 업적 발표를 하고 기립박수를 받았다는 소식은 이 경우 이외에는 필자가 들어본 적이 없다.

그러나 그런 노력도 잠시, 얼마 지나지 않아 그녀의 낙관적인 설명은 모두 허구임이 드러났다. 비난이 빗발치자 그녀는 2008년 6월 초, CFO 직책을 맡은지 불과 6개월 만에 회사를 사임했다. 그리고 그 후 불과 몇 달 만에 리먼 브라더스도 파산했다. 리먼 브라더스는 금융위기 동안 파산한 회사들 중 최대 규모의 회사다. 그래서 세계 금융위기를 '리먼 사태'라고 부르는 약칭이 생긴 것이다. 리먼 브라더스가 파산을 발표한 후 개인투자자들은 그녀를 상대로 법률 소송을 제기했다. 회사가 아닌 개인에게 소송이 제기된 아주 드문 경우다. 법률을 잘 아는 변호사인 그녀가 자신이 행한 행동 때문에 다른 사람들로부터 소송을 당한 셈이다.

이런 사건의 전개과정을 되돌아보면 리먼 브라더스 최고경영진의 당시 속셈이 훤히 눈에 보인다. 진실을 속이기 위해 언론의 스포트라이트를 받을 만한 사람을 골라 전면에 내세운 것이다. 전문성은 필요없다. 섹시하고 옷 잘 입으며 말 잘해서 언론의 집중을 받을 만한 여성이면 충분하다는 판단이었을 것이다. 그래서 별로 업무와 관련없는 사람을 허수아비 CFO로 내세운 것이다. 그러나 이런 노력도 다 부질없었다. 진실은 아무리 숨기려고 해도 결국 드러나기 마련이다. 불과 2~3개월 동안 진실을 숨기고 회사의 실적이 좋은 것처럼 거짓말로 포장한다고 해도, 다음 분기 실적 발표 때가 되면 실제 성과가 공개되기 때문이다. 불과 몇 개월 동안 주가를 올리기 위해 이런 일을 했다는 것 자체가 리먼 브라더스의 최고경영진이 얼마나 근시안적이었으며, 윤리성이 결여되어 있었는지 보여준다. 이런 추측과 일관되게, 리먼 브라더스가 최고경영진의 주도로 상당한 분식회계를 수행해 파산 직전까지 막대한 액수의 부채를 장부에서 누락시켰다는 사실이 그 후 언론에 보도된 바 있다.

스탠포드대학교 회계학과의 라커Larcker 교수와 타얀Tayan 연구원은 에린 켈런이 실적 발표회장에서 직접 한 이야기의 내용을 분석했다. 놀랍게도 켈런은 기업의 실적이 어떻다는 구체적인 수치는 발표중에 거의 언급하지 않았다. 그녀는 대신 애매한 표현을 반복적으로 사용했다. 예를 들어 '튼튼한strong'이라는 단어는 24회, '대단한great'은 14회, '믿을 수 없는incredible'은 8회 사용했다. 이는 구체적인 수치나 도표가 발표 내용의 주를 이루는 일반적인 실적발표 내용과 전혀 다르다. 즉 이런 발표 내용만 꼼꼼하게 살폈어도 뭔가 이상하다는 것을 눈치챌 수 있어야 했다. 그러나 아름다운 여성이 앞에 나서서 화려한 언변을 쏟아내며 장밋빛 미래의 전망에 대해 이야기하니, 당시에는 이상한 점을 깨닫지 못하고 매혹되어 모두 눈과 귀가 멀었던 셈이다. 동서고금을 막론하고 남자들은 미녀라면 정신이 혼미해져서 사리분별을 잘 못한다.

사회와의 소통, 왜 중요한가?

공시에 대한 연구결과를 보면, 회사들은 긍정적인 실적이나 미래에 대한 전망을 이야기할 때 대부분 구체적인 수치를 제시한다. 구체적인 수치가 더 확실한 정보를 전달하기 때문이다. 이익 전망치뿐만 아니라 매출액 전망치나 현금흐름 전망치 등의 관련 정보들도 동시에 공시하는 경우도 많다. 그런데 그 반대로 부정적인 실적이나 미래에 대한 전망을 이야기할 때는 구체적인 수치가 잘 등장하지 않는 경향이 있다. 그러나 부정적인 뉴스에 대해서는 공시를 하지 않는 것보다는 이렇듯 애매하게 돌려서라도 공시를 하는 것이 더 좋다. 그래야 주가도 덜 떨어지고, 소송 위험도 낮출 수 있다. 또 기업이 자신에게 불리한 정보도 숨기지 않는다는 신뢰성을 투자자들에게 심어주는 효과도 생긴다. 즉 사회와 잘 소통하는 기업이라는 무형의 이미지가 형성되는 것이다.

기업의 최고경영진은 소비자나 일반 대중과 종종 접해야 한다. 특히 회사에 큰 영향을 미칠 수 있는 중대한 일이 일어났을 때 이런 경우가 발생한다. 대중과 소통할 때는 진실성과 즉각성이 가장 중요한 원칙이다. 어떤 거짓말도 시간이 조금만 지나면 드러나기 마련이다. 그러니 처음부터 거짓말을 하거나 핑계를 댈 생각은 버려야 한다. 그리고 진심으로 소통을 해야 한다.

2011년 4월 현대 캐피탈의 고객 데이터 유출사건이 발생했을 때 정태영 사장은 해외 출장중에 보고를 받고 급거 귀국해 바로 기자회견을 열었다. 그리고 고객들에게 머리 숙여 사죄했다. 협박범의 압력에 굴복하지 않고 즉시 경찰에 수사의뢰를 했으며, 사건을 숨기지 않고 바로 공개함으로써 더이상의 피해를 막은 것이다. 현대 캐피탈 홈페이지에도 자세한 사과의 내용을 올렸다. 그리고 모든 고객들에게 안내 이메일을 보내서 비밀번호를 바꾸도록 했다. 피해자 신고를 받기 위한 핫라인 전화도 만들었다. 데이터 관리를 잘 못해서 해킹을 당한 것은 분명 잘못된 것이다. 하지만 그 후 정태영 사장은 신속히 사후 대책을 마련했으며, 고객에게 죄송하다는 의사도 분명히 표시했다. 한 번의 잘못을 다른 잘못으로 연결시키지 않고, 진실되고 즉각적인 대화를 통해 더이상의 피해를 최소화한 것이다.

현대 캐피탈의 경우와 대비되는 사건이 비슷한 시기에 일어났던 농협의 전산망 해킹 사건이다. 북한의 소행으로 추정되는 이 해킹 사건 때문에 농협의 전산망이 마비되어, 농협의 운영이 며칠간 정상적으로 이루어지지 못했다. 그런데 정태영 사장과는 달리 농협의 최고경영자는 "나는 전산에 대해 알지 못하니 잘못한 것이 없다. 그러니 사과할 것이 없다."라는 식의 태도를 취했다. 오히려 책임을 부하 직원에게 돌리며 기자회견장에서 공개적으로 무안을 주기도 했다. 어떻게 사태를 해결할 것인가라는 질문에 대해서도 거의 답을 하지 못했다.

이런 태도는 많은 국민들과 피해자들의 분노를 불러일으켰다. 즉 대중과 소통할 때 필요한 진실성과 즉각성의 두 원칙 중 진실성이 결여된 태도를 보여 분노를 산 것이다. 외부인은 잘 모르지만 농협 내부에서도 상당한 불만이 생겼을 가능성이 높다. 또한 전산망 해킹이 벌어진 후 이런 일이 있기까지 사흘의 시간이 흘렀다. 보고를 받자 밤비행기로 바로 귀국해서 공항에서 바로 회사로 출근해 기자회견을 가진 정태영 사장의 경우와는 즉각성에서도 상당한 차이가 나는 대처방법이었던 것이다. 결국 현대 캐피탈과 농협의 경우 어느 회사가 더 사건의 뒷수습에 많은 어려움을 겪었을지 보지 않아도 뻔히 알 수 있다. 한국의 경영대가로 뽑히는 김효준 BMW코리아 대표가 "소통은 기술이 아니라 진정성"이라는 말을 남긴 바 있는데, 한 번 고민해볼 만한 이야기다.

진정성을 가지고 행동해야 한다

사람은 신이 아닌 이상 말이나 행동에서 부지불식간에 실수를 하곤 한다. 필자도 마찬가지다. 그렇지만 필자는 필자의 잘못을 깨닫게 되면 바로 사과를 한다. 그리고 상대방에게 필자가 진심으로 잘못을 뉘우치고 있다는 점을 알 수 있도록 한다. 애매모호하게 "유감이다."라고 얼버무리지 않는다. 잘못을 인정하면 자존심에 상처받고 남에게 굴복하는 것이라고 생각하는 사람도 있다. 직장이나 사회생활에서 이런 사람들은 동료들의 사랑을 받을 수 없다. 그 결과 장기적으로 직장이나 사회에서 낙오될 것이다.

미국의 포드Gerald Ford 전 대통령은 "남들이 보지 않을 때 그 사람의 성품이 드러난다."라고 했다. 필자가 잘 아는 LS산전의 모 전무는 명함과 이메일에 '남들이 보지 않는 곳에서도 자신을 속이지 않겠습니다.'라는 문구를 적어 사용한다. 그분을 만나면 항상 이 문구가 떠오른다. 그리고 그분의 사람을 대하는 한결같고 온화한 태도와 진실성에 감탄한다. 필자에게 있어서 LS산전의 이미지는 바로 그분 때문에 형성된 것이다. 비슷한 예로 현대 그룹의 창업자 고 정주영 회장도 "사업은 망해도 다시 일어설 수 있지만, 인간은 한 번 신용을 잃으면 그것으로 끝장이다."라는 말을 남긴 바 있다. 독일의 철학자 칸트Immanuel Kant도 "내 머리 위에는 별이 빛나는 밤하늘이 있고, 내 마음에는 도덕 법칙이 있다."라는 말을 남겼다. 결국 자기 자신을 속이지 않으려는 진정한 마음자세가 제일 중요한 것이다.

사람이나 기업이나 모두 마찬가지다. 남들이 보지 않는 곳에서도 자신을 속이지 않는 마음으로 소비자나 투자자들을 대해야 한다. 단기간에는 손해를 볼 수도 있겠지만, 장기간에 걸쳐 보면 결국 이런 진정성을 가진 사람이나 기업이 성공하기 마련이다. 진정한 친구가 평생을 함께할 수 있는 좋은 친구이듯이, 진정성을 가진 기업이 평생을 함께할 수 있는 좋은 기업이다.

아이폰과 폭스콘 공장 아이들의 눈물

사진: Ingvar Bjork/Shutterstock.com

2010년 12월 말 대만 최고의 재벌 훙하이 그룹 총수 궈타이밍郭台銘 이사장이 삼성에 대한 독설을 쏟아냈다. 불과 1개월 전 훙하이 그룹사를 포함한 대만의 여러 기업들이 유럽연합으로부터 LCD 가격담합 혐의로 막대한 벌금을 부과받은 바 있다. 삼성은 자진신고를 함으로써 이른바 '리니언시Leniency 제도'를 통해 벌금을 면제받았다. 리니언시 제도란 담합을 했던 회사들이 그 사실을 고백할 경우, 제일 먼저 고백한 회사에게 법적 책임을 경감해주는 제도다. 궈타이밍 이사장은 이 사례를 설명하면서, 삼성은 상도의를 저버린 신뢰할 수 없는 기업이며 기업은 사회적 책임을 훌륭히 수행해야 한다고 강조했다.

다른 일이라면 몰라도 이 사건과 관련해 사회적 책임을 강조하면서 삼성을 비난한다는 것은 어불성설이다. 그렇다면 가격담합을 통해 부당한 이익을 올리면서 소비자들을 기만하는 것이 사회적 책임을 수행하는 것인가? 삼성이 한때 가격담합에 참여했다는 것은 당연히 비난

받아야 할 일이다. 그러나 잘못을 깨달았다면 계속해서 잘못을 숨기고 가는 것이 아니라 그 순간 바로 고백을 한 것이 잘한 결정이다. 더군다나 당시 훙하이 그룹은 사회적 책임을 드러내놓고 이야기할 만한 상황에 있지도 않았다. 2010년 동안 무려 14명의 종업원들이 투신자살한 중국 본토 소재 공장을 운영하는 폭스콘Foxconn이라는 회사가 바로 훙하이 그룹 소속사이기 때문이다.

홍콩과 마주보고 있는 중국 광동성에 위치한 폭스콘 공장의 종업원은 대부분 '농민공'이라 불리는, 중학교 정도를 농촌에서 마치고 일자리를 찾아 도시로 올라온 10~20대 아이들이다. 이들은 공장에 딸린 기숙사에서 생활하며 주 6~7일, 하루에 무려 12시간씩 근무한다. 화장실 가는 시간도 정해져 있다. 생산라인의 속도가 떨어지는 것을 막기 위해서 근무중에는 옆 사람과 대화를 하는 것도 허락되지 않는다. 휴대전화 소유도 금지한다. 생산라인에 붙어 일하도록 의자는 움직이지 못하게 바닥에 고정되어 있다. 의자도 겨우 엉덩이만 걸치고 허리를 뒤에 기대지 못할 정도로 작다. 의자의 등받이도 작업자가 작업라인에만 집중하도록 앞으로 약간 숙여져 설치되어 있다. 어린 아이들을 모아놓고 이렇게 인간답지 못한 생활을 강요하며 로보트처럼 일만 하도록 하니 스트레스를 받아 자살하는 종업원들이 생기는 것이다.

자살사건 이후 비난이 빗발치자 궈타이밍 이사장이 공장 현장을 방문해 시찰을 한 후 종업원의 보수를 대폭 높이겠다고 발표했다. 건물을 쇠창살로 둘러싸고 2층에 그물을 달아 투신을 방지하기 위한 조치도 취했다. 그런데 몇 개월 후 2011년 들어 비난이 좀 잦아들자 폭스콘은 인건비가 너무 올랐다며 광동성보다 인건비가 싼 내륙 쪽으로 공장을 옮기는 작업을 시작했다. 애플사에 아이폰과 아이패드를 납품하는 가격을 맞추기 위해서 인건비 부담을 줄여야 하는 어쩔 수 없는 상황이라고 해명했다. 이 공장이 바로 애플을 위해 아이폰과 아이패드를 만드는 곳이었던 것이다. 그러는 사이에 아이폰 부품을 만드는 다른 공장에서는 2010년 말과 2011년 초 폭발사건이 벌어져 모두 4명이 사망하고 80명 정도가 부상을 입었다. 홍콩의 시민단체가 작업 환경이 위험하다고 지속적으로 문제를 제기한 공장이었는데, 몇 번씩 애플 본사를 항의 방문해도 애플 본사에서는 대표단을 만나주지도 않았고, 서류의 접수도 거부했다고 한다.

정의란 무엇인가?

애플은 현재 전 세계에서 가장 잘나가는 기업이라고 할 수 있다. 애플의 CEO였던 고 스티브 잡스는 연봉으로는 단 1달러를 받았지만 주가상승 및 기타 소득으로만 2010년 동안 세후 약 5천억 원을 벌었다. 종업원이나 주주들도 상당한 혜택을 받았다. 언론 보도에 의하면 2010년 기준 한국에서 총자산규모 1조 원 이상의 부자가 단 25명 뿐이다. 이에 비해 스티브 잡스가 총 자산이 아니라 단 1년간의 소득이 5천억 원 정도라는 것은 스티브 잡스의 막대한 부의 규모를 짐작할 수 있게 한다. 잡스의 사망 이후 애플을 이끌게된 티모시 쿡Timothy Cook도 2010년 약 2천억 원의 세후소득을 올렸다. 이런 막대한 부에 비교하면 한국 부호들의 재산은 보잘것없이 적은 규모다.

애플이나 애플과 관련된 주변 사람들은 이렇게 큰 부를 누리고 있는데, 아이폰을 실제로 만들고 있는 농민공들은 기계처럼 취급받으며 일하고 있다. 그런데 월급을 한국 돈으로 5만 원 정도 올려서 비난을 잠재운 후 공장을 이전해 다시 월급을 낮추려고 하는 폭스콘의 행동은 이해하기 힘들다. 아이폰과 아이패드의 납품가가 너무 낮아 불가피한 선택이라는 설명을 보면 애플이나 잡스까지도 다시 보게 된다. 한국에서 벌어지는 대기업과 중소기업의 납품가 분쟁 및 상생논란과 똑같은 경우다.

잡스는 생전에 연간 약 15~20억 원 정도를 자선사업에 기부했다고 한다. 워런 버핏이나 빌 게이츠Bill Gates만큼은 아니지만 상당한 사회공헌을 하는 셈이다. 우리들 대부분은 잡스를 선견지명을 가진 훌륭한 기업가이자 자선사업을 위해 힘쓰는 선량한 사람으로 생각한다. 이런 시선이 반드시 잘못된 것만도 아니기 때문에 더욱 혼란스럽다. 만약 한국에서 모 회사가 애플처럼 제품은 모두 외국에 하청을 주어 생산해서 국내 고용창출에 기여하는 바는 별로 없고, 광고나 마케팅 비용은 모두 협력업체에 전가하면서 하청업체를 쥐어짜고, 그 반면에 자신들은 40%에 육박하는 놀라운 영업이익률을 올린다고 가정해보자. 아마 동반성장이나 상생을 모르는 회사라고 엄청난 비난이 쏟아지고, 전 국가차원의 불매운동이 일어날 것이다. 10년쯤 전 저개발국의 하청공장에서 발생했던 비인간적인 근로자 착취 문제로 불매운동을 당했던 나이키의 사례가 떠오른다.

얼마 전 한국사회에서는 하버드대학 마이클 샌델Michael Sandel 교수가 쓴 『정의란 무엇인가』라는 책이 화제가 된 적이 있다. 폭스콘과 애플의 사례를 보면 바로 정의가 무엇인가를 고민하게 된다. 수만 명의 농민공들을 기계와 다름없이 취급하며 벌어들인 돈으로 애플이 엄청난 이익을 챙기고, 그 이익으로 잡스가 멋진 유명 브랜드의 청바지를 입고 자가용 비행기를 타고 다니면서 자선사업을 한 셈이기 때문이다.

무엇이 사회공헌인가?

필자는 바로 이런 이유에서 자선사업을 얼마나 열심히 하느냐가 사회적 책임을 수행하는 능력의 평가기준이 되어서는 안 된다고 생각한다. 그런데 대부분의 한국 사람들은 기업의 사회적 책임이라는 말을 자선사업과 동일시하는 경향이 있다.

필자는 좋은 품질의 제품이나 서비스를 생산해서 소비자에게 공급하면서 종업원에게 합당한 보수와 혜택을 주는 기업이 최고의 사회공헌을 하는 기업이라고 생각한다. 여기서 종업원이란 납품업체의 종업원까지 포함한 개념이다. 예를 들어 불량한 제품을 구입해서 피해를 본 고객이나 대기업의 강압에 의해 납품가가 깎인 협력업체의 입장이라면, 연말에 불우이웃을 위해 해당 회사의 임직원이 연탄을 나르고 김장을 담근다는 보도를 보더라도 감동받을 일은 절대 없을 것이다. 즉 폭스콘의 직원들이 애플을 보면서 훌륭한 회사라고 생각할 리는 절대 없다는 말이다.

정당한 방법으로 기업의 본업인 사업에 충실한 것 자체가 사회공헌이다. 더불어 주주들에게도 합리적인 이윤을 창출하고 국가에도 적정한 세금을 납부하는 것이 훌륭한 사회공헌이다. 마찬가지로 고용을 창출해서 많은 사람들이 소득을 올릴 수 있도록 하는 것도 훌륭한 사회공헌이다.

봉사활동이나 자선사업을 얼마나 많이 하느냐는 것은 부차적인 문제이다. 물론 경영을 통해 번 돈으로 자선사업을 열심히 수행하는 훌륭한 기업가들도 다수 있다. 그러나 기업의 목표 자체가 자선사업은 아니다. 즉 사회공헌을 이야기하려면 사회에 대한 봉사활동이나 기부만 가지고 이야기할 것이 아니라, 회사가 소비자와 종업원, 주주들이나 국가에 기여하는 바도 포함해서 더 크게 생각해야 한다는 것이 필자의 주장이다. 예를 들어 세금을 많이 납부해서 그 돈으로 정부가 필요한 곳에 쓸 수 있도록 하는 것도 훌륭한 사회공헌이다. 세금을 많이 납부하거나 종업원들에게 더 많은 보수를 제공하고 소비자에게 더 양질의 제품을 공급하는 데 돈을 쓰는 것이나, 그런 돈을 아껴서 자선사업에 쓰는 것이나 사회를 위해 돈을 쓴다는 측면에서는 똑같다.

두 얼굴을 가진 사람들

요즘 사회공헌이 중시되자 겉으로는 사회공헌을 외치면서 뒤쪽에서는 자신들의 실속을 챙기는, 이른바 수익성도 높고 편하기도 한 '사회책임사업'을 하는 사람들도 많이 생기고 있다. 많은 사람들이나 기업들이 좋은 목적으로 기부한 기부금의 상당 부분을 단체의 인건비, 해외연수비, 판공비 등의 명목으로 자신들을 위해 쓰는 것이다. 예수님이나 부처님을 팔아서 잘 먹고 잘 사는 사람들이 가끔 있는 것과 마찬가지다. 이처럼 세상에는 한 꺼풀만 뒤쪽을 쳐다보면 전혀 다른 세계가 있는 경우가 있다. 그렇다고 해서 사회공헌 활동을 멈추어서는 안 되겠지만, 이런 모습을 보면 역시 정의가 무엇인지 고민하게 된다.

필자는 2010년 삼일회계법인 산하 삼일미래재단에서 시상하는 비영리 NGO들에 대한 투명경영대상 수상자 선정위원으로 참여한 바 있다. 심사과정에서 열악한 환경 속에서도 불우한 이웃을 위해 헌신적으로 노력하는 단체가 많다는 것을 알고 기뻤던 경험이 있다. 참고로 2010년 투명경영대상을 수상한 단체는 '세이브 더 칠드런 코리아'와 '승가원'이었다. 2009년에는 '아이들과 미래'가 받았다. 하지만 심사 과정에서 사회적으로 널리 알려진 유명단체 중 일부는 정말 화가 날 정도로 비양심적인 모습으로 기부금을 사용하고 있다는 것도 알게 되어 마음이 아팠었다. 그리고 그 단체의 지도자가 사회 곳곳에 얼굴을 내밀고 선한 사람처럼 행동하는 것을 보면서 화도 치밀어 올랐었다.

서태식 삼일미래재단 이사장도 "NGO들도 수입과 지출 내역을 명확하게 공개하는 투명경영을 해야 더 많은 사회의 지원을 받을 수 있을 것"이라고 시상식에서 말했다. 이런 진실된 단체들이 앞으로 더 많이 생기고, 한국 사회도 기업의 사회공헌을 더 큰 입장에서 생각할 수 있기를 바란다. 국민이나 기업들도 언론 홍보를 잘하는 단체가 아니라 '오른손이 하는 일을 왼손이 모르게 하라.'는 식으로 음지에서 열심히 봉사하는 단체를 찾아 더 많은 기부를 했으면 한다.

미국의 증세 논란과 우리의 교훈 I

사진: Rena Schild / Shutterstock.com

레이건Ronald Reagan 대통령이 취임할 1981년 당시 미국 경제는 악화일로를 걷고 있었다. 제2차 석유파동 속에서 인플레이션율은 10%를 넘었다. 레이건은 집권 2년 만에 인플레이션율을 4% 이하로 낮추었으며, 개인소득세율을 1986년까지 28%로 낮췄다. 기업법인세율도 50%대에서 30% 중반으로 낮췄다. 그 결과 미국 경제는 급속도로 되살아났고, 휘청거리던 미국은 다시 세계의 강국으로 허리를 필 수 있게 되었다. 소련과의 경쟁에서도 승리해 동서냉전도 종결되었다. 이를 이끈 레이건은 미국의 제2의 부흥기를 이끈 대통령으로 극찬을 받았다.

그러나 레이건의 정책이 모두 성공한 것은 아니었다. 감세를 한 만큼 경제가 활성화되어 세금이 더 걷혀야 재정의 균형이 유지될 수 있었다. 그러나 감세를 너무 많이 했고, 소련과의 경쟁 때문에 국방 분야의 지출을 대폭 늘린 덕분에 재정적자가 늘어나는 부작용이 있었다.

레이건의 정책은 레이건의 대를 이은 부시 대통령에 의해서 계속 이어졌다. 그 후 클린턴 대통령이 집권하자 정책에 약간의 수정이 이루어졌다. 낮아졌던 세율이 약간씩 상승한 것이다. 그렇지만 레이건 이전 시기로 돌아갔다는 의미는 아니다. 예를 들면 32%까지 내려갔던 기업법인세가 35%로 올라간 정도였다. 또한 클린턴은 거의 제로(0) 금리 정책을 실시했다. 이자율을 낮추어서 사람들의 소비를 장려한 것이다.

이 기간 동안 미국 경기는 계속 활황을 보였다. 경제가 호황을 보임에 따라 국민들의 소득이 증가했고, 그 결과 국민들이 국가에 납부하는 세금도 증가했다. 그래서 재정적자 규모가 계속 줄어들어 클린턴 임기 말에는 균형재정을 달성할 정도였다. 당시까지의 학설이나 세계 각국에서 실제로 발견된 현상은, 증세를 하면 경제가 악화되고 그 반대로 감세를 하면 경제가 활성화된다는 것이었다. 그런데 클린턴 시기에는 그런 일반적인 견해와 반대되는 현상이 일어난 것이다. 이런 업적 때문에 재임 기간 동안 클린턴도 레이건 못지않은 유능한 대통령이라는 칭송을 받았다. 백악관에서 미국 역사상 초유의 엄청난 섹스 스캔들을 불러일으키고도 재선에 성공할 정도였다.

버블과 경제호황

그러나 오늘날 돌이켜보면 클린턴의 화려한 업적 중 상당 부분은 정보기술IT 버블과 부동산 버블 때문이었다. IT 버블은 클린턴의 임기가 끝나는 2000년에 터졌고, 저금리 정책 때문에 시작된 부동산 버블은 2007년에 가서야 터졌다. 클린턴은 부동산 버블이 터지기 오래 전에 임기를 끝마쳤기 때문에 일반 대중의 비난의 화살에서는 일부 벗어날 수 있었다. 하지만 전혀 소득이 없는 실업자도 집값 전액을 대출받아 주택을 구입할 수 있도록 한 그의 정책이 부동산 버블을 불러일으켰다는 점은 전문가들 사이에서는 별로 이견의 여지가 없다. 즉 클린턴의 재임시절은 버블이 커지던 상황이었기 때문에 경기가 호황을 보였던 것뿐이다.

우리나라에서도 비슷한 예가 있다. 1997년 경제위기를 맞은 후, 정부는 위기를 극복하기 위해 국민들의 소비를 장려하는 정책을 실시했다. 그 결과 경제에 거품이 생기면서 위기를 쉽게 극복하는 것 같았지만, 2002년 경부터 카드 빚으로 소비를 늘렸던 사람들이 빚을 갚을 수 없는 상황에 처해 파산하면서 카드사들이 일제히 도산위기에 몰리는 카드대란이 발생했다. 전체 성인의 15% 수준에 달하는 400만 명의 신용불량자가 생겼을 정도로 그 피해는 막심했다. 소비가 급감하면서 한국 경제는 다시 위기에 빠졌다. 결국 실제로 우리나라가 경제위기에서 회복된 것은 2005년에 이르러서였다. 미국발 부동산 거품으로 세계 경제가 상당한 호황을 보였고, 그 결과 해외 수출이 늘어났기 때문이다. 아이러니하게도 미국발 부동산 거품으로 한국의 경제위기가 극복된 셈이다. 그러다 미국발 부동산 거품이 꺼지는 2008년 세계금융위기가 발생하자 한국 경제도 다시 어려워졌다.

증세 논란과 그 배경

이처럼 경제정책의 효과를 정책이 실시되는 즉시 판단하기는 어렵다. 증세나 감세의 효과도 마찬가지다. 효과가 장기간에 걸쳐서 서서히 나타나기 때문이다. 또한 여러 다른 정책들이 동시에 실시되기 때문에, 나타난 결과를 보고 그것이 세금 때문이라고 꼬집어 말하기도 쉽지 않다.

지금 미국에서는 증세 논란이 격렬하게 벌어지고 있다. 증세를 주장하는 쪽과 반대하는 쪽 모두 서로 자신들에게 유리한 통계나 조사 결과를 이용해서 설전을 벌이고 있다. 이런 논란이 생긴 이유는 재정적자 규모가 상상을 뛰어넘을 정도로 급속히 늘어났기 때문이다. 민주당 측에서는 과거 부시 대통령이 이끈 공화당 정권의 잘못된 감세 정책과 테러와의 전쟁으로 재정적자가 늘어났다는 주장을 종종 해왔다. 이때의 적자 규모는 매년 1천억~3천억 달러 규모였다. 그런데 이런 적자 규모가 갑자기 2008년 5천억 달러, 2009년 1조 4천억 달러, 2010년 1조 3천억 달러, 2011년 1조 5천억 달러로 천문학적으로 늘어난 것이다. 오바마 대통령이 금융위기 극복을 위해 실시한 금융계에 대한 자금지원(양적완화quantitative easing 정책이라고 불림)과 기타 여러 복지정책에 따라 미국 정부가 재정지출을 급속히 늘렸고, 그 반대로 금융위기의 여파로 경제가 침체되어 세수는 줄어들었기 때문이다.[1] 즉 예산을 집행할 돈이 없는데도 불구하고, 정부가 계속해서 돈을 찍어내어 사용하고 있는 중이다.

그 결과 현재 미국은 빚더미에 올라앉아 있다. 파산 상태나 다름없는 그리스나 제2의 그리스가 될 것이라는 포르투갈·스페인보다 미국이 사실 더 어렵다. 그 결과 전체 국가 빚 규모가 연간 국내총생산GDP 규모를 넘어섰다. 1년 동안 모든 소득을 전혀 쓰지 않고 모두 빚을 갚는 데 사용한다고 해도 빚을 갚을 수 없는 수준을 넘어섰다는 의미다.

이러니 미국의 국가신용등급이 부정적 전망으로 강등될 만하다. 국가 간 거래에서 교환수단으로 사용되는 기축통화인 달러를 찍어낼 수 있다는 이점만 없었다면 벌써 투기등급이 되었을 것이며, 아무도 달러를 보유하려 하지 않을 것이다.

앞으로의 미국 상황 전망

이런 상황에서 민주당은 증세를, 공화당은 정부지출 축소를 주장하며 팽팽히 맞붙고 있다. 사실 필자가 보기에는 이 둘을 다 함께 실시해도 재정의 수지균형을 회복할 수 없을 것으로 보인다. 엄청난 달러를 찍어내 뿌려도 경기회복이 완만한 상황하에서 달러 찍어내기를 멈추고 세금을 올린다면 경기가 악화될 것이 분명하기 때문이다. 그러면 세수는 더욱 줄어들 것이다. 2011년 말부터 경기가 아주 미미하지만 하락을 멈추고 완만히 회복중이라는 뉴스가 간간히 들리고 있다. 정부

1 재정적자가 왜 중요한지는 다음과 같은 가정의 예를 생각해보면 된다. 일반 가정이라면, 장기간 동안 평균적으로 볼 때 가정의 수입과 지출이 거의 균형이 맞아야 한다. 만약 가정의 수입보다 지출이 상당히 많다면, 빚이 계속 늘어나다가 언젠가 그 가정은 파산할 수밖에 없다.

가 이 정도의 막대한 자금을 뿌리는데도 불구하고 경기의 회복세가 1%대에 불과하다는 사실에 주목해야 한다. 만약 정부가 돈을 뿌리는 일을 멈춘다면 이런 완만한 회복세가 시간이 좀 흐르면 사라질 것이라는 것은 쉽게 예측이 가능하다. 미국 환율이 약세이므로 현재 미국 내에서 생산을 하는 편이 유리하다. 따라서 달러화 약세 기간 동안 해외로 나갔던 미국 제조기업들이 미국으로 돌아와 고용을 창출해야 돈 찍어내기를 멈추더라도 어느 정도 성장이 유지될 수 있다.

증세는 쉽지 않을 것이다. 레이건 대통령이 집권할 당시에는 전 세계적으로 세율이 높았던 시기였다. 따라서 세율을 20%씩이나 급격히 낮출 수 있었다. 그런데 지금 현재 상황에서 보면 미국의 법인세 35%가 전 세계에서 제일 높은 수준이다. 미국의 경쟁자인 프랑스나 독일이 30% 초반이며, 홍콩이나 싱가포르는 10%대다. 개인 소득세는 제일 높지는 않지만 역시 매우 높은 수준이다. 미국보다 더 높은 나라들은 복지국가라고 불리는 몇몇 나라들뿐이다. 국가들 사이의 경제전쟁이 가속화 되면서, 많은 나라들이 기업과 고소득자를 자국에 유치하고자 경쟁적으로 세율을 내려왔기 때문이다.

일부에서는 고소득자들의 세금을 올리면 된다고 이야기하지만, 그 정도 올려서는 세수가 아주 조금 늘어나는 정도다. 예를 들어 미국의 대부호 워런 버핏이 적극 주장하고 있는 대로 연소득 100만 달러 이상의 고소득 계층에 대한 소득세율 인상을 한다면, 연간 추가로 확보되는 세수가 30억 달러 정도라고 한다.[2] 2011년 재정적자 규모 1조

2 워런 버핏이 이 증세안의 도입을 적극 주장한다고 해, 이를 '버핏세'라고 부른다.

5천억 달러와 비교해보면, 이 정도 증세로는 거의 효과가 없다는 점을 이해할 수 있다.

결국 문제를 해결하기 위해서는 모든 소득계층의 세금을 대폭 올려야 한다. 그런데 경제불황 상황에서 세율을 더 올린다면 기업이나 개인들의 해외 이탈이 가속화될 수 있다. 미국인들이 캐나다로 국적을 바꾸는 것은 아주 쉽다. 캐나다인이 되면 세금은 조금만 더 내면서 복지혜택은 상당히 많이 받을 수 있다. 따라서 미국이 세금을 올려도 겨우 몇 퍼센티지 올릴 수 있을 뿐이며, 그 결과 올린 효과도 미미할 것이다. 어차피 전 세계에서 활동하고 있는 미국 기업들도 미국으로부터 캐나다나 유럽에 위치한 자회사나 사업부로 본사의 위치를 변경할 수 있다. 그렇다면 미국 정부에 납부하는 세금을 대폭 줄일 수 있다. 예를 들어 유럽 각국에서는 과거에 증세를 하자 많은 기업들이 세율이 낮은 룩셈부르크나 스위스 등지로 본사를 옮긴 사례가 있다.

이런 이유에서, 세금을 올린다는 것이 말은 쉽지만 행동으로 옮기기는 어렵다. 만약 전 세계 모든 국가들이 비슷한 규모로 동시에 세금을 올린다면 효과가 있을 수도 있지만, 다른 국가들은 가만히 있는데 한 국가만 세금을 올린다면 그 국가에서는 장기적으로 오히려 역효과가 나기 때문이다. 이러니 미국이 진퇴양난의 기로에 서 있다고 볼 수 있다.

미국의 증세 논란과 우리의 교훈 II

이런 어려운 현실 속에서 문제를 해결하기 위해 미국 정부가 대폭적으로 세금을 인상하려고 할 것이라는 전망이 2010년경부터 계속 제기되어 왔다. 그러자 이런 움직임에 반대하는 강경파 시민단체 조직인 '티파티tea party' 조직이 탄생해 전국적인 조세저항 운동을 시작했다.[1] 이 운동은 중산층으로부터 폭발적인 지지를 받았다. 이들은 정부가 증세가 아니라 방만한 지출을 축소해야 한다고 외쳤다. 오바마 정부가 의료보험 개혁법안을 의회에서 통과시키자 이들은 더 강하게 자기 주장을 하기 시작했다. 아예 의회에 직접 뛰어들어 오바마의 정

1 티파티라는 이름은 미국 독립전쟁의 시발이 된 '보스톤(Boston) 차(tea) 사건'에서 따온 것이다. 당시 미국을 식민지로 거느리고 있던 영국 정부가 미국인들이 마시던 차에 고율의 세금을 부과하기로 하자, 분노한 보스톤 시의 시민들이 차를 영국으로부터 수입해와서 하역을 위해 보스톤 항구에 대기하고 있던 영국 상선에 몰려가 차를 바다로 던져버린 사건이 발생했다. 이 사건 때문에 영국 정부가 미국에 군대를 파병하면서 독립전쟁이 시작된다. 이 보스톤 차 사건을 일으켰던 민간 조직이, 당시 사건을 불렀던 명칭이 바로 티파티였다. 또한 '이미 충분한 세금을 냈다(taxed enough already)'라는 뜻으로도 통한다.

책을 저지시키겠다고 나선 것이다. 재정적자가 심각한 상황에서, 상당한 예산이 소요될 것으로 예측되는 추가적인 정책이 실시되었기 때문이다. 결국 증세의 가능성이 더욱 높아졌다고 판단한 것이다.

무명이었던 이들은 국회의원 선거를 위한 공화당 측 경선에 출마해 기존의 정치인들을 제치고 대거 공화당 후보로 선출되었다. 그리고 2010년에 열린 의원선거에서도 돌풍을 일으켰다. 민주당이 사상 최고의 참패를 한 이 선거에서 티파티는 수십 명의 의원들을 당선시켰다. 이들은 앞으로 공화당 지도부의 정책도 따르지 않고 자신들의 목적 달성을 위해 강경한 입장을 취할 것으로 예상된다.

미국 세제의 수정 방향

이런 상황에서 미국 정부는 대규모 증세가 현실적으로 어렵다는 것을 일부 깨닫고 있는 듯하다. 그 결과 탈세를 적발하기 위한 세무조사 확대를 위해 국세청의 인력을 보강했다. 또한 여야가 함께 증세 없이 세제를 전면적으로 수정하는 방법에 대해 논의를 진행하고 있다. 이런 과정에서 논의되는 사항들은 다음과 같다.

첫째, 현재 미국에서는 인터넷 상거래에 대해서는 거의 과세가 이루어지지 않고 있다. 예를 들어 세계 최대의 인터넷 서점인 아마존의 경우, 본사나 배송센터가 위치하고 있는 주가 아닌 다른 주에서 거주하는 사람이 책을 구입하면 판매세가 면제된다. 그러나 아마존이 아니라 동네에 위치한 서점에서 똑같은 책을 구입하면 소비자는 판매세를 내야 한다.

바로 이 이유에서 인터넷 상거래 업체가 아닌 전통적인 소매 업체들은 아마존이 불평등한 입장에서 경쟁하고 있다고 불평한다. 인터넷 업체의 세금이 싸기 때문에 그만큼 가격을 낮출 수 있다는 주장이다. 그래서 소비자들이 인터넷 업체로 몰려들게 되며, 그 결과 전통적인 소매 업체들이 몰락하므로 고용도 줄어들고 국가는 세금을 거둘 수 없게 된다는 논리다. 따라서 미국 연방정부는 인터넷 업체에 대한 이런 세금 혜택을 없애는 방안을 고려중이다. 몇몇 주 정부들은 벌써 아마존에 대해 과세를 시작했다. 그러자 아마존은 해당 주에 위치한 배송센터나 사무실을 폐쇄하는 식으로 저항을 했다. 그곳에서 일하던 많은 근로자가 직장을 잃게 된 것이다. 그러자 아마존에 대한 엄청난 사회적 비난이 쏟아졌다. 결국 아마존도 항복할 수밖에 없을 것이다.

둘째, 개인사업자에 대한 세제 개편이다. 주식회사의 경우는 회사의 소득에 대해 회사가 소득세를 지불한 후, 남은 소득 중 일부가 주식회사의 주주들에게 배당으로 지불된다. 주주들은 배당소득에 대해 다시 세금을 지불한다. 주주들은 한 번의 소득에 대해 두 번의 세금을 내니 이중과세인 셈이다. 그런데 개인사업자들은 회사 소득세 없이 개인 소득세만 지불한다. 따라서 비슷한 소득이라면 개인사업자는 세금을 적게 내는 셈이다. 따라서 이 점을 수정해서 개인사업자의 세 부담을 늘리려는 논의가 진행중이다.

셋째, 국외소득에 대한 과세 강화다. 현재 미국 기업들은 해외에서 올린 이익이 국내로 송금될 경우에만 과세대상이다. 바로 이런 세법을 이용해서 교묘한 절세가 이루어지고 있다. 세율이 낮은 국가에 별도의 페이퍼컴퍼니를 설립하고는 이익을 이전하는 것이다. 이에 반해 다수의 유럽 국가들이나 일본은 외국에서 올린 소득에 대해서는 면세 또는 세율을 낮춰주는 정책을 사용하고 있다. 한국은 전 세계 어디에서 올린 소득이냐에 관계없이 모든 소득에 동일하게 과세한다. 따라서 미국도 해외 소득에 대해 일부 과세하려는 논의를 하고 있다.

넷째, 여러 명목의 소득공제 제도를 줄이는 것이다. 소득공제는 특정 범주에 해당하는 개인이나 기업의 일부 소득을 세금 계산에서 빼주어 세금을 줄여주는 제도다. 조건에 맞는 특정 집단에만 혜택을 베푸는 셈이다. 선심성 정치인들이 법을 개정하며 소득공제를 받는 대상자 수와 금액을 계속 늘려왔다. 이를 대폭 줄임으로써 세금을 늘릴 수 있다.[2]

다섯째, 기업 대주주의 주식 매각 시 발생하는 투자이익(주식 매입금액과 매각금액에 대한 차이)에 대한 현행 세율은 15%다. 이를 개인 소득세와 마찬가지로 30%대로 올리는 것이다. 투자를 촉진시키고자 투자이익에 대한 세율을 낮춘 것인데, 이는 근로가 아니라 주로 투자이익을 통해 소득을 올리는 부자들에 대한 특혜 측면이 있다.[3]

---

2 우리나라의 경우 이 문제점도 심각한 수준이다. 선진국과 비교해볼 때 국내에 소득공제의 종류가 더 많고 소득공제 금액도 상대적으로 크다. 그 결과 근로소득자 약 1,900만 명 중 실제로 근로소득세를 내는 사람의 비중은 1천만 명 이하로 매우 낮은 상황이다. 근로소득이 있다면 아주 조금이라도 소득세를 내야 하는 외국의 경우와 차이가 많이 난다. 그 결과 국내의 통계를 보면, 근로소득세 납부자의 20% 정도가 전체 근로소득세 납부액의 90%를 납부할 정도다. OECD 국가 중 거의 최고의 조세불평등 현상이 국내에서 발생하고 있다.

우리나라의 현실은 어떠한가?

어떤 정책을 실시하건 미국의 경제상황이 하루빨리 회복되기를 바랄 뿐이다. 현재와 같이 달러를 계속해서 뿌린다면 미국은 빠르면 10~20년이면 파산하고 세계는 대혼란에 접어들 것이다. 그렇다면 1997년 우리나라가 겪었던 위기의 규모를 월등히 능가하는 제2의 대공황이 일어날 것이다. 그런 일이 제발 일어나지 않기를 바란다.

각종 선심성 정책을 남발하는 여야 정치인들은 이런 미국의 사례에서 교훈을 배워야 한다. 고기 잡는 법을 가르쳐야지 고기를 계속 나누어줄 수는 없다. 선심성 정책들이 계속 늘어가는 상황이라는 점을 고려하면 10년이나 20년 후의 미래는 어떻게 될지 아무도 모른다. 각종 연기금들은 앞으로 10여 년 정도면 모두 바닥을 드러낼 것으로 예측된다. 결국 이런 문제를 해결하기 위한 가장 좋은 방안은, 앞에서 설명한 고기를 잡는 방법에 해당되는 일자리를 창출하는 것밖에 없다. 돈을 뿌리는 정책은 머지않아 우리에게 빚으로 돌아올 뿐이다.

세상에 공짜란 없다. 우리가 대가를 내지 않는다면, 먼 훗날 우리 자녀들이 내야 할 것이다. 자녀들의 미래를 별로 염려하지 않고 현재

---

3 우리나라는 투자 후 주식 매각을 통해 거둔 이익에 대해 3% 이상의 지분을 보유한 대주주만 보유기간에 따라 20% 또는 30%의 세금을 내고 있다. 따라서 지분이 3% 미만인 소액주주들은 면세다. 지분이 3% 미만인 경우라도 투자이익에 대해 세금을 부과하는 내용이 현재 국내에서 일부 논의되고 있지만, 그 경우 주식투자 손실을 본 경우 과거 납부한 세금이 있다면 돌려줘야 하기 때문에 실무상으로 상당히 복잡하다는 문제가 있다. 따라서 실제로 이 문제가 해결되기까지는 시간이 필요할 것이다. 또한 장기적으로 볼 때 주식투자의 평균적인 수익률이 별로 높지 않으므로, 투자수익에 대해 세금을 거둔다 해도 투자손실에 대한 세금 환급액을 차감한다면 그 금액은 미미한 수준일 것이다.

의 표를 얻기 위해 공짜를 남발하는 정치인들이 너무 많은 것 같아 걱정이 된다. 물론 역시 자녀들의 미래는 생각하지 않고 지금 당장 공짜로 나눠주는 유혹에 손쉽게 빠져드는 국민들도 반성해야 할 것이다.

후기 1

재집권한 오바마 정부는 공화당과 타협을 통해 연소득 40만 달러 이상의 소득자에 대한 소득세율을 2013년 1월부터 35%에서 39.6%로 올렸다. 그러나 이 정도로는 아직 상당히 부족하다. 미국의 심각한 재정적자 상태가 앞으로 20년 정도만 지속된다면 미국 달러는 기축통화로서의 지위를 상실하고 미국은 국가파산 상태에 접어들 수 있다. 그렇다면 세계는 대혼란의 시대에 접어들 것이다. 이런 비극이 발생하지 않도록 미국이 빨리 정신을 차리고 구조조정에 나서기를 바란다. 한국은 1998년과 1999년도에 겪었던 뼈아픈 구조조정 때문에 살아난 바 있다. 미국이 마약과 같이 달콤한 돈을 찍어내는 정책을 중지하고 구조조정을 시작하지 않는다면, 미래는 암울할 것이다.

후기 2

미국의 상황은 한국에도 여러 시사점을 준다. 현재 일부에서 우리나라 국민의 조세부담률이 OECD 평균보다 상당히 낮다는 통계를 제시하면서 우리나라에서 소득세율을 더 높혀야 한다고 주장한다. 하지만 우리나라에서는 소득세를 내는 사람들이 전술한 것처럼 근로소득자 중 소수이기 때문에, 소득세를 내는 사람들 입장에서 보면 조세부담률 평균치와는 달리 상당히 많은 비율의 소득을 세금으로 내는 셈이다. 이러니 소득세율을 더 높이기가 어렵다. 결국 외국처럼 거의 대부분의 사람들이 소득이 있다면 아주 적은 액수라도 소득세를 내도록 면세점을 대폭 하향시켜야 하지 않을까 생각한다. 자기가 조금이라도 소득세를 내야 세금이 공짜가 아니라는 것을 알고 증세로 귀결될 수밖에 없는 주장을 할 때 조금이라도 신중하게 생각할 가능성이 있기 때문이다. 그와 동시에 누진세율을 좀더 가파르게 적용하는 식으로 부자증세를 하는 것이 바람직하지 않을까 생각한다. 또한 직접세율을 올리는 것은 국민의 저항을 불러일으키기 때문에, 상대적으로 징수가 용이하면서도 모든 사람이 조금씩 세금을 부담하지만 소득이 높은 사람들이 더 많은 세금을 부담하는 소비세(부가가치세)율을 인상하는 것도 해법이 될 수 있을 것이다. 최근 일본도 이 방법을 선택했다.

필자가 조세 전문가는 아니다. 하지만 국민의 복지 요구가 거세지고 있는 현재 시점에서 보면 결국 증세 말고는 이 문제를 해결할 수 있는 방법은 없을 것이라고 생각한다. 그렇다면 증세의 방법으로 가장 합리적인 것이 무엇인가를 고민하다가 떠오른 생각을 정리한 것뿐이다. 하루빨리 필자보다 더 전문가인 분들이 나서서 이 문제의 해결책을 제시하고 국민들을 설득할 수 있기를 바란다.

『4001』과 'e-편한 세상', 누가 더 효과적일까?

2011년 초반 신정아 씨의 자서전 『4001』 출판 시기에 맞춰 언론은 『4001』에 등장하는 가십거리들을 앞다투어 보도했다. 흥미 위주의 은밀한 사생활 이야기가 특히 부각되었다. 책에는 노무현 정권과 이명박 정권 관련 명망가들이 실명으로 등장한다. 어디서 만나서 무슨 이야기를 했고 무슨 행동을 했다는 등의 이야기다. 당사자들은 펄쩍 뛰며 이를 부정했지만 저자는 "1%의 거짓말도 없다."고 주장했다.

사실 이런 주장들 중 어느 측의 주장이 옳은 것인지에 대해 일반인들은 거의 알지 못한다. 그렇지만 이렇게 다투는 모습을 보면서 아름답다고 생각하는 이는 별로 없을 것이다. 어쨌든 이런 언론 플레이는 대중의 관심을 불러일으켰고, 그 결과 책이 순식간에 몇 만 부가 팔리면서 일약 베스트셀러가 되었다. 2011년 이 분야에서 가장 많이 판매된 책이라는 이야기도 들었다.

이런 마케팅 방법을 '노이즈 마케팅'이라고 부른다. 좋거나 나쁜 이미지에 관계없이 화제를 불러일으켜서 소문을 내는 기법을 말한다. 일반인들은 노이즈 마케팅이라고 부르지만, 사실 필자가 만나본 마케팅 전공 교수들은 마케팅에 대한 모독이라면서 펄쩍 뛴다. 마케팅이 아니라 책만 팔려는 '얄팍한 상술'에 불과하다고 표현하는 분도 있었다.

노이즈 마케팅은 정치인들의 회고록이 발간될 때도 종종 사용된다. 2011년도에 모 대통령 후보나 모 전직 대통령의 회고록이 발간되었는데, 당시 책에 등장하는 일부 민감한 내용이 사실이 아니라는 논란이 반대편 입장에 있는 사람들의 말을 통해 대대적으로 언론에 보도되면서 화제가 되는 것을 보면 이해할 수 있다. 그나마 이 두 책은 여성에 대한 스캔들이 아닌 다른 이야기가 논란이 되었으니 『4001』의 경우보다는 좀 체면은 차린 듯하다. 신인배우가 데뷔하거나 새로운 영화가 개봉되기 직전에 스캔들이나 이상한 소동을 불러일으키는 것도 노이즈 마케팅의 일종이다. 어떤 이유에서건 사람들의 입에 배우의 이름이나 영화 제목, 배경 등이 회자되면 흥행에 도움이 되기 때문이다.

노이즈 마케팅의 효과는 상당하다. 사람들의 머릿속에 제품을 확실히 각인시키기 때문에 홍보 캠페인이 끝난 이후에도 계속해서 제품의 판매량을 늘리거나 유지할 가능성이 높다. 특히 제품의 품질이 잘 구별되지 않는 제품일수록 효과가 클 것이다. 소비자들이 시간이 조금 지나면 왜 그 브랜드를 기억하게 되었는지 이유는 잊어버리고 브랜드 이름만 기억하게 되기 때문이다. 예를 들어 『4001』이나 정치인의 회고록 모두 시간이 몇 년 지나면 사람들은 그 내용의 진실성에 대한 논란이 과거에 있었는지 기억하지 못할 것이다. 그렇다면 그때에 가서 책을 읽는 사람들은 책 내용이 모두 진실일 것이라 오해하게 되는 것이다.

그러나 제품의 품질이 확실히 구별되면 노이즈 마케팅의 효과는 오래가지 못한다. 소비자들이 호기심에 한 번 제품을 써볼 수는 있어도, 품질이 만족할 수준이 아니라면 계속해서 해당 제품을 구입하지 않을 것이기 때문이다. 『4001』을 자신 있게 주변에 읽으라고 권하거나 자녀들이 읽도록 집의 서가에 남겨둘 만한 사람이 얼마나 될까를 생각해보면 된다. 결국 중요한 것은 제품의 품질이라는 것을 알 수 있다.

'e-편한세상'의 '진심이 짓는 집'

대림산업은 'e-편한세상'이라는 아파트 브랜드를 알리면서 노이즈 마케팅과는 다른 접근 방법을 선택했다. 대림산업의 광고에는 유명배우가 모델로 등장하지 않는다. 그러니 수억 원의 모델비도 절약할 수 있다. 광고 카피에서는 '진심이 짓는다'라며, 조용한 분위기에서 소비자를 위해 대림이 개발한 아기자기한 편의시설을 소개할 뿐이다. 좌우 10cm 정도 더 넓은 주차공간, 동선을 고려한 좀더 편리한 단지 내 구조, 단지 내 위치한 어린이집, 에너지 절약을 위한 설계, 벽 속에 숨은 편리한 수납장 등 아주 사소한 것들을 조용히 보여준다. 그리고 '든든한 진심'이라며 끝을 맺는다.

좁은 아파트 주차공간에 가득 주차된 차들 사이에서 문을 간신히 열어 차에 탄 후 아슬아슬 차를 몰아 주차장을 빠져 나온 경험이 있는 사람이라면, 좌우 불과 10cm 정도 더 넓은 주차공간이라는 사소한 배려가 얼마나 중요한지 동감할 것이다. 아파트 구내에서 뛰어다니던 아이들이 자동차에 치일 뻔한 경험이 있는 사람이라면, 또는 상당한 금액의 아파트 관리비 청구서를 받아 본 경험이 있다면 이런 이야기를 이해할 수 있다. 이처럼 대림산업은 우리가 살아가면서 아쉬웠던 작은 부분들에 신경을 썼다. 이런 사소한 점들을 찾아 개선하기 위해 임직원들이 얼마나 노력했을지 상상할 수 있다.

그 덕택에 대림산업은 2000년대 후반 각종 광고대상을 휩쓸었을 뿐만 아니라 '가장 살기 좋은 아파트'로 뽑히는 영예를 얻었다. 광고만 잘했다면 살기 좋은 아파트로 뽑힐 수 없을 것이다. 오히려 광고 내용과 실제 아파트의 품질이 다르다는 불만만 더 크게 일어날 것이다. 결국 아파트를 사용해 본 소비자들의 입에서 입으로 제품의 품질이 전해졌기 때문에 이런 결실이 생긴 것이다. 그러니 가장 살기 좋은 아파트로 선정되었다는 소식은 광고대상과는 비교할 수 없을 만큼 큰 영예라고 할 수 있다.

이런 사례를 보면 진정성으로 접근하는 방법과 소동을 불러 일으켜 관심을 끄는 노이즈 마케팅의 경우 중 어느 방법이 더 효과적인지는 명백하다. 노이즈 마케팅이 단기적이고 즉각적인 효과는 더 크겠지만, 결국 장기적인 효과를 가져오기 위해서는 겉포장이 아니라 진정성을 가지고 접근해야 한다. 마케팅 분야의 경영대가로 널리 알려진 김상훈 서울대학교 교수는 이러한 접근 방법을 '진정성 마케팅authentic marketing'이라는 용어로 표현한다.

진정성을 가진 리더나 기업의 효과

기업경영에서 진정성은 매우 중요하다. 리더가 진정으로 직원과 회사를 사랑하는 모습을 보이지 않는다면 직원들이 리더를 따르지 않을 것이다. 단지 겉으로만 '따르는 체'할 뿐이다. 그 결과 시간이 지나면 기업의 성과에 큰 차이가 생길 것이다. 직원들 스스로가 주인 의식을 가지고 알아서 회사의 업무를 수행해나가게 하려면, 결국 그런 마음을 직원들에게 심어주어야 한다. 리더의 진정성이 직원의 진정성으로 연결되는 셈이다. 기업뿐만 아니라 다른 조직들도 다 똑같다. 필자는 학교에서도 이런 일을 똑같이 경험한 바 있다.

기업의 공시도 마찬가지다. 장밋빛 전망과 홍보로 가득 찬 공시만 계속 발표한다면 단기적으로는 효과가 있을 수 있다. 단기간에 주가를 끌어올려서 신주나 사채를 발행하는 데 도움이 될 수 있을 것이다. 그렇지만 그런 공시 내용을 추후에 실적으로 뒷받침하지 못하는 일이 계속해서 발생한다면 투자자들은 더이상 해당 기업을 신뢰하지 않게 될 것이다.

단기적인 주가 하락을 감수하더라도 솔직히 문제점을 털어놓는 기업이 장기적으로 더 신뢰받을 수 있다. 여러 학술 연구결과도 이를 뒷받침한다. 특히 부정적인 뉴스를 즉각적으로 잘 알리는 기업에 대한 투자자들의 신뢰도가 높다. 그에 반해 긍정적인 뉴스를 잘 알려주는 것에 대해서는 큰 반응이 없다. 워낙 긍정적인 뉴스는 홍보하고 부정적인 뉴스를 숨기는 경우가 많으니, 투자자들도 긍정적인 뉴스를 한 번 더 듣는다고 해서 크게 회사에 대한 이미지가 바뀌지 않는 것이다.

부정적인 뉴스를 숨기고 시장에 알리지 않는다고 하더라도, 어차피 조금만 시간이 지나면 다 알려지게 된다. 결국 뉴스가 주가에 반영되는 것은 이번 분기냐 다음 분기냐 정도의 차이만 있을 뿐이다. '먼저 맞는 매가 덜 아프다.'라는 말처럼 솔직하게 부정적인 뉴스를 알리는 편이 더 효과적이다. 지금 당장 주가가 하락하는 것이나, 몇 달 시간이 지났다가 주가가 하락하는 것이나 결과적으로 보면 큰 차이가 없다. 부정적인 뉴스를 일찍 공시하는 기업들이 오히려 투자자들의 신뢰도가 높아져서 주가가 상대적으로 높게 형성된다.

네이키드 스트렝스를 가져야 한다

자녀들을 교육시킬 때 아이가 잘못을 했다면 솔직히 고백하고 용서를 구하라고 가르친다. 거짓말을 계속 하는 사람은 조금만 시간이 지나면 신뢰할 수 없는 사람으로 따돌림을 받게 되기 때문이다. 미국의 경우 '거짓말쟁이'라는 단어가 가장 심한 욕이라고 받아들여질 정도다. 그러다 보니 필자는 자녀가 큰 잘못을 했지만 솔직히 잘못했다고 용서를 청해오면 크게 혼내지 않는다. 진실되게 살아가는 습관을 자녀에게 길러주기 위해서다. 사람관계는 다 마찬가지다. 사람들을 만나다 보면 한두 번은 속을 수 있다. 그러나 시간이 지남에 따라 한 사람을 여러 번 만나다 보면 그 사람의 됨됨이를 점차 알아가게 된다. 한 개인에 대한 주변 사람들의 평판이나 인상은 어느 날 갑자기 형성되는 것이 아니다. 신뢰할 만한 사람이라고 인정을 받기 위해서는 상당한 시간이 걸린다. 한두 번 밖에 안 만나 본 사람이라면 첫인상이 큰 영향을 미치겠지만, 계속해서 만나다보면 첫인상이 아니라 그 사람의 본성을 알게 될 것이고, 결국은 본성이 그 사람에 대한 나의 생각과 태도를 결정하게 된다. 부부나 연인관계도 모두 마찬가지다.

기업에서 벌어지는 여러 일들도 결국 이런 자녀교육이나 사람관계와 조금도 다르지 않다. 진정성을 가지고 행동하는 경우에만 장기적으로 큰 효과를 볼 수 있다. 한국의 최고 경영대가 중의 한 분으로 불리는 서울대학교 윤석철 명예교수는 '네이키드 스트렝스naked strength'라는 말로 이런 내용을 표현한다. 명예나 직책, 회사 이름 등 화려한 겉치장을 다 벗어버리고 남 앞에 알몸으로 섰을 때 진정 가치가 있는 사람이나 제품이어야 한다는 뜻이다. 이런 '든든한 진심'을 가지고 10년 동안만 살아보자. 소비자가 기업을 보는 눈이 분명 달라질 것이다.

후기

필자도 가끔 필자가 가지고 있는 서울대학교 교수라는 겉치장을 벗어던지고 알몸으로 선다면 어떤 평가를 필자의 지인들로부터 받을 것인가 고민해보곤 한다. 안타깝지만 우리 주변에는 서울대학교 교수, 고위 공무원, 국회의원, 정치인, 시민 운동가 등 힘 있는 자리에 있는 사람들이 너무 많다. 이런 사람들도 모두 자신의 겉치장을 벗어던지고 한 번 알몸으로 남들 앞에 서볼 필요가 있다. 착각 속에서 살고 있는 사람들이 우리 사회에는 너무 많은 듯하다.

'애플에 뒤쳐진 이류 아냐!', 삼성전자를 위한 변명

사진: 360b / Shutterstock.com

2011년 말 애플의 최고 경영자인 스티브 잡스가 짧지만 파란만장한 56세의 생애를 마치고 세상을 떠났다. 잡스는 생전에 혁신을 이끄는 리더로서 '세계 최고의 아이디어를 구상하고 혁명을 이끌어낸다.'는 극찬을 받았다. 애플의 이미지가 '혁신과 창조'라는 이야기도 회자되었다. 최근 10년간 애플처럼 전 세계적인 화제를 불러일으켰던 기업은 아마 없을 것이다.

국내에서 이런 애플과 종종 대비되는 회사가 삼성전자다. 잡스의 사망 직전 스마트폰 시장에서 삼성과 애플의 경쟁이 점차 가열되면서 애플의 아이폰이 우위를 점하는 상황이 벌어지자 일부 언론과 비평가들은 '삼성은 왜 아이폰을 만들지 못하는가?' 또는 '삼성은 왜 이류 회사인가?' 등에 대한 의문과 분석기사를 쏟아냈다. 삼성전자는 애플이 보유한 기술을 거의 대부분 다 가지고 있는데도 불구하고 창조와 혁신능력이 부족해 아이팟이나 아이폰 같은 혁신적인 제품 시리즈를 먼저 만들지 못한다고 본다. 애플이 먼저 만든 후에야 삼성은 이를 본떠 제품을 만들었을 뿐이다. 그렇기 때문에 삼성은 애플을 상당 기간 따라잡을 수 없는 이류 회사라는 혹평까지 나왔다.

과연 그럴까? 세계적으로 유명한 컴퓨터 제조업체 델의 경우를 살펴보자. 델은 잡스가 애플을 창업할 때처럼 마이클 델이 대학교 기숙사에서 창업한 회사로서, 현재 세계에서 가장 많은 개인용 컴퓨터를 파는 회사들 중 하나다. 델 때문에 컴퓨터의 명가 IBM은 고전을 면치 못하다가 개인용 컴퓨터 사업부를 중국의 레노버Lenovo에 매각하고 결국 시장에서 철수했다.

델은 신제품이나 신기술 개발을 위한 R&D 투자를 거의 하지 않는다. 이미 개발된 지 오래되어 특허 없이도 생산할 수 있는 범용기술만을 이용한다. 주문을 받아 생산해 중간상 없이 고객에게 배달하니 경쟁사 제품에 비해 제품 가격은 평균 12%, 재고율은 평균 6%나 낮출 수 있었다.

텔레비전 제조업체 비지오VIZIO도 비슷한 예다. 모든 생산과 사후 관리, 유통을 아웃소싱하면서 본사는 기획, 마케팅, 디자인 같은 업무만 담당한다. 델처럼 한물간 범용기술만을 이용하므로 생산원가가 낮다. 제품은 월마트 등의 대형 할인매장에서 박스 채로 쌓아놓고 판매한다. 삼성이나 LG, 또는 일본의 경쟁사 제품보다 월등히 싼 가격이다. 혹자는 '싸구려 상품'만 만들어 판다고 비판하기도 한다.

델과 비지오도 이류 기업인가?

결과적으로 델은 개인용 컴퓨터, 비지오는 텔레비전 시장에서 미국 내 1위를 다투는 기업이다. 그런데 이 두 기업은 남들이 못 만드는 최고의 제품을 만드는 것이 아니다. 많은 회사들이 이 두 회사들보다 더 월등한 기술력을 보유하고 있다. 이 두 회사는 남들도 다 만들 수 있는 제품을 남들보다 약간 더 싸게 생산해서 팔 수 있는 능력을 키웠을 뿐이다.

그렇다면 델과 비지오도 이류 기업일까? 첨단기술도 없으면서 이를 발굴하려는 연구개발도 소홀히 하니 말이다. 경쟁사처럼 고사양의 제품이 아닌 중저가품 시장에만 집중하는 것도 한계다. 삼성전자가 이류 소리를 들으니 델이나 비지오는 삼류 기업쯤으로 분류해야 할 것이다.

이렇게 생각해 보면 '삼성을 이류 기업이라고 부르는 것이 꼭 옳은 것은 아니다.'라는 점을 이해할 수 있다. 삼성과 애플은 근본적으로 수평 비교하기가 힘든 회사다. 사과와 귤을 들고서, 사과의 크기가 더 크니 사과가 더 좋다고 이야기하는 것과 유사하다. 귤의 맛이 더 달콤하니 귤이 더 좋다고 이야기하는 사람도 있을 수 있다.

델은 첨단기술이 아니라 주문받은 제품을 재빨리 생산해서 배송하는 노하우를 가진 기업이다. 델의 배송시스템은 유통이나 물류회사들보다 더 강하다는 평판도 있다. 비지오는 아웃소싱을 통해 원하는 제품을 가장 낮은 가격으로 생산해서 소비자에게 판매할 수 있는 능력을 가진 기업이다. 그러니 첨단기술의 보유 유무가 꼭 일류와 이류,

삼류기업을 구분하는 기준은 아닌 셈이다. 첨단은 아닐지 모르지만, 남들이 없는 독특한 기술이나 비즈니스 모델을 가지고 있기 때문에 델과 비지오가 해당 산업 분야에서 강자로 군림하고 있는 것이다. 삼성이나 LG도 마찬가지다.

왜 우리는 이류 회사 제품을 사용할까?

텔레비전, 냉장고, 세탁기, 컴퓨터, 프린터 등의 친숙한 제품을 삼성과 LG는 생산하고 있다. 이들 제품 중에서 삼성이나 LG가 발명한 제품이 단 하나라도 있는가? 정답은 '없다.'이다. 그렇다면 텔레비전, 냉장고 등을 발명했던 일류 회사들은 어떻게 되었을까? 그리고 왜 많은 사람들이 신제품을 발명할 수 있는 혁신적인 기술을 보유하지 못한 이류 회사의 제품을 대부분 몇 개씩 사서 집집마다 사용하고 있을까? 심지어 미국이나 유럽 같은 선진국에서도 말이다.

정답은 삼성이나 LG는 애플과는 다른 종류의 회사이기 때문이다. 경영전략 분야의 대가인 서울대학교 송재용 교수는 삼성이 '패스트 팔로어Fast Follower 전략으로 성공했다.'라고 한다. 첨단 제품을 앞장서서 개발하지는 못하지만, 남들이 첨단기술을 개발하면 신속하게 그 기술을 따라 개발한다. 그래서 얼마 후면 선발주자와 비슷한 제품을 더 싼 가격에 시장에 내놓을 수 있다. 그리고 시간이 좀더 흐르면 경쟁사와 비슷한 제품이 아니라 여러 가지 측면에서 성능이 더욱 개량된, 선발주자 제품보다 더 좋은 제품을 시장에 내놓는다. 그래서 결국 시장의 최종 승자가 된다. 그 덕분에 텔레비전이나 냉장고를 처음 발명했던 회사들은 지금 그 회사가 어느 회사인지도 모를 정도로 시장에서 실패해 사라져갔다.

불과 20년 전까지 수십 년 동안 일본 소니Sony는 창조와 혁신의 상징이었다. 1969년에 설립된 삼성전자가 2002년에 시가총액 면에서 소니를 추월했으니 소니가 간 길을 삼성이 따라잡는 데 30년쯤 걸렸다. 그것밖에 못하냐고 분통을 터뜨릴 수도 있다. 그런데 불과 20년 전만 하더라도 '왜 삼성은 소니를 따라잡지 못하는 이류 기업일까?' 하는 자조가 세상에 회자되었다. 이런 제목의 책도 있었다.

그런데 마침내 삼성이 소니를 앞지르니, 그다음에는 '왜 노키아, 모토로라, 마이크로소프트, 애플을 따라잡지 못하는 이류 기업일까?' 하면서 의문부호가 계속 변해왔다. 비교하는 회사의 이름만 바뀌었을 뿐 비판 내용은 거의 똑같다. 삼성은 그 중에서 노키아와 모토로라를 벌써 큰 차이로 제쳤으며, 현재 마이크로소프트와 자웅을 겨루고 있다고 할 수 있다.

작은 디테일도 중요하다

재미있는 사실은 이런 이야기를 하는 사람들이 다들 삼성을 도마에 올리면서 아무도 'LG는 왜 이류 기업일까?'라는 의문은 제기하지 않는다는 점이다. 더군다나 삼성이 소니나 노키아, 모토로라를 제친 것이 상당히 못마땅하다는 류의 비평도 종종 보인다. 이런 경우들을 보면, 실제로 삼성이나 LG에게 더 열심히 잘하라는 의미에서 다른 기업과 비교해서 비평을 하는 것이 아닌 경우가 일부 존재한다는 것을 알 수 있다. 극단적인 몇몇의 경우는 삼성이나 LG가 빨리 망했으면 한다는 주장도 있다.[1]

이류 기업이라는 이야기가 계속 되풀이되는 이유는, 뭔가 겉으로 보이는 큰 것을 바꾸는 것만이 창조와 혁신이라는 사고방식 때문인 듯하다. 삼성은 그런 면에서 분명 애플보다 못하다. 그러나 삼성은 디테일에 강하다. 하나의 제품을 요모조모 뜯어보고, 어느 부분을 개량해야 소비자들이 더 편리하게 제품을 사용할 수 있을까를 궁리하는 데 능하다. 그리하여 눈에는 잘 보이지 않는 작은 문제점들을 하나둘씩 개량해나간다. '티끌 모아 태산'이다. 그 결과 5년이나 10년이 지나면 삼성이나 LG의 제품은 아주 우수한 제품으로 탈바꿈해 시장에서 환영을 받게 되는 것이다. 마더 테레사Mother Teresa 수녀도 "작은 일들에 충실하십시오. 당신을 키우는 힘은 바로 거기에 있으니까요."라고 말한 바 있다. 중국어 번역서 『디테일의 힘』이라는 책이 국내에서 베스트셀러가 되었던 적도 있다.

재미있는 사실은 미국 컨설팅 업체인 BCG가 매년 선정하는 가장 혁신적인 기업 50개 중에서, 2012년 기준으로 삼성이 3위라는 점이다. 또 다른 컨설팅 회사 부즈앤컴퍼니Booz&Company의 혁신기업 리스

1 만약 이런 사람들이 주장하는 대로 삼성이나 LG 같은 기업들이 한국에서 망하거나 사라진다면 어떤 결과가 일어날 것인지는 상상에 맡기도록 하겠다. 물론 대기업들이 모든 것을 다 잘하는 것은 아니다. 그렇지만 대기업들이 한국의 경제발전에 공헌한 점이나 역할은 당연히 인정을 해주어야 한다. 물론 대기업들도 이런 극단적인 견해가 사라질 수 있도록 앞으로 더욱 사회공헌과 동반성장 등에 힘써야 할 것이다.

트에서도 삼성은 4위를 차지했다. 애플이 두 리스트에서 모두 1위이기는 하지만, 세계 3등이나 4등 하는 기업을 혁신을 모르는 회사라고 비판하는 것은 적절치 않다.

아이슈타인이나 에디슨, 그리고 잡스 같은 천재가 왜 삼성이나 LG에는 없을까 한탄할 수 있다. 그러니 매킨토시나 아이폰 같은 기존의 패러다임을 뒤엎어버리는 신제품을 창조할 능력이 부족할 수 있다. 물론 삼성과 LG도 이런 능력을 갖추기 위해 노력해야 할 것이다. 그러나 삼성은 2000년 아이폰이 세상에 소개된 지 불과 몇 달 만에 거의 유사한 성능을 가진 갤럭시폰을 시장에 내놓을 수 있을 만큼의 능력을 보유하고 있다. 델이나 비지오처럼 다른 업체가 개발한 제품의 개량제품을 몇 년씩 늦게 출시하는 것과 다르다.

이런 추세가 지속된다면 30년 후에 어떻게 될지는 아무도 예측할 수 없다. 더군다나 아이폰은 삼성전자가 제공하는 부품이 없다면 만들 수 없지만, 삼성은 애플과 상관없이 갤럭시폰을 만들 수 있다. 필자는 삼성과 LG가 이것밖에 못하냐고 질타할 것이 아니라, 삼성과 LG가 한국 회사라는 것을 자랑스러워해야 한다고 생각한다. 물론 더 잘하라는 의미의 비판은 계속 필요할 것이다.

애플도 완벽하지 않다

지금은 애플이 최고의 기업이지만, 최근 몇 년간이 아닌 90년대 이후 10년 이상의 기간을 애플은 뾰족한 히트상품 없이 망할 뻔한 위기를 여러 차례 넘기면서 간신히 살아남았다. 매킨토시 컴퓨터가 1980년대에 히트한 이후로 2000년대 중반 들어 아이팟이 히트할 때까지 약 20년 동안 애플은 제대로 된 제품을 시장에 내놓은 적이 없었다. 과거의 명성에만 안주하면서 소비자의 취향을 모르고 혁신적인 기술만 추구하다 망한 기업이라는 예로 언론과 대학 교과서에 사례로 등장하기까지 했었다.

그러자 애플은 과거에 경영실패로 내쫓았던 잡스를 다시 불러들였다. 잡스의 지휘로 2000년대 후반부터 아이팟이나 아이폰, 아이패드 같은 히트작들이 계속 양산되면서 애플은 세계 최고의 기업으로 비로소 인정받게 되었다.

그러나 잡스는 2011년 말 세상을 떠났다. 잡스 이후 애플이 어떻게 될까? 모든 것을 총 지휘하던 천재 잡스의 사후에 애플이 지속적으로 발전할 수 있을까? 이처럼 잡스 한 개인이 큰 역할을 한 애플은 잡스가 떠난 지금 보면 모든 것이 완벽한 기업이라고 할 수 없다. 흔히 이야기하는 'CEO리스크'가 무척 큰 경우다.

아이디어 하나로 대박을 터뜨려 성공하는 사람도 있지만 매일매일 열심히 일해 조금씩 저축해서 성공하는 사람도 있다. 즉 성공의 길은 하나가 아니다. 마찬가지로 일류 기업이 되는 길도 하나만은 아니다. 모든 것이 완벽한 기업은 없으며, 과거 30년 동안 전 세계를 계속 장악해왔던 최고의 기업도 없었다. 한때는 초일류 기업이라고 불렸더라도 30년 동안 살아남지 못한 기업이 오히려 절대다수다.

그러니 30년 후 시장의 판도가 어떻게 달라져 있을지는 아무도 모른다. 30년 후의 괄목상대한 삼성과 LG를 기대해본다. 한국이 세계에 자랑스럽게 내놓을 수 있는 최고의 상품이 바로 삼성이나 LG가 아닐까 한다.

잘츠부르크와 디즈니월드에서 배우는 한류 테마파크 전략

사진: s_bukley / Shutterstock.com

"아빠, 폰트랍 대령 가족들이 공연장에서 도망나와 숨어 있던 묘지예요." 초등학생 아들 녀석이 재빨리 성베드로 성당의 묘지 안으로 뛰어들어간다. 애들의 손에 이끌려 영화 장면에서처럼 묘지석 뒤에 온 가족이 숨었다. 캄캄한 어둠 속에서 손전등을 휘저으면서 폰트랍 대령 가족들을 찾는 독일군의 모습이 눈에 떠오른다. 묘지 바로 뒷편은 잘츠부르크성으로 올라가는 길이다. 이 길의 계단에서 마리아 수녀와 홀아비 폰트랍 대령의 자녀들이 〈도레미송〉을 불렀다. 그래서 우리 가족들도 그곳에서 함께 노래를 불러보았다.

10여 년쯤 전 우리 가족은 유럽 배낭여행 길에 오스트리아의 잘츠부르크를 들렀다. 여러 도시를 여행한 후 들렀던 곳이라 지쳤을 때였지만, 잘츠부르크에 오자 다들 신이 났다. 여행 출발 전에 보고 온 영화 〈사운드 오브 뮤직sound of music〉의 장면을 떠올리면서 사흘간 잘츠부르크 거리를 활보했다. 그림 같이 아름다운 호수에서 유람선을 타고, 영화에서처럼 조그만 기차를 타고 산에 올랐다. 시간이 이미 많이 흘렀지만 지금 생각해도 그때의 아름답고 평화로운 모습들이 눈에 선하다. 다음에 시간이 있다면 다시 꼭 방문해보고 싶은 곳이다.

오스트리아에 있는 인구 20만 명도 되지 않는 조그마한 도시 잘츠부르크에는 매년 수백만 명 이상의 엄청난 관광객이 몰려든다. 이렇게 많은 사람들이 몰려드는 이유는 단 2가지, 1960년대 개봉했던 영화 〈사운드 오브 뮤직〉과 이곳 출신 음악가 모짜르트Wolfgang Amadeus Mozart 때문이다. 음악을 사랑하는 사람들은 모짜르트 때문에 이 도시를 방문하겠지만, 필자와 같은 일반 관광객은 〈사운드 오브 뮤직〉에 반해서 이 도시를 찾는다. 〈사운드 오브 뮤직〉이 없는 이 도시의 모습은 상상할 수조차 없다. 불세출의 음악가 한 사람, 명작 영화 한 편의 흡인력이 얼마나 대단한지 알 수 있다. 잘츠부르크를 방문한 사람들은 영화의 스토리를 떠올리면서 영화 속에 등장한 곳들을 순례한다. 물론 자연경관도 빼어나지만, 단지 그것뿐이며 공간에 얽힌 사연이 없다면 이렇게 많은 관광객들이 잘츠부르크를 방문하지는 않을 것이다.

한국판 디즈니월드를 만들자

다른 예를 들어보자. 필자는 미국에서 디즈니월드나 유니버설스튜디오를 방문했던 경험이 있다. 디즈니 영화의 여러 주인공들을 이용해 아기자기한 재미를 느낄 수 있는 온 가족을 위한 테마파크가 바로 플로리다주에 위치한 디즈니월드다. 이곳에서 어린이들은 〈인어공주〉나

〈백설공주〉〈미녀와 야수〉〈미키 마우스〉〈토이 스토리〉 속 주인공들을 만나고, 이와 관련된 각종 흥미진진한 공연을 보면서 시간가는 줄 모르고 며칠을 보낸다. 디즈니월드는 총 4개의 테마파크로 나뉘어져 있는데, 그 중 하나를 보는 데 대략 하루가 다 걸린다. 그러니 규모가 얼마나 큰지 짐작할 수 있다.

유니버설스튜디오는 〈슈렉〉〈터미네이터〉〈ET〉〈죠스〉〈인디아나 존스〉 등 각종 유니버설영화사가 제작한 영화에 등장하는 캐릭터들을 만나는 곳이다. 테마파크 내에는 수십 개의 별도 건물이 있는데, 한 건물당 한 영화를 중심으로 구성되어 있다. 해당 건물에 들어가면 그 영화와 관련된 공연을 관람하거나 놀이기구를 즐길 수 있다. 평균적인 미국 중산층 가정이라면 평생 디즈니월드나 유니버설스튜디오를 10번 이상 방문한다는 통계도 본 적이 있다. 어린아이일 때 부모나 조부모와 함께 2번 이상 오고, 아빠·엄마가 되어 자녀와 함께, 그리고 노인이 되어 손자·손녀와 함께 방문한다는 것이다. 필자도 인어공주의 〈언더 더 씨under the sea〉 노래를 아이들과 함께 따라 부르고, '아이 윌 비 백I will be back'이라는 대사가 나오는 터미네이터 공연을 즐겁게 본 경험이 있다.

이처럼 스토리를 가진 문화·엔터테인먼트 상품은 세대를 초월하는 매력이 있다. 그래서 매년 수백만 명의 사람들이 이곳을 방문하는 것이다. 미국인들만 오는 것이 아니다. 이곳을 방문해보면 세계 각국에서 온 관광객들이 얼마나 많은지 깜짝 놀랄 것이다.

한류를 직접 체험할 수 있는 테마파크

이런 미국의 막강한 문화상품을 부러워만 할 것이 아니라 우리도 이런 상품들을 개발해야 한다. 우리도 미국 못지않은 잠재적인 관광상품을 가지고 있다. 바로 한류 열풍이다. 실제로 인기 아이돌 및 걸그룹이나 드라마 덕분에 조성된 해외 한류 열풍의 영향으로 한국을 방문하는 외국 관광객들이 대폭 늘었다. 이들은 배용준 씨의 〈겨울연가〉에 등장한 주택이나 북촌 및 중앙고교를 방문해 기념사진을 찍는다. 드라마 〈대장금〉의 촬영 세트장도 인기다. 배용준 씨의 발자취를 찾아 춘천이나 남이섬, 삼척까지 방문하는 외국인 관광객도 있다. 연예기획사 주변을 관광하는 프로그램까지 생겼다고 한다.

그렇지만 여기까지가 거의 전부다. 한류 드라마에서 느꼈던 감동을 승화시켜줄 총체적인 구경거리가 집약된 곳이 없다. 이런 구경거리도 전국 여기저기에 흩어져 있으니 방문하기 쉽지 않다. 이런 상품들을 한곳에서 접할 수 있고, 한류 드라마나 영화를 봤을 때의 감동을 다시 한 번 느끼고 되살릴 수 있는 디즈니월드나 유니버설스튜디오 같은 스토리와 연결된 테마파크를 만든다면 큰 효과가 있을 것이다.

'대장금관'에서는 드라마 〈대장금〉에 나온 노래 〈오나라〉를 들으며 대장금과 한국의 전통을 주제로 삼은 공연을 본다. '케이팝관'에 들어서면 소녀시대나 슈퍼주니어, 비를 닮은 가수가 나와서 가수들과 똑같은 현란한 춤을 추며 그들의 노래를 들려준다. '아이리스관'은 또 어떨까. 방문객 스스로가 직접 스파이가 되어 권총을 들고 서바이벌 게임을 해본다. '올인관'에서는 갱들과의 대결을 내용으로 하는 태권도 공연을 본다. '밀납 인형관'에 들어가 유명 연예인의 인형과 함께 포옹하면서 기념사진을 찍는다. '왕의 남자관'에 들어서면 영화 〈왕의 남자〉에 등장한 것과 비슷한 왕궁에서 벌어지는 공연을 관람한다. 히트한 드라마별로 드라마에 등장했던 세트장을 만들고, 그 세트장에서 관광객들이 사진을 찍을 수 있도록 한다. 새로운 드라마가 히트할 때마다 관련된 전시물을 추가하면 관광객들은 식상해하지 않고 몇 번이라도 다시 찾아올 것이다. 미국인들이 디즈니월드와 유니버설스튜디오를 계속 방문하는 것과 마찬가지다. 한류 스타들을 위한 공연 전문 극장을 테마파크 안이나 옆에 만들 수도 있을 것이다. 그래서 공연을 구경하러 오는 사람들이 자연스럽게 테마파크를 방문하도록 유도할 수 있다. 우리나라에서는 아직 가수들이 체육관에서 공연을 하는 형편인데, 수준 높은 공연행사를 개최해 해외 관광객을 유치하기 위해서도 공연 전문 극장이 하루빨리 마련되어야 할 것이다.

스토리와 문화를 관광과 결합해야

이탈리아 베로나는 관광객 유치를 위해 로미오의 집 발코니를 만들었다. 모두들 『로미오와 줄리엣』의 이야기가 영국 작가 셰익스피어William Shakespeare의 소설이라는 것을 알지만, 오늘도 베로나에는 수많은 관광객이나 연인들이 몰려와서 발코니를 배경으로 사진을 찍는다. 핀란드의 산타마을에도 관광객이 몰려든다. 산타가 없다는 것을 다 알면서도 관광객들은 기꺼이 속아준다. 한국인이나 일본인들은 중국 청두

(성도)를 방문해 삼국지의 무대를 찾아간다. 진시황이나 양귀비의 유적을 찾아 시안(서안)을 방문하는 관광객도 많다. 바로 이것이 스토리와 체험의 힘이다. 전체적으로 보면 중국에는 더 아름답거나 문화유적이 많은 곳이 다수 있는데도 불구하고, 이 두 도시는 스토리의 힘 때문에 많은 외국인 관광객을 유치할 수 있다.

국내에도 아름다운 관광지나 역사적 유적지가 많다. 그런데 그런 관광지를 스토리와 결합한 곳은 많지 않다. 배용준과 최지우의 동화 같은 사랑 이야기를 수려한 자연경관과 결합한 외도와 남이섬은 드문 성공 사례다. 그에 반해 똑같이 인기 드라마를 찍은 곳이라도 전국 곳곳에 남겨진 드라마 세트장들은 체험할 것이 없는 단순한 가건물 세트만 서 있다. 드라마가 끝난 후 사람들이 스토리를 잊어버리게 되면 관광객이 급감해 흉물로 전락하기 일쑤다. 빼어난 자연경관이나 멋진 건축물을 자랑하는 곳이라도 스토리가 없다면 재미와 감동이 적다. 그러니 관광객들은 한두 번 이상 찾아오지 않는다. 예를 들어 만리장성이나 자금성을 한 번쯤은 방문해보지만 계속 다시 찾아가는 사람은 거의 없다. 즉 하드웨어와 소프트웨어가 결합되어야 반복적으로 관광객을 유치할 수 있는 것이다. 정부나 기업들도 이런 추세에 하루빨리 눈뜨기 바란다. 말로만 백번 '관광 한국'을 외치는 것보다 이런 프로젝트를 성공시켜야 더 많은 외국인 관광객을 유치할 수 있을 것이다.

이런 프로젝트를 성공시키기 위해서는 민간업자에게 맡길 것이 아니라 정부가 직접 나서야 한다. 콘텐츠를 제공해야 하는 수많은 방송국, 영화사나 엔터테인먼트 회사들의 복잡한 이해관계를 조절하려면 정부의 리더로서의 역할이 꼭 필요하기 때문이다.

화천군 산천어 축제와 자라섬 재즈 페스티벌

케이팝 스타의 공연 관람과 한국을 방문하는 투어를 함께 묶어서 기획하고, 외국에 표를 파는 방법도 있다. 그러기 위해서는 스타의 소속사와 여행사, 정부 등이 함께 대승적으로 협조를 해야 한다. 스타의 소속사에서는 이런 일을 하지 않고 국내에서 표만 팔아도 어차피 매진이 될 것이니 번거로워할 수도 있다. 그러나 국내에 더 많은 해외 관광객을 유치하면 국내 경기 향상에 도움이 되는 것이고, 그것이 국가 발전을 위한 일임을 알아야 한다. 외국 관광객이 많이 몰려온다면, 한 번만 할 공연을 두 번으로 나누어 해야 할 정도가 되어 공연의 수익성도 더 좋아질 수 있다. 이러니 누이 좋고 매부도 좋은 격이다.

국내의 다른 성공 사례를 들어보자. 2000년에 생긴 강원도 화천군의 산천어 축제는 이제 100만 명이 넘는 관광객을 유치하고 있다. 화천군의 인구는 불과 2만 5천 명에 불과하다. 매년 재즈 페스티벌을 여는 경기도 가평군의 자라섬도 20만 명 이상의 관광객을 끌어들이고 있다. 산천어 축제나 재즈 페스티벌이 열리기 전 화천이나 자라섬을 찾는 관광객은 손에 꼽을 만큼 적었다. 이처럼 문화상품이 경제에 미치는 효과는 엄청나다. 만약 화천군에 산천어 축제가 없었다면, 대부분의 국민들이 군대에 간 아들 면회 가는 일 말고는 화천군을 방문할 일이 거의 없었을 것이다. 다시 한 번 곰곰이 이런 기회가 없을지 고민해보도록 하자.

3편의 수필로 구성된 6부는 경영에 대한 딱딱한 이야기가 아닌 쉬어가는 페이지다. 그동안 필자가 꾸준히 써서 간직하고 있던 수필들 중 음악 · 여행 · 미술에 관한 각 한 편씩의 글을 이 기회를 통해 소개한다. 생활 속에서 벌어졌던 일이나 취미활동을 하면서 써놓은 글들이다. 바쁜 삶 속에서 가끔은 이런 여유를 가질 수 있는 시간이 그리울 때가 있다.

6부

회계학 카페

인생의 노래

• • • 김광석과 〈히든싱어〉 • • •

〈히든싱어〉는 모창을 잘하는 아마추어 출연자들이 나와서 누가 더 진짜 가수와 똑같이 노래를 부르는지를 경쟁하는 프로그램이다. 이 프로그램에 김광석 편이 방송되었을 때 나는 깜짝 놀랐다. 고인의 목소리를 거의 똑같이 재연하는 모창 능력자들의 놀라운 실력 때문이었다. 김광석 씨는 나의 젊은 시절 한때를 풍미한 추억의 가수다. 통기타와 하모니카 만을 가지고 꾸밈 없는 진솔한 소리를 낸다. 그의 노랫소리를 들으면서, 그 노래가 데려다주는 옛 젊은 시절의 추억에 잠겨본다. 그의 노래 가사들을 다시 한번 읊조려본다.

JTBC의 최고 인기 프로그램 중의 하나인 〈히든싱어〉에서는 모창을 잘하는 아마추어 모창자들이 출연해 실제 가수와 경쟁을 벌인다. 관객들은 무대 뒤에서 진짜 가수와 모창자들이 한 소절씩 부르는 노래를 듣고 나서, 어느 소절을 부른 사람이 진짜 가수인지를 투표를 통해 맞춘다. 텔레비전을 주기적으로 볼 시간이 없는 내가 요즘 유일하게 꼭 챙겨보는 프로그램이다.

그 중에서도 2013년 마지막 토요일인 12월 28일에 방영한 〈히든싱어 2〉 '고故 김광석' 편을 감동적으로 봤다. 노래를 부르는 오락 프로그램을 감동적으로 본다는 표현이 어색하지만, 나의 마음은 재미있다는 것을 넘어선 감동 그 자체였다. '어떻게 이런 일이 내 눈앞에서 벌어질 수 있을까?' 하면서도 '시간과 공간을 뛰어넘어 김광석 씨가 우리 앞에 다시 돌아왔구나.' 하는 것을 느꼈다. 마치 한 편의 영화를 보는 듯했다.

김광석은 이미 수십 년 전인 1996년, 32살의 젊은 나이에 요절했다. 인기 절정의 젊은 천재의 갑작스런 죽음이었다.[1] 따라서 방송에 출연해 직접 노래를 부르면서 다른 출연자들과 대결을 한다는 것이 불가능했다. 그런데 제작진은 무려 1년의 시간을 투자한 각고의 노력 끝에 아날로그로 녹음된 김광석의 노래를 디지털 방식으로 전환했고, 그 중에 반주를 빼버리고 목소리만을 분리해내는 데 성공했다. 그 덕분에 김광석은 자신의 목소리를 꼭 빼닮은 다른 아마추어 모창자들과 함께 칸막이로 된 무대에 설 수 있었다. 모창자들이 한 명씩 돌아가면서 노래를 부르고 김광석의 순서에는 그의 목소리가 녹음된 시디CD를 트는 방식으로, 관객들은 그 노랫소리만을 들으면서 누가 진짜 김광석인지를 투표를 통해 맞추는 것이다.

투표가 끝나면 칸막이가 하나씩 열리면서 그 뒤에서 노래를 부르던 사람이 걸어 나온다. 그런데 김광석 없이 녹음된 노래를 틀어놓았던 칸막이가 열렸지만 그곳엔 아무도 없었다. 마음이 갑자기 텅 빈 느낌이었다. 그가 다시 살아나서 돌아올 리 없다는 것은 잘 알고 있었지만, 그래도 그의 목소리가 흘러나오면서 칸막이가 서서히 열릴 때는 칸막이 뒤에서 그가 웃는 얼굴로 '짠' 하면서 나타나지 않을까 하는 일말의 기대감이 있었기 때문이다. 그러나 그런 기대와는 달리 텅 비어 있는 칸막이 뒤편을 보면서 기대에 가득 찼던 내 마음이 휑하고 비는 것을 느꼈다.

요즘 젊은 세대 중에는 김광석이 누군지 모르는 사람이 많을 것이

1 우울증이 있었다고 하지만 정확한 자살 이유는 아무도 모른다. 너무 감정이 풍부한 사람이라서 그랬을까?

〈히든싱어 2〉에 나온 고 김광석 씨가 생전에 노래 부르던 자료화면. 잘 생기지는 않았지만 친근한 그의 모습이 아직도 눈에 선하다.

다. 그러나 김광석과 비슷한 시기에 대학교를 다니고 젊은 시절을 보낸 나에게 그는 청춘의 열정과 희망, 첫사랑의 기쁨과 실연의 상처, 암울한 시대의 아픔과 좌절 등 많은 것을 떠오르게 하는 가수다. 인위적인 음향효과나 밴드의 반주 없이도 통기타와 하모니카를 하나씩 들고 부르는 가늘고 순수한 그의 노래는 시처럼 마음을 파고들어온다. 화려한 기교나 음향효과가 없는 솔직담백한 소리다. 가사도 누구나 부르기 쉽고 공감 가는 내용이다.

나는 이제 40대 중반을 넘어섰지만 나에게 김광석은 영원히 변하지 않는 내 과거, 젊음의 상징이다. 그래서 김광석이 어린 시절을 보낸 대구 방천시장에 조성된 '김광석 다시 그리기 길'도 방문해서 전시물들을 구경하기도 하고, 그 거리에서 파는 호떡과 차 한 잔을 마시고 시랑 가게들도 구경하면서 상념에 잠겼던 경험도 있다. 김광석의 삶과 생각을 직접 느끼고 싶었다. 시골에서 자라 약간 촌스러운 것이 나와 비슷하다. 이런 이유에서 김광석이 우리 곁을 떠난 지 20년쯤이나 되었지만 아직까지 그의 노래들이 나의 마음에서 잊히지 않고 있는 것이리라.

서른 즈음에 부르는 노래

김광석은 1987년에 음악을 좋아하는 아마추어 친구들과 함께 모여 '동물원'이라는 음반을 내고 세상에 자신의 이름을 알렸다. 그때 〈흐린 가을 하늘에 편지를 써〉 〈혜화동〉 〈말하지 못한 내 사랑〉 같은, 시대가 지나도 변치 않는 명곡을 김광석과 함께 불렀던 김창기는 〈히든싱어 2〉에 나와서 "나는 광석이가 죽은 뒤 광석이의 노래를 안 들었다. 마음이 복잡해지니까…. 그러다가 〈히든싱어 2〉에 출연하기 전에 비로소 다시 들었다."라고 이야기하면서 눈물을 흘리기도 했는데, 이 모습을 보며 나도 눈시울이 뜨거워졌다.

동물원 2집 발매 이후 솔로로 데뷔한 김광석은 짧은 기간 수많은 노래를 우리에게 남겼다. 〈히든싱어 2〉 김광석 편에서 1라운드 도전곡으로 나온 노래는 바로 〈먼지가 되어〉다. 김광석의 노래로도 유명하지만, 2012년 케이블 방송 채널 엠넷Mnet의 오디션 프로그램 〈슈퍼스타K 4〉에서 로이킴과 정준영이 라이벌 미션곡으로 박력이 넘치게 불러서 젊은 세대들에게도 유명해진 노래다. 이 방송 이후 한 해 동안 노래방에서 가장 많이 불렸다고 한다. 2라운드 노래는 〈나의 노래〉, 3

라운드 노래는 〈두 바퀴로 가는 자동차〉, 그리고 4라운드 노래는 〈서른 즈음에〉였다.

또 하루 멀어져 간다.
내뿜은 담배 연기처럼
작기만 한 내 기억 속에
무얼 채워 살고 있는지

점점 더 멀어져 간다
머물러 있는 청춘인 줄 알았는데
비어가는 내 가슴속엔
더 아무것도 찾을 수 없네

계절은 다시 돌아오지만
떠나간 내 사랑은 어디에
내가 떠나 보낸 것도 아닌데
내가 떠나온 것도 아닌데
조금씩 잊혀져 간다
머물러 있는 사랑인 줄 알았는데
또 하루 멀어져 간다
매일 이별하며 살고 있구나
매일 이별하며 살고 있구나

나도 내 나이 서른 즈음에 이 노래를 부르면서 흐르는 시간을 안타까워했었다. 그때는 꿈이 있었고, 세상에서 어떤 일이든 다 할 수 있을 것 같은 패기가 남아 있었다. 이제는 마흔을 넘어 쉰 즈음에 다가간다. 그래도 아직 서른 즈음의 가슴이 뛰던 느낌이 생생하다. 처음 이 노래를 들었을 때는 '나도 언젠가는 서른 살이 되겠지. 그때가 되면 뭘 하고 살고 있을까?' 하는 생각도 했었던 것 같다. 서른이라는 시간이 오지 않을 것 같았다. 그러다가 '어!' 하면서 서른이 된 듯하더니 서른 하나, 서른 둘, 서른 셋 하다가 눈 깜짝할 사이에 이제 마흔 일곱이 되었다.

그러고 보면 정말 매일매일 우리는 무엇인가와 이별하면서 살고 있나 보다. '나는 벌써 마흔 여섯 해와 이별하고 살아왔구나.' 그럼에도 아직 부족하기 때문에 매일매일 무언가를 배우면서 살아가는데, 살아온 길을 돌아보면 언제 여기까지 이렇게 빨리 왔는지 놀랄 정도다.

인생을 노래하고 추억을 공유하는 우리들

더 젊었을 때는 김광석의 노래 〈이등병의 편지〉를 듣기도 했는데, 시간이 흘러 〈서른 즈음에〉를 듣다가 이제 조금만 더 있으면 〈어느 60대 노부부 이야기〉를 들어야 하는 나이가 될 것이다. 오랫동안 이 노래를 듣지 못했는데, 2013년 〈슈퍼스타K 5〉에서 백발이 성성한 김대성 스테파노라는 분이 20년 전 먼저 간 아내를 생각하면서 울먹이며 이 노래를 부르는 것을 보면서 오래간만에 이 노래를 다시 접했다.

심사위원이었던 가수 이하늘이 "정말 인생을 노래하셨다는 느낌을 받았습니다. 선생님의 인생을 노래하셨는데 제가 어떻게 불합격을 드릴 수 있겠습니까?"라는 말을 눈물을 펑펑 흘리면서 했을 때 나도 눈시울이 붉어졌다.

곱고 희던 그 손으로 넥타이를 매어주던 때
어렴풋이 생각나오 여보 그때를 기억하오
막내아들 대학 시험 뜬눈으로 지내던 밤들
어렴풋이 생각나오 여보 그때를 기억하오
세월은 그렇게 흘러 여기까지 왔는데
인생은 그렇게 흘러 황혼에 기우는데
큰 딸아이 결혼식 날 흘리던 눈물방울이 이제는 모두 말라
여보 그 눈물을 기억하오
세월이 흘러가네 흰머리가 늘어가네
모두가 떠난다고 여보 내 손을 꼭 잡았소
세월은 그렇게 흘러 여기까지 왔는데
인생은 그렇게 흘러 황혼에 기우는데
다시 못 올 그 먼 길을 어찌 혼자 가려 하오
여기 날 홀로 두고 여보 왜 한마디 말이 없소
여보 안녕히 잘 가시게
여보 안녕히 잘 가시게
여보 안녕히 잘 가시게

김광석 씨의 음반에 실린 그의 캐리캐처 모습. 그의 노래는 마치 노래를 듣는 나 자신의 이야기인 것처럼 따뜻하게 청중을 위로해준다

이 노래를 들으면 추억을 공유한다는 것이 부부나 가족의 가장 큰 사랑의 원천이 아닌가 하는 생각이 든다. 아이들을 낳을 때 병원 문밖에서 발을 동동 구르며 기다리던 기억부터 고생 끝에 박사 학위를 받고 기뻐서 아내를 부둥켜안고 울던 생각도 떠오른다. "때론 눈물도 흘렸었지 그리움으로. 때론 가슴도 저몄었지 외로움으로."[2] 하루하루 살아갈수록 추억도 더 많이 생기고, 감사해야 할 일도 더 많이 생긴다. 만약 내가 이 노래를 가슴으로 부른 분과 같은 입장이 된다면, 정말로 비슷한 마음이 들 것 같다.

그런데 이제 세월이 쏜살같이 흘러 조금 있으면 아이들을 결혼시킬 나이가 멀지 않았다. 그러다 보니 나도 이제 흰머리가 점점 더 늘어난

---

2 〈사랑했지만〉의 노랫말 중 일부분을 약간 변용했다.

다. 내가 군대에 갈 때는 존재하지도 않았던 아들 녀석이, 다섯 달 전 제 친구들과 술을 잔뜩 퍼먹고 만취해 〈이등병의 편지〉를 목청껏 부르며 집에 돌아온 다음 날 입대를 했다. 내가 군대에 갈 무렵 친구들이 마지막 술잔을 기울이며 불러주던 "자, 우리의 젊음을 위하여 잔을 들어라." 하는 최백호의 〈입영전야〉 노랫소리가 아직도 귓가에 들려오는 듯한데, 아들 녀석이 군대에 가 있으니…. "우~ 너무 쉽게 변해가네, 우~ 너무 빨리 변해가네."[3] 이처럼 그의 노래는 인생이라는 큰 길을 스쳐 지나가는 우리의 삶을 너무나도 절절히 표현했다.

여전히 우리 주변에 남아 있는 김광석

이런 일들을 회상해보면 세월이 얼마나 빠른지 정말 놀랄 정도다. 특히 〈어느 60대 노부부 이야기〉의 가사를 보면 우리의 삶이 그대로 담겨져 있다. '나에게 남겨진 삶을 단 하루라도 정말 열심히 살아야지.' 하고 새삼 다짐해본다.

"빨리 가려면 혼자 가고 멀리 가려면 함께 가라."라는 말이 있듯이, 가족의 힘과 사랑으로 젊은 시절 인생의 힘든 난관들을 극복하고 60살을 넘어 70살, 80살까지 사는 것이 아닐까 한다. 젊었을 때는 철모르고 "누군가 손 내밀며 함께 가자 해도 내가 가고픈 그곳으로만 가기를 고집했지."[4]만, 이제 마흔을 넘어서 보니 함께 가는 길이 얼마나 중

3 〈변해가네〉의 노랫말 중 일부분이다.

4 〈변해가네〉의 노랫말 중 일부분이다.

요한지를 잘 느낄 수 있다. 그러다가 더 시간이 흐르면 "먼지가 되어 날아가야지 바람에 날려 당신 곁으로."[5]라면서 나도 흙으로 돌아갈 것이다. 이처럼 나의 마음을 읽어내는 노래, 구구절절이 나의 마음을 흔드는 노래가 김광석의 노래들이다.

어쨌든 〈히든싱어 2〉에서는 1 · 2 · 3라운드까지 진짜 김광석보다 더 많은 관객의 표를 얻은 뮤지컬 배우 최승열이 마지막 4라운드에서 원조 가수 김광석을 꺾지 못하고 2위를 차지했다. 그렇지만 정말 놀랄 정도로 목소리나 분위기가 김광석과 똑같았다. 나도 4라운드까지 김광석이 아닌 사람은 잘 골랐지만, 단 한 번도 누가 진짜 김광석인지는 골라낼 수 없었다. 김광석의 절친한 친구였던 김창기도 3라운드까지는 구분을 못하더니, 마지막 4라운드에서 "이 노래만큼은 광석이만큼 절절하게 부를 수 있는 사람이 없을 거다."라면서 김광석을 제대로 찾아냈다. 그렇지만 표는 불과 10표 차이였다. 그만큼 최승열의 목소리가 김광석과 거의 똑같았다.

최승열이 출연한 뮤지컬에 대해 관심이 생겨서 인터넷으로 검색을 해보았다. 김광석의 노래를 사용한 주크박스 뮤지컬[6]이 3편이나 있었다. 〈그날들〉이라는 뮤지컬이 탄탄한 구성력으로 호평을 받았고 절

5 〈먼지가 되어〉의 노랫말 중 일부분이다.

6 주크박스 뮤지컬(jukebox musical)이란 기존에 발표된 곡을 이용해 만든 뮤지컬이다. 대표적인 주크박스 뮤지컬에는 아바(ABBA)의 노래 22곡을 엮어 만든 〈맘마미아(Mamma Mia)〉가 있다. 국내에서는 고 김영훈 작곡가의 노래들을 이용해서 만든 〈광화문 연가〉가 있다. 아직 필자가 관람하지는 못했지만, 이 뮤지컬을 본 필자의 친구들은 모두 극찬을 한 바 있다. 주크박스 뮤지컬은 이미 관객들에게 익숙한 노래들이 뮤지컬에 등장하기 때문에 더 친숙한 느낌이 든다는 장점이 있다.

김광석 씨의 대표곡들을 이용하여 제작된 주크박스 뮤지컬들. 3편이나 뮤지컬이 존재한다는 것 자체가 드문 일이다.

찬 공연 후 종료했다. 최승열이 출연하는 〈바람이 불어오는 곳〉이라는 뮤지컬은 소극장에서 개막했지만 탄탄한 짜임새로 호평을 받으면서 인기몰이를 하고 있었다. '감동적이며 재미있다.'라는 평가를 많이 볼 수 있었다. 막대한 자본이 투자된 대형 뮤지컬 〈디셈버〉는 완성도에 대한 비판도 많았지만 유명 배우들이 출연하면서 화려한 볼거리를 제공하는 듯하다. 나도 다음에는 최승열이 노래 부르는 모습을 직접 보러 가서, 그가 '부활한 김광석'이 맞는지 확인해볼 생각이다. 어쨌든 한 가수의 노래를 사용한 3편의 뮤지컬이 존재한다는 사실 자체가 국내에서 전무후무한 일일 것이다. 그만큼 김광석의 노래에 공감하는 사람들이 많다는 증거가 아닌가 한다. 즉 김광석은 지금도 살아서 우리 곁에 남아 있는 것이다.

〈응답하라 1994〉와 나의 청춘

2013년에 즐겨 챙겨 본 드라마가 tvN의 〈응답하라 1994〉였다. 매일 바쁘게 살다보니 퇴근 시간이 워낙 늦어서 정규 방송을 본 경우는 거의 없지만, 그래도 전편을 다 봤다. 다음 회 내용이 어떻게 될지 궁금해서 일주일을 기다리면서 본 드라마는 10년 전 홍콩에서 일하고 있을 때 본 〈대장금〉 이후 처음이었다. 시골에서 상경해 기숙사와 하숙집에서 대학 시절을 보낸 나의 경험이 드라마의 배경과 분위기를 이해하는 데 도움을 주었다. 나 역시 드라마의 등장인물들처럼 마산·삼천포·순천 출신 친구들이 있었기에 맛깔난 사투리를 지금도 조금씩 사용하는 정겨운 친구들의 모습을 머릿속에 떠올리기도 했다.

이 드라마에서도 김광석이 잠깐 등장한다. 드라마에서 삼천포(김성균 분)와 윤진(민도희 분)이 김광석 콘서트에 가는데, 콘서트 도중에 김광석이 "오늘 비상식적인 일이 또 한 번 벌어졌더군요. 삼풍백화점이 무너졌다고 그래서. 일찍 오신 분들은 모르시죠. 9백 명이 깔려 있다고. 정확한 숫자는 모르겠고요."라고 청중들에게 언급하는 모습이다. 그리고 삼풍백화점에서 칠봉(유연석 분)과 만나기로 했는데 약속에 늦었던 성나정(고아라 분)은 사고 소식을 듣자마자 칠봉이가 사고를 당했을 것이라 생각하고 울면서 삼풍백화점으로 미친 듯이 뛰어간다. 그때 깔리는 배경음악이 김광석의 〈사랑이라는 이유로〉다. "사랑이라는 이유로 하얗게 새운 많은 밤들, 이젠 멀어져 기억 속으로 묻혀, 함께 나누던 우리의 많은 얘기 가슴에 남아 이젠 다시 추억의 미소만 내게 남겨주네." 사회에 엄청난 충격을 준 삼풍백화점 붕괴라는 비극적

〈응답하라 1994〉는 2013년 한 해 최고 인기를 누린 드라마다. 1994년 초 시골에서 상경해 신촌 하숙집에서 함께 만난 친구들의 이야기를 다루고 있다.

인 사건을 배경으로 애타는 연인의 마음을 애절하게 표현했다. 사건이 일어났을 당시 삼풍백화점 근처에 있었던 사람들의 가족이나 친지들이 얼마나 걱정했을지 눈에 선하다.

〈응답하라 1994〉의 마지막 회에 삼천포의 이런 대사가 나온다. "지금은 비록 세상의 눈치를 보는 가련한 월급쟁이지만 (…) 이제 더 이상 어리지 않은 나이가 되어서야 깨닫는다. (…) 대한민국 모든 마흔 살 청춘들에게, 그리고 90년대를 지나 쉽지 않은 시절들을 버텨 오늘까지 잘 살아남은 우리 모두에게 이 말을 바친다. 우리 참 멋진 시절을 살아냈음을, 빛나는 청춘에 반짝였음을, 미련한 사랑에 뜨거웠음을 기억하냐고."[7] 바로 이 말이 김광석의 노래를 들으며 느끼는 나의 마음이다.

---

7 이런 멋진 대사를 만들어준 〈응답하라 1994〉의 이우정 작가와, 이를 드라마로 옮긴 신원호 PD에게 감사를 표한다. 그대들 덕분에 2013년의 가을과 겨울은 따뜻하고 행복했었다.

별 헤는 밤에 부르는 노래

• • • 정선 · 영월 · 단양 여행 • • •

가족들 및 연구실 조교들과 함께 MT를 떠났다. 정선 오일장에서 옛 추억에 잠겨보고, 아우라지에서 시간을 보낸 후 레일바이크를 즐겼다. 모두들 즐거워했다. 다음 날에는 영월 동강의 아름다운 계곡에서 래프팅을 하고, 영월 곳곳을 다니면서 여러 관광지들을 관람했다. 저녁 때는 가족 및 조교들과 함께 식사를 하면서 많은 대화도 나누었다. 마지막 날에는 단양에서 맛있는 음식들을 먹고 나서 고수굴 등을 관광했다. 오래간만에 떠나온 여행길, 몸은 조금 힘들었지만 가족 간의 사랑을 느낄 수 있는 따뜻한 시간이었다.

별 헤는 밤이면 들려오는 그대의 음성
하얗게 부서지는 꽃가루 되어
그대 꽃 위에 앉고 싶어라

밤하늘 보면서 느껴보는 그대의 숨결
두둥실 떠가는 쪽배를 타고
그대 호수에 머물고 싶어라

만일 그대 내 곁을 떠난다면
끝까지 따르리 저 끝까지 따르리 내 사랑

그대 내 품에 안겨 눈을 감아요
그대 내 품에 안겨 사랑의 꿈 나눠요

한때 좋아했던 노래가 있었다. 26세의 젊은 나이에 교통사고로 요절했던 천재 가수 유재하 씨의 노래다. 낭만과 꿈이 있던 젊은 대학 시절, 기숙사 방에서 조그마한 고물 라디오에서 흘러나오는 이 노래를 입으로 흥얼거리며 따라 부르곤 했다. 유재하 씨의 〈그대 내 품에〉라는 노래다. 노래 한 소절 한 소절이 모두 시처럼 내 마음을 울려왔다. 노래를 들으면 꿈속에서 헤매는 듯한 몽환적인 느낌과 함께 '나도 따뜻한 그대 품에 안겨 눈을 감았으면' 하는 환상적인 마음이 샘솟아 올랐다. 꿈속에서 허우적거리는 듯했다. 하지만 이런 감성적인 시절도 지나가버리고, 나는 오랫동안 바쁜 생활에 치여 이런 아름다운 순간들을 잊어버리고 살았다.

오래간만에 떠난 여행에서, 숙소 마당에 나와 하늘을 올려다보니 서울에서는 볼 수 없었던 별들이 밤하늘에 가득하다. 그 별들을 하나 둘 세다보니 시간 가는 줄 몰랐다. 그때 내 입에서 나 자신도 모르게 저절로 흘러나온 노래가 바로 〈그대 내 품에〉였다. 노래를 부르고 있으니 집사람도 밖으로 나와 옆에 앉았다. 둘이서 함께 노래를 흥얼거리며 오붓하게 이야기를 나누었다.

정선에서의 즐거운 하루

이번 여행은 여름방학을 맞아, 대학원생인 연구실 조교 4명 및 가족들과 함께 떠나온 것이다. 연구실에서 거의 하루 종일 나와 함께하는 식구들인 대학원생 조교들도 항상 바쁘게 살다 보니 진지한 대화를 오랫동안 나눌 시간이 없었다. 매일 밤 늦게 집에 들어가고 주말도 없이 일하니 사실 내 가족들과도 오랫동안 진지하게 대화할 시간을 갖지 못했다. 그래서 연구실 MT 겸, 1년에 한 번 하는 가족여행을 합쳐서 함께 떠나온 것이다. 그러다 보니 모두 8명의 대식구가 함께 움직이게 되었다.

우선 아침에 서울에서 출발해 강원도 정선 읍내에 11시쯤 도착했다. 정선 오일장이 열리는 날이다. 오일장을 돌아보니 정겨운 모습이 가득하다. 직접 재배한 채소나 산에서 채취한 나물을 들고 나오신 시골 할머니들이 길목마다 자리를 차지하고 앉아 있었다. 내가 어렸을 때, 오래 전에 돌아가신 할머니께서도 장날이면 채소를 가득 담은 광주리를 머리에 이고 장터로 팔러 가시곤 했던 기억이 떠올랐다. 그리고 저녁에는 필자와 동생들에게 줄 선물을 사가지고 돌아오시곤 했었다. 할머니를 생각하니, 갑자기 몇 년 전인가 보았던 감동적인 영화 〈집으로〉에 등장하던 주인공 할머니의 모습도 떠올랐다. 그런 시절은 수십 년 전에 사라진 줄 알았는데, 정선 오일장에 오니 그때의 정겨운 모습이 그대로 다 남아 있었다. 엿 장사와 호떡 장사, 빈대떡 장사, 뻥튀기 할아버지까지 있었다. 뻥 하고 큰 소리가 나니 딸아이가 무섭다고 내 품에 안겨온다.

마치 타임머신을 타고 30년 전으로 돌아간 듯한 느낌이다. 아이들은 생전 처음 보는 시장의 모습을 아주 신기해 했다. 딸아이는 메주를 보고 '저기 이상한 벽돌같이 생긴 것'이 무엇이냐고 묻기도 했다. 시끌벅적한 장터 옆에서 오래간만에 토속적인 음식으로 일찍 점심을 했다.

오후에는 일정이 좀 바빴다. 우선 2개의 시냇물이 합쳐지는 아우라

레일바이크 안내지도. 내리막길에서 강을 따라가면서 아름다운 길이 펼쳐진다. 아이들과 어른들 모두 즐길 수 있다.

지에서 징검다리를 건너면서 놀았다. 유명한 정선 아리랑의 탄생 배경이 된 곳이라고 해서, 물 건너편에 정자도 있고 아리랑에 얽힌 이야기가 조각되어 있는 처녀상도 있다. 필자야 시골에서 어렸을 적에 징검다리를 많이 건너보았지만 아이들은 난생 처음보는 다리에서 이리저리 건너면서 재미있어 했다.

잠시 후 아우라지에서 멀지 않은 곳에서 출발하는 레일바이크(자전거)를 탔다. 사람이 워낙 많이 몰린다고 해서 여행을 떠나기 오래 전에 인터넷으로 예약을 해놓았었는데, 그 시간에 맞추어 레일바이크 승차장이 있는 구절리역에 도착했다. 레일바이크란 이제는 기차가 다니지 않아 폐선이 된 철도 레일 위에서 특수 제작된 자전거를 타는 것이다. 4인승과 2인승의 두 종류 바이크가 있는데, 우리는 4인승 바이크를 빌렸다. 4명의 학생들이 한 대를 타고 우리 가족이 나머지 한 대를 탔다.

수십 대의 바이크가 차례대로 출발하면 열심히 페달을 밟아 바이크를 움직이게 된다. 힘들 것 같지만 길이 약간 내리막길이기 때문에 생각만큼 힘들지는 않다. 4명 중 2명만 페달을 밟을 수 있는데, 아이들이 자신들이 직접 해보겠다고 해서 우리 부부는 편한 뒷자리에 앉았다. 맑은 물이 흐르는 시내를 따라 가다가 터널도 지나고, 실제로 사람들이 살고 있는 마을이나 논밭의 옆도 지나는 약 1시간 30분 동안의 여정이 더할 나위 없이 즐거웠다. 햇살 속에서 힘들여 가다보면 땀도 나지만, 또 그늘 속으로 들어오면 시원함이 느껴진다. 바이크 여행을 마치면, 옛 디젤기관차가 끄는 객차를 타고 다시 출발점으로 돌아온다. 아이들뿐 아니라 학생들, 그리고 우리 부부도 모두 함께 즐길 수 있는 상쾌한 여행이었다.

별을 헤는 영월의 밤

그리고는 약 40분 정도 산 속 길을 달려 영월에 도착했다. 예약해놓은 동강 근처에 위치한 펜션에 짐을 풀었다. 그리고 영월 읍내에서 사온 고기와 사전에 준비해놓은 재료를 이용해서 아내가 맛있는 저녁을 마련했다. 여학생 둘도 함께 저녁준비를 돕는다. 그리고 모두 함께 둘러앉아 오늘 겪었던 즐거운 여행 이야기를 하면서 막걸리 한 사발씩을 했다. 이야기 꽃을 피우기도 하고 밤하늘을 올려다보면서 별도 헤어보았다.

계절이 지나가는 하늘에는
가을로 가득 차 있습니다.

나는 아무 걱정도 없이
가을 속의 별들을 다 헤일 듯합니다.

가슴 속에 하나 둘 새겨지는 별을
이제 다 못 헤는 것은
쉬이 아침이 오는 까닭이요,
내일 밤이 남은 까닭이요,
아직 나의 청춘이 다하지 않은 까닭입니다.

별 하나에 추억과
별 하나에 사랑과
별 하나에 쓸쓸함과
별 하나에 동경과
별 하나에 시와
별 하나에 어머니, 어머니.

어머님, 나는 별 하나에 아름다운 말 한마디씩 불러봅니다.

가을이 아니라 한여름이지만, 갑자기 별을 헤다 보니 윤동주 시인의 〈별 헤는 밤〉이라는 유명한 시가 떠오른다. 어쩌면 '별을 센다'라는 표준말이 떠오르지 않고 '별을 헨다'라는 사투리가 이 순간 머릿속에 떠올랐다는 것 자체가 필자에게 조금은 감상적인 면이 있는가 보다. 1945년 광복을 보지 못하고 옥중에서 사망한 윤동주 시인과, 그보다 50여 년이나 지난 1987년 사망한 유재하 시인이 똑같이 '별을 헨다'라는 표현을 썼다는 점도 독특하다. 이 사투리 역시 포근한 고향과 어머니, 그리고 사랑하는 그대를 연상하게 하는 친근한 표현이 아닐까 한다.

60여 년 전 윤동주 시인이 별을 바라보면서 아름다운 추억에 잠겼듯이 우리도 일상 생활 중에 갑자기 추억에 잠길 때가 있다. 사실 아침부터 밤 늦게까지 바쁘게 돌아가는 생활 속에서는 다른 생각을 하기 힘들다. 그래도 가끔은 옛 사진을 보다가, 또는 옛 음악을 들으면 짧은 순간이지만 그 사진이나 음악과 관련된 옛 추억이 떠오르곤 한다. 바쁜 일상을 훌훌 던져버리고 떠나온 1년 만의 여행이라서 그런지 더 추억 속에 잠길 수 있었던 것 같다. 동강 계곡 사이에 우뚝 솟은 산봉우리 위로 빛나는 별 하나에 아름다운 고향의 추억을 생각하고, 또 다른 별 하나에 젊은 연인들이었던 우리의 모습을 생각하고, 별 하나에 힘들었던 유학시절을 생각하고, 별 하나에 동경하던 스승님의 모습을 생각한다. 그다음 별 하나에 음유 시인 유재하의 〈그대 내 품에〉라는 시를 불러보고, 다음 별을 보면서 나를 기르기 위해 고생하셨던 어머니의 모습도 떠올린다. 공해가 없어 공기가 맑고 날씨도 좋은 곳이니 이렇게 많은 별을 한꺼번에 볼 수 있다. 정말 별 하나에 소중한 기억들이 하나씩 떠오른다. 이제는 다시 돌아갈 수 없는 지나간 아름다운 추억이여… .

동강 계곡에서 래프팅을 즐기다

다음 날은 8명이 함께 동강에서 래프팅을 했다. 아름다운 강변을 따라 힘차게 노를 저어가면서 난생 처음 래프팅을 경험했다. 나뿐만 아니라 일행 8명 모두 처음 해보는 경험이었다. 그렇지만 모두들 신이 나서 '영차 영차' 함께 노를 저었다. 물에도 한두 번씩 빠졌지만 그것까지도 재미있었다. 위험한 곳도 거의 없는 평탄한 코스였다. 계곡 입구에서는 평범한 계곡처럼 보였는데, 노를 저으면서 안으로 들어가 보니 밖에서는 전혀 알 수 없는 비경이 숨어 있었다. 이곳에 직접 와서 경험해본 사람만 알 수 있는 동강 계곡 어라연漁羅淵의 비경이다. 어라연이란 명칭은 물에 고기가 많아서, 고기 비늘이 비단같이 반짝인다고 해서 붙은 이름이라고 한다. 계곡 앞을 가로막은 기암절벽 옆을 돌아 물길이 U자형으로 나 있는데, 그 바위를 돌아나오면 강물 속에 우뚝 솟은 3개의 봉우리가 눈에 들어온다. 그리고 봉우리 바위 틈 사이로 소나무들이 위태위태하게 서 있다. 마치 여백이 많은 한 폭의 동양화를 감상하는 듯한 느낌을 주는 곳이다.

강 주변에 있는 산길을 따라 등산을 하는 사람들도 다수 있었다. 노 젓던 손을 멈추고 손을 흔드니 똑같이 손을 흔들어 화답을 한다. 래프팅 가이드가 등산객들이 오르고 있는 길이 '산소길'이라는 이름을 가진 3시간 걸리는 트래킹 코스로, 강에서 바로 올려다보이는 잣봉을 올랐다가 어라연을 보면서 능선길을 내려와 강가를 따라가는 길이라며 설명해주었다.

약 2시간에 걸친 래프팅이 끝난 후에는 영월 곳곳의 선돌, 청령포

등 몇몇 명소들을 구경했다. 청령포는 세조에게 쫓겨난 단종이 유폐되었던 동강 안에 있는 조그마한 섬이다. 사방 100m도 안 되는 조그마한 섬 안에 어린 왕이 혼자 갇혀서, 아무도 없이 섬 밖에서 건네주는 음식만 먹으면서 홀로 지냈으니 얼마나 외로운 생활을 했을지 500년 전의 모습이 눈에 떠오른다.

영월읍내를 돌아다니면서 이곳 저곳을 둘러보자니 예전에 본 영월을 배경으로 한 영화 〈라디오 스타〉의 모습이 떠올랐다. 박중훈과 안성기의 구수한 연기가 인상적이었던 훈훈한 영화다. 이번에는 못 가봤지만 다음에 다시 와서 산소길도 걸어보고, 산 위에 있는 별마로 천문대에 올라서 다시 별을 보고 싶다는 생각을 했다.

단양의 고씨굴과 시장 여행

저녁 무렵에는 호반의 도시 충북 단양읍으로 가서 숙소에 들었다. 바쁜 일정으로 피곤해서일까, 오늘은 어제보다 일찍 잠이 들었다. 다음날, 숙소 사우나에서 목욕을 한 후 단양읍 부근에 있는 고씨굴을 방문했다. 굴 입구에만 가도 벌써 시원한 바람이 굴 안에서 불어온다. 내부를 조금만 걸어 들어가면 아름다운 석회동굴의 신비한 모습이 펼쳐진다. 수만 년 동안 서서히 형성된 석순과 종유석이 만나 직접 보지 않으면 말로 설명할 수 없는 장관을 만들어낸다. 곳곳에 철제 사다리나 계단을 만들어 동굴 속 곳곳을 관람할 수 있었다. 아이들이나 학생들 모두 신기해했다. 아내와 나는 이곳을 무려 15년 만에 다시 찾아왔다. 결혼 직후 군 복무를 하기 직전 떠났던 1박 2일의 여행에서도 이곳에 들렀다. 그때는 단양 구경 후 충주호에서 유람선도 탔던 기억이 난다. 그리고 15년 만에 그 장소를 다시 찾아오니 감개가 무량하다. 당시는 결혼 2달 만에 논산훈련소로 떠나기 직전이었으니 얼마나 안타까웠을까.

점심식사로 단양의 유명한 토속음식인 마늘밥을 먹었다. 단양은 전국 최고의 마늘 주산지답게 마늘을 이용한 다양한 요리를 자랑하는 고장이다. 마늘로 맵지 않게 이런 맛을 낼 수 있다는 점이 신기하다면서, 취미가 요리인 처도 맛있게 먹었다. 한 상 가득 차린 음식이 많다고 생각했는데, 모두들 맛있다면서 먹다 보니 그 많은 음식을 말끔히 다 비웠다.

단양 팔경 중 가까운 몇 곳을 찾아본 후 다시 읍내로 들어가 시장 구경을 했다. 마늘 가게에서 아내가 마늘을 잔뜩 사서 차에 실었다. 시장 구석에 있는 순대를 직접 만드는 조그만 가게 앞에서 발걸음을 멈추고 순대 만드는 모습도 구경했다. 마늘순대를 입에 넣어본 아내가 맛있다고 감탄을 한다. 마늘 양념으로 순대를 만들 수 있다는 것은 미처 생각하지 못한 혁신적인 착상이다. 기업만 혁신을 하는 것이 아니라, 이렇게 작은 식당도 혁신을 해서 남들과 다른 제품을 개발해야지만 성공할 수 있다는 것을 새삼 실감한다. 결국 마늘순대도 포장해서 차에 싣고 드디어 오후 늦게 서울을 향해 출발했다.

이번 여행을 통해 오랫동안 외국에서 자라온 자녀들에게 한국의 옛 전통과 아기자기한 모습을 보여주는 좋은 계기가 된 것 같아 돌아오는 길에는 마음이 뿌듯했다. 한국에 돌아온 지 2년 만에 지도학생들과 처음 한 여행에서 정말 가족 같은 마음을 느꼈다는 것도 큰 보람이다. 나는 내 방에서 나와 함께 생활하는 조교들이라면 피를 나눈 가족과 똑같은 내 가족이라고 항상 생각해왔다. 이제까지 20년간 나와 함께 같은 방향을 걸어가고 계신 내 스승님도 나를 그렇게 대해주셨다.

가족 8명이 함께 밥을 먹고, 막걸리 잔을 돌리고, 대화를 함께 나누는 2박 3일의 시간이 그렇게 소중할 수 없었다. 아무리 바빠도 좀더 가족과 함께할 수 있는 시간을 만들기 위해 노력을 해야겠다는 생각을 한다. 그리고 40세가 다 되어 한국에 와서 새로 얻은 내 자녀들도 10년 동안 길러온 내 다른 자녀들과 똑같이 열심히 길러야겠다고 다짐을 한다.

<피에타>와 <다비드>, 이것이 인간의 작품일까?

• • •　• • •

르네상스 시대의 3대 천재 중의 한 명으로 널리 알려진 미켈란젤로의 대표작이 피에타와 다비드다. 피에타는 로마의 성 베드로 성당에, 다비드는 피렌체의 아카데미아 미술관에 전시되어 있다. 인류 문화유산 중에서도 최고로 여겨지는 이들 걸작품은 정말 대단하다. 미술에 문외한인 필자가 봐도 감동이 밀려올 정도다. 그래서 이들 작품 속에 숨겨진 이야기들이 궁금해졌다. 피에타란 무슨 뜻이고, 다비드는 어떤 인물일까? 공부를 하면 할수록 더 미켈란젤로가 얼마나 위대한 천재였는지를 느낄 수 있다.

하루 종일 바티칸 박물관을 관람하고, 저녁이 다 될 무렵 우리 일행은 드디어 박물관을 나와서 성 베드로 성당 앞에 멈춰섰다. 로마 황제 콘스탄티누스Constantinus의 명령으로 베드로 사도의 무덤 위에 건설되었던 성당이 약 1,200여 년 만에 무너지자, 온 유럽에서 자금을 모아 만든 건물이다. 다 빈치Leonardo da Vinci와 미켈란젤로Michelangelo 등 당시의 위대한 천재들과, 우리가 이름을 쉽게 기억하지는 못하지만 당시의 위대한 건축가들이 모두 동원되어 설계하고 만든 인류 문화유산의 위대한 기념물이다.

그냥 바라보기만 해도 아름답다. 이 성당 주변에 위치한 성 베드로 광장을 빙 둘러 열주가 감싸고 있고, 열주 위에는 성인과 성녀들의 동상이 가득 자리잡고 있다. 이러한 경관을 구경하면서 한걸음 한걸음 앞으로 나아가 드디어 성당 안으로 들어섰다. 미켈란젤로의 걸작 〈피에타〉는 바로 문 입구의 오른편 벽쪽에 놓여져, 방탄유리로 보호되고

미켈란젤로, 〈피에타〉, 대리석, 높이 174cm, 성 베드로 성당, 바티칸

있었다.

"아, 정말 살아 있는 것 같아. 어떻게 이렇게 실감나게 조각을 할 수 있지?" 아내가 한마디 했다. "아니야. 살아 있는 게 아니야. 예수님은 죽은 거잖아. 그러니까 성모님은 정말 살아 있는 것 같고, 예수님은 정말 죽은 것처럼 만들어놓은 거지." 이렇게 말을 하기는 했지만, 이 조각작품은 정말 기가 막히다. "미켈란젤로가 이 조각작품을 500년 전에 완성했을 때, 그의 나이는 불과 23세에 불과했다는 걸 당신은 알아?" "내 나이 23세 때 나는 뭐했더라? 아, 나는 당신이 맨날 나 쫓아다녀서 귀찮아서 피하느라고 정신 없었지." 우리가 아직 철부지 대학생이던 시절 미켈란젤로는 이런 위대한 작품을 완성했으니….

〈피에타〉의 의미와 특징

이 장면은 예수가 십자가에 못 박혀서 죽은 후, 마리아가 예수의 시체를 십자가에서 내려서 장사 지내기 직전에 부둥켜 앉고 비탄에 잠겨 있는 바로 그 장면이다. '피에타'란 '슬픔' 또는 '비탄'이라는 뜻이다. 그래서 〈피에타〉라는 이 작품의 제목은 '비탄에 잠긴 성모 마리아' 정도로 번역된다. 죽은 아들을 바라보는 마리아는 울고 있지는 않지만 슬픈 표정을 하고 있다. 그렇지만 그녀는 침착하다. '약한 자여! 그대 이름은 여인이다!'라고 했지만, '세상에서 가장 강한 사람은 어머니'라고 한다. 어머니는 아들의 죽음 앞에서 슬픔에 빠져 오열하기보다는 침착하게 자신이 할 일을 생각한다. 그녀는 아마도 예수의 운명을 사전에 알고 있었을 것이다. 그녀는 십자가에서 내린 예수를 무릎에 안고, 그 뻣뻣한 몸을 바라보고 있다. 오른손은 예수의 겨드랑이에 넣어 예수의 몸을 받쳐들고, 왼손은 손바닥을 펴서 하늘을 바라보고 있다. 그녀의 손바닥은 '주님, 저는 이제 제가 가진 모든 것을 주님께 다 드렸습니다!'라고 말하는 듯하다. 힘이 빠진 예수의 몸은 축 늘어져서, 오른쪽 팔이 마리아의 치마 밖으로 비스듬히 늘어져 있다. 예수의 고개는 뒤로 젖혀져 90도로 꺾여 있다. 이 장면이 어느 장면인지 모르는 사람이 보더라도 이 남성이 죽은 사람이라는 것을 쉽게 짐작할 수 있다.

자세히 보면 볼수록 이 작품이 대리석으로 만들어졌다는 것이 믿어지지 않을 정도다. 옷의 주름, 머리에 쓴 보의 주름, 예수의 몸에 보이는 갈빗대나 무릎이나 발의 뼈, 축 늘어진 팔에 보이는 근육 등 모든 것이 실제 사람을 보는 듯하다. 더군다나 이 조각작품이 실제 사람과

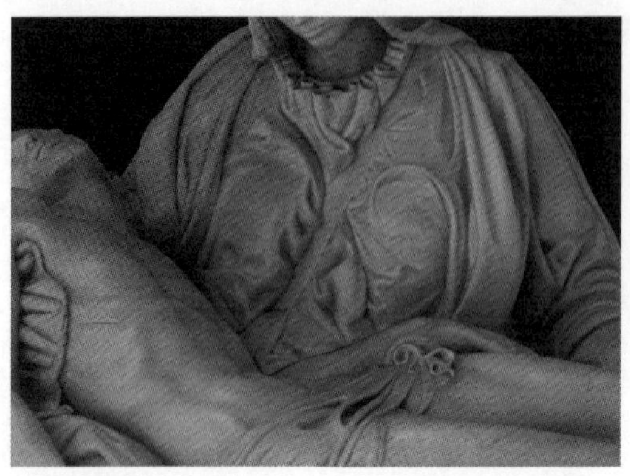

옷과 머리에 쓴 보의 주름, 갈빗대나 손, 얼굴 표정까지 살아 있는 사람인 듯 생생하고 정교한 모습을 보면 탄성이 절로 나온다

똑같은 크기로 만들어졌으니…. 미켈란젤로가 "나는 돌 속에서 천사를 봅니다. 그리고 천사를 자유롭게 합니다."라고 했듯이, 이 조각작품은 돌 속에서 살아난 생명체인 것이다.

사실 마리아가 예수의 시체를 안고 있는 모습은 여러 예술작품들에서 많이 다루어진 소재였다. 그렇지만 이들 예술작품의 공통적인 문제는 '가로로 누워 있는 예수와 세로로 서 있거나 앉아 있는 마리아를 어떻게 한 구도 안에서 조화롭게 묘사하느냐.' 하는 것이었다. 미켈란젤로는 이 골치 아픈 문제를 손쉽게 해결한다. 마리아의 오른쪽 발을 바위 위에 올려놓은 것으로 조각을 해서, 왼쪽 무릎보다 오른쪽 무릎이 더 높이 올라가게 했다. 그리하여 예수를 안았을 때, 예수의 몸이 조각상의 왼편 위로부터 오른편 아래로 비스듬히 기울어지도록 했다. 이렇게 해서 두 인물은 삼각형의 안정적인 구도 속에 정확하게 들어가도록 배치되었다.

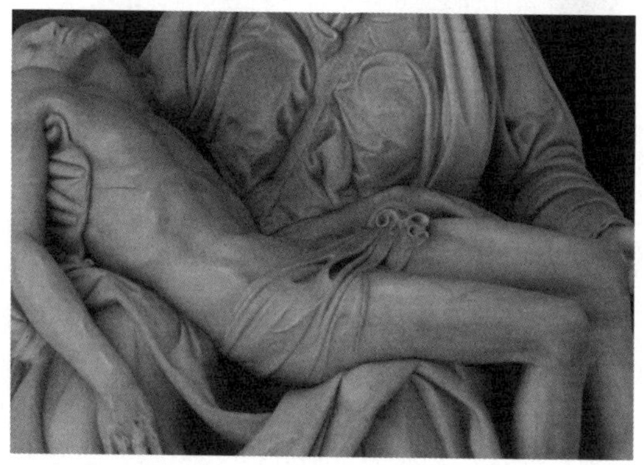

마리아의 어깨띠에 보이는 미켈란젤로의 서명(좌), 실제보다 젊게 묘사한 마리아의 얼굴(우), 그리고 마리아에 안긴 예수의 몸(아래).

이처럼 모든 것이 완벽한 듯하지만, 사실 이치에 맞지 않는 것이 한 가지 있다. 그것은 50세는 되었을 마리아의 얼굴이 너무 젊어 보인다는 것이다. 이러한 질문을 받았을 때 미켈란젤로는 "마음이 순수한 사람은 늙지 않습니다."라고 대답을 했다고 한다. 그의 서명은 마리아가 두르고 있는 어깨띠에 새겨져 있다. 그는 이 서명을 한 후 나중에 아름다운 저녁 하늘을 보면서 '신은 이렇게 아름다운 하늘 어디에도 누

〈마라의 죽음Lamort de Marat〉
다비드, 1793년, 캔버스에 유화, 165x128cm, 벨기에 브뤼셀왕립미술관
다비드가 그린 〈마라의 죽음〉에서, 마라의 시체의 모습은 피에타에서 따온 것이다. 축 처진 손의 구도가 거의 같음을 알 수 있다.

가 만든 하늘이라고 표시를 하지 않았는데….' 라고 말하며 자신이 서명한 것을 후회했다고 한다. 그래서 그 뒤 미켈란젤로는 전혀 자신의 작품에 서명을 하지 않았다(별것도 아닌 글이나 논문을 쓰면서, 자신의 이름을 꼭 앞에 내세우는 필자의 모습이 새삼 떠오른다).

〈피에타〉와 〈마라의 죽음〉의 연관성

이 작품은 그 후 여러 다른 작품들의 모델이 된다. 예를 들어 프랑스 신고전주의의 대가 자크 루이 다비드Jacques-Louis David가 1793년에 그린 〈마라의 죽음〉이라는 그림을 보면, 예수의 축 늘어진 손을 그대로 본뜬 마라의 손이 등장한다. 마라는 프랑스 대혁명 당시 혁명파의 고위 간부로서, 목욕탕에서 집무를 보던 중(그는 피부병이 심해서 종종 목욕탕 안의 물 속에 몸을 담그고서 일했다고 한다) 자신을 찾아온 반대파의 여인에게 살해당한다. 역시 혁명파의 일원이었던 다비드는 마라의 죽음을 보고 그 장면을 그대로 그림에 담았다. 펜과 일을 하던 종이(실제로 마라가 죽기 전에 쓰던 글씨가 그대로 그림에 있다고 한다)까지 그대로 그림으로 그려서, 마라가 죽기 직전까지 조국 프랑스를 위해서 얼마나 열심히 일하고 있는지를 잘 보여주고 있다. 거기에다 〈피에타〉의 예수의 팔처럼 마라의 팔은 탕 밖으로 축 늘어져 있다. 마라를 예수와 동격의 순교자, 인류를 위해 순교한 위대한 성인으로 비교하는 그림인 것이다.

우리는 그 후 이탈리아에서 일주일을 더 머물렀다. 베니스를 거쳐 피렌체로, 그리고 피사, 시에나를 거쳐 아시시, 마지막으로 다시 로마로 돌아오는 일정이었다. 그 중 피렌체에서 이틀을 묵었다. 사흘째 되는 날, 아내와 나는 아카데미아 미술관으로 미켈란젤로의 또 다른 걸작품 〈다비드〉를 보러 갔다. 박물관 앞에는 수십 미터에 걸쳐서 줄이 서 있었다. 그 줄의 꽁무니에 서서 하염없이 가랑비를 맞아가며 기다려야 했다. 이 박물관은 사전 예약제로 관람을 하기 때문에, 최소한 하루 전에 미리 예약을 해야만 한다고 한다. 그것도 모르고 예약을 하지 않은 필자같은 준비성 없는 사람은 대책 없이 기다려야 하는 것이다. 그렇게 약 1시간 반을 기다려서야 우리는 안으로 들어갈 수 있었다.

〈다비드David〉
미켈란젤로, 1501~1504년, 대리석, 높이 5.17m, 이탈리아 피렌체 갤러리아 델 아카데미아.
다비드상의 사진은 실물의 위용을 제대로 묘사하지 못한다. 아무리 오래 기다리더라도 피렌체에 직접 가서 다비드상의 실물을 꼭 볼 것을 권한다.

최고의 걸작 〈다비드〉의 위용

다비드상은 박물관 입구의 커다란 전시실에 홀로 우뚝 서 있었다. 약 50명이 넘는 사람들이 다비드상을 빙 돌아가면서 둘러서서 이 걸작품을 올려다보고 있었다. 사진으로 볼 때는 몰랐는데, 이 작품은 높이가 4미터가 넘는 엄청난 작품이었다. 따라서 이 작품을 보기 위해서는 고개를 약 30도 각도로 들고 올려보아야 한다. "와, 정말 대단하다!" 입에서 감탄이 절로 튀어 나왔다.

미술에 전혀 문외한인 필자가 보아도 그냥 입이 딱 벌어질 정도로 이 작품은 대단하다. 보기만 해도 전율이 느껴질 정도다. 어떻게 이런 작품을 인간이 만들 수 있다는 말인가? 남자의 몸이 이렇게 아름다울

〈밀로의 비너스Venus de Milo〉
BC 2세기에서 BC 1세기 초, 높이 204cm, 루브르미술관
밀로라는 작가가 만들었다는 의미가 아니라 밀로섬에서 발굴되어서 밀로의 비너스라는 이름이 붙여졌다. 다비드상과 똑같은 콘트라포스토 포즈를 하고 있다.

수 있다는 것이 놀랍고(배가 불뚝하게 나온 필자의 몸과는 정말 대조적이다) 또 이렇게 큰 작품을 이렇게 생동감 있게 만들 수 있다는 것이 다시 한 번 놀랍다. 팔과 가슴의 근육, 왼손에 보이는 힘줄, 구부린 손가락의 모습, 시원하게 쭉 뻗은 다리까지 모든 것이 살아 움직이고 있다. 오른편 다리는 곧게 펴서 무게를 싣고, 왼편 다리는 부드럽게 비스듬히 기울어져 있는, 미술작품에 많이 등장하는(밀로의 비너스를 보라) 포즈다. 이 포즈를 콘트라포스토라고 부르는데, 육체의 곡선을 가장 이상적으로 아름답게 보여주는 포즈라고 한다.

"그런데 저 왼손에 든 것은 뭐야?" "그건 투석을 하기 위해서 준비하는 거야. 헝겊 자루 속에 돌을 넣고서, 자루를 바람개비 돌리듯이 돌리다가 원심력을 이용해서 던지는 거지." "그래? 돌은 어디 있는

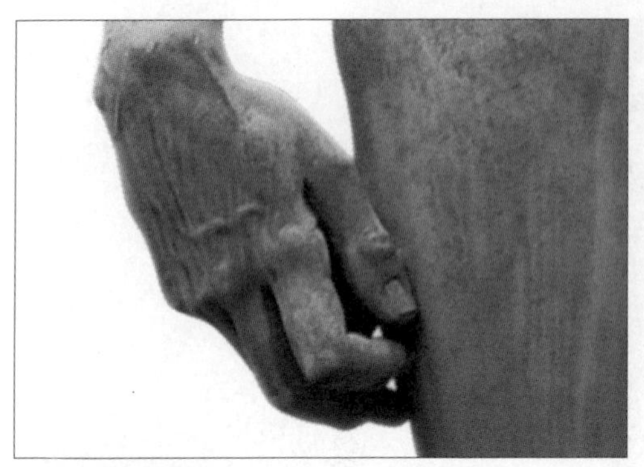

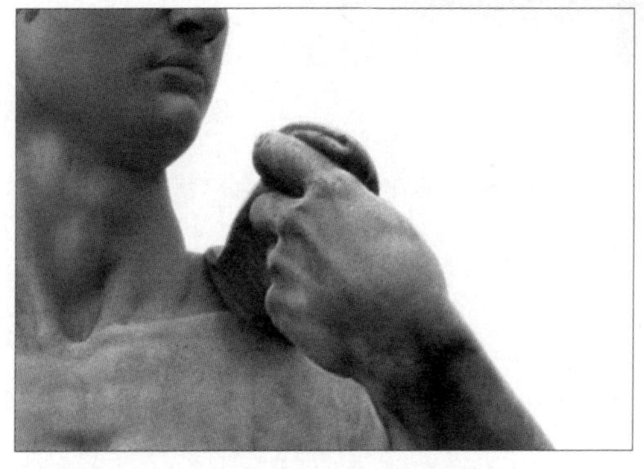

다비드의 왼손은 돌이 들은 헝겁 자루를 쥐고 있으며, 오른손은 돌을 움켜쥐고 있다.

데?" "저기 헝겁 자루를 왼손에 잡고 어깨에 걸치고 있잖아. 그러니 등뒤로 가보면 돌이 들어있는 주머니가 보일 거야." 뒤로 돌아가니 다비드의 등 뒤에 헝겊을 두르고 있는 모습이 보인다. 헝겊 자루는 등을 대각선으로 가로 질러서, 돌이 들어 있는 헝겊의 끝은 왼손 안에 들어가 있었다. 다비드의 등 역시 실제 사람과 조금도 다름없이 잘 다듬어져 있다. "그런데, 다비드가 어떤 인물인데 누구에게 돌을 던지는 거야?" "당신 성경책에서 '다윗과 골리앗' 이야기 알지?" "알아요." "그

적장 골리앗을 노려보는 다비드의 눈에서 엄청난 힘과 살기가 느껴진다

다윗이 바로 이 다비드야!" "아, 그렇구나." "팔레스타인 장수 골리앗이 이스라엘 장수를 쓰러뜨려서 모두들 벌벌 떠는데, 양치기 소년 다윗이 나가서 돌팔매질 한 방으로 골리앗을 죽이잖아?" "그렇지." "바로 그때 돌을 던지기 직전의 그 모습이야."

이 장면은 다비드가 멀리 서서 이스라엘 진영을 바라보면서 호령을 하고 있는 팔레스타인 장수 골리앗을 노려보는 순간이다. 다비드는 눈을 부릅뜨고, 인상을 쓰면서 골리앗을 응시한다. 그의 눈동자는 45도 각도로 오른편을 바라보고 있다. 인상을 써서 눈썹이 튀어나오고, 입은 강한 의지를 나타내는 듯 꼭 다물고 있다. 목의 힘줄도 강하게 튀어나와 있다. 바로 긴장의 순간인 것이다. 이제 다비드는 곧 돌팔매질을 시작해, 모두가 두려워하는 적장 골리앗을 단 한 방의 돌팔매질로 쓰러뜨릴 것이다. 조각품 전체에서 살아 움직이는 역동적인 힘이 느껴지는 모습이다.

미켈란젤로가 이 조각상을 만들던 시기는 피렌체가 주변 국가들과 전쟁을 앞두고 있던 풍전등화의 시기였다. 이러한 시기에 피렌체 시청은 미켈란젤로에게 시청 앞마당에 세울 다비드상을 만들어 달라고 요청한다. 시대의 분위기를 반영해, 미켈란젤로는 온 피렌체 공화국 시민들을 단결시킬 수 있는 강렬한 메시지를 전달하기 위해 이 위대한 조각상을 제작한 것이다. 그러기 위해서 미켈란젤로는 성경책에서는 아직 어린 연약한 10대 소년에 불과한 다비드를 20대 나이에 4미터가 넘는 장대한 거인으로 만들었다. '피렌체 시민들이여! 우리 모두 단결하여 다비드가 이스라엘을 지켰던 것처럼 우리 고장을 지킵시다!'라는 메시지를 이 조각상은 전달하고 있는 것이다.

살아 있는 인간의 숨결과 두려움을 담은 미켈란젤로의 작품

이 작품은 오랫동안 피렌체 시청 앞에 전시되어 있었다고 한다. 그러다가 근대에 이르러 정신 이상자가 다비드의 발가락 하나를 부수어 버리는 일도 발생하고, 공해에 의한 부식 문제도 대두되어 아카데미아 미술관으로 그 장소를 옮겨 전시되고 있는 것이다.

〈피에타〉와는 달리 〈다비드〉는 방탄유리로 보호되고 있지 않기 때문에(〈피에타〉도 원래는 바티칸의 베드로 성당 바로 입구에 방탄유리 없이 관람할 수 있도록 전시되어 있었다고 한다. 그러다가 제정신이 아닌 듯한 사람이 손상을 입히는 사건이 발생해 장소를 옮기고 방탄유리를 둘렀다고 한다), 이 조각품은 바로 그 앞에서 볼 수 있어서 더 사실감을 느낄 수 있다. 아내와 나는 이 조각상만을 빙빙 돌아가면서 약 30분 동안이나 관람했다. 우리뿐만 아니라, 수십 명의 사람들이 단지 이 조각상 하나만을 빙 둘러싼 채 발걸음을 옮길 줄 모르고 다비드를 올려다보고 있다. 모두들 넋을 잃고, 멍하니 다비드를 바라본다. 피에타와 마찬가지로 이 다비드상은 살아서 숨을 쉬고 있는 듯하다. 인간이 이런 작품을 만들었다는 것 자체가 믿기지 않는다.

위대한 프랑스의 소설가 스탕달은 미켈란젤로를 일컬어 "인간에서 신성을 불러일으킬 수 있는 유일한 감정은 두려움이다. 미켈란젤로는 대리석과 색상을 통해 이런 두려움을 인간들에게 각인시키기 위해 태어난 것처럼 보인다."라는 말을 한 바 있다. 마치 인간에게 신의 두려움을 느끼게 하기 위해 신이 미켈란젤로를 이 땅에 태어나게 했다는 의미다. 다빈치나 미켈란젤로의 지식이나 능력이 당시 사람들을 월등히 초월했기 때문에, 후대의 사람들은 다빈치나 미켈란젤로가 지구에 내려온 외계인이 아니냐는 이야기를 하곤 했다. 미켈란젤로의 작품을 통해서 신의 위대함이나 두려움을 인간들이 느낄 수 있었기 때문에 하는 이야기일 것이다.

이렇게 피렌체 관광이 끝났다. 무거운 배낭을 지고 값싼 숙소에서 머물며 돌아다니는 여행이었지만, 책에서만 보던 위대한 예술작품을 직접 볼 수 있어서 이루 말할 수 없이 행복했다. 너무 걸어다녀서, 다리가 아파서 보지 않겠다며 숙소에 남아 있던 아들과 딸, 그리고 이번 여행에 동행한 고모님이 불쌍했다. 이렇게 위대한 작품을 여기까지 와서 못 보다니!

| 에필로그 |

숫자 경영의 중요성

『숫자로 경영하라』라는 제목처럼, 본 책은 숫자를 어떻게 해석하는지에 대해 많은 이야기를 하지만 논의의 대상이 숫자에 한정된 것은 아니다. 필자가 이야기하는 '숫자'란 협의의 숫자가 아니라 광의의 숫자로서 시스템이나 합리성, 논리성을 의미한다. 감성이나 직관보다는 합리적인 기준이나 시스템에 의해서 과학적으로 경영하라는 의미다.

다음의 사례를 보자. 1970년대까지 우리나라 은행에서는 서로 빨리 업무를 처리해달라는 사람들로 북새통을 이루었다고 한다. 창구 앞에서 줄을 서서 한참을 기다려야 했고, 새치기를 하는 사람들 때문에 다툼도 종종 일어났다. 직원들은 이런 싸움을 말리고 줄을 세우는 일까지 해야 했다. 그런데 어느 날 은행에 번호표를 뽑는 기계가 생겼다. 그러자 거짓말처럼 순서 다툼이 사라지고 줄을 서서 기다릴 필요도 없어졌다. 이제 사람들은 은행 입구에서 번호표를 뽑아 들고 소파에 앉아서 비치된

• • • • •

책을 보면서 우아하게 자기 순서를 기다린다. 그리고 자기 차례가 전광판에 표시될 때 비로소 은행 창구에 가면 된다. 이것이 바로 필자가 이야기하는 광의의 '숫자' 또는 '시스템'이 가져온 차이다. 만약 고객들의 생활습관이나 질서의식을 바꾼다든가, 은행 직원들이 모든 고객들이 은행에 온 순서를 기억해서 안내하도록 하는 방향으로 이 문제점을 해결하려고 했다면 문제 해결이 쉽지 않았을 것이다.

이 사례에서 알 수 있듯이, 과학적인 방법이나 사고에 기초해 시스템이나 제도를 고치면 우리가 고민하는 많은 문제점들이 예상보다 손쉽게 해결될 수 있다. 이런 의미에서 당시 번호표를 뽑는 기계를 만들어 설치하자는 아이디어를 낸 사람은 정말 혁신적인 시스템 경영자라고 할 수 있다. 지금 와서 돌아보면 별것 아니고 누구나 생각할 수 있는 조그만 아이디어라고 생각할 수 있지만, 당시 우리나라 은행에 번호표를 뽑는 기계가 도입될 때까지는 엄청난 시간이 걸렸다. 어떻게 이 문제를 해결해야 하는지 많은 사람들이 열심히 고민을 하지 않고 있었다는 증거다.

이 책에서는 이처럼 과학적 발견과 논리에 근거해 사례의 핵심을 파악하고 대안점을 제시하고자 노력했다. 널리 퍼져 있는 잘못된 믿음이 왜 잘못되었는지도 설명했다. 그래서 대부분의 이야기는 과학적인 근거를 인용했고, 근거가 없는 필자의 의견은 개인적인 의견이라는 점을 분명하게 밝혔다. 많은 자기계발서에 사용되는 추상적인 미사여구나 복잡한 표현 대신 간결한 표현과 숫자를 주로 사용했다. 그리고 과학적인 학술연구의 발견들이 어떻게 기업 경영과 연결되는지도 소개했다. 경영학이 실생활과 밀접하게 연결되어 있는 응용학문인 만큼, 학술적 발견을 실제 기업 경영에 적용하는 것은 중요하다. 따라서 이런 측면에서 본 책이 여러 공헌을 하고 있다고 생각하며, 이런 일을 하는 것이 경영학자의 역할이라고 믿는다.

필자가 모든 문제에 있어 전문가는 절대 아니지만, 그래도 항상 논리적으로 생각하고 문제의 핵심이 무엇인지를 고민한다. 그리고 그 고민을 독자들에게 쉽게 풀어 전달하기 위해서도 노력한다. 본 책의 내용이 많은 경영자분들에게 도움이 되기를 바란다. 그래서 한국의 시스템 경영, 과학적 · 논리적 경영 추세가 조금이라도 앞당겨졌으면 하는 바람이다. 그 결과 한국 기업들이 더욱 발전해서 국민들이 조금이라도 더 잘살 수 있도록 작게나마 공헌하는 것이 필자의 조그마한 소망이다. 그리고 필자가 외국에서 대학교수를 하다가 한국으로 귀국한 후 느낀 보람이라고도 하겠다.

이 책에서 이야기하는 숫자 경영은 기업 경영에서뿐만 아니라 우리 개개인의 생활에서도 꼭 필요하다고 생각한다. 필자는 학창시절부터 항상 구체적인 목표를 정하고 그 목표를 달성하기 위해 노력해왔다. 예를 들면 '열심히 공부하자.' '착하게 살자.' 등의 추상적인 목표가 아니라, '이번 달에는 100시간 동안 학과 공부 이외의 공부를 하자.' 또는 '이번 학기에 소외된 이웃을 돕는 사회봉사 활동을 최소한 2회 이상 하자.' '3개월 동안 이 책을 다 공부하자.' 등의 구체적인 목표다. 그리고 그 목표를 실제로 실천하기 위해 필자가 공부한 시간과 공부한 날짜를 꼭 기록했다. 구체적인 목표를 숫자로 세우고, 그 목표를 실천하기 위한 학습 분량을 계획했으며, 꾸준히 실천을 점검해온 것이다.

이렇게 하니 한 번 세운 목표를 꼭 실천해야겠다는 더 강한 동기가 생긴다. 만약 추상적인 목표를 세웠다면 얼마나 열심히 공부해야 하는지 또는 얼마나 착하게 살아야 하는지가 불명확하기 때문에, 적당하게 열심히 공부하거나 적당한 수준으로 착하게 행동하면서 '나는 할 일을 다 했다.'는 자기만족에 빠졌을 수도 있다.

지금도 필자는 매 학기마다 이루고자 하는 새로운 계획을 세우고, 그 계획을 실천하기 위해 노력한다. 물론 단기 계획뿐만 아니라 한 5년 정도 앞을 바라보는 중기 계획, 그리고 내 평생에 걸쳐서 이루고자 하는 장기 계획은 별도로 가지고 있다. 꼭 필자의 이야기가 옳은 정답만은 아니겠지만, 그래도 숫자를 통해 미래를 계획하고 실천상황을 점검하는 일은 기업이나 개인들의 행동을 바꾸는 데 도움이 되는 방법이 아닐까 한다. 지금부터라도 스스로 이런 방법을 실천해보는 것은 어떨까?

『서울대 최종학 교수의 숫자로 경영하라 3』 저자와의 인터뷰

Q 『숫자로 경영하라 3』에 대한 소개 부탁드립니다.

A 『숫자로 경영하라 3』은 크게 3가지 부분으로 구성되어 있습니다. 우선 1부에서 4부까지 14편의 글은 2000년대 후반부터 현재까지 국내에서 일어났던 여러 사건들의 내막을 회계와 숫자, 논리적 입장에서 살펴보는 글입니다. 이 책의 핵심이 되는 부분이라고 할 수 있습니다. 이 부분의 형식은 『숫자로 경영하라』 『숫자로 경영하라 2』와 동일합니다. 다만 더 최근에 벌어진 사건들을 다루고 있을 뿐입니다. 그리고 5부에 수록된 8편의 글들은 제가 그동안 일간신문에 연재했던 짤막하고 읽기 쉬운 칼럼들입니다. 6부에 실은 3편의 글들은 각각 음악·여행·미술에 관한 수필입니다. 복잡한 글들을 읽으신 후 잠깐 편히 쉬시라고 포함했습니다.

Q 『숫자로 경영하라』1 · 2 · 3권을 통해 독자들에게 하고 싶은 말씀 부탁드립니다.

A 제 책 3권 모두에서는 국내외 기업에서 벌어졌던 여러 사건들을 구체적이면서도 알기 쉽게 정리해 사례의 핵심들을 설명하고 있습니다. 우리가 역사를 배우는 목적은 잘잘못을 따져서 누구를 비난하려는 것이 아닙니다. 그 사건에서 우리가 배울 점이 무엇인지 깨닫고, 앞으로 유사한 사건이 벌어질 경우 역사를 통해 배운 점을 적용해 좀더 일을 잘해보자는 것이 바로 역사를 배우는 목적입니다. 기업의 사례를 공부하는 목적도 마찬가지입니다. 이 책에서는 최근 벌어졌던 일들을 소개할 뿐만 아니라, 사례를 통해 배울 수 있는 교훈들도 많이 정리해서 설명하고 있습니다. 이 책을 통해 한국의 미래 경영자들이 여러 유익한 교훈을 얻어, 한국 기업들이 앞으로 좀더 발전할 수 있었으면 하는 것이 제 바람입니다.

Q 1부에서 회계를 알면 숨겨진 경영의 이면이 보인다고 하셨습니다. 이것은 무슨 의미인지요? 구체적인 설명 부탁드립니다.

A 본서에 소개된 사례들의 큰 줄거리는 거의 대부분이 이미 언론에 보도된 것들입니다. 다만 언론에서는 오랫동안 벌어진 사건들의 단편적인 사실을 위주로만 소개할 뿐, 그 사건들을 연결하는 큰 줄기가 무엇인지는 통찰력 있게 보여주지 못합니다. 저는 단편적으로 알려진 사실들을 결합하고, 겉으로 보이는 사건 뒤에 숨겨져 있는 내용들을 논리적으로 추론해서 서로 연결시켰습니다. 그 결과 기존 언론 보도나 저술들과는 달리 전체 사건의 큰 그림을 볼 수 있도록 했습니다. 즉 '왜 그런 일이 발생하게 되었는지'를 독자

여러분들께서 알 수 있도록 노력했습니다. 예를 들면 한화의 대우조선해양 인수 사례, 현대건설의 몰락과 부활, 현대자동차의 현대건설 인수 등 최근에 벌어졌던 흥미로운 사례들과 그 배후에서 벌어졌던 사건들이 본 책에 소개되어 있습니다.

Q 2부에서 의사결정에 있어서 숫자는 매우 중요한 역할을 한다고 하셨습니다. 그 이유는 무엇인가요?

A 사람들은 가끔씩 비합리적인 일을 합니다. 술 마시고 기분이 좋아서, 인간관계나 옛 정, 사랑 때문에 부탁을 거절할 수 없어서 그렇다고 말합니다. 그렇지만 기업의 경우는 다릅니다. 기업의 의사결정은 여러 사람들의 토론과 협력의 산물입니다. 따라서 기업 내에서 다른 사람들을 설득하기 위해서는 그 의사결정을 뒷받침하는 근거나 논리가 있어야 합니다. 그 근거나 논리가 되는 뒷받침 역할을 하는 것이 바로 숫자입니다. 최고경영자가 아무런 근거 없이 직관적인 의사결정을 내리는 경우가 과거에는 종종 있었습니다만, 이제 우리나라도 직관적인 경영에 의존하기보다는 점점 더 숫자에 따라 합리적으로 경영이 이루어지는 추세라고 생각합니다. 그렇지 않다면 본서에서 소개한 키코 사례의 경우처럼 큰 피해를 입을 수 있습니다.

Q 회계제도가 기업의 변화 속도를 못 따라가고 있습니다. 3부에서 소개한 회계제도의 보완과 수정의 핵심 내용은 무엇인가요?

A 공시제도, 상장제도, 회계기준, 회계감사 등 광범위한 측면에서 회

계 관련 제도라고 부를 수 있는 항목들과 관련된 이슈들을 3부에서 다루고 있습니다. 이런 제도들은 제도 그 자체로는 매우 훌륭하지만, 인간의 모든 행동들을 다 예측해서 이를 제도에 반영할 수는 없겠지요. 최근 국내에서 발생해서 화제가 되었던 사건들을 통해 제도를 운영하다 보니 나타난 문제점과 이에 대한 해결책들을 제시했습니다. 제가 제안한 것들을 전부 도입한다고 해도 모든 문제점이 해결되지는 않을 것입니다. 결국 문제 해결을 위해서는 모든 사람들의 관심과 노력이 필요하다고 생각합니다.

Q 회계정보를 어떻게 성과평가와 보상에 활용하나요? 4부의 내용에 대해 구체적인 설명 부탁드립니다.

A 조직 내에서 성과평가와 보상이 주먹구구식으로 이루어져서는 안 됩니다. 직원 모두가 충분히 이해할 수 있는 사전에 결정된 방식에 의해 평가와 보상이 이루어져야 불만이 적습니다. 따라서 평가와 보상기준을 직원들이 공정하다고 동의할 수 있도록 합리적으로 마련하는 것이 중요합니다. 그렇지만 많은 회사들에서 진지한 고민 없이 기준들이 선택되고 실행되고 있습니다. 4부에서는 EVA나 EBITDA 등을 사용할 경우 한번쯤 생각해보아야 할 여러 이슈들에 대해 정리했습니다. 회사에서 평가 및 보상 제도들을 설계할 때 참고하실 수 있을 것입니다.

Q 5부에 삼성전자는 결코 애플에 뒤처지는 이류 기업이 아니라고 언급한 글이 있습니다. 좀더 상세한 설명 부탁드립니다.

A 20년 전 제가 대학생일 때 '삼성전자가 소니를 따라잡지 못하는 이유' 등에 대해서 배웠습니다. 그런데 마침내 삼성이 소니를 앞지르자, 그 다음에는 '삼성전자는 왜 노키아, 모토로라, 마이크로소프트, 애플을 따라잡지 못하는 이류 기업일까?' 하면서 의문부호가 계속 변해왔습니다. 비교하는 회사 이름만 바뀐 것일 뿐 비판 내용은 거의 똑같습니다. 삼성은 이 중에서 노키아나 모토로라를 벌써 큰 폭으로 제쳤습니다. 아직 애플보다는 못하지만 마이크로소프트와는 자웅을 겨룰 수 있지 않을까 하는 생각이 듭니다. 그러므로 삼성전자가 일부에서 이야기하는 것처럼 그렇게 문제가 많은 이류 회사가 아니라는 점을 알 수 있습니다. 다른 회사들과 구별되는 삼성전자의 장점이 무엇인지 이 글에서 생각해보았습니다.

Q 5부에 김연아 선수의 광고에 대한 글도 있는데, 어떤 내용인가요?

A 20년 전 '이영애의 하루'라는 말이 유행했던 시기가 있습니다. 당시 가장 인기 있었던 배우 이영애 씨가 여러 광고에 출연했기 때문에, 이영애 씨가 광고하는 제품들만 사용해도 하루 종일 지낼 수 있다는 의미였습니다. 올림픽에서 김연아 선수가 금메달을 땄을 당시 '김연아의 하루'라는 말이 등장할 정도로 김연아 선수가 여러 광고에 등장했습니다. 그런데 김연아 선수는 모든 광고들에서 항상 아름다운 모습으로 스케이트를 탔습니다. 제품은 서로 다른데, 광고 내용은 거의 유사했던 셈입니다. 이래서는 제품들이 서

로 구별되기가 어렵습니다. '왜 남들과 다른 광고를 만들지 못할까?' '왜 모두들 김연아 선수라면 당연히 스케이트를 타야 한다고만 생각할까?'라는 안타까운 생각을 글로 옮겨보았습니다.

Q 키코KIKO를 둘러싼 논란은 우리 사회에 많은 충격을 주었습니다. 이 사건이 지금의 한국 사회에 남긴 교훈은 무엇인가요?

A 당시 키코 때문에 큰 피해를 입었던 기업들과 키코를 기업들에게 판매했던 은행들의 입장에서 각각 말씀드리도록 하겠습니다. 기업들 입장에서는 자신이 잘 이해하지 못하는 복잡한 파생상품을 구입했다는 문제점이 있습니다. 이 사건을 교훈 삼아, 모른다면 열심히 공부해서 상품을 이해했을 때만 계약서에 사인을 해야 한다는 교훈을 얻었으면 합니다. 투자도 아는 것에 투자해야 성공할 가능성이 높지 않겠습니까? 은행들 입장에서는 고객들이 잘될 때 은행도 이익을 올릴 수 있는 상품을 팔아야 장기적으로 은행들에게도 이익이 된다는 것을 말씀드리고 싶습니다. 고객이 손해를 볼 때 내가 이익을 보는 상품을 고객들에게 판매한다면, 얼마나 그런 상인이 장기적으로 성공할 수 있을까 의심이 됩니다.

Q 6부에서 일상에서의 인생의 의미를 잔잔하게 들려주고 계십니다. 여러 이야기 중에서 가장 기억에 남는 장면은 무엇인가요?

A 20대 중반부터 지금까지 20년 동안 기억에 남는 순간의 느낌을 글로 적어 남겨왔습니다. 가족 간의 사랑이나 해프닝, 육아, 여행, 예술 등 다양한 소재의 글입니다. 그런 글 중에서 3편의 글을 모

아 6부에 소개를 했습니다. 이 중에서 1편을 고른다면, 가장 최근에 쓴 가수 김광석 씨에 대한 회상을 담은 글을 꼽고 싶네요. 젊은 시절 김광석 씨의 노래 〈서른 즈음에〉를 들으면서 '나도 언젠가는 서른 살이 되겠지. 그때가 되면 뭘 하고 살고 있을까….' 이런 생각을 했었습니다. 그러다가 '어!' 하면서 서른이 된 듯하더니, 눈 깜짝할 사이에 서른하나, 서른둘, 서른셋 하다가 이제 마흔일곱 살이 되었습니다. 시간이 정말 빠르네요. 그동안 이룬 일도 많지만 아쉬운 점도 참 많습니다. 독자 여러분들도 빠르게 흘러가는 소중한 시간을 뜻깊게 사용하시기를 바랍니다. 그리고 '회계학 카페'에 실린 3편의 글을 읽으시면서, 한 번쯤 평안하게 추억에 잠기는 행복한 시간이 되셨으면 합니다.